ISBN 978-0-365-60620-8
PIBN 11052305

HISTOIRE

CRITIQUE

DE L'ETABLISSEMENT

DE LA

MONARCHIE

FRANCOISE

DANS LES GAULES.

Par M. l'Abbé DUBOS, *l'un des Quarante & Secretaire Perpetuel de l'Académie Françoise.*

TOME TROISIE'ME.

A PARIS,

Rue S. Jacques,   Quay des Augustins,

Chez

OSMONT, à l'Olivier,	HOURDEL,
HUART l'aîné, à la Justice,	DAVID le jeune, à l'Esperance ;
CLOUSIER, à l'Ecu de France,	CHAUBERT, à la Renommée.

& GISSEY, rue de la vieille Bouclerie, à l'Arbre de Jessé.

M DCC XXXIV.

AVEC APPROBATION ET PRIVILEGE DU ROY.

TABLE
DES CHAPITRES
CONTENUS DANS CE TROISIEME
Volume.

LIVRE CINQUIÉME.

*

LIVRE SIXIE'ME.

* ij

HISTOIRE

HISTOIRE CRITIQUE

DE L'ETABLISSEMENT
de la Monarchie Françoise dans
les Gaules.

LIVRE CINQUIEME.

CHAPITRE PREMIER.

Clovis est fait Consul & il se met solemnellement en possession de cette Dignité. Des motifs qui avoient engagé Anastase Empereur d'Orient à la conferer au Roy des Francs, & du pouvoir qu'elle lui donna dans les Gaules. Clovis établit à Paris le Siege de sa Monarchie.

OUS voici arrivés à un évenement de la Vie de Clovis, qui fut peut-être après son baptême celui qui contribua le plus à l'établissement de la Monarchie Françoise. Le Roi des Francs fut fait Consul par l'Empereur d'Orient, & il

Tome III.   A

tre en possession son successeur au Consulat. Pourquoi donc le nom de Clovis n'est-il pas écrit dans les Fastes sur l'année cinq cens dix ? Pourquoi ne trouve-t'on sur cette année dans les Fastes de Cassiodore, dans ceux de Marius Aventicensis & dans les autres qui passent pour autentiques, qu'un seul Consul, le celebre Boéce, alors un des Ministres de Theodoric, & si connu par ses écrits & par ses malheurs ?

Je réponds. L'objection seroit d'un grand poids, si nous avions encore les Fastes publics qui se redigeoient alors dans les Gaules, & sur lesquels on écrivoit, ainsi qu'il le paroit en lisant la mention qu'en fait Grégoire de Tours (a) les évenemens qui interessoient particulierement cette Province de l'Empire ; mais nous ne les avons plus. Les Fastes autentiques qui nous sont demeurés, sont ou des Fastes redigés par des particuliers, ou tout au plus des Fastes publics rédigés dans Rome ou dans Arles. Theodoric y étoit le maitre, & ce Prince n'aura pas voulu qu'on inscrivit le nom de Clovis dans ces Monumens, parce qu'il étoit mécontent que les Romains d'Orient eussent conferé au Roi des Francs une dignité dont il pourroit bien se prévaloir un jour contre les Ostrogots. Ils devoient aprehender que Clovis n'entreprit de faire valoir son autorité de Consul dans la partie du Partage d'Occident dont ils étoient maitres.

Pour peu qu'on ait connoissance des usages de l'ancienne Rome, on reconnoit dans la ceremonie que Clovis fit à Tours pour prendre solemnellement possession du Consulat, la marche de ceremonie que faisoient ceux

_____
(a) Nam & in Consularibus legi- | corum; &c. Gr. Tur. lib. hist. 2. cap.
mus, Theodemerem Regem Fran- | nono.

qui entroient en exercice des fonctions de cette dignité, & qui s'appelloit *Entrée Consulaire*, ou *Processus Consularis*.

Quelques-uns de nos meilleurs Historiens, fondés sur le témoignage d'Auteurs, qui n'ont écrit que sous la seconde ou la troisiéme Race de nos Rois, ou sur leurs propres conjectures, ont prétendu qu'Anastase n'avoit point conferé le Consulat à Clovis, mais seulement le Patriciat. Je ne serai pas long à les réfuter.

Grégoire de Tours qui a vécu dans un siecle où il y a eu encore des Consuls & des Patrices, & qui a vû tant de personnes qui avoient vû Clovis, n'a point pû s'y méprendre, & dire que Clovis avoit été fait Consul, s'il eût été vrai que ce Prince avoit été fait seulement Patrice. Notre Historien sçavoit trop bien pour cela la difference qui étoit entre ces deux dignités, & que le Patriciat, quoiqu'il fût une dignité superieure à celle de Prefet d'un Prétoire, étoit néanmoins subordonnée au Consulat, ainsi que nous l'avons montré dans le dix-neuviéme chapitre du second livre de cet ouvrage.

Zosim. hist. lib. 2. pag. 118.

D'ailleurs, aucun des deux premiers Auteurs qui ont écrit sur l'Histoire de France après Grégoire de Tours, & qui ont écrit sous la premiere Race, ne dit que Clovis ait alors été fait seulement Patrice. Frédégaire ne parle ni du Patriciat ni du Consulat de Clovis; l'Auteur des Gestes des Francs dit au contraire, que ce fut le Consulat que (*a*) l'Empereur Anastase con-

---

(*a*) Deinde Turonis Civitatem reversus .... ab Anastasio Imperatore accepit tunc codicillos Chlodoveus Rex pro Consulatu. Tunica blattea indutus Rex in Basilica beati Martini corona aurea in capite suo, ascenso equo aurum & argentum in atrium quod est inter Civitatem & Ecclesiam beati Martini, præsente populo manu propria sparsit. Ab ea die tanquam Consul & Augustus est appellatus. *Gest. Franc. cap. decimo septimo.*

fera au Roi Clovis ; que ce dernier, qui étoit à Tours
lorſqu'il reçut les Lettres de proviſion de la dignité
de Conſul, y en prit ſolemnellement poſſeſſion, & que
dès-lors chacun eut recours à lui comme étant Conſul ;
même comme s'il eût été Empereur. Hincmar écrit
auſſi dans la vie de ſaint Remy, que Clovis fut fait
Conſul & non point Patrice. Nous venons de citer le
paſſage de cet Auteur où il le dit poſitivement.

Non ſeulement Clovis prit poſſeſſion ſolemnellement de ſa nouvelle dignité, mais il en porta encore
ordinairement les marques. Du moins c'eſt ce qu'un
des plus précieux monumens des antiquités.Françoiſes
donne lieu de préſumer. J'entends parler de la ſtatuë
de ce Prince, qui ſe voit avec ſept autres repreſentan-
tes un Evêque, quatre Rois & deux Reines, au grand
portail de l'Egliſe de ſaint Germain des Prez à Paris.

Dom Thierri Ruinart nous a donné dans ſon édition
des Oeuvres de Gregoire de Tours l'eſtampe de ce portail, ainſi que l'explication des huit figures qui s'y trouvent, & que les bons Antiquaires croient du tems où
l'Egliſe fut bâtie, ce qui arriva ſous le regne de Childebert un des fils du Roi Clovis. Voici ce que notre Auteur dit concernant la ſtatuë de ce Prince qui eſt la ſeconde de celles qui ſont à main droite quand on ſort
de l'Egliſe. (a) ,, La ſtatuë qui eſt après celle de l'Evê-

(a) Sub ea turre patent majores
Baſilicæ fores cum porticu . in qua
viſuntur aliquot Regum Regina-
rumque ſtatuæ lapideæ ad januæ
poſtes locatæ, quas in prima Baſilicæ conditione aut certè paulò poſt,
ibi poſitas fuiſſe cenſent viri eruditi
qui eas diligentiſſime inſpexerunt.
Et certe res ipſa loquitur... Hunc
eſſe ſanctum Germanum, alterum loci fundatorem non nulli exiſtimant.
At potius crediderim eſſe ſanctum
Remigium cui hic honor datus ſit
quod Clodoveum Regem ac totam gentem Francorum ad Chriſti
fidem adduxerit.... Proxima huic
ſtatua Regem repræſentat veſtibus
amplis & magnificis indutum , co-

que faint Remy, repréfente un Roi revêtu d'habille- «
mens magnifiques & qui ont beaucoup d'ampleur. «
Il porte une courone fur la tête, & il tient de la main «
gauche un rouleau de papier, fur lequel cependant «
on n'aperçoit aucun caractere, foit qu'il n'y en ait «
jamais eu, foit que le tems ait effacé ceux qu'on y «
avoit tracés. Dans la main gauche, notre ftatuë tient «
un fceptre terminé par un aigle & femblable à celui «
que les Confuls portoient en plufieurs occafions, «
comme une des marques de leur dignité. Cela doit «
empêcher de douter que la figure dont nous parlons «
ne foit la ftatuë de Clovis, le pere des autres Rois «
qu'on voit à ce portail, & que le Sculpteur n'ait affec- «
té de le repréfenter avec les marques du Confulat «
qu'il avoit reçûës de l'Empereur Anaftafe avec le «
diplome qui lui conferoit cette dignité, & qu'il porta «
lorfqu'il partit de l'Eglife bâtie fur le tombeau de «
faint Martin pour faire la cavalcade que décrit Gre- «
goire de Tours. «

Quoique le fentiment de Dom Thierri Ruinart foit
très-plaufible de lui-même, & qu'il foit encore apuïé
fur l'autorité de Dom Jean Mabillon, cependant il n'a
pas laiffé d'être combatu par un Auteur anonime. Mais
la réponfe que Dom Jacques Bouillart a faite à ce Critique, fatisfait fi bien à fes difficultés, qu'il feroit inutile d'emploïer d'autres raifons à les détruire: ainfi je
me contenterai d'une nouvelle obfervation pour con-

Annal. Bened. T. prim. pag. 169.

Hift. de l'Abbay. S. Germain, pag. 296.

ronam in capite habentem, qui tenet
finiftra manu rotulam cujus fcrip-
tura, fi qua fuit, penitus detrita eft.
Dextera vero manu, pro fceptro
baculum habet Hypathicum, cum
aquila fuper impofita, quo Romani
Confules uti folebant. Hinc dubi-

tare non licet Clodovenm hîc Au-
guftorum patrem exhiberi, cum
poft acceptos ab Anaftafio de Confulatu Codicillos diademate fibi in
Ecclefia beati Martini impofito, &c.
Oper. Greg. Tur. pag. 1371.

vient de lire concernant la statuë de Clovis ; c'est qu'il
étoit d'usage à Rome, que les Consuls (a) y portassent
un sceptre ou un bâton d'yvoire surmonté d'un aigle,
comme une des marques de leur autorité. C'est même
par le moïen du sceptre dont nous parlons que les Antiquaires distinguent celles des médailles Imperiales qui
représentent le triomphe d'un Empereur d'avec celles
qui représentent une *Marche Consulaire*. Dans toutes ces
médailles, le Prince est également représenté monté sur
un char tiré par quatre chevaux attelés de front : mais
dans les médailles qui représentent une *Marche Consulaire*, l'Empereur tient en la main un sceptre terminé par
un aigle, au lieu qu'il tient une branche de laurier dans
celles qui représentent un triomphe.

Nous avons déja parlé trop de fois de l'honneur que
les Rois barbares se faisoient d'obtenir les grandes dignités de l'Empire Romain, & de l'avantage qu'ils
trouvoient à les exercer, pour discourir ici bien au long
sur les motifs qui engagerent Clovis d'accepter le Consulat. Combien de Cites qui n'avoient donné des quartiers aux Francs qu'à condition qu'ils ne se mêleroient
en rien du Gouvernement Civil, devinrent suivant les
loix, soumises à l'autorité de Clovis dès qu'il eut pris
possession de sa nouvelle dignité ? Elle le rendoit encore
le Vicaire d'Anastase dans tout le partage d'Occident
où il n'y avoit point alors d'Empereur, & par consequent elle mettoit le Roi des Francs en droit d'entrer
en connoissance de ce qui se passoit dans les Provinces de
ce Partage tenuës par les Gots & par les Bourguignons.

(a)   Et sibi Consul
    Ne placeat , servus curru portatur eodem.
    Da nunc & volucrem sceptro quæ surgit eburno.
Juv. Sat. decima.

Clovis en devenant Conful, n'étoit-il pas devenu en quelque forte le chef, & par conféquent le protecteur de tous les Citoïens Romains qui habitoient dans ces Provinces? Voilà ce qui fait dire à Grégoire de Tours, que l'autorité de Clovis (a) avoit été reconnuë généralement dans toutes les Gaules, quoique ce Prince n'ait jamais affujetti les Bourguignons, qui en tenoient prefque un tiers, & quoiqu'à fa mort, les Gots y poffedaffent encore les païs appellés aujourd'hui la Provence & le Bas-Languedoc. Si nous ne voïons pas que Clovis ait fait ufage du pouvoir que la dignité de Conful lui donnoit fur les Romains des Provinces de la Gaule, tenuës par les Bourguignons & par les Gots, c'eft qu'il mourut environ dix-huit mois après avoir pris poffeffion de cette dignité, & qu'il emploïa prefque tout ce tems-là à l'exécution d'un projet plus important pour lui; j'entends parler du projet de fe défaire des Rois des autres Tribus des Francs, & de les obliger toutés à le reconnoître pour fouverain.

Quant à l'Empereur Anaftafe, que pouvoit-il faire de mieux lorfque les Provinces du Partage d'Occident étoient tenuës par differentes Nations Barbares, & lorfque les Romains ne pouvoient plus efperer de les en faire fortir par force, que de traiter avec une de ces nations afin de l'armer contre les autres, & de l'engager à les en chaffer, dans l'efperance qu'après cela elle deviendroit elle-même une portion des Citoïens Romains avec qui elle fe confondroit? C'étoit le feul moïen de rétablir l'Empire d'Occident dans fa premiere fplendeur, comme de donner à l'Empereur d'Orient un Collegue

(a) Hanc Chlodovechus Rex confeffus, ipfos hæreticos adjutorio ejus oppreffit, regnumque fuum per totas Gallias dilatavit. Gr. Tur. in proemio, lib. 3. hift.

... les mêmes intérêts que lui, & dont il pût se fla-
... cueillir la succession au cas qu'elle devînt va-
... Les Romains d'Occident dont on écoutoit les
... sentations à Conſtantinople, devoient avoir de
... de pareilles vûës. Dès qu'il n'étoit plus quef-
... que de choiſir le peuple que la Nation Romaine
... adopteroit, pour ainſi dire, la Nation Romaine devoit
... donner la préference aux Francs les moins Barbares de
... tous les Barbares & les plus anciens Alliés de l'Empire.
D'ailleurs, les Francs étoient le ſeul de ces peuples qui
... profeſſion de la Religion Catholique, & qui fût de
... même Communion que les Romains d'Occident. Il eſt
... qu'Anaſtaſe lui-même n'étoit pas trop bon Catho-
... que; mais ſon erreur n'étoit point la même que celle
... des Gots & des Bourguignons, & les Sectaires haïſſent
... plus les Sectaires dont la Confeſſion de foi eſt differente
... la leur, qu'ils ne haïſſent les Catholiques. L'eſprit
... humain ſi ſujet à l'orgueil, s'irrite plus contre les hom-
... mes, qui voulant bien ſortir de la route ordinaire, refu-
... ſent d'entrer dans la voïe qu'on leur enſeigne, & qui
... oſent en choiſir d'autres, que contre ceux qui malgré
... ſes raiſonnemens, veülent continuer à marcher dans la
... route que leurs ancêtres ont tenuë. L'homme ſe con-
... tente de regarder ces derniers comme des perſonnes
... qu'un fol entêtement rend à plaindre; mais il haït les
... premiers comme des perſonnes qui le mépriſent.

　　Enfin Theodoric Roi des Oſtrogots étoit ſuſpect à la
Cour de Conſtantinople, & l'Empereur d'Orient,
qui avoit alors des affaires facheuſes, faiſoit un coup
d'Etat en lui donnant en Occident un rival auſſi capable de le contenir que l'étoit le Roi des Francs, qui
promettoit ſans doute tout ce qu'on vouloit.

Nous ferions au fait des engagemens que Clovis peut
avoir pris alors avec Anastase, si nous avions, je ne dis
point l'Acte de la convention qu'ils firent, mais seulement la lettre que l'Empereur Justinien, un des successeurs d'Anastase écrivit vers l'année cinq cens trente-
quatre au Roi Theodebert fils du Roi Thierry le fils
aîné de Clovis, pour feliciter Theodebert sur son avenement à la Couronne. Malheureusement cette lettre
de Justinien est perduë, & nous n'avons plus que la réponse qu'y fit Theodebert. On ne laisse pas néanmoins
de voir par cette réponse que Justinien avoit accusé
dans sa lettre, Clovis de n'avoir pas tenu plusieurs pro-
messes qu'il avoit faites aux Empereurs. Voici la sub-
stance de cette réponse.

Theodebert après avoit dit à Justinien qu'il a donné
audience à ses Ambassadeurs, & qu'il a reçû ses presens, continuë ainsi. »Nous ne sçaurions vous remer-
» cier assez de la magnificence de vos dons, ni vous
» témoigner trop de reconnoissance pour la joïe que
» vous daignez nous-assurer avoir ressentie en aprenant
» que la Providence nous avoit fait monter (a) sur le

(a) Domino Illustri, Inclito, Trium-
phatori semper Augusto Justiniano Imperatori, Theodebertus Rex... Idcoque tam pro largitate muneris quam
pro delectatione animorum quam
indicatis nobis præstitam pro eo
quod nos in solium genitoris nostri
ut dignum erat superna potentia
residere præcepit, in exsolubilem
gratiarum actionem impendimus. Illud namque inter omnia valde ani-
mis nostris molestiam generavit
quod tantum ac talem Principem
ac diversarum gentium domitorem
post mortem pagina decurrente vi-
demini lacerare, qui vivens Imperatoribus & Regibus vel Gentibus
universis fidem immaculatam pro-
missasque semel amicitias firmis
conditionibus conservavit... Nam
qualem præfatus Princeps in cujus
vos opprobrio tanta dixistis, cunctis Gentibus fidem servavit, innu-
merabilium triumphorum Deo vo-
lente, victoriis declaratur. Amicitias nostras quas delectabiliter re-
quiritis, stabiliter rogamus habere.
studeatis, & quo melius inviolabili
fide permaneant, &c. Du Chesne,
tom. pr. pag. 862.

... du Prince dont nous descendons. Cependant «
nous voïons & nous voïons avec peine que la suite «
de votre lettre attaque la mémoire d'un Souverain , «
si grand , si renommé , & si fidele à tous les engage- «
mens qu'il prenoit , soit avec les Empereurs , soit avec «
les Rois , soit avec les Nations : Il n'a point , comme «
votre lettre le supose , ni ruiné ni dépoüillé les Egli- «
ses , au contraire il les a enrichies aux dépens des «
Temples des Idoles. Tant de victoires que le Dieu «
des Armées lui a fait remporter , seront à jamais les «
monumens de la fidelité avec laquelle il observoit les «
sermens qu'il avoit faits en prenant le seul Dieu ve- «
ritable à témoin. Fasse le Ciel que vous daigniez avoir «
toûjours autant de soin de conserver notre amitié , «
que vous avez aujourd'hui. d'empressement à la re- «
chercher. «

Comme Thierri le pere de Theodebert n'eut jamais
rien à démêler avec les prédecesseurs de Justinien, on
voit bien que ce n'est point de Thierri, mais de Clovis
qui doit avoir souvent traité avec eux, que cet Empereur parloit dans sa lettre à Theodebert. Le mot de
genitor, par lequel Theodebert désigne dans sa réponse
le Roi dont Justinien flétrissoit la mémoire , signifie
non-seulement *pere*, mais encore un des ayeuls. Il convient donc aussi-bien dans la bouche de Theodebert à
Clovis ayeul de ce Prince, qu'à Thierri pere de ce même Prince.

Il est vrai que Monsieur de Valois (*a*) explique au-

(*b*) Neque enim Flavius Justinianus de Theoderico Theodeberti
patre cui cum nihil unquam rei
fuit quique nulla extra Germaniam
ac Gallicam bella gessit, queri me-

rito potuit ... Tres itaque episto-
las supradictas male inscriptas esse.
credo, nec à Theodeberto Majore
ad Justinianum Augustum sed à
Theodeberto posteriore ad Impe-

trement que nous cette lettre de Theodebert. Après
avoir obfervé, comme nous l'avons fait, que le Prince
qui s'y trouve, & défigné & juftifié fans y être nommé,
ne fçauroit être le Roi Thierri premier ; il conste
qu'elle eft écrite, auffi-bien que deux autres dont nous
parlerons dans la fuite, par le Roi Theodebert, petit
fils de Childebert Roi d'Auftrafie, & parvenu à la Couronne en cinq cens quatre-vingt-quinze, à l'Empereur
Maurice, monté fur le Trône de Conftantinople en
cinq cens quatre-vingt-deux, & qui l'occupa jufqu'à
l'année fix cens deux.

Mais comme les conjectures fur lefquelles Monfieur
de Valois apuïe fon opinion, ne font rien moins que
décifives, & comme d'un autre côté, il n'y a rien dans
la lettre dont il eft queftion, que Theodebert premier
n'ait pû écrire à Juftinien, je m'en tiens à la fufcription
de cette lettre, & cette fufcription, qui eft la même
dans tous les manufcrits, dit pofitivement qu'elle eft
écrite à l'Empereur Juftinien par le Roi Theodebert
premier. D'ailleurs toutes les aparences favorifent ce
fentiment. On verra dans le cinquiéme livre de cette
Hiftoire, que l'année même de la mort de Thierri fils
de Clovis; c'eft-à-dire en cinq cens trente-quatre, Juftinien voulut traiter, & qu'il traita réellement avec
Theodebert & les autres Rois des Francs, pour les obliger à ne point le troubler dans fon entreprife contre
les Oftrogots, de laquelle il étoit fur le point de commencer l'exécution. Il eft donc très-probable que Juftinien fera entré alors en négociation avec les Rois Francs
en écrivant à Theodebert, qui comme fils & fucceffeur

ratorem Flavium Mauricium Ti- | lib. 8. pag. 438.
berium miffas. Valef. Rerum Franc. |

l'aîné des enfans de Clovis, étoit le Chef
de la Maison Royale, une lettre de conjoüiffance fur
fon avénement à la Couronne. C'eft à cette lettre, quo
l'on n'a plus, que Theodebert aura fait la réponfe
dont on vient de lire le contenu. Il n'eft pas difficile
après cela de concevoir que Juftinien, qui jettoit dans
fa lettre quelques propofitions du Traité qu'il fit bientôt après avec les Rois Francs, y avoit fait entendre
qu'il fe flatôit que ces Princes exécuteroient plus fide-
lement les conventions qu'ils feroient enfemble, que
Clovis n'avoit exécuté fes conventions avec l'Empereur
Anaftafe. Ce reproche fait à la mémoire de Clovis,
aura obligé Theodebert à inferer dans fa réponfe la juf-
tification de fon aïeul que l'on vient de lire. Il eft vrai
qu'il n'y eft pas dit pofitivement que les engagemens
aufquels on accufoit Clovis d'avoir manqué, euffent
été des promeffes qu'il avoit faites à l'Empereur Anaftafe, pour obtenir de lui le Confulat. Mais fi Clovis a
jamais dû prendre des engagemens pofitifs & précis avec
les Empereurs d'Orient, ç'a été pour obtenir d'eux
cette dignité. En effet, les Sçavans qui ont le mieux
étudié les commencemens de l'Hiftoire de notre Monarchie, font perfuadés, que non-feulement le Confulat ne fut conferé à Clovis, qu'en vertu d'un Traité
en forme fait entre lui & l'Empereur Anaftafe ; mais
que c'eft de ce Traité, qui confommoit l'ouvrage de
l'établiffement des Francs dans les Gaules, qu'il eft fait
mention dans le Préambule de la Loi Salique, fous le
nom de *Traité de paix,* dit abfolument, & par excellence.

Le Préambule de la Loi (*a*) Salique, rédigée par

fut confinée à Tours quelque tems après la mort de Clovis, (*a*) dit qu'on la vit rarement à Paris, depuis la mort de ce Prince.

Voilà encore probablement pourquoi les Rois Petits-fils de Clovis, à qui l'experience avoit enseigné de quelle importance il (*b*) étoit qu'aucun d'entr'eux n'eût la Capitale de toute la Monarchie dans son Partage, ne l'avoient point mise dans aucun lot, mais l'avoient laissée en commun, stipulant même dans le Pacte de famille fait entr'eux, que celui des Compartageants qui mettroit le pied dans Paris sans le consentement exprès des autres, seroit déchû de la part & portion qu'il y auroit, & pourquoi chacun d'eux avoit promis d'observer cette condition, en faisant des imprécations contre lui-même s'il étoit assez malheureux pour y manquer : Aussi voïons-nous que le Roi Chilperic, un des Princes dont je parle, voulant entrer dans Paris sans avoir obtenu auparavant, le consentement de ses freres, & sans encourir néanmoins les peines portées dans le Pacte de famille fait avec eux, imagina un expedient bien conforme au génie du sixiéme siecle. La veille de Pâques il entra dans Paris à la suite d'une procession où l'on portoit plusieurs reliques, qu'il accompagnoit. Le Siége de la Monarchie Françoise est encore dans le lieu où Clovis le plaça en cinq cens dix. Les Roïaumes sur lesquels regnoient ses enfans après

---

(*a*) In hoc loco commorata est, rarò Parisius visitans. *Ibid. cap.* 43.

(*b*) Chilpericus Rex pridie quam Pascha celebraretur Parisius abiit, & ut maledicto quod in pactione sua & fratrum suorum conscriptum erat ut nullus eorum Parisius, sine aliorum voluntate ingrederetur ca-

rere posset, reliquiis multorum sanctorum præcedentibus urbem ingressus est. *Greg. Tur. lib. hist. sexto, cap. vigesimo septimo.*

Hæ Pactiones quæ inter nos factæ sunt, ut quisquis sine fratrum voluntate Parisius urbem ingrederetur, amitteret partem suam. *Ibid.*

qu'ils eurent partagé la Monarchie Françoise, ont bien eu chacun une espece de Capitale particuliere, mais Paris est toûjours demeuré la Capitale de la Monarchie Françoise.

CHAPITRE II.

Clovis, qui n'étoit encore Roy que de la Tribu des Francs, apellée la Tribu des Saliens, fait périr les Rois des autres Tribus des Francs, & il engage chacune d'elles à le prendre pour son Roy.

NOUS voici arrivés à un évenement, qui par les circonstances affreuses dont il fut accompagné, & par les suites heureuses qu'il eut, semble tenir dans l'Histoire de France, la même place que le meurtre de Remus par Romulus son frere, tient dans l'Histoire Romaine. Le même esprit d'ambition qui fit penser à Romulus que le Roïaume qu'il avoit fondé ne pouvoit fleurir, ni même subsister, s'il falloit qu'il demeurât plus long-tems partagé entre son frere & lui, aura fait croire à Clovis que la Monarchie qu'il avoit établie dans les Gaules, & qu'il prétendoit laisser à ses fils, seroit toûjours mal affermie tant qu'il ne regneroit que sur la Tribu des Saliens, & tant que chacune des autres Tribus des Francs auroit un Roi particulier & independant de lui. En effet, il étoit à craindre que ces Princes, mortifiés de voir une Puissance n'a gueres égale à la leur, lui être devenuë tellement superieure, qu'elle pouvoit les assujetir l'un après l'autre dés qu'elle le voudroit, en se servant pour cela des richesses des Gaules qu'elle avoit à fa difpofition, ne fe liguaffent pour la détruire, foit avec fes fujets mécontents, foit avec des étrangers. Ce que Clovis ne craignoit pas pour lui, il pouvoit le craindre pour fa pofterité. Peut-être même ne fit-il que prévenir les autres Rois des Francs, & n'a-t'il paru criminel à la pofterité que parce qu'il aura été plus habile qu'eux. On voit en effet par l'Hiftoire que la plûpart des Chefs de Tribus dont Clovis fe défit, étoient des hommes fouverainement corrompus & fanguinaires, & l'on fçait à quels excès la jaloufie d'ambition, encore plus ardente dans le cœur des Souverains que dans celui des autres hommes, a coûtume de porter les Princes les moins-violens. Le motif d'abbatre une Puiffancedont le pouvoir femble exhorbitant, engage fouvent dans des entreprifes injuftes les Potentats qui fe piquent le plus d'équité, & lorfqu'ils s'y trouvent une fois engagés, ils ne rougiffent point d'entrer dans les complots les plus iniques & les plus odieux, afin de fe tirer des embarras où ils fe font mis.

Il fe peut donc bien faire que Clovis en exécutant contre les autres Rois fes parens tout ce que nous allons rapporter, n'ait ôté les Etats & la vie qu'à des Princes qui avoient attenté les premiers à fa vie & fur fes Etats. En verité il eft difficile de penfer autrement quand on entend faint Grégoire de Tours, qui fçavoit fur ce fujet-là beaucoup plus qu'il n'en dit, parler de la deftinée funefte de quelques-uns des Rois Francs que Clovis fit mourir, comme d'un avantage que ce Prince auroit remporté dans le cours d'une guerre jufte fur des ennemis declarés. C'eft même en imitant le ftyle de l'Ecriture fainte que s'explique le pieux Evêque, lorfqu'il écrit ces évenemens. Il dit donc après avoir raconté le

meurtre de Sigebert Roi des Ripuaires & celui de Clodéric fils de ce Prince: » (*a*) La Providence livróit cha-
» que jour entre les mains de Clovis les ennemis de ce
» Roi, dont elle se plaisoit à étendre la domination,
» parce qu'il avoit le cœur droit, & parce qu'il tenoit
» une conduite qu'elle aprouvoit. Notre saint Evêque
n'eût point parlé en ces termes des évenemens qu'on
va lire, si le procedé de Clovis n'eût point été justifié par
celui de ses ennemis. Pourquoi cet Historien, dira-
t'on, n'a-t'il point rapporté les faits qui disculpoient en
quelque sorte Clovis? C'est que des considérations qu'il
est impossible de deviner aujourd'hui, l'auront engagé
à passer ces faits sous silence. Puisque nous n'avons plus
pour s'expliquer ainsi, les pieces du procès, nous ne
sçaurions faire mieux que de nous en rapporter au jugement qu'a prononcé le Prélat vertueux qui les avoit
vûës. Transcrivons présentement le récit qu'il fait de
la catastrophe des ennemis de Clovis. Ce récit est la
seule relation autentique de ce grand évenement que
nous ayons aujourd'hui.

　» Tandis que Clovis faisoit son séjour à Paris, il fit
» représenter par ses émissaires à Clodéric fils de Sige-
» bert, que son pere étoit déja fort âgé, & d'ailleurs
» estropié de la blessure qu'il avoit reçûë à la journée
» de Tolbiac. Clovis faisoit assurer Clodéric en même
» tems, que son intention étoit de le favoriser en tout,
» & de le maintenir sur le Tróne des Ripuaires après
» la mort de Sigebert. Aussi-tôt que Clodéric se vit as-
» suré d'un tel apui, il se laissa aveugler par l'ambition

(*a*) Prosternebat enim quotidie
Deus hostes ejus sub manibus ipsius, & augebat regnum ejus, eò
quod ambularet recto corde coram
eo & faceret quæ placita erant in
oculis ipsius. *Gr.Tur. hist.* 2. *c.* 40.

au point de commettre un parricide. Un jour que Si- «
gehert, qui étoit sorti de Cologne, & qui avoit passé «
le Rhin pour prendre l'air dans les environs de la fo- «
rêt Buchovia, dormoit après le dîner , des assassins «
subornés par son fils le mirent à mort. La Providence «
permit qu'à quelques jours de-là, Clodéric trébucha «
lui-même dans une fosse semblable à celle où ce mal- «
heureux avoit précipité son pere. Dès que Sigebert eut «
cessé de vivre , son fils donna donc part de cette mort «
à Clovis , & il lui (a) manda : J'ai en ma possession «
les Etats & les trésors que mon pere a laissés : En- «
voïez-moi des personnes affidées à qui je puisse remet- «
tre ce que vous pourrez souhaitter des richesses qui «
sont à présent à ma disposition. Clovis lui répondit : «
Je vous remercie de votre bonne volonté, & vous prie «
seulement de faire voir à ceux que je vous envoïe les «
trésors de votre pere , qui , quant à présent ne sçau- «
roient être mieux qu'entre vos mains. Dès que les «
personnes envoïées par Clovis furent arrivées, Clo- «
deric leur fit voir ces trésors, & leur dit en leur mon- «
trant un coffre ; voila où le Roi mon pere serroit les «
espéces d'or. Nous vous prions , lui répondirent les «
autres ; de foüiller jusqu'au fond de ce coffre, afin «
que nous puissions juger un peu mieux de la somme «
qu'il contient. Clodéric se mit en devoir de les con- «
tenter ; mais dans le tems qu'il étoit courbé, l'un de «
nos emissaires lui fendit la tête d'un coup de hache «
d'armes. Dès que Clovis eut été informé de la mort «

(a) Pater meus mortuus est , & ejus thesauros cum regno ejus apud me habeo Dirige tuos ad me, & illa quæ de illius thesauro tibi placent bona volontate transmittam. Et ille gratias, inquit, tuæ volontati ago, & rogo ut venientibus nostris patefacias , cuncta ipse deinceps possessurus. *Gr. Tur. hist. lib. 2. cap. 40.*

cliers qu'ils agréoient la proposition de Clovis. Ils éle- «
verent donc incontinent ce Prince sur un pavois & ils «
le proclamerent Roi de leur Tribu. Ce fut ainsi que « ·
Clovis vint à bout de se rendre maître des trésors de «
Sigebert, & de réunir aux sujets qu'il avoit déja, les «
sujets de ce Prince infortuné. «

Nous avons raporté dès le commencement du Chapitre, la réflexion que Grégoire de Tours fait sur la
réussite de ce projet de Clovis.

Nous avons aussi exposé déja en plusieurs occasions
que la Tribu des Francs, sur laquelle regnoit Sigebert,
étoit celle des Ripuaires, qui avoit fait son établissement dans les Gaules avant l'invasion d'Attila. Après ce
que nous avons dit touchant les bornes de cet établissement, nous nous contenterons d'observer ici, que
ces Ripuaires avoient aussi dans la Germanie un territoire qui s'étendoit jusques à la Fuld, riviere près de
laquelle étoit la forêt Buchovia, où Sigebert fut tué.
Ce territoire étoit une portion de l'ancienne France,
qu'ils avoient aparemment défenduë contre les efforts
que les Turingiens avoient faits pour s'en saisir ; &
peut-être a-t'il été la premiere possession que la Monarchie Françoise ait euë au-de-là du Rhin. Ce qu'on va
lire, montre que d'un autre côté, le Royaume de Sigebert s'étendoit jusques à la Cité de Châlons sur Marne.

Un des plus anciens monumens de notre Histoire,
est la Vie de saint Mesmin, second Abbé de Mici dans
le Diocèse d'Orleans. Elle a été écrite peu de tems après
la mort de ce pieux personnage, contemporain du Roi
Clovis. Il y est fait mention fort au long de la prise de
Verdun par Clovis ; & quoique nos meilleurs Historiens raportent cet évenement à l'année quatre cens

D

quatre-vingt-dix-fept, fondés fur ce qu'Aimöin en fait mention immédiatement après avoir raconté le Baptême de Clovi s; je crois néanmoins devoir le placer ici comme une fuite de l'élection que la plûpart des Ripuaires firent de ce Prince pour leur Roi après la mort de Sigebert.

Valef.
Rer. Franc.
lib 6. p.27.
Aim. lib.
prim. cap.
16. & 17.

Voici ma raifon pour en ufer ainfi. Le Pere Labbé nous a donné dans le premier volume de fa Bibliothèque la Chronique écrite par un Hugues qui vivoit dans le douziéme fiecle, & qui après avoir été Religieux du Monaftere de faint Vannes de Verdun, fut Abbé de Flavigny en Bourgogne. Cette Chronique eft même auffi connuë des Sçavans, fous le nom de la Chronique de Verdun, que fous celui de la Chronique de Flavigny. Il y eft dit. (a) Immédiatement après le récit du meurtre de Sigebert & de celui de Clodéric. » Dès que » Clovis eut apris cet évenement, il fe rendit fur les » lieux, & après avoir apaifé les Peuples, en leur di- » fant qu'il étoit innocent du meurtre de fes parens, » il fut élû Roi. Les habitans de quelques villes indi- » gnés contre lui, réfolurent néanmoins de faire tout ce » qui dépendroit d'eux pour fe défendre de lui obéïr. » Ceux de Verdun furent du nombre, & ils fe prépa- » rerent même, à ce qu'on prétendit, à lui faire la » guerre. Clovis, dès qu'il eut été inftruit de ce qu'ils

(a) Quod audiens Clodoveus ad eundem locum venit, & quafi qui ef-fet noxius à fanguine parentum fuo-rum, populo fatisfecit, & in Regem conftitutus eft. Quod quarundam Civitatum habitatores indigne fe-rentes contra eum fi fuiffet poffibi-le nifi funt rebellare. Inter quos Cives Verdunenfes oppidi defec-tionem atque duellionem contra eum dicuntur meditati.... Audita autem defectione Verdunenfium & ratus non effe percraftinandum in talibus, viribus undequaque coac-tis cum valida manu militari ad eandem urbem venit, injuriæ gra-tia ulcifcendæ. Quo in tempore Firminus Epifcopus ejufdem Civi-tatis, mire fanctitatis vir diem clau-fit ultimum. *Labb. Bibl. tom. pri* *pag.* 87.

nachinoient jugea qu'il n'y avoit point de tems à per- «
lre, & raſſemblant une armée, il vint mettre le ſiege «
levant Verdun. Ce fut préciſément dans ce tems-là "
|ue mourut ſaint Firmin Evêque de cette Ville. « Cet-
e derniere circonſtance prouve, comme on le verra,
|ue la Vie de ſaint Meſmin & la Chronique de Verdun
nt l'une & l'autre voulu parler du même évenement.

Il eſt vrai que Hugues Abbé de Flavigny a vécu en
es tems bien éloignés du regne de Clovis ; mais on ob-
ſervera deux choſes. La premiere, que cet Hugues
toit de Verdun, ou que du moins il avoit demeuré
ong-tems dans cette Ville, & que pluſieurs Actes par-
iculiers à Verdun, & la tradition ſoutenuë par quel-
|ue Proceſſion ou autre cérémonie religieuſe, inſtituée
n mémoire du ſiege dont il s'agit ici, devoient y con-
erver encore ſix cens ans après la mémoire de ce ſiege.
ُا ſeconde, c'eſt qu'on ne ſçauroit opoſer au témoi-
ِnage de notre Chroniqueur, le témoignage d'aucun
ِuteur qui ait vécu ſous les deux premieres Races de
os Rois, & qui diſe que le ſiege de Verdun ait été fait
plûtôt ou plus tard que cinq cens dix. (a) Aprés
ِela, je ne prens dans la Chronique de Verdun que la
lattre du ſiege de cette Ville par Clovis, & c'eſt de la

(a) Porro ut dixi cum Regîbus ſtruerit clariſſimis Chlodoveus inter ceteros emicuit.... Sed cum auſpicia ejus regni multimodis ur-
erentur incurſibus ſicut ſe habent multorum volontates, quæ cupidæ
ſint mutationum & novellis rebus antequam convaleſcant inferre ni-
untur pernitiem vel difficultatem, plurimi tales in regno ejus re-
perti ſunt talium cupidi rerum. In-ter ceteros vero Cives Viridunen-
ſes oppidi defectionem atque per-duellionem contra eum dicuntur

meditati. Sed idem præfatus Rex ratus non eſſe procraſtinandum,
viribus undequaque coactis ad ean-dem urbem venit, cujus muros corona militum obambit, aggeres ſtruit, aſpera complanat, & quæque
eſſent, urbis capiendæ, commoda ordinat. Portis cuſtodias ammovet
& ne quis exeat magno ſtudioſoque conamine providet. Quo in tempore Epiſcopus ejuſdem Civitatis no-mine Firminus diem clauſit ultimum. Duch. tom. pr. pag. 531.

D ij

Vie même de faint Mefmin que je tirerai ce que jai à
rapporter concernant les autres circonftances de cet événement. Il eft dit dans cette Vie. » Clovis a été un des
» grands Rois des Francs. Cependant il eut plufieurs
» affaires fâcheufes dans les lieux où il établit fa domi-
» nation. Il fe trouve toûjours affez de gens inquiets &
» remuans, qui lors qu'un païs change de maître, tâ-
» chent par toute forte de voïes , de perpetuer les
» troubles , foit en empêchant l'autorité du nou-
» veau Souverain de s'établir , foit en tàchant de l'é-
» branler lorfqu'elle commence à s'affermir. Clovis
» trouva plufieurs perfonnes de ce caractere dans tous les
» païs qu'il foumit à fon pouvoir. Entr'autres les citoïens
» de Verdun furent acufés de vouloir non-feulement ré-
» fifter à ce Prince , mais de vouloir encore allumer une
» guerre contre lui. Auffi-tôt le Roi des Francs voïant
» bien qu'il feroit dangereux de laiffer le mal s'enraci-
» ner, met une armée fur pied, inveftit la place, com-
» mence fes aproches; ordonne qu'on aplaniffe le ter-
» rain où il vouloit faire agir fes machines de guerre, &
» fait toutes les difpofitions néceffaires pour la prendre:
» fur tout il place des corps de garde vis-à-vis chaque
» porte pour empêcher que perfonne ne puiffe s'évader.
» Ce fut précifément dans ce tems que le grand faint
» Firmin Evêque de Verdun vint à mourir. Les affie-
» gés défefperant de pouvoir réfifter après que les bé-
» liers eurent fait brêche à leurs murailles ; & n'aïant
» plus d'Evêque qui pût interceder pour eux , ils
» choifirent unanimement Eufpicius, un faint Prêtre
» pour être leur médiateur auprès du Roi des Francs.
» Eufpicius voulut bien faire ce qu'ils fouhaitoient de
» lui, & il fut trouver Clovis qui l'écouta avec bien

veillance, & répondit avec une bonté que le ciel fem- «
bloit lui inspirer. La capitulation fut donc concluë, «
& l'on ouvrit les portes de la Ville aux affiégeans, «
qui furent reçûs avec toutes les démonſtrations de «
foumiſſion qu'ils pouvoient attendre. Deux jours «
après, Clovis (*a*) qui avoit deſſein de mener ſon ar- «
méc, laquelle s'étoit rafraîchie, à quelqu'autre expé- «
dition de même nature, dit à ſaint Euſpicius qu'il «
vouloit qu'on l'élût Evêque de la Ville qu'il venoit «
de ſauver. Le ſerviteur de Dieu aïant refuſé l'Epiſ- «
copat avec une fermeté inébranlable, Clovïs lui dit, «
ſuivez-moi donc, & m'acompagnez juſqu'à Orleans. «

L'Auteur de la Vie de ſaint Meſmin raporte enſuite, qu'Euſpicius ſuivit Clovis, & que ce Prince
fonda en conſidération de ce ſaint perſonnage, l'Ab-
baïe de Mici, dont ſaint Meſmin, neveu d'Euſpicius
fut le Superieur après ſon oncle. (*b*) J'ajoûterai que
nous avons encore la Chartre de la fondation de l'Ab-
baïe de Mici, faite par Clovis.

Pour revenir à mon ſujet, il paroît donc que Verdun & quelques autres Villes qui étoient renfermées dans les païs occupés en differens tems par la
Tribu des Ripuaires, n'auront pas voulu d'abord dé-
venir ſujettes de Clovis, bien qu'il eût été élû Roi par
cette Tribu, & qu'il aura fallu que le Roi des Saliens
employât la force pour réduire ces Villes ſous ſa domination. D'ailleurs le peu que nous ſçavons concernant le Royaume des Ripuaires, nous porte à penſer
qu'il étoit après le Roïaume des Saliens, la plus conſi-

(*a*) Quibus biduo indulgens &
recreatum exercitum poſt laborem
itidem ad alia paria negotia cu-
genda ducere volens. *Ibidem.*

(*b*) Clodovæus Francorum Rex
vir inluſter tibi venerabilis ſenex
Euſpici. *Spicil. tom. tertio, pag.* 307.

dérable des Monarchies, que les Tribus des Francs.
avoient établies dans les Gaules, & par conséquent,.
qu'il pouvoit bien s'étendre depuis Nimegue jusqu'à;
Verdun. En effet, nous verrons que les Ripuaires
ne laisserent point après qu'ils eurent reconnu Clovis.
pour leur Roi, de subsister toûjours en forme d'une
Tribu distincte & séparée de celle des Saliens. Comme
nous le dirons plus au long dans la suite : la Tribu des.
Ripuaires avoit encore son Code particulier, & vivoit encore suivant cette Loi, sous nos Rois de la seconde Race. Au contraire, les autres Tribus des Francs,
que nous allons voir passer sous la domination de Clovis, furent incorporées avec celles des Saliens ou des
Sicambres, aussi-tôt qu'elles eurent reconnu ce Prince
pour leur Roi. Il n'est plus fait mention dans l'Histoire
des tems posterieurs au regne de Clovis, ni des Chattes,
ni des Chamares, ni des Ampsivariens, ni des autres
Tribus des Francs dont il est parlé dans l'Histoire des
tems anterieurs à leur réduction sous l'obéissance de ce
Prince. On ne voit plus paroître dans l'Histoire des
successeurs de Clovis, que les Francs, absolument dits ;
c'est-à-dire la Tribu formée par la réunion de cinq ou
six autres à celle des Saliens, & les Francs Ripuaires.

Reprenons la narration de Grégoire de Tours. Cet
Historien, immédiatement après avoir raconté l'union
des Etats de Sigebert à ceux de Clovis, raporte la fin
tragique de Cararic, un autre Roi des Francs, & qui
suivant toutes les aparences, s'étoit cantonné dans le
païs partagé aujourd'hui entre les Diocèses de Boulogne, de Saint Omer, de Bruges & de Gand.

» Clovis, dit Grégoire de Tours, entreprit ensuite
» de se faire raison enfin de Cararic, qui avoit refusé

de se joindre à lui contre Syagrius, & qui avoit voulu «
demeurer neutre alors ; afin d'être le maître de s'al- «
lier à celui des deux rivaux de grandeur, qui demeu- «
reroit victorieux. Cararic & son fils furent bien-tôt «
livrés à Clovis, qui leur fit couper les cheveux, & les «
obligea de prendre les Ordres sacrés. Le pere fut or- «
donné Prêtre & le fils Diacre. Un jour que Cararic «
déploroit les larmes aux yeux sa destinée, son fils lui »
dit Consolez-vous ; quand on nous a dépouillés de no- «
tre dignité, & quand on nous en a ôté les marques, on «
n'a fait autre chose que de couper tout le feüillage d'un «
arbre plein de séve. (a) Bien-tôt il en aura repoussé «
un nouveau. Que nous serions heureux si celui qui «
nous a fait tondre pouvoit périr dans aussi peu de tems «
qu'il en faut à nos cheveux pour revenir. Clovis infor- «
mé de tout ce discours, ne douta point que les Princes «
dégradés ne fussent résolus à laisser croître leurs che- «
veux, & à l'assassiner. Il leur fit donc le même traite- «
ment qu'ils vouloient lui faire. Après leur mort, il «
s'empara de leur trésor, il se mit en possession du «
païs où ils s'étoient cantonnés, & il obligea les Francs «
& les Romains, sujets de ces Princes, à le reconnoître «
pour Souverain. «

(a) Post hæc ad Chararicum Regem dirigit. Quando autem cum
Syagrio pugnavit hic Chararicus..
Ob hanc causam contra indignans
Chlodovechus abiit : quem circum-
ventum dolis cœpit cum filio, vin-
ctosque totundit ; & Chararicum
quidem Presbyterum filium verò
ejus Diaconum ordinari jubet. Cum
que Chararicus de humilitate sua
conquereretur & fleret, filius ejus
... fertur. In viridi inquit, li-

gno hæ frondes succisæ sunt, nec
omnino arescunt, sed velociter e-
mergent, ut crescere queant. Utinam
tam velociter qui hæc fecit inte-
reat. Quod verbum sonuit in au-
res Chlodovechi, quòd scilicet mi-
narentur sibi cæsariem ad crescen-
dum laxare, ipsumque interficere.
At ille jussit eos pariter plecti, quibus mortuis regnum eorum cum
populis & thesauris acquisivit. Gr.
Tur. hist. lib. 2 cap. quadragesimo pr.

Comme la distinction la plus sensible, qui fût alors entre les Francs & les Romains, venoit de ce que les premiers portoient de longs cheveux, au lieu que les Romains les portoient extrêmement courts; on conçoit bien, que couper à un Franc sa chevelure, c'étoit le retrancher de la Nation, & le rendre, & déclarer incapable de toutes les places & dignités, qu'on ne pouvoit pas posseder à moins qu'on ne fût Franc. La Roïauté devoit être une de ces dignités. C'est dequoi nous parlerons plus amplement dans un autre endroit de notre Ouvrage.

Grégoire de Tours reprend la parole. « (a) La dissolution » où vivoit le Roi Ragnacaire, qui avoit son établissement » à Cambray, étoit si grande, que la crainte de faire » tort à l'honneur de ses parens, ne le retenoit point » dans ses débauches. Faron son principal Ministre n'a- » voit point plus de vertu que son Maître, qu'il gou- » vernoit néanmoins si absolument, que ce Prince parloit » toûjours de ce serviteur comme d'un égal, & comme » d'un homme associé à la Roïauté. Les Francs sujets de » Ragnacaire souffroient donc avec indignation la fa- » veur excessive de ce Faron, & Clovis qui étoit bien » informé, entreprit de les gagner par des liberalités. » Entr'autres présens, il leur distribua un grand nom- » bre de bracelets de cuivre doré, en laissant entendre » qu'ils étoient d'or fin. Quand ce Prince se fut assuré

(a) Erat autem tunc Ragnacharius Rex apud Cameracum tam effrenis in luxuria ut vix vel propinquis quidem parentibus indulgeret... Sed ab exercitu comprehensus in conspectu Chlodovechi una cum Richario fratre suo perducitur. Cui ille, cur, inquit, humiliasti genus nostrum ut te vinciri permitteres. Melius enim tibi fuerat mori, & elevatam securim capiti ejus defixit. Conversusque ad fratrem ejus ait: Si tu solatium fratri tribuisses, alligatus utique non fuisset. Simili-ter & hunc securi percussum inter-fecit. Ibid. cap. quadragesimo secundo.

d'eux

» portunez plus : N'êtes-vous pas encore trop heu-
» reux que je vous laiſſe vivre après ce qùi s'eſt paſſé.
» Une telle réponſe les fit taire, & ils regarderent com-
» me une grace de n'être point recherchés. (*a*) Au
» reſte, Clovis étoit parent de Ragnacaire & de Richa-
» rius, qui avoient encore un frere nommé Regnomer,
» Roi de la Tribu des Francs, dont les quartiers étoient
» dans le Maine. Après la mort de ces trois Princes,
» Clovis ſe rendit maître de toutes leurs forces, & il
» s'empara de leurs tréſors.(*b*) Ce fut, ajoûte Grégoire
» de Tours, immédiatement après ce qu'on vient de
» lire, par le meurtre de tous ces Princes infortunés, &
» de pluſieurs autres Rois ſes parens, dont Clovis crai-
» gnoit les entrepriſes ſur ſes Etats & ſur ſa vie, qu'il
» vint à bout de faire reconnoître ſon autorité dans tou-
» tes les Gaules. Néanmoins un jour il lùi échapa de
» dire devant beaucoup de monde : Malheureux que je
» ſuis ; j'ai perdu tous mes parens ; & je me trouve en
» quelque maniere étranger dans mes propres Etats.
» S'il m'arrivoit une diſgrace, je ne pourrois plus avoir
» recours à ces perſonnes que les liens du ſang obli-
» gent à prendre notre parti, en tout tems & dans tou-
» tes les occaſions. Mais ce Prince ne parloit pas de bonne
» foi, lorſqu'il s'expliquoit ainſi ; c'étoit dans la vûë

(*a*) Fuerunt autem ſupradicti Reges propinqui hujus quorum frater Regnomeris nomine apud Cennomanis Civitatem & juſſu Chlodovechi interſectus eſt, quibus mortuis omne regnum eorum & theſauros accepit. *Ibidem.*

(*b*) Interfectis que multis Regibus & parentibus ſuis primis de quibus zelum habebat ne ei regnum auferrent, regnum ſuum per totas Gallias dilatavit. Tamen congregatis ſuis quadam vice dixiſſe fertur de parentibus quos ipſe perdiderat ? Væ mihi qui tanquam peregrinus inter exteros remanſi, & non habeo de parentibus, ſi mihi venerit adverſitas, qui poſſit aliquid adjuvare. Sed hoc non de morte horum condolens, ſed dolo dicebat, ſi forte potuiſſet adhuc aliquem reperire ut interficeret. *Ibidem.*

» de donner envie à ceux de ſes parens , qui s'étoient
» cachés , de ſe découvrir , & avec l'intention de leur
» faire le même traitement qu'il avoit fait à ceux qu'il
» ſeignoit de regretter. En effet on verra par la ſuite de
l'Hiſtoire , que quelques-uns des parens collateraux de
Clovis , étoient échapés à ſes recherches.

Clovis étoit un Prince trop habile pour ne ſe tenir
pas plus aſſuré de tous les Francs, qui portoient alors ,
s'il eſt permis de s'expliquer ainſi , l'épée de la Gaule ,
lorſqu'ils feroient commandés par des Officiers qu'il
inſtituoit & deſtituoit à ſon gré, que s'ils demeuroient
ſous les ordres de pluſieurs Rois ſes parens & ſes amis
autant qu'on le voudra, mais indépendans de lui, au point
qu'il ne pouvoit les engager à le ſervir, qu'en négociant
avec eux, & qui avoient toujours le pouvoir de lui nuire.

On voit ſenſiblement par la narration de Grégoire
de Tours , que Clovis, qui craignoit tous les autres
Rois des Francs , ne craignoit en même tems que ſes
parens collateraux ; & c'eſt ce qui confirme la remarque faite par pluſieurs de nos Ecrivains modernes : Que
toutes les Tribus des Francs , lorſqu'elles avoient un
Roi à élire , choiſiſſoient toujours un Souverain entre
les Princes de la même Maiſon. Il n'y avoit dans la
Nation des Francs , bien qu'elle fût diviſée en pluſieurs Tribus , qu'une ſeule Maiſon Royale.

Suivant les apparences, Clovis employa les dix-huit
mois qu'il vécut encore après avoir pris poſſeſſion de la
dignité de Conſul , à ſe défaire des Rois des autres
Tribus des Francs , & à s'emparer de leurs Etats. Du
moins nous ne ſçavons point qu'il ait fait autre choſe
pendant ce tems-là , ſi ce n'eſt de procurer l'Aſſemblée
du premier Concile National tenu dans Orleans depuis
l'établiſſement de la Monarchie Françoiſe dans les
Gaules. E ij

CHAPITRE III.

Du Concile National assemblé à Orleans en cinq cens onze.

NOus avons déja obfervé que Grégoire de Tours ne difoit rien de ce Concile ; & nous avons même allegué le filence qu'il garde à ce fujet , comme une des preuves qui montrent qu'on ne fçauroit contredire la vérité d'aucun fait arrivé dans les tems dont il a écrit l'hiftoire, en fe fondant fur la raifon, que cet Auteur n'en a point parlé. En effet, il eft fi vrai, que le Concile dont notre Hiftorien ne dit pas un mot, a été affemblé, que nous en avons les Actes , où nous apprenons, qu'il fut tenu fous le Confulat de Félix , c'eft-à-dire, l'année cinq cens onze de l'Ere Chrétienne. On peut les voir dans le premier Volume des Conciles des Gaules, par le Pere Sirmond. Voici la fubftance de la lettre que les Evêques qui fe trouverent à cette Affemblée, écrivirent à Clovis.

(*a*) » Tous les Evêques auxquels le Roi Clovis a » ordonné de s'affembler dans Orleans , à Clovis leur » Seigneur , & le Fils de l'Eglife Catholique : Votre « zéle pour la Religion déja fi connu , & qui vous fait » fouhaiter avec ardeur d'en voir fleurir le culte , vous » ayant engagé d'enjoindre aux Evêques de s'affembler ; » nous nous trouvons de notre côté dans l'obligation de

(*a*) *Domino fuo , Catholica Eccle-fia Filio Chlodoveo Regi gloriofiffimo, omnes Sacerdotes quos ad Concilium ve-nire juffifti....Ita etiam ut fi ea quæ nos ftatuimus, etiam veftro recta* effe judicio comprobentur, tanti confenfu Regis & Domini, majori autoritate firmet fententiam Sacer-dotum.

Sirm. Concil. Gall. Tom. primo.

» vous envoïer les Canons que nous avons rédigés ,
» après avoir , en exécution de vos ordres, difcuté tous
» les points fur lefquels vous fouhaitiez que nous fta-
» tuaffions. Si vous approuvez nos Decrets, ils recevront
» une nouvelle force par le jugement favorable qu'en
» aura porté un Roi fi digne de gouverner.

Les Evêques qui fe trouverent au Concile dont nous
parlons , étoient au nombre de trente ; ce qui paroît par
leurs fignatures écrites au bas des Actes de cette Affemblée. Du nombre de ces Prélats étoient les Métropoli-
tains , & , pour parler le langage des fiécles fuivans, les
Archevêques de Bordeaux, de Bourges, de Rouen &
d'Eufe. Si tous les Evêques, dont les Sieges étoient dans
des Cités foûmifes à l'obéiffance de Clovis, fe fuffent
trouvés au Concile d'Orleans , nous ferions l'énumération des vingt - fix autres Prélats qui en foufcrivirent les
Actes. Ce feroit un moyen de donner à connoître avec
quelque certitude quelles étoient alors précifément les
Cités comprifes dans le Royaume de Clovis. Mais les
Evêques de plufieurs Cités, qui conftamment étoient
dans ce tems-là du Royaume de Clovis, ne vinrent pas à
notre Concile. Saint Remy, par exemple, ne s'y trouva
point. Ainfi , comme l'on ne fçauroit inférer de l'abfence d'un Evêque, que fa Cité ne fut point alors fous
la domination de Clovis, on ne fçauroit connoître précifément par les foufcriptions du Concile d'Orleans,
quelles étoient, quand il fut tenu , les Cités renfermées
dans les limites du Royaume de ce Prince.

Quoique nous nous foïons interdit de traiter les matieres Eccléfiaftiques, nous ne laifferons pas de rapporter ici
quelques-uns des Canons du Concile d'Orleans , parce
qu'ils font très-propres à montrer quel étoit alors l'état

E iij

politique des Gaules, & principalement à faire voir que
Clovis laiſſoit vivre les Romains des Gaules ſuivant le
Droit Romain , & que ce Prince entendoit que les Evêques qui étoient encore alors preſque tous de cette Nation, jouiſſent paiſiblement de tous les droits, diſtinctions
& prérogatives dont ils étoient en poſſeſſion ſous le regne des derniers Empereurs. Voici le premier Canon de
notre Concile.

» Conformément aux ſaints Canons & aux Loix Im-
» périales concernant les homicides , les adulteres & les
» voleurs, qui ſe feront réfugiés dans les aziles des Egli-
» ſes , ou dans la maiſon d'un Evêque, il ſera défendu
» de les en tirer par force, & de les livrer. On ne pourra
» même les remettre entre les mains de quelque per-
» ſonne que ce ſoit , avant que préalablement elle n'ait
» promis à l'Egliſe en jurant ſur les ſaints Evangiles, que
» les coupables ne ſeront point punis ni de mort , ni
» par mutilation de membres , ni d'aucune autre peine
» afflictive , & avant que leur partie ait tranſigé avec
» eux. Si quelqu'un viole le ſerment qu'il aura fait à
» l'Egliſe dans les circonſtances ci-deſſus énoncées, qu'il
» ſoit tenu pour excommunié, & que les Clercs, & mê-
» me les Laïques s'abſtiennent d'avoir aucune commu-
» nication avec lui. Que ſi quelque coupable intimidé
» par le refus que feroit ſa partie de compoſer avec lui ,
» vient à ſe ſauver de l'Egliſe où il ſe feroit réfugié , &
» à diſparoître, la ſuſdite partie ne pourra intenter au-
» cune action contre les Clercs de l'Egliſe à raiſon de
» cette évaſion.

Il ne faut pas méditer long-tems ſur ce Canon, pour
voir qu'il donnoit une grande conſidération à l'Epiſcopat dans un pays, où la plûpart des habitans vivoient

suivant le Droit Romain, qui attribuoit au simple Citoyen le droit de demander & de pourfuivre la mort
de ceux qui étoient coupables d'un crime capital commis contre lui ou contre les fiens, & qui autorifoit ainfi
le particulier à requerir que le criminel fût condamné
au dernier fuplice ; ce qui n'eft permis aujourd'hui
qu'au Miniftere public. Il étoit encore bien aifé de faire
évader le coupable de l'Eglife où il avoit pris fon azile,
quand la partie refufoit d'entendre à une tranfaction
que l'Evèque jugeoit équitable.

Le fecond Canon du Concile d'Orleans dit : » Tout
» raviffeur qui fe fera réfugié dans les aziles de l'Eglife,
» y amenant avec lui la perfonne qu'il aura ravie, fera
» tenu, s'il paroît qu'elle ait été enlevée contre fon gré,
» de la mettre incontinent en pleine liberté ; & après
» qu'on aura pris les fûretés convenables pour empêcher
» que le raviffeur ne foit puni de mort, ni d'aucune peine
» afflictive, il fera remis entre les mains de celui qui aura
» été lezé par le rapt, pour être fon efclave. Mais fi la per-
» fonne ravie a été enlevée de fon bon gré, elle ne fera re-
» mife au pouvoir de fon pere, qu'après qu'il lui aura
» pardonné ; & le raviffeur, s'il n'eft pas d'un état
» égal à celui de ce pere, fera tenu de lui donner une
» fatisfaction.

» L'efclave qui pour quelque fujet que ce foit, fe
» fera retiré dans les aziles de l'Eglife, ne fera remis en-
» tre les mains de fon maître, qu'après que ce maître
» aura juré de lui pardonner. Si dans la fuite le maître
» châtie fon efclave en haine du délit pardonné, que
» l'infracteur de fon ferment foit réputé excommunié,
» & qu'on l'évite comme tel. Que d'un autre côté il foit
» permis au maître, qui aura fait ferment entre les

Troifiéme
Canon.

» mains des Eccléfiaftiques de pardonner à fon efclave,
» de tirer par force de l'Eglife cet efclave, s'il refufoit
» après cela de fuivre volontairement fon maître.

Quelle confidération une pareille Loi ne devoit-elle
pas, dans une focieté politique où la fervitude avoit lieu,
donner à ceux qui en étoient les difpenfateurs? Il n'eft
donc pas étonnant que les Eccléfiaftiques euffent alors
un fi grand crédit. Les Laïques étoient tous les jours
obligés d'avoir recours à eux, même pour des interêts
temporels. Et d'un autre côté, les immunités & les privileges des Eccléfiaftiques fe trouvoient être en fi grand
nombre, que le Prince étoit réputé perdre en quelque
façon celui de fes fujets qui fe faifoit d'Eglife. Voilà
pourquoi un Laique ne pouvoit, fans une permiffion
expreffe de fon Souverain, entrer dans l'Etat Eccléfiaftique. Le quatriéme Canon de notre Concile d'Orleans ftatuë fur ce point-là ce qu'on va lire.

(a) » Quant à l'entrée dans la cléricature, nous or-
» donnons qu'aucun Citoïen laïque ne pourra être ad-
» mis à cet état, fans un ordre du Roi, ou fans le con-
» fentement du Juge du diftrict dont fera l'Ordinant;
» bien entendu néanmoins que ceux dont les peres, les
» ayeuls, & les bifayeuls auront toujours vécu dans la
» cléricature, continueront d'être fous la puiffance des
» Evêques, à la Jurifdiction defquels ils demeureront
» toujours foumis.

(a) De ordinationibus Clericorum id obfervandum effe decrevimus, ut nullus fæcularium ad cle-
ricatûs officium præfumat accedere, nifi aut cum Regis juffione,
aut cum judicis voluntate, ita ut
filii Clericorum, id eft, patrum,
avorum ac proavorum, quos in
fupra dicto ordine parentum conftat obfervationi fubjunctos, in
Epifcoporum poteftate & jurifdi-
ctione confiftant.
Conc. Aurel. primo, Canone quarto.

Suivant

.Suivant l'aparence, ce qui eſt dit dans ce Canon, Que perſonne ne puiſſe ètre admis à la cléricature, ſans un ordre du Roi, ou ſans le conſentement du Juge, ſignifie que les Francs ne pourront point y ètre admis, ſans un ordre exprès du Roi, mais que les Romains y pourront ètre admis ſur la ſimple permiſſion du Sénateur qui faiſoit la fonction du premier Magiſtrat dans leur Cité. On voit bien que le motif qui avoit engagé les Peres du Concile d'Orleans à ſtatuer concernant les Francs, ce qui étoit ſtatué dès le tems des Empereurs concernant les ſoldats. Cette Sanction ne regardoit-elle pas auſſi les ſoldats Romains qui ſervoient ſous Clovis ? Je le crois ; c'eſt tout ce que j'en puis dire. Quant à la derniere Sanction de ce Canon, celle qui ordonne que les fils, les petit-fils, & les arriere-petits-fils de ceux qui ſeront morts dans la cléricature, demeureront ſous le pouvoir & ſous la juriſdiction des Evêques, elle s'explique ſuffiſamment par l'uſage pratiqué en France juſques à l'Ordonnance (a) rendue par le Roi (b) François premier

<hr>

(a) Mais enfin toutes ces entrepriſes de la Juſtice Eccléſiaſtique ont été retranchées fort bien & à petit bruit par l'Ordonnance de mil cinq cens trente-neuf, qui en ſix lignes l'a réduite & remiſe au juſte point de la raiſon. Tant il y a que ce Reglement a tellement diminué la Juſtice Eccléſiaſtique, & augmenté la Temporelle, au prix de ce qu'elles étoient l'une & l'autre, qu'étant à Sens en ma jeuneſſe, j'ai oüi dire à deux anciens Procureurs d'Egliſe, qui avoient vû le tems précédent, qu'il y avoit alors plus de trente Procureurs en l'Officialité de Sens tous bien employés, & n'y en avoit que

cinq ou ſix au Bailliage, bien que ce ſoit un des quatre grands Bailliages de France; & maintenant tout au contraire, il n'y a que cinq ou ſix Procureurs morfondus en l'Officialité, & il y en a plus de trente au Bailliage.

Loyſeau, des Seigneuries, chapitre quinziéme.

Des franches perſonnes aucuns ſont Clercs, les autres ſont Laiz. Les Clercs ſont perſonnes Eccléſiaſtiques en Ordre & Dignité, ſervans l'Egliſe, & aucuns ſont ſimples Clercs tonſurés, dont les uns ſont mariés, & les autres non.

Couſt. de Meaux rédigée en mil cinq cens neuf. Titr. premier.

sur les representations du Chancelier Guillaume Poyet, & qu'on apelloit dans le tems l'*Ordonnance Guillemine*. Personne n'ignore qu'avant cette Ordonnance, non-seulement les Juges d'Eglise connoissoient de plusieurs procès entre personnes laïques desquels ils ne connoissent plus aujourd'hui, mais que tous les Clercs, dont la plûpart étoient mariés, & exerçoient plusieurs professions, même celle des armes, ne pouvoient être cités dans leurs causes personnelles que devant les Tribunaux Ecclésiastiques. Ces *Clercs solus*, c'est ainsi qu'on les nommoit, pouvoient donc, sans perdre leur privilege de cléricature, se marier une fois, pourvû qu'ils épousassent une fille, & même s'habiller de toutes sortes de couleurs, pourvû qu'ils ne se *bigarassent* point, c'est-à-dire, pourvû qu'il n'entrât point d'étoffes de differentes couleurs dans une des pieces de leur vêtement. Un *Clerc solu*, par exemple, pouvoit à son choix porter une robbe ou verte ou rouge, mais il ne pouvoitpoint, sans décheoir de son état, se vêtir d'une robbe faite d'une étoffe verte & d'une étoffe rouge.

Je reviens au Concile d'Orleans. Il paroît bien par le cinquiéme de ses Canons que Clovis n'avoit point été ingrat des services que les Ecclésiastiques lui avoient rendus, & qu'il avoit employé d'autres moyens que la force & la violence pour faire reconnoître son autorité dans la partie des Gaules qui lui étoit soumise. Ce cin-quiéme Canon (*a*) dit : » Quant aux redevances & aux » fonds de terre, dont le Roi notre Souverain a fait don

____

(*a*) De obligationibus vel agris quos Dominus noster Ecclesiæ munere suo conferre dignatus est, vel adhuc non habentibus, inspirante Deo, contulerit, ipsorum agro-rum vel Clericorum immunitate concessa; id esse rathissimum decernimus, ut in reparatione Eccle-siarum, &c.

Conc. Aur. pr. Can. quinto.

à des Eglises déja dotées, ou à celles que par l'inspi- »
ration du Ciel, il a voulu doter, en daignant même «
octroyer que les biens qu'il donnoit fussent quittes «
de la taxe à laquelle ils sont cotisés dans le Canon ou «
Cadastre public, & que les Clercs attachés au service «
de ces Eglises, fussent exempts de toutes charges per- «
sonnelles; nous ordonnons qu'on prendra préférable- «
ment à toute autre dépense, sur ces biens là, de- «
quoi entretenir & réparer les Temples du Seigneur, «
& pourvoir à la subsistance des Ecclesiastiques qui «
les desservent, ainsi que la nourriture des pauvres. Si «
quelque Evêque néglige à faire son devoir sur ce «
point-là, ou s'il néglige d'obliger ses inferieurs à fai- «
re le leur, que ses Comprovinciaux lui en fassent confu- «
sion. L'Evêque qui ne se fera point corrigé sur leurs «
remontrances, sera regardé comme excommunié, & «
les coupables d'un Ordre inferieur à l'Episcopat, «
seront destitués en la maniere la plus convenable. «

Le Canon suivant dit. » Si quelqu'un ose intenter
un procès contre un Evêque ou contre une Eglise, il «
ne sera point pour cela séparé de la Communion des «
fideles, pourvû qu'il s'abstienne durant le cours du «
procès, de dire des injures & de semer des calomnies. «

Le septiéme Canon montre bien quelle étoit pour
lors l'autorité des Evêques sur tout le Clergé séculier
& régulier. » (*a*) Les Abbés, les Prêtres & les Clercs,
ni aucune autre personne de celles qui sont voüées «
au service des Eglises, ne pourront aller demander «
des benefices aux Souverains temporels, avant que «

(*a*) Abbatibus, Presbyteris omni- | rum pro petendis Beneficiis ad Do-
que Clero, vel in Religionis pro- | minos venire non liceat. Quod si
fessione viventibus, sine discussio- | quispiam præsumpserit, &c. *Ibidem*
ne vel commendatione Episcopo- | *Canone septimo.*

» d'avoir rendu compte à leur Evêque, du motif de leur
» voïage, & obtenu de lui des lettres de recommanda-
» tion. Les contrevenans à ce Decret seront déchûs de
» leurs dignités, telles qu'elles puissent être, & ils res-
» teront privés de la Communion jusqu'à ce qu'ils aïent
» fait penitence, & donné à leurs Evêques une entiere
» satisfaction.

Comme il y avoit des Maîtres qui n'auroient pas voulu
donner certain esclave pour le quadruple du prix que
valoit au marché un esclave de même âge & de mêmes talens que le leur, soit parce que cet esclave leur
avoit servi de Secretaire dans des affaires délicates, soit
par d'autres motifs, on jugera si le Canon suivant devoit donner quelque considération aux Evêques lorsqu'il leur attribuë en quelque façon le pouvoir d'ordonner, & par consequent d'affranchir, moïennant
une somme modique, tous les esclaves qu'ils voudroient. » (a) Si quelqu'Evêque confere la Prêtrise
» ou le Diaconat à un esclave qu'il connoît pour tel, &
» cela durant l'absence ou à l'insçû du Maître de l'escla-
» ve, que l'Evêque soit tenu de païer au Maître, une in-
» demnité qui sera le double de la valeur de l'esclave or-
» donné, lequel demeurera en possession de son nouvel
» état. Si l'Evêque a ignoré la condition de l'esclave qu'il
» ordonnoit, qu'alors l'indemnité énoncée ci-dessus, soit
» païée au Maître de l'esclave par ceux qui l'ont pré-
» senté aux Ordres, & par ceux qui ont déposé qu'il
» étoit de condition libre. Nous pourrons voir un jour

(a) Si servus absente vel nescien- | tisfactione compenset. Si vero Epis-
te Domino suo, Episcopo tamen | copus cum servum nescierit, quæ
sciente quod servus sit, Diaconus | testimonium perhibuere, aut eum
vel Sacerdos fuerit ordinatus, ipso | qui supplicaverint ordinari, similia
in Clericatus officio permanente, | redhibitioni teneantur obnoxii.
Episcopus eum Domino duplici sa- | Ibidem Canone octavo.

que sous la troisiéme Race, les Seigneurs prétendoient heriter du serf qui avoit été ordonné sans leur participation : même lorsqu'il étoit parvenu à l'Episcopat.

Le neuviéme Cànon statuë, que les Prêtres convaincus de crimes capitaux, seront privés de leurs fonctions, ainsi que de la Communion des fideles ; & le neuviéme, que les Clercs heretiques, qui après une conversion sincere, auront été reçûs dans le giron de l'Eglise, seront habilités à faire les fonctions Ecclésiastiques en recevant d'un Evêque Catholique l'imposition des mains. Il statuë encore, que les Eglises, où les Visigots Ariens avoient exercé leur culte, seroient benies de nouveau avant qu'on y pût célébrer le Service divin. Le onziéme défend aux Fideles qui s'étoient mis en penitence, de quitter leur état ; & il déclare excommuniés ceux qui le quitteroient avant que d'avoir reçû l'absolution.

(a) Il est défendu dans le treiziéme Canon, aux femmes que les Prêtres & les Diacres avoient épousées avant que d'être engagés dans l'état Ecclésiastique, & dont ensuite ils se seroient séparés pour prendre les Ordres, de contracter du vivant de leur premier mari un second mariage. Le quatorziéme ordonne, que le revenu des fonds apartenans à une Eglise, demeureront entierement à la disposition de l'Evêque ; mais qu'il n'aura que la moitié des oblations, & que l'autre moitié sera partagée entre les Ecclesiastiques du second Ordre.

Comme je ne vois rien dans la plûpart des autres Canons du Concile d'Orleans qui répande aucune lu-

---

(a) Si se cuicumque mulier duplici conjugio Presbyteri vel Diaconi relicta conjunxerit, aut castigati separentur, aut certe si in criminum intentione perstiterint, pari excommunicatione plectantur. *Ibidem Can. dicimo tertio.*

miere fur l'objet principal de mes recherches, je n'en donnerai point une notion particuliere, & je me contenterai de raporter la fubftance de ceux de ces Canons qui peuvent fervir à l'éclaircir.

- (*a*) Le dix-huitiéme, défend au frere d'époufer la veuve de fon frere, & au mari d'époufer la fœur de la femme dont il eft veuf.

(*b*) Le vingt-troifiéme Canon, dit : » Au cas que » par motif humain un Evéque ait donné des familles » ferves, ou un nombre d'arpens, foit de vignes, foit » de terres labourables, à des Clercs ou bien à des Re- » ligieux pour en tirer le profit; quelque reculée que » foit l'année dans laquelle une pareille donation fe » trouvera avoir été faite, le laps de tems ne pourra » porter aucun préjudice aux droits de l'Eglife à la- » quelle ces familles ferves, ces vignes & ces terres la- » bourables apartenoient, & les détenteurs de ces biens » ne feront pas reçûs à faire valoir contr'elle la pref- » cription établie par le Droit Civil. On fçait la force que le Droit Romain donne à la prefcription. Ainfi pour ne point penfer que ce Canon attentoit à l'autorité du Prince, il faut fe fouvenir que les Prélats qui compofoien le Concile d'Orleans, difent dans leur lettre à Clovis : Que les Decrets qu'ils lui communiquent ont befoin de fon aprobation & de fon confentement.

(*a*) Nec fuperftes frater torum defunéti fratris afcendat, nec fe quifquam amiffæ uxoris forori audeat fociare. *Ibid.* Can. *decimo oétav.*

(*b*) Si Epifcopus humanitatis intuitu mancipiola, vineola vel terrulas Clericis vel Monachis præbuerit excolendas vel pro tempore tenendas, etiam fi longe tranfiiffe annorum fpatia comprobentur, nullum Ecclefia præjudicium patiatur, nec fæcularis Legis præfcriptio quæ aliquid Ecclefiæ impediat opponatur. *Ibidem* Canone *vigefimo tertio.*

Quant au trentiéme Canon de ce Concile, qui défend plusieurs fortes de divinations, nous en avons déja parlé à l'ocafion du préfage que Clovis, lorfqu'il marchoit contre Alaric, voulut tirer de ce que verroient & entendroient ceux qu'il envoïoit porter fes offrandes au tombeau de faint Martin, dans le moment qu'ils entreroient dans l'Eglife bâtie fur ce tombeau.

Un Roi qui auroit porté une couronne héreditaire dans fa Maifon depuis plufieurs fiecles, n'auroit pas laiffé d'être obligé à de grandes déférences pour les Prélats qui gouvernoient alors l'Eglife des Gaules, foit à caufe du pouvoir que leur dignité leur donnoit, foit à caufe du crédit que leur procuroit le mérite perfonnel de la plûpart d'entr'eux. Comme nous l'avons déja remarqué, il n'y eut jamais en même tems parmi les Evêques de ce païs-là, autant de faints & de grands perfonnages qu'il y en avoit durant le cinquiéme fiecle & dans le commencement du fixiéme. Clovis affis fur un Trône nouvellement établi, pouvoit-il donc faire mieux que d'attacher les Evêques à fes interêts, en leur donnant toutes les marques poffibles d'eftime & d'amitié. Voici en quels termes ce Prince s'explique lui-même fur l'importance, dont il lui étoit, de gagner l'affection des perfonages, illuftres par leur mérite & par leur fainteté. " (*a*) Quand nous recherchons l'amitié des ferviteurs de Dieu, dont les vertus font " l'honneur de notre regne, & dont les prieres attirent " fur nous la benediction du Ciel ; foit en leur témoi- "

(*a*) *Chlodoveus Rex Francorum Vir Illuftris.* Servos Dei quorum virtutibus gloriamur & orationibus defenfamur fi nobis amicos acquirimus, honoribus fublimamus, atque obfequiis veneramur, ftatum regni noftri perpetuo augeri credimus, & fæculi gloriam atque cæleftis regni patriam adipifci confidimus. *Recueil de Peraxd , pag. pr.*

„ gnant notre vénération, foit en relevant l'éclat de
„ leurs dignités, nous fommes perfuadés que nous tra-
„ vaillons à la fois à notre falut & à notre profperité
temporelle. " C'eft de la Chartre donnée par Clovis en
faveur de l'Abbé du Mouftier-Saint-Jean, & dont nous
avons déja rapporté plufieurs Fragmens, que les paroles qu'on vient de lire font tirées.

L'Hiftoire de Clovis contient plufieurs marques de
fa déference pour faint Remy; & l'on a tout lieu de
penfer, que notre Prince s'étoit fi bien trouvé d'avoir
fuivi les confeils qu'il avoit reçûs étant encore païen,
de cét Evêque, qu'il les fuivit toute fa vie. Le lecteur
n'aura point oublié que faint Remy avoit écrit dès-
lors à Clovis, qu'il l'exhortoit à vivre en bonne intelligence avec les Evêques dont les Sieges étoient dans
les quartiers des Saliens, afin de trouver plus de facilité
dans l'exercice des fonctions de fes dignités. La Vie de
faint Vaft Evêque d'Arras, fait foi, que Clovis avoit
beaucoup d'amitié pour lui. Nous voïons dans celle de
faint Mefmin, l'affection qu'il avoit pour Eufpicius
premier Abbé de Mici, & la Vie de faint Mélaine Evêque de Rennes, nous apprend encore, que ce Prélat fut
un des Confeillers les plus accredités de notre premier
Roi Chrétien. Nous fçaurions bien d'autres faits concernant la vénération de Clovis pour les faints perfonnages de fon tems, fi nous fçavions un peu mieux
l'Hiftoire du cinquiéme & du fixiéme fiecle.

CHAPITRE

CHAPITRE IV.

Mort de Clovis, & lieu de sa sepulture. Réflexions sur la rapidité de ses progrès.

VOici tout ce que Grégoire de Tours écrit sur la mort de Clovis. (*a*) » Peu de tems après que Clovis se fut défait des autres Rois des Francs, il « mourut à Paris, & il y fut enterré dans la Basilique « de saint Pierre & de saint Paul que la Reine Clo- « tilde & lui ils avoient fait bâtir. Ce Prince mourut « âgé de quarante-cinq ans, la cinquiéme année d'a- « près la bataille de Vouglé; & son regne fut en tout « de trente ans. Quant à la Reine Clotilde, après avoir « perdu le Roi son mari, elle se retira en Touraine, où « elle passa ses jours aux pieds du tombeau de saint « Martin, menant une vie exemplaire, & sans aller à « Paris que très-rarement. Comme la bataille de Vou- « glé fut donnée en cinq cens sept, ainsi que nous l'avons vû; il est facile de trouver que la mort de Clovis arriva en cinq cens onze. Cela doit suffire : & après ce que nous avons dit ailleurs concernant l'altération des chiffres numéraires faite par les Copistes qui ont transcrit l'histoire de Grégoire de Tours, il seroit inutile d'entrer dans une discussion ennuyeuse, pour conci-

(*a*) His transactis, apud Parisius obiit, sepulrusque est in Basilica sanctorum Apostolorum, quam cum Chrothilde Regina ipse construxerat. Migravit autem post Vogladense bellum anno quinto. Fueruntque omnes anni regni ejus triginta anni. Ætas tota quadraginta quinque an-ni.... Chrotildis autem Regina post mortem viri sui Turonos venit, ibique ad Basilicam sancti Martini deserviens cum summa pudicitia, in hoc loco commorata est omnibus diebus vitæ suæ, raro Parisius visitans. *Greg. Tur. hist. lib.* 2. *capite* 43.

lier la datte certaine de la mort de Clovis, avec ce qu'on lit aujourd'hui dans notre Historien, où l'on trouve que ce Prince mourut cent douze ans apres saint Martin, & la onziéme année de l'Episcopat de Licinius Evêque de Tours.

On fait encore toutes les années l'anniversaire de Clovis le vingt-septiéme jour de Novembre dans la Basilique des saints Apôtres connuë aujourd'hui sous le nom de l'Eglise de sainte Geneviéve du Mont; mais je n'oserois assurer pour cela que ce jour-là soit précisément celui de la mort de ce Prince. Voici pourquoi. Les Oraisons qui se chantent à ce Service, ne disent point que ce soit l'anniversaire du jour de la mort de Clovis qui se célébre, mais bien l'anniversaire du jour où le corps de ce Roi, celui de la Reine Blanche, & ceux d'autres (a) serviteurs de Dieu furent déposés dans le lieu de leur sépulture. Or suivant les aparences, cette cérémonie ne se fera faite, qu'après que l'Eglise dont Clovis avoit commencé la construction, eut été achevée de bâtir, & quand le Mausolée où le Fondateur & sa famille devoient reposer, eut été fini. Un édifice tel que celui-là n'est point l'ouvrage d'une an-

(a) Deus indulgentiarum Domine, da famulo Regi Clodoveo, famulæ tuæ Reginæ Blanchæ, & famulis tuis quorum depositionis anniversarium diem commemoramus, refrigerii sedem, quietis beatitudinem & luminis claritatem. Per Dominum, &c.

Secreta. Propitiare, Domine, supplicationibus nostris pro famulo tuo Rege Clodoveo, & famula tua Regina Blancha, & famulis tuis quorum hodie annua dies agitur, pro quibus tibi offerimus sacrificium laudis, ut eos Sanctorum tuorum consortio sociare digneris. Per Dominum, &c.

Postcommunio. Præsta, quæsumus, Domine, ut famulus tuus Rex Clodoveus, Regina Blancha & famuli tui quorum depositionis anniversarium diem commemoramus, his purgati sacrificiis indulgentiam pariter & requiem capiant sempiternam. Per, &c. Propr. Eccl. S. Genov.

née. Et d'ailleurs, la Vie de sainte Geneviéve dit positivement, que l'Eglise de saint Pierre & de saint Paul, laquelle porte aujourd'hui le nom de cette sainte, fut bien commencée par Clovis (*a*), mais qu'elle ne fut achevée qu'après sa mort, & par les soins de sa veuve la Reine Clotilde. Ainsi, supose que Clovis, comme le dit l'Auteur des Gestes, ait fait commencer la Basilique des saints Apôtres, lorsqu'il partit en cinq cens sept pour aller faire la guerre aux Ariens, il sera toujours vrai qu'elle n'étoit pas encore finie quand ce Prince mourut en cinq cens onze (*b*). Jusques-là son corps sera resté en dépôt dans quelque Chapelle; & c'est l'anniversaire du jour qu'il fut, avec les corps des autres Princes, porté solemnellement dans le tombeau qu'on lui avoit fait, lequel se célébre aujourd'hui. Quoiqu'il en soit, la sépulture donnée à Clovis dans l'Eglise des saints Apôtres, n'étoit pas un violement de la Loi qui défendoit d'enterrer dans les Villes, & dont nous avons fait mention à l'occasion du lieu où Childéric son pere avoit été inhumé. On sçait bien que ce ne fut que long-tems après le sixiéme siécle que l'Eglise de sainte Geneviéve fut enclose dans l'enceinte de Paris.

Quant à la Reine Blanche dont il est fait mention dans les trois Oraisons qui se chantent à l'anniversaire

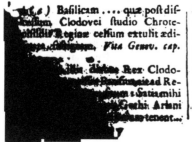

(*a*) Basilicam .... quæ post dif-.... Clodovei studio Chrote-.... Reginæ celsum extulit ædi-.... *Vita Genov. cap.*

.... Rex Clodo-.... ad Re-.... Satia mihi .... Arani .... tenent...

Tunc Chrotildis Regina consilium dedit Regi dicens :...Sed tu audi ancillam tuam, & faciamus Ecclesiam in honorem principis Apostolorum. ... Tunc Rex projecit à se in directum bipennem suam, quod est Francisca, & dixit : Fiatur Ecclesia beatorum Apostolorum. *Gesta Franc. cap. decimo septimo.*

de Clovis, elle eft, fuivant mon opinion, la même perfonne que la Reine Albofléde fœur de ce Prince, qui,
comme nous l'avons dit, fe fit Chrétienne en même
tems que lui, & mourut peu de jours après avoir reçû
le Batême. Elle s'appelloit Blanche en langue des Francs,
& les Romains des Gaules en traduifant fon nom
en Latin Celtique, l'auront appellée Albofléde. Ce
qui eft de certain, c'eft que notre Reine Blanche concernant laquelle il n'y a aucune tradition dans l'Abbaye
de fainte Geneviéve, ne fçauroit être la Reine Clotilde (*a*). Il eft bien vrai que cette Princeffe a été in-
humée à côté du Roi fon mari, mais comme depuis
elle a été mife au nombre des Saints, & que l'Eglife
célébre fa fête le troifiéme jour du mois de Juin,
elle ne fçauroit être la même perfonne pour qui l'E-
glife prie encore aujourd'hui le vingt-feptième jour de
Novembre.

Pour les autres perfonnes dont il eft parlé dans les
Oraifons que nous avons raportées, il eft très-vraifem-
blable que ces Princes font les deux fils de Clodomire
le fils aîné de Clovis & de la Reine Clotilde, que Childebert & Clotaire oncles de ces deux enfans infortunés,
maffacrerent à Paris vers l'année cinq cens vingt-cinq,
comme nous le raconterons quand il en fera tems. Grégoire de Tours (*b*) nous apprend que Clotide fit enterrer à fainte Geneviéve ces deux Princes fes petits-fils.
Mais comme leur meurtre étoit une action des plus

(*a*) Igitur Chrotildis Regina ple-
na dierum obiit, ... quæ Parifius cum
magno pfallentium præconio depor-
tata in Sacrario Bafilicæ fancti Petri,
ad latus Chlodovechi Regis fepul-
ta eft. Greg. Tur. hift. lib. quart. capite
primo.

(*b*) Regina vero compofitis cor-
pufculis feretro, cum magno pfal-
lentio immenfoque luctu ufque ad
Bafilicam fancti Petri profecuta,
utrumque pariter tumulavit. Ibid.
lib. tertio cap. decimo octavo.

odieufes, on n'aura point voulu rapeller le fouvenir de ce meurtre en les nommant dans les trois Oraifons qui doivent avoir été compofees fous le regne de Childebert.

'Je reviens à Clovis, que la mauvaife deftinée des Gaules leur enleva dans le tems qu'il alloit les rétablir au même état où elles étoient quand les Vandales y firent en l'année quatre cens fept la grande invafion dont nous avons tant parlé au commencement de cet Ouvrage. L'âge de ce Prince, qui n'avoit encore que quarante-cinq ans, faifoit efpérer un long regne, & que fes fils qui étoient déja grands, ne lui fuccéderoient qu'après être parvenus en âge de gouverner; mais fa mort prématurée fit évanouir toutes ces efpérances. Il mourut quand il pouvoit encore vivre trente ans, & avant que d'avoir fait les difpofitions néceffaires pour la confervation & pour la tranquilité de la Monarchie qu'il avoit fondée.

Quoique ce Prince ait mérité de tenir un rang parmi les plus grands hommes de l'antiquité, cependant il eft vrai de dire, qu'il dut moins fes profpérités à fon courage, à fa fermeté, à fon activité & à fes autres vertus morales, qu'à fa converfion au Chriftianifme, & au choix qu'il fit de la Communion Gatholique, lorfqu'il embraffa la Religion de Jefus-Chrift. Il eft impoffible que le Lecteur n'ait pas fait déja plufieurs fois cette réfléxion en lifant l'Hiftoire de notre premier Roi Chrétien. C'eft donc uniquement pour le mieux convaincre encore de la vérité de ce qu'il peut avoir remarqué de lui-même fur ce fujet-là; que je vais raporter quelques paffages d'Auteurs qui ont vècu fous les fils & les petits-fils de Clovis, & qui ont écrit pofitivement que ce Prince devoit à fa converfion toute fa grandeur.

(*a*) Grégoire de Tours commence ainſi le préambule du troiſiéme livre de ſon Hiſtoire : ,, Qu'il me ,, ſoit permis de rapporter les événemens heureux arri,, vés en faveur des Chrétiens qui ont crû le Myſtére ,, de la Trinité, & les malheurs arrivés aux Hérétiques ,, qui l'ont attaqué. Qui ne ſçait qu'Arius, l'auteur de ,, leur Secte, mourut dans des latrines publiques, où les ,, inteſtins lui ſortirent du corps. Hilaire, le grand ,, défenſeur du Dogme Catholique ſur la Trinité, après ·,, être revenu triomphant du lieu de ſon exil, paſſa de ,, ſa patrie dans la patrie céleſte. C'a été à l'aide de la Re,, ligion que prêchoit ce grand Saint, que Clovis après ·,, en avoir fait profeſſion, terraſſa les Hérétiques, & ,, qu'il obligea toutes les Gaules à reconnoître ſon pou,, voir. Au contraire Alaric II. qui étoit Arien, perdit ,, le Royaume dont il étoit en poſſeſſion, & ce qui eſt ,, encore plus funeſte, le partage des Elûs. Les fide,, les ont toujours une conſolation; c'eſt que Dieu leur ,, rend le centuple de ce que leurs ennemis peuvent ,, leur ôter. Mais c'eſt ſans en être récompenſés en au,, cune maniere, que les Hérétiques perdent des Etats, ,, dont la poſſeſſion leur ſembloit aſſurée. Nous en

(*a*) Velim, ſi placet parumper conferre quæ Chriſtianis beatam confitentes Trinitatem proſpera ſucceſſerunt, & quæ Hæreticis eamdem ſcindentibus fuerint in ruinam.... Arrius enim qui hujus iniquæ Sectæ primus iniquuſque inventor fuit, interioribus in ſeceſſum depoſitis, infernalibus ignibus ſubditur.... Hanc Chlodovechus Rex confeſſus, ipſos Hæreticos adjutorio ejus oppreſſit, regnumque ſuum per totas Gallias dilatavit.

Alaricus hanc denegans, à regno & populo, & ab ipſa, quod magis eſt, vita, mulctatus æterna. Dominus autem ſe vere credentibus, etſi, inſidiante inimico, aliqua perdunt, hîc centuplicata reſtituit. Hæretici vero nec acquirunt, ſed quod videntur habere aufertur ab eis. Probavit hoc Gondegeſili, Gondobadi atque Godomaris interitus, qui & patriam ſimul & animas perdiderunt. *Greg. Tur. in prol. lib.* 3 *hiſt.*

„ de cette humiliation , & quels avantages votre ayeul
„ remporta fur le Roi Gondebaud & fur le Roi Ala-
„ ric qui étoient Ariens. Enfin vous ne fçauriez igno-
„ rer que Clovis joüit dès ce monde d'une grande prof-
„ périté , & qu'en mourant il laiffa à fes fils un ma-
„ gnifique établiffement.

Avant que d'expofer quelle étoit fous le regne de
Clovis la condition des Romains , & celle des autres
Peuples qui le reconnoiffoient pour chef ; avant que
d'expliquer, autant qu'il eft poffible de l'expliquer, quelle étoit alors la conftitution de la Monarchie Françoife,
je crois qu'il eft à propos de dire comment elle acquit fous le regne des premiers fuccefleurs de ce Prince , toute la partie des Gaules qui à fa mort étoit encore poffédée par les Bourguignons & par les Oftrogots , & la partie de la Germanie tenuë dans ce tems-
là par les Turingiens. J'ai deux raifons pour en ufer
ainfi. En premier lieu , il y a eu dans tous ces événe-
mens-là plufieurs incidens qui doivent fervir de preuve à tout ce que j'ai à dire touchant la conftitution
de la Monarchie des Francs. Or il vaut beaucoup mieux
qu'on les life d'abord dans l'endroit de l'Hiftoire de
France dont ils font partie , que de les lire rapportés
en forme d'extraits qui laifferoient fouvent fouhaiter
de voir ce qui les précéde & ce qui les fuit. En fecond lieu , ce ne fut que fous le regue des fils de Clovis , & vers l'année cinq cens quarante-neuf , que la
conftitution de la Monarchie Françoife reçut , s'il eft
permis de s'énoncer ainfi , la derniere main , par la
pleine & entiere ceffion que l'Empereur Juftinien fit
à nos Princes de tous les droits & prétentions que les
Romains pouvoient encore avoir fur les Gaules. Ainfi
c'eft

son partage un plus grand nombre de Francs que ses
freres, qu'il auroit été en état de leur faire la loi,
& même de les dépouiller. Ce fut donc pour éviter
cet inconvénient, sans donner atteinte néanmoins à l'é-
galité des parts & portions, qu'on aura commencé par
mettre d'abord dans chaque partage une certaine quantité de celles des cités des Gaules où les Francs étoient
habitués en plus grand nombre. Dans le premier lot on
n'aura mis, par exemple, que quatre de ces cités,
parce qu'il y avoit dix mille Francs de domiciliés dans
leurs districts. Il aura fallu au contraire mettre huit
cités dans le second lot, parce qu'il n'y avoit dans toutes ces cités que le même nombre de Francs de domiciliés. On en aura usé de même en composant le troisiéme lot & le quatriéme. Qu'il y ait eu des cités où
les Francs étoient domiciliés en plus grand nombre que
dans d'autres, on n'en sçauroit douter. L'Histoire de
l'établissement des Francs dans les Gaules porte à croire
que cela soit arrivé ainsi. D'ailleurs, comme nous le
dirons un jour, pourquoi une partie des Gaules s'ap-
pelloit-elle à la fin de la premiere Race *Francia*, ou
le païs des Francs par excellence ? si ce n'est parce que
les Francs s'y étoient établis en plus grand nombre que
dans toutes les autres contrées des Gaules. Il n'y avoit
donc pas d'autre moyen que celui-là pour repartir également les Francs entre les fils de Clovis, & pour donner à chacun d'eux le même nombre de combattans
de cette nation-là. Les Francs ne composoient pas plusieurs corps de troupes reglées, dont les soldats & les
Officiers fussent toujours sous le drapeau. Ils ne s'as-
sembloient que lorsqu'il étoit question de marcher en
campagne, & le reste du tems ils demeuroient dans

leurs domiciles ordinaires. Ainfi l'on ne pouvoit partager également cette efpéce de milice, qu'en partageant les païs où ceux qui la compofoient feroient domiciliés, & cela en ayant egard au nombre des Francs domiciliés en chaque païs. Qu'aura-t'il réfulté de ce partage des cités où les Francs étoient habitués, lorfqu'il eut été fait uniquement par raport au nombre des Francs qui fe trouvoit dans chaque cité ? C'eft que les quatre lots fe feront trouvés fort inégaux par raport à l'étendue du territoire & par raport au revenu. Il aura donc fallu pour compenfer cette inégalité, attribuer, quand on en fera venu à la divifion des cités où généralement parlant il n'y avoit point de Francs domiciliés, un plus grand nombre de ces dernieres cités au partage qui avoit eu moins de cités que les autres, lorfqu'on avoit divifé d'abord les cités où il y avoit des quartiers de Francs.

Voilà probablement ce qu'a voulu dire Agathias, lorfqu'il a écrit qu'après la mort de Clovis fes enfans partagerent fon Royaume entr'eux par nations & par cités. Ce que nous trouvons concernant ce partage, foit dans Grégoire de Tours, foit dans les autres Ecrivains qui ont vêcu dans les Gaules, confirme encore l'idée que nous venons d'en donner. En effet on y voit que le partage dont il s'agit, fut fait d'une maniere très-finguliere, & qui marque qu'en le reglant on avoit eu en vûe quelque deffein particulier. Entrons en preuve.

Dès qu'il s'agiffoit de partager en quatre lots égaux le Royaume de Clovis, le bon fens & la raifon d'Etat vouloient qu'on compofât chaque lot de cités contiguës, afin de faire de chaque lot un Corps d'Etat dont

tous les-membres fuſſent unis &-tinſſent enſemble. Cependant voilà ce. qui ne ſe fit point. Au contraire, &
c'eſt ce qui paroît extrémement bizarre, quand on ne
fait point de reflexion au motif qui, ſuivant mon opinion, détermina les Compartageans à prendre ce parti, la diviſion du Roïaume de Clovis ſe fit en attri-
buant à chacun de ſes quatre fils un certain nombre
de cités ſéparées l'une de l'autre, &; pour ainſi dire,
éparpillées dans toutes les Provinces des Gaules. On
verra par pluſieurs paſſages de Grégoire de Tours &
d'autres anciens Ecrivains, qui ſeront rapportés dans
la ſuite ; que Thierri qui avoit dans ſon lot des villes
ſituées ſur le Rhin, & tout ce que les Francs tenoient au-
delà de ce fleuve, jouiſſoit en même tems de pluſieurs cités dans les deux Aquitaines. Il jouiſſoit, par exemple,
de l'Auvergne où nous avons déja vû qu'il fit élire Evêque Quintianus. Nous ſçavons un peu plus de détails
concernant le Partage de Childebert, & ces détails prouvent que les cités d'un Partage étoient véritablement
comme emboîtées entre les cités des autres Partages.
Pour mettre au fait de ces détails, il faut ici dire d'avance que Clotaire fils de Clovis avoit réüni ſur ſa tête
lorſqu'il mourut en cinq cens ſoixante & un, tous les
Partages de ſes freres, parce qu'il avoit ſurvêcu à ces
Princes & à leur poſtérité maſculine.

(*a*) Or voici, ſuivant Grégoire de Tours, ce qui arri-

(*a*) Chilpericus vero poſt patris funera, theſauros qui in villa Bren-naca erant congregati accepit, & ad Francos utiliores petiit, ipſoſque muneribus mollitos ſibi ſubdidit. Et mox Pariſius ingreditur, ſedem-que Childeberti Regis occupat, ſed non diu hoc illi licuit poſſidere. Nam conjuncti fratres ejus cum ex-inde repulere; & ſic inter ſe hi qua-tuor, id eſt, Charibertus, Gunt-chramnus, Chilpericus atque Sige-bertus diviſionem legitimam fa-ciunt. Deditque ſors Chariberto reg-nium Childeberti, ſedemque habere Pariſius. Guntchramno vero reg-

H iij

va quand Clotaire fut décédé, & que son Roïaume
fut divisé entre Charibert , Gontran , Chilpéric &
Sigebert ses quatre garçons & ses successeurs : » Ce
» Prince avoit laissé un riche thrésor dans son Palais
» de Braïne. Dès qu'il fut inhumé , Chilpéric l'un de
» ses fils s'en saisit. Il l'emploïa pour mettre dans ses
» intérêts ceux d'entre les Francs qui avoient le plus
» de crédit. Après quoi il entra dans Paris , & s'assit
» sur le Thrône du Roi Childebert premier. Chilpéric
» ne fut pas long-tems en possession de cette Ville,
» car ses trois freres s'étant ligués contre lui , l'obli-
» gerent d'en sortir. Enfin les quatre freres Chari-
» bert , Gontran , Chilpéric & Sigebert convinrent de
» faire entr'eux un partage légal de toute la Monar-
» chie Françoise que leur pere Clotaire possedoit à
» sa mort. En conséquence le sort donna à Charibert
» le Partage qu'avoit eu Childebert premier , & dont
» le Siége étoit à Paris. Le lot de Gontran , ce fut le
» partage dont Orleans étoit la Capitale particuliere,
» & qui avoit apartenu à Clodomire. Chilpéric eut
» pour le sien les États que son pere Clotaire avoit
» eus à la mort de Clovis , & dont la Capitale étoit
» Soissons. Le Partage qu'avoit eu Thierri à cette mort,
» dont Mets étoit la Capitale , échut à Sigebert le der-
» nier des fils du Roi Clotaire.

Ainsi ce passage nous apprend que le Partage qui échut
en cinq cens soixante & un à Charibert étoit le même
que le Partage échù à Childebert à la mort de Clovis en
cinq cens onze. Or cette connoissance nous conduit

num Chlodomeris, ac tenere sedem to quoque regnum Theodorici ; &
Aurelianensem ; Chilperico vero sedem habere Metensem.
regnum Chlotarii patris ejus, cathe- Gr. Tur. hist. lib. 4. cap. viges. secund.
dramque Suessionis habere : Sigeber-

jusques à sçavoir à peu près en quoi consistoit le Partage de Childebert fils de Clovis. En voici la raison :
Charibert étant mort sans garçon en cinq cens soixante
& sept, il y eut dispute concernant la repartition de
son Partage entre ses freres. Sigebert & Oontran eurent à ce sujet des contestations qui ne finirent qu'a-
près la mort de Sigebert. Après cette mort, le jeune
Childebert son fils & son successeur, assisté de la Reine
Brunehaut sa mere, transigea sur toutes ces contestations avec Gontran dans le Traité fait à Andlau , &
dont nous avons déja parlé. Il y est dit : (a) » Le Roi
» Gontran gardera toute la part & portion de la suc-
» cession de Charibert, laquelle il a eue du vivant du
» Roi Sigebert ; & en outre , il aura encore le tiers
» de la cité de Paris, lequel apartenoit à Charibert,
» aussi-bien que les lieux de Châteaudun , de Ven-
» dôme , & tout ce que le susdit Charibert possedoit
» dans le canton d'Estampes & dans la cité de Char-
» tres. De son côté le Roi Childebert le jeune aura
» la cité de Meaux , la moitié dans celle de Senlis , la
« Touraine, le Poitou , Avranches , Aire , Conserans,
» Baïonne & l'Albigeois. On voit par-là combien les
cités du Partage de Childebert premier qui étoit de
même nature que celui de Thierri , de Clodomire,

(a) Ut in illam tertiam partem de
Parisiensi civitate cum terminis &
populo suo , quæ ad Domnum Si-
gibertum de regno Chariberti conscripta pactione convenerat, cum
Castellis Duno, Vindocino, & quid
quid de Pago Stampensi, vel Carno
teno in pervio illo antefatus Rex
cum terminis & populo suo perce-
perat, in jure & dominatione Domni
Guntchramni, cum eo quod superstite Domno Sigiberto de regno Chariberti antea tenuit, debeant perpe-
tualiter permanere. Pari conditione civitates Meldis & duas portio-
nes de Silvanectis , Turonis , Pictavis, Abrincatas , Vico Julii , Con-
foranis, Lapurdo & Albige, Dom-
nus Childebertus Rex sua vindicet
potestati.
Gr. Tur. hist. lib. nono, cap. vigesimo.

& de Clotaire ſes freres, étoient entrecoupées par celles
des autres Partages.

Ce qui ſe trouve dit dans ce paſſage concernant le
tiers qui appartenoit dans la cité de Paris à Sigebert, &
cela du chef de Charibert, eſt une nouvelle preuve de
ce que nous avons avancé quand nous avons raporté
que Clovis avoit fait de la ville de Paris la Capitale
de ſon Roïaume. Bien qu'elle fût le lieu ordinaire de
la réſidence de Charibert, on voit bien qu'elle ne lui
apartenoit pas en entier ; & ce fut aparemment à ſa
mort que ſes héritiers firent la convention, qu'aucun
d'eux n'y entreroit ſans le conſentement des autres.
Qu'une cité fût partagée entre pluſieurs Rois, on n'en
ſçauroit douter après ce qu'on vient de lire. Néanmoins
je raporterai encore ici un paſſage de Grégoire de
Tours qui fait mention d'une de ces diviſions. (a) » Après
» que Childebert le jeune eut fait ſa paix avec ſon oncle
» Chilpéric, il envoïa des Ambaſſadeurs à Gontran
» qui étoit auſſi ſon oncle, & qui avoient charge de
» lui dire : Notre Roi vous prie de lui délaiſſer ſa moi-
» tié dans la ville de Marſeille, laquelle moitié vous lui
« aviez remiſe à la mort de Sigebert ſon pere, & dont
» néanmoins vous vous êtes remis depuis en poſſeſ-
» ſion. Si vous refuſez de lui reſtituer cette partie de
» ſon bien, il uſera de repreſailles, & il vous enleve-
» ra plus que vous ne lui retiendrez. Gontran qui ne
» vouloit pas rendre ce qu'on lui redemandoit, coupa.

(a) Childebertus vero poſtquam cum Chilperico pacificatus eſt, Legatos ad Guntchramnum Regem mittit, ut medietatem Maſſiliæ quam ei poſt obitum patris ſui dederat, reddere deberet. Quod ſi nollet, noverit ſe multa perditurum pro partis illius detentione. Sed ille cum hæc reddere nollet, vias claudi præcepit, ut nulli per regnum ejus tranſeundi aditus panderetur.
Gr. Tur. hiſt. lib. ſext. cap. undecimo.

toute

» toute communication entre Marseille & les autres
» Etats de Childebert, en ordonnant dans tout son ter-
» ritoire qu'on n'y laissât point passer aucune person-
» ne suspecte. Ce démêlé aura été un de ceux qui furent assoupis par le Traité d'Andlau.

Les inconveniens d'un Partage tel que celui dont
il s'agit ici , sont trop sensibles pour croire que les
quatre enfans de Clovis qui le firent, ne les eussent
pas prévûs. Pouvoient-ils , par exemple , ne pas voir
qu'après un pareil partage, chacun d'eux ne pouvoit
communiquer avec plusieurs des cités qui seroient dans
son lot, qu'en prenant passage sur le territoire d'autrui, où elles étoient comme enclavées ; & que Thierri,
par exemple , ne pouvoit, dans un tems où le Royaume des Bourguignons subsistoit encore, aller de Rheims,
ou de Mets qu'il destinoit pour être le lieu de son
séjour ordinaire , dans l'Auvergne , qu'en traversant
une partie des Etats de Clodomire , & une partie des
Etats de Clotaire. Mais, nos Princes s'étoient soûmis à
cet inconvenient pour en éviter un plus grand : c'est
qu'un ou deux des quatre freres devinssent les maîtres
de faire la loi aux autres ; & c'est ce qui seroit arrivé , si deux d'entr'eux avoient eu dans leurs partages
toutes les cités qui sont entre le Rhin & la Loire ,
parce que c'étoit-là que la plûpart des Francs absolument dits, & la plûpart des Ripuaires s'étoient habitués.

Cet inconvenient paroissoit si fort à craindre à nos
Princes , que Childebert , Clotaire premier son frere,
& Theodebert le fils de Thierri , suivirent le plan de
partage fait à la mort de Clovis , lorsqu'ils divisèrent
entr'eux vers cinq cens trente-quatre le païs tenu par
les Bourguignons , qu'ils venoient de subjuguer. Cha-

cun de ces trois Princes y eut sa portion qu'il garda
sans l'échanger contre aucun des Etats que ses Compartageans possedoient déja , quoique cela dût être
convenable. Mais comme ils avoient eu pour principe dans leur premier partage d'attribuer à chacun une
portion de la milice des Francs égale à la portion des
autres, ils eurent aussi pour principe , en partageant
le païs des Bourguignons après l'avoir conquis , de
diviser également entr'eux la milice des Bourguignons
qui , de même que les Francs , n'étoient pas domiciliés en même nombre en des cités qu'ils avoient occupées dans des tems différens.

Nos trois Princes , Childebert , Clotaire premier,
& Theodebert en userent encore de la même maniere,
lorsqu'il fut question de partager entr'eux la portion
des Gaules que les Ostrogots leur cederent vers cinq
cens trente six. C'est ce que nous exposerons plus au
long quand il en sera tems.

Le partage de la Monarchie Françoise fait à la mort
de Clotaire premier , fut , à ce que je crois, le dernier
partage de ceux qui furent faits par les enfans du dernier possesseur , dans lequel on ait suivi le plan que nous
avons expliqué. Dans les partages de cette nature qui
se firent ensuite , la Monarchie fut divisée en corps
d'Etats plus réguliers , c'est-à-dire , composés de cités
contiguës.

Je reviens aux partages des enfans de Clovis. Bien
que les quatre Roïaumes fussent plutôt les membres
d'une même Monarchie, que quatre Monarchies différentes & étrangeres l'une à l'égard de l'autre, il n'y
avoit néanmoins , & nous l'avons vû déja en parlant
de l'indépendance où les Rois des Francs contempo-

rains de Clovis , étoient de lui, aucune fubordination
entre les quatre fils de ce Prince. Chacun d'eux regnoit
à fon gré fur les cités comprifes dans fon Partage. Chacun d'eux gouvernoit fon Roïaume en Souverain in-
dépendant. Quoique Childebert eût dans fon lot le domaine de Paris qui étoit la Capitale de la Monarchie ,
on ne voit pas qu'il eût aucune autorité fur fes frè-
res, ni aucune infpeҫtion fur leur adminiftration. En
effet, comme il n'étoit, fuivant l'ordre de la naiffance , que le troifiéme d'entr'eux, on n'auroit pas mis
Paris dans fon lot , fi la poffeffion du domaine de Paris, eût attribué a celui qui en avoit la joüiffance, quelque droit de fupériorité fur les quatre freres. Il eft à
croire néanmoins que la joüiffance du domaine de la
cité de Paris aura fait croire à Childebert qu'il étoit en
droit de s'arroger quelque infpeҫtion ou direҫtion fur
les Confeils & fur les Affemblées qui fe tenoient à Paris,
pour y traiter des affaires & des interêts généraux de
la Monarchie. Cette prétention aura, fuivant les apparences, été caufe de la précaution que les Rois fils de
Clotaire premier , & neveux de Childebert, prirent
dans la fuite, & dont nous avons parlé déja dans ce Chapitre & dans le treiziéme Chapitre du Livre précédent :
c'eft-à-dire , de ne mettre la cité de Paris dans aucun lot,
mais de la divifer par égale portion entre les Compartageans.

Quoique les Cohéritiers furvivans, ou leurs fils euffent droit d'hériter du Partage qui devenoit vacant par
faute de poftérité mafculine dans la ligne direҫte du dernier poffeffeur , ils n'avoient pas plus de droit d'entrer en connoiffance de la geftion du poffeffeur aҫtuel,
qu'en a un neveu d'entrer en connoiffance de la

maniere dont un oncle, de qui il eſt l'héritier préſomptif, adminiſtre ſes biens libres.

L'âge même ne donnoit aucun genre de ſuperiorité
à un Roi ſur un autre Roi. Il ne paroît pas non plus
que le frere qui ſurvivoit à ſon frere, fût, ſuivant le
Droit public de la Monarchie, réputé devoir être le
Tuteur des enfans mineurs que le frere mort avoit
laiſſés. Si lorſque Chilpéric & Sigebert fils de Clotaire
premier, furent morts (a), les ſerviteurs de Gontran
leur frere ſoûtenoient que la tutelle des enfans que
ces deux Princes avoient laiſſés, devoit lui apartenir,
& que Gontran dût gouverner toute la Monarchie,
ainſi que Clotaire premier la gouvernoit en cinq cens
ſoixante & un, qu'il mourut; ces ſerviteurs ne s'apuïoient
point ſur la raiſon que Charibert étant mort dès cinq
cens ſoixante & ſept, les neveux de Gontran n'avoient
plus d'autre oncle paternel que Gontran, qui devoit
être ainſi Tuteur naturel de ſes neveux. Les Partiſans
de Gontran alléguoient une autre raiſon : c'eſt que
Gontran ayant adopté ſes neveux fils de Chilpéric &
de Sigebert, il devoit avoir en qualité de leur pere,
l'adminiſtration de leur bien pendant leur minorité.

Enfin nous avons montré dans l'endroit de cet Ouvrage où il s'agiſſoit d'établir que les Rois Francs contemporains de Clovis étoient indépendans de lui, que
les ſuiets d'un des Partages de ſes enfans, n'étoient
réputés regnicoles dans un autre de ces partages, qu'en

(a) Nos vero hæc rurſum Civibus
& Epiſcopo mandata remiſimus,
quod niſi ſe ad tempus Guntchramno Regi ſubderent, ſimilia paterentur, aſſerentes hunc eſſe nunc patrem
ſuper filios Sigiberti ſcilicet & Chilperici, qui ei fuerint adoptati, &
ſic tenere regni principatum, ut
quondam Chlotarius pater ejus fecerat. Gr. Tur. lib. hiſt. 7. cap. decimo-tertio.

vertu des conventions expreſſes & poſitives faites à ce
ſujet , & inſerées dans les Traités conclus entre les
Princes à qui ces Partages apartenoient. Dès qu'ils
n'étoient, dira-t'on, que les membres de la même Monarchie, & que le Partage où il avenoit faute du Partagé & de ſa poſterité maſculine, étoit de droit rever-
ſible aux autres, pourquoi le Droit public de la Monarchie, qui doit avoir *le ſalut du Peuple* pour premier fondement de toutes ſes Loix, ne ſtatuoit-il pas
le contraire, & ne rendoit-il pas tous les ſujets de la
Monarchie regnicoles dans tous & chacun des Partages? Pourquoi laiſſer un point d'une ſi grande importance pour l'union & la conſervation de la Monarchie à la diſcretion des Rois? Je tombe d'accord que
cela auroit dû être ainſi ; mais il ne s'agit point de
ce qui auroit dû être : il s'agit de ce qui étoit. La Ju-
riſprudence qui regle les droits des Souverains & les
droits des ſujets pour le plus grand avantage d'une Monarchie en géneral , n'étoit alors gueres connuë des
Francs. D'ailleurs, & c'eſt ce que nous expoſerons encore plus au long dans la ſuite , la premiere conſtitution de la Monarchie Françoiſe n'a point reçû ſa forme en vertu d'aucun plan conçu dans de bonnes têtes,
& arrêté après de profondes reflexions. Ce furent les
convenances & le hazard qui déciderent de la premiere
conformation de la Monarchie Françoiſe. Nous trou-
verons encore dans cette premiere conſtitution bien
d'autres vices que celui dont nous venons de parler.

Il ſe préſente ici naturellement une queſtion. On a
vû que lorſque Clovis mourut, Clodomire, l'aîné
des trois fils qu'il avoit de la Reine Clotilde, & qui
étoient actuellement vivans, ne pouvoit avoir gueres

plus de dix-sept ans. Par conſequent Childebert, n'avoit au plus que ſeize ans & Clotaire n'en avoit que quinze? Qui aura gouverné les Etats de ces trois Princes juſqu'a leur majorité? Avant l'Edit de Charles V. qui déclare nos Rois Majeurs dès qu'ils ont atteint la quatorziéme année de leur âge, ces Princes, ainſi que leurs Grands Feudataires, n'étoient Majeurs qu'à vingt & un an, & l'on peut croire que le premier uſage, dont on ne connoît point l'origine, eſt auſſi ancien que la Monarchie. Les monumens de notre Hiſtoire ne contiennent rien qui fourniſſe de quoi répondre à la queſtion. Autant qu'on peut conjecturer, la Reine Clotilde, qui avoit & tant de ſageſſe & tant de credit, aura gouverné les Etats de ſes fils juſqu'à leur majorité. Ce qui peut fortifier cette conjecture, c'eſt, comme nous le verrons, qu'après la mort de ſon fils Clodomire elle éleva auprès d'elle les Princes ſes petits-fils, que leur pere avoit laiſſés encore enfans, & que durant ce tems-là elle avoit l'adminiſtration du Roïaume ſur lequel ils devoient regner. Ce qu'elle a fait pour ſes petits fils, elle avoit bien pû le faire pour ſes fils. Il eſt vrai que Grégoire de Tours dit que cette Princeſſe ſe retira au tombeau de ſaint Martin après la mort de Clovis, & qu'elle alloit rarement à Paris ; mais on peut interpréter ce récit, & entendre qu'elle s'y retira ſeulement après qu'elle eut remis à ſes fils, devenus Majeurs, le gouvernement des Etats qui leur appartenoient, & que depuis, elle ne quitta jamais ſa retraite que malgré elle. En effet, on voit par pluſieurs endroits de l'Hiſtoire de Grégoire de Tours, dont nous rapporterons quelques-uns, que cette Princeſſe, toute détachée du monde qu'elle étoit, ne laiſſa point d'avoir la principale part dans la guerre que ſes fils entreprirent contre les Bourguignons, & dans d'autres événemens conſidérables. On voit dans l'Hiſtoire de Grégoire de Tours, que lorſque les enfans de Clodomire furent maſſacrés, cette Princeſſe ſe trouvoit actuellement à Paris.

La ſageſſe & la capacité de la Reine Clotilde auront donc maintenu la tranquillité dans les Etats de Clovis après ſa mort. Si quelques parens des Rois Francs dont ce Prince avoit occupé le Trône, ou ſi quelques Romains mécontens, y exciterent des troubles, on peut croire que du moins, ils n'eurent pas de grandes ſuites, puiſque l'Hiſtoire n'en fait aucune mention. Quant aux Puiſſances voiſines de la Monarchie de Clovis, il paroît que les Bourguignons & les Turingiens n'entreprirent rien à l'occaſion de la mort de ce Prince; car, ainſi que nous le verrons, c'étoit avant cette mort que les derniers s'étoient emparés d'une partie de l'ancienne France.

Il n'en fut pas ainſi des Gots, qui ſe mirent certainement en devoir de tirer avantage de la mort de Clovis, & qui recouvrerent réellement quelque portion du païs que ce Prince avoit conquis ſur eux (a) après la bataille de Vouglé. Suivant les apparences, ç'aura été dans ce tems-là que les Viſigots ſeront rentrés dans Rodez, & qu'ils auront, comme on l'a dit, obligé Quintianus à s'exiler de ſon Diocéſe pour la ſeconde fois. Mais il ſeroit trop difficile, & même aïant l'objet que nous avons, il ſeroit inutile d'entrer dans la diſcuſſion de ce que les Viſigots recouvrerent alors & de ce que les Francs reconquirent ſur eux en cinq cens trente & un, en cinq cens trente-trois, & dans des tems

(a) Gothi vero qui poſt Chlodovei mortem, multa de iis quæ is acquiſierat pervaſiſſent. *Greg. Tur. biſt. lib. 3. cap. vigeſimo primo.*

poſterieurs à ces années-là. Ainſi, ſans entrer dans le détail de ces viciſſitudes, je me contenterai de donner à connoître quelles étoient enfin dans le ſeptiéme ſiecle,
les hornes de la Monarchie Françoiſe du côté du territoire des Viſigots, en donnant l'état de toutes les Cités
des Gaules, qui pour lors étoient encore en leur pouvoir, & qu'ils garderent juſqu'à ce que les Sarraſins
les conquirent. Comme tout ce que les Viſigots ne tenoient point dans la partie des Gaules compriſe entre
la Loire, l'Ocean, les Pyrenées, la Mediterranée &
le Rhône, étoit tenu par les Francs; dire ce que les Viſigots y occupoient, c'eſt dire ſuffiſamment, ce que les
Francs y poſſedoient.

Voici donc ce qu'on trouve concernant le ſujet dont
il s'agit dans un Manuſcrit autentique, & qui contient
l'*Etat préſent de la Monarchie des Viſigots*, dreſſé par ordre de leur Roi Vamba, qui parvint à la Couronne l'année ſix cens ſoixante & ſix de l'Ere Chrétienne.

» (*a*) Vamba après avoir défait pluſieurs armées
» des Francs, contraignit la Province des Gaules qui
» lui apartenoit, & qui s'apelle l'Eſpagne Citerieure,
» à reprendre le joug qu'elle avoit tâché de ſecoüer. Dès
» qu'il fut revenu triomphant a Toléde, il ſe mit en

(*a*) Era ſeptingenteſima quarta
poſt Receſvindum Vamba Rex Gothorum regnum ſuum novem annos obtinuit... Provinciam quoque Galliæ quæ Hiſpania citerior
dicitur ſibi rebellantem multis ag-
minibus Francorum interceptis
ſubjugavit & ad urbem Toleta-
nam cum triumpho magno rever-
ſus, diſcordeſque Pontifices eo
quod alii aliorum parochias inva-
debant, ad concordiam ſtuduit re-

vocare. Fecit & Chronicas Regum
priorum coram ſe legere ut facilius poſſet terminos parochiarum
dividere ſicut antiquitas denotaret
& exigeret juris cenſura & jure propria quælibet Eccleſia poſſide-
ret, ſicut ſubjecta denotat ſcrip-
tura. Narbonæ Metropoli ſubjacent
hæ ſedes. Biterris, Agatha, Ma-
galona, Nemauſus, Luteva, Car-
caſſona, Elna. *Du Cheſne tom. pr.
pag.* 834.

devoit

de commander par eux-mêmes des armées, où leur
naiſſance demande néanmoins qu'ils ſoient les premieres perſonnes, il nomme pour être leurs Lieutenans
des Officiers expérimentés, & qui donnent tous les
ordres ſous le nom de ces Princes. Ainſi Théodebert
aura bien pû, quoiqu'il n'eût encore que douze ans,
commander les armées de ſon pere ; c'eſt-à-dire, prêter ſon nom & ſes auſpices à ceux qui les commandoient véritablement, & qui ne ſe diſoient que ſes Lieutenans.

CHAPITRE VI.

Conquête du Roïaume des Turingiens par les Rois des Francs.

MA premiere intention étoit d'obſerver encore
l'ordre des tems que j'ai ſuivi juſques ici, & de
rapporter tous les événemens dont je dois parler en
écrivant l'Hiſtoire des acquiſitions faites par les Succeſſeurs de Clovis juſques en cinq cens quarante, ſur
l'année où les évenemens ſont arrivés. J'ai déja dit
que ces acquiſitions conſiſtoient dans la conquête du
Roïaume des Turingiens, dans celle du Roïaume des
Bourguignons, & dans l'occupation de toutes les contrées que les Oſtrogots tenoient dans la Germanie &
dans les Gaules, faite en vertu de la ceſſion de ces
Barbares. Mais deux réflexions m'ont fait changer d'a-
vis, & m'ont déterminé à faire de chacune de ces trois
acquiſitions une Hiſtoire particuliere, & qui ne fût pas
interrompuë par le récit d'aucun évenement qui ap-
partint à l'Hiſtoire d'une des deux autres conquêtes.

K ij

La premiere a été, que le Lecteur se feroit une idée plus claire & plus distincte de chacune de ces acquisitions, lorsqu'il en liroit l'Histoire écrite sans aucune interruption. La seconde, c'est que la datte de la plûpart des évenemens, qui entrent dans l'Histoire de ces acquisitions, est incertaine, & qu'il auroit fallu, si j'avois suivi l'ordre des tems, entrer, pour tâcher à la fixer, dans plusieurs discussions ennuïeuses & assez inutiles par rapport à mon objet principal. Il est de rechercher comment les Francs se sont introduits dans les Gaules, & comment ils y ont gouverné les Provinces où ils se sont rendus les maîtres ; mais non de discuter, comme le feroit un Auteur qui auroit la Chronologie pour son objet principal, en quelle année précisément ils ont occupé une telle ou une telle cité. J'ai donc toujours crû que mon projet me dispensoit de cette discussion, à moins que la datte d'un évenement ne dût donner des lumieres sur la maniere dont il étoit arrivé. Ainsi je vais faire une Histoire suivie de chacune des trois acquisitions dont il s'agit, & je ne l'interromperai point en la coupant par le récit des évenemens qui lui sont étrangers, & qui peuvent être arrivés entre le tems où elle a commencé, & le tems où elle a été achevée. Commençons par l'Histoire de la conquête du Roïaume des Turingiens.

Nous avons vû que les Turingiens de la Germanie, étoient une Nation qui avoit eu anciennement sa demeure au-delà de l'Elbe. Dans le cinquiéme siecle, & lorsque les Peuples qui habitoient sur la frontiere de l'Empire Romain, eurent déserté leurs propres païs pour s'emparer de son territoire, les Nations dont la patrie étoit au-delà du païs occupé précédemment par les Peuples, comme,

rans, s'avancerent dans ce païs abandonné, ou réduit
du moins à un petit nombre d'habitans. Elles s'en mirent en possession. Ce fut sans doute à la faveur de la
transmigration arrivée quand les Francs quitterent la
Germanie pour venir s'établir dans les Gaules, que nos
Turingiens passerent l'Elbe, & qu'ils vinrent de leur
côté s'établir sur la gauche de ce fleuve. Suivant les
apparences, ce fut alors qu'ils s'associerent avec les Var-
nes & avec les Herules. Nous avons vû que dès les
premieres années du sixiéme siecle, ces trois Nations
étoient déja unies, & qu'elles ne faisoient qu'une même societé. Le Peuple composé de ces trois Nations s'empara donc d'une partie de l'ancienne France, que ses
habitans réduits à un petit nombre d'hommes par le
départ de leurs Compatriotes qui étoient venus s'établir dans les Gaules, n'étoient plus en état de bien
défendre. C'aura été dans cette occasion que le Peuple
dont nous parlons, aura commis contre les Francs tous
les excès de cruauté & de barbarie que lui reproche
le Roi Thierri dans un discours que nous rapporterons
en sa place. Les Turingiens occuperent encore plusieurs païs de la Germanie intérieure, qui d'un côté
étoient contigus à l'ancienne France, & de l'autre,
s'étendoient au-delà de l'Unstrut, & venoient peut-
être jusques au Nécre. Quoiqu'il en ait été, leur Monarchie, qui s'étoit accruë aussi promptement dans la
Germanie, que la Monarchie Françoise s'étoit accruë
dans les Gaules, étoit devenuë si considérable, que Théodoric, qui en Occident tenoit alors le premier rang
dans la societé des Nations, avoit donné une de ses niè-
ces à Hermanfroy un de leurs Rois, & frere des deux
autres, qui se nommoient l'un Badéric, & l'autre Ber-

K iij

» Radegonde. Nous raconterons dans la suite les avan-
» tures de ces orphelins. Amalberge niéce de Théodo-
» ric Roi des Ostrogots, & femme d'Hermanfroy, étoit
» injuste & cruelle ; & après avoir engagé son mari à se
» défaire de Berthier, elle vint encore à bout de le por-
» ter à faire le même traitement à Badéric. Un jour
» elle ne fit couvrir que la moitié de la table d'Her-
» manfroy, & lorsqu'il demanda la raison de cette bi-
» zarerie, elle lui répondit que la table d'un Roi qui
» n'avoit que la moitié d'un Roïaume, ne devoit point
» être autrement servie. Ce trait & plusieurs autres
» semblables firent prendre enfin à Hermanfroy la ré-
» solution de se défaire du frere qui lui restoit. Pour
» l'exécuter plus sûrement, il fit proposer à Thierri
» une ligue offensive contre Badéric. Les conditions
» qu'Hermanfroy faisoit offrir, étoient, qu'après qu'on
» le seroit défait de Badéric, on partageroit par éga-
» les portions les Etats de ce Prince. Le Roi des Francs
» agréa le Traité proposé ; & s'étant mis à la tête de
» son armée, il joignit Hermanfroy. Les deux Alliés
» après avoir juré l'observation du Traité conclu en
» leur nom, marcherent aussi-tôt contre Badéric, qui
» fut défait & tué dans une action de guerre. Thierri
» revint aussi-tôt dans ses Etats, comptant qu'Herman-
» froy, dès qu'il seroit tranquille possesseur du Roïau-
» me des Turingiens, lui en livreroit la moitié. Mais
» Hermanfroy aussi méchant allié que mauvais frere,
» ne vit pas plutôt les Francs éloignés, qu'il ne voulut
» plus entendre parler de l'accomplissement de ses pro-
» messes. Cette perfidie alluma une haine violente en-
» tre nos deux Princes.

Nous insererons ici à ce sujet une refléxion dont il

eſt à propos de rappeller de tems en tems le ſouvenir
en liſant l'Hiſtoire du ſixiéme ſiecle & celle des ſiecles
ſuivans. C'eſt que la guerre ne ſe faiſoit point alors
entre les Barbares avec des troupes réglées, comme elle
ſe fait aujourd hui entre nos Princes. Si cela eût été,
les choſes ne ſe feroient point paſſées comme on a vû
qu'elles ſe paſſerent. Thierri ſeroit reſté dans le païs
conquis juſques à ce que la portion qu'il en devoit
avoir, eût été réglée, ſuppoſé qu'elle ne le fût point
déja par le Traité; & il s'en feroit mis incontinent
en poſſeſſion. Mais comme nos Rois n'avoient alors
qu'un petit nombre de troupes ſoudoyées, & que le
gros de leurs armées étoit compoſé de cette eſpéce de
troupes, que nous appellons des Milices, le Camp de
Thierri qu'Hermanfroy amuſoit de belles paroles, ſe
ſera ſéparé, dès qu'il aura vû la guerre terminée. A
quelque tems de-là Hermanfroy qui avoit pris ſes
meſures avec les ſujets de ſon frere, aura déclaré que
ſes ſujets, dont il n'étoit pas le maître, ne vouloient
point abſolument que leur Roïaume fût démembré, &
qu'il lui étoit impoſſible, quelque envie qu'il eût
d'accomplir les Traités, d'en remettre aucune Provin-
vince au Roi des Francs. Thierri qui avoit été aſſez
fort pour battre étant joint avec la moitié des Turingiens, l'autre moitié de cette Nation, n'aura pas trouvé que ſeul il le fût aſſez pour attaquer toute la Nation réunie déſormais ſous un ſeul & même Chef. Ainſi
quelque grand que pût être ſon reſſentiment, il lui
aura fallu, pour le ſatisfaire, attendre d'autres tems. Voilà pourquoi ce Prince aura été pluſieurs années ſans tirer
raiſon du manquement de parole d'Hermanfroy. Il n'aura pû en tirer raiſon, qu'après avoir engagé quelqu'un
des

des Rois ses freres dans sa querelle. Que Thierri ait fait
avec ses seules forces sa premiere expédition dans le
païs des Turingiens, on n'en sçauroit douter. Grégoire
de Tours ne dit point que dans cette expédition - là
Thierri ait été secouru par aucun de ses freres ; & ce
qui le prouve davantage, c'est que ce Prince, ainsi que
nous le verrons, ne parla du manquement de parole
d'Hermanfroy, que comme d'un outrage particulier,
& fait à lui seul, lorsqu'il voulut engager Clotaire &
les Francs du Partage de ce Prince, à joindre leurs armes aux siennes pour tirer raison de la perfidie du Roi
des Turingiens. Quant à Childebert, il prit si peu de
part, même à la seconde expédition de Thierri dans
le païs des Turingiens, qu'on voit bien qu'il n'en avoit
pas eu dans tout ce qui s'étoit passé à l'occasion de la
premiere.

Procope, dont nous rapportons ci-dessous le passage, dit positivement que les Francs n'entreprirent leur
seconde expédition contre les Turingiens, qui est celle
dont nous avons désormais à parler, qu'après la mort
de Théodoric Roi des Ostrogots, arrivée en cinq cens
vingt-six. Suivant ce qui paroit, en lisant avec réflexion la narration de Grégoire de Tours, & suivant le
sentiment de nos Annalistes modernes les plus exacts, *Annales*
ce ne fut qu'en cinq cens vingt-neuf que Thierri fit *Franc. Ruis-*
sa seconde guerre contre les Turingiens. Je crois mê- *nartis.*
me qu'on pourroit ne placer cet événement que dans
l'année cinq cens trente. En effet, cette guerre qu'on
voit bien par la nature des événemens qui la termine-
rent, n'avoir pas été bien longue, duroit encore quand
Childebert fit dans l'Auvergne, qui appartenoit au Roi
Thierri son frere, l'invasion dont nous parlerons dans

la fuite. Or Childebert qui ne refta que quelques jours
en Auvergne , fut au fortir de cette Contrée faire la
guerre à Amalaric Roi des Vifigots, qui furvêcut peu
de tems à la rupture , & qui néanmoins, comme on le
verra , ne mourut qu'en cinq cens trente & un.

Voici le récit que fait l'Hiftorien Eccléfiaftique des
Francs de leur feconde expédition dans le païs des Turingiens, & qui fuit dans cet Auteur la narration de la
premiere entreprife des fils de Clovis contre les Bourguignons, laquelle, comme on le dira, fut faite en cinq
cens vingt-trois.

(*a*) » Thierri ayant toujours confervé un vif reffen-
» timent du manquement de parole d'Hermanfroy, il
» engagea Clotaire fon frere dans le deffein qu'il avoit
» formé d'en tirer raifon , en promettant à ce frere la
» moitié de tout ce qu'on prendroit fur les Turingiens.
» Quand les Francs fujets des deux freres furent affem-
» blés , Thierri leur dit : Mes amis , allons venger à la
» fois l'affront que m'a fait Herman froy , & le traite-
» ment inhumain que les Turingiens ont fait autrefois à

(*a*) Poft Theodericus non im-
memor perjurii Herminfredis Regis Thoringorum, Chlotacharium
fratrem fuum in folatium fuum evo-
cat , & adverfus eum ire difponit,
promittens Regi Clotachario partem prædæ, fi eis munus victoriæ
divinitus conferretur. Convocatis
igitur Francis , dixit ad eos: Indignamini, quæfo , tam meam injuriam
quam interitum parentum veftro-
rum; ac recolite Thoringos quondam fuper parentes noftros violen-
ter advenilfe, ac multa illis intu-
lifse mala , qui datis obfidibus cum
his pacem inire voluerunt, fed illi
obfides ipfos diverfis mortibus pe-
remerunt , & irruentes fuper parentes noftros, omnem fubftantiam
abftulerunt..... Nunc autem Her-
minfredus quod mihi pollicitus eft
fefellit , & omnino hæc adimplere
diffimulat ... Quod illi audientes,
de tanto fcelere indignantes , uno
animo eademque fententia Tho-
ringiam petiverunt. Theudericus
vero Chlotacharium fratrem fuum
& Theudebertum filium in folatium
adfumens, cum exercitu abiit. Tho-
ringi vero venientibus Francis do-
los præparant. In Campo enim, &c.
Gr. Tur. lib. hift. 3. cap. feptimo.

» nos parens. Auriez-vous oublié que le Turingien les
» ayant attaqués quand ils ne s'y attendoient pas , il
» exerça contr'eux toutes les cruautés imaginables. Ce
» fut inutilement qu'ils demanderent la paix, & qu'ils
» envoïerent des ôtages. Le Turingien fit mourir les
» ôtages mêmes par divers genres de tourmens affreux.
» Ensuite il entra dans notre patrie où il mit tout à feu
» & à sang, poussant la barbarie jusques à fendre les
» jambes des enfans pour les pendre aux branches des
» arbres. Ce cruel ennemi n'attacha-t'il pas encore plus
» de deux cens jeunes filles sur des chevaux sous le flanc
» desquels il avoit lié des éperons qui les piquoient sans
» cesse, de maniere que ces animaux devenus furieux ,
» s'emportoient à travers les bois les plus fourés, qui
» bientôt avoient mis en piece nos malheureuses victi-
» mes. Plusieurs Francs furent liés aux jantes des roues
» de leurs propres chariots que notre ennemi surchar-
» geoit encore, & qu'il faisoit ensuite rouler par des
» chemins où il avoit mis auparavant des solives en
» travers. Après que ces infortunés avoient eu les os
» rompus, on les exposoit tout vivans aux chiens &
» aux vautours, afin qu'ils devinssent la proye de ces
» animaux , contre qui leurs bras ne pouvoient plus les
» défendre. D'ailleurs vous n'ignorez pas qu'Herman-
» froy a manqué à ce qu'il m'avoit solemnellement
» promis , & qu'il n'a point voulu accomplir ce qu'il
» étoit obligé d'effectuer. Marchons sous les auspices
» du Dieu des armées & de la Justice , pour tirer rai-
» son de tant d'outrages & de tant d'iniquités. Les
Francs échauffés par ce qu'ils venoient d'entendre , répondirent tous d'une voix, qu'ils étoient prêts à suivre
Thierri, s'il vouloit les mener dans la Turinge. Il se

mit donc en campagne, aïant avec lui Théodebert son fils, & Clotaire son frere. Quand les Turingiens eurent appris que les Francs venoient les attaquer, ils eurent recours, pour se défendre, à toutes les ruses de guerre. Voici une de leurs inventions. Ils creuserent d'espace en espace, dans le terrain qui étoit à la tête de leur camp, des fosses assez profondes, dont ils recouvrirent si bien les ouvertures avec du gazon & des branchages, qu'il étoit difficile de s'appercevoir qu'il y eût-là des pieges. En effet, lorsque les Francs vinrent pour charger leur ennemi, il y en eut plusieurs dont les chevaux mirent les pieds dans ces trous, & s'abbatirent ; ce qui d'abord causa bien du désordre. Mais les Francs apprirent bientôt à reconnoître les endroits où la terre avoit été remuée, & l'attention qu'ils apporterent à les éviter, ne les empêcha point de charger l'ennemi avec tant d'impétuosité, que bientôt ils l'eurent mis en fuite (a). Hermanfroy abandonna le champ de bataille des premiers, & suivi de quelques-uns des siens, il se retira, marchant toujours sans s'arrêter, jusques à ce qu'il fût arrivé sur la rive gauche de l'Unstrudt. C'est une riviere qui traverse le canton de l'Allemagne, qui s'appelle encore aujourd'hui le Lands-Graviat de Turinge, & qui se jette dans la Sale, dont l'Elbe reçoit les eaux. Les Turingiens se rallierent bien sur les bords de l'Unstrudt, mais ils furent défaits une seconde fois par les Francs qui les avoient suivis. Il ar-

(a) Denique Thuringi cum se cædi vehementer viderent, fugato præ timore Herminfredo Rege eorum, terga vertunt, & ad Onestrudem fluvium usque perveniunt. Ibique tanta cædes ex Thuringis facta est, ut alveus fluminis cadaverum congerie repleretur, & Franci tanquam per pontem aliquem super ea in littus ulterius transirent. Patrata ergo victoria, regionem illam capessunt, & in suam redigunt potestatem. *Ibidem.*

riva même qu'il se noya un si grand nombre des vaincus dans l'Unstrudt qu'ils vouloient traverser pour se
sauver, que leurs corps servirent de pont aux Francs
pour la passer. Après une victoire si complette, ils soû-
mirent tout le Roïaume des Turingiens.

Clotaire ramena avec lui Radégonde fille de Berthier, & même il épousa cette Princesse. Mais Clotaire aïant fait tuer à quelque tems de-là le frere de cette
Reine, elle se sépara d'avec lui, & se consacra au service de Dieu en prenant l'habit de Religieuse dans le
Monastere de sainte Croix de Poitiers qu'elle avoit fait
bâtir, & où elle mourut en odeur de sainteté.

Tandis que les deux Rois Francs étoient encore dans
le païs des Turingiens, continue Grégoire de Tours,
Thierri voulut se défaire de son frere. Les embuches
qu'il lui dressa, furent découvertes, & ne réüssirent
point. Mais Hermanfroy tomba dans le piege que le
Roi Thierri lui avoit tendu. Le Roi des Turingiens
s'étoit sauvé de la déroute de l'Unstrudt, & Thierri
qui le craignoit toujours, lui fit proposer une entre-
vûë, & il lui envoia même un sauf-conduit en bonne
forme. Hermanfroy qui se flatoit d'obtenir quelque chose de Thierri, vint le trouver, & il en fut reçû avec bonté. On lui fit même de riches présens. » Il arriva (a)
» cependant un jour que ces deux Princes s'entrete-
» noient ensemble en se promenant sur les ramparts
» de la Ville de Tolbiac, qu'un inconnu poussa si ru-
» dement Hermanfroy, qu'il le fit tomber du haut en

██████ est autem quadam   exhalavit. Sed quis eum inde deje-
████████ ████ T qu.   cerit ignoramus. Multi autem adse-
████ █████io,   runt, Theodorici in hoc dolum ma-
████ ████   xime patuisse. Ibid. cap. ████.

» bas, & que ce Prince mourut de fa chûte à l'inftant.
» Je ne fçais point, ajoûte à ce récit Grégoire de Tours,
» le nom de celui qui le pouffa, mais bien des gens ac-
» cuferent Thierri d'avoir fait faire le coup.

Je le croirois d'autant plus volontiers, qu'il femble
en lifant notre Hiftoire, que Clovis eût tranfmis à chacun de fes fils l'envie d'être le feul maître des Gaules,
& fa jaloufie contre les autres Princes fes plus proches
parens. Nous venons de voir Thierri, attenter fur la
perfonne de fon frere Clotaire, & nous allons voir bientôt une autre marque du peu d'intelligence qui étoit
entre les fils de Clovis. Ce qu'il y eut de plus funefte
pour les Gaules, ce fut que ces Princes tranfmirent à
leurs defcendans les fentimens qu'ils avoient hérités de
leur pere. Voilà ce qui fut la caufe de tant de guerres
civiles qui affligerent les Gaules dans le fixiéme, le
feptiéme & le huitiéme fiécles, & qui les mirent en un
état pire que celui où les invafions des Barbares, &
les autres fleaux du cinquiéme fiecle les avoient rédui-
tes. En effet, en lifant avec attention nos Annales, on
eft bientôt perfuadé que Charlesmagne trouva les Gaules plus dévaftées, & leurs habitans bien plus groffiers &
bien plus féroces, que Clovis ne les avoit trouvés.

Avant que de raconter l'entreprife que Childebert
fit fur les Etats de Thierri, durant que le dernier fe
rendoit maître de la Turinge, il eft bon de rapporter ce que Procope dit concernant cette conquête.
(a) » Theodoric Roi des Oftrogots étant mort en l'an-

(a) Poft Theoderici obitum, | jungunt fuam. Hermenefridis uxor
Franci nemine fuo obfiftente, To- | cum, liberis elapfa ad fratrem fuum
rilingos ___ ___ fuarum Reu- | unde temporis Oftrogothorum fu-
___ ___ ___ | ___ cepit. Proc. de bell. Goth.

» née cinq cens vingt-six », les Francs perſuadés que
» déſormais perſonne ne traverſeroit plus leurs entre-
» priſes, attaquerent les Turingiens, & après s'être
« défaits d'Hermanfroy le Roi de ce peuple, ils ſe l'aſ-
» ſujettirent. La Reine Amalberge femme de ce Prin-
» ce infortuné, ſe ſauva avec leurs enfans, & ſe retira
» avec eux auprès de ſon frere Theodat, qui étoit dé-
» ja l'un des principaux Chefs de la Nation des Oſtro-
» gots.

Venons préſentement à ce que dit Grégoire de Tours
immédiatement après avoir parlé de la mort d'Hermanfroy. (a) » Tandis que Thierri étoit encore dans
» la Turinge, le bruit qu'il y avoit été tué ſe répan-
» dit en Auvergne. Auſſi-tôt Arcadius l'un des Séna-
» teurs de cette Cité, invita Childebert à venir s'en ren-
» dre maître. Childebert entra donc dans le païs ; mais
» le jour qu'il deſcendit dans la Baſſe Auvergne, il fit
» un brouillard ſi épais, qu'un homme ne voïoit (b)
» pas cinquante pas devant lui. Cela fut pris à mau-
» vais augure, parce que ce Prince s'étoit d'avance fait
» un plaiſir du beau coup d'œil que fait la Limagne pour
» ceux qui deſcendent la montagne, & qu'il paroiſſoit
» que la Providence voulût lui refuſer la ſatisfaction
» qu'il s'étoit promiſe. Arcadius trouva néanmoins le
moïen d'introduire Childebert dans Clermont, en rom-
pant la ſerrure d'une des portes de la Ville qu'on avoit

(a) Cum autem Theodoricus adhuc in Thuringia eſſet, Arvernis
ſonuit eum interfectum eſſe. Arcadius quoque unus ex Senatoribus
Arvernis, Childebertum invitat ut
regionem illam deberet accipere,
&c. Gr. Tur. hiſt. lib. 3. cap. nono.
(b) Tantaque in illa die conden-
ſa fuit nebula, ut nihil ſuper duabus jugeri partibus diſcerni poſſet.
Dicere enim erat ſolitus Rex : Velim inquam Arvernam Lemanem,
quæ tantæ jucunditatis gratia reful-
gere dicitur, oculis cernere. Sed
non hoc illi à Deo conceſſum, &c.
Gr. Tur. hiſt. lib. 3. cap. nono.

fermées. Mais ce Prince n'y resta point long-tems, car à peine y étoit-il entré, qu'on apprit que Thierri se portoit bien, & même qu'il revenoit victorieux. Aussi-tôt Childebert évacua l'Auvergne, & il s'en fut en Espagne pour tirer leur sœur Clotilde de l'état malheureux où elle gémissoit ; car cette Princesse qui avoit épousé Amalaric, fils d'Alaric second Roi des Visigots, étoit cruellement persécutée par son mari en haine de la Religion Catholique qu'elle professoit. Il n'y avoit point de mauvais traitemens que n'essuïât cette infortunée. Quand elle alloit à l'Eglise, Amalaric faisoit jetter sur elle du fumier & toute sorte d'ordure. Enfin il la battit un jour si cruellement, qu'il la fit saigner, & qu'elle envoïa à Childebert un linge teint du sang qu'avoient fait sortir les coups qu'elle avoit reçus. Voilà ce qui acheva de le déterminer à faire sa premiere expédition en Espagne, où il marcha à la tête de la même armée qui l'avoit suivi dans son entreprise sur l'Auvergne. Amalaric fuit toujours devant les Francs; cependant il ne laissa pas d'être tué. Il se sauvoit de Barcelonne à l'approche des Francs, qui le suivoient toujours ; & déja il étoit prêt de monter sur un vaisseau, lorsqu'il se souvint qu'il avoit laissé dans le Palais où il avoit logé, une partie de ses pierreries. Aussi-tôt il y retourna pour les prendre ; mais quand il voulut regagner le port, ses propres troupes soulevées lui barrerent le chemin. La-dessus il prit le parti de se refugier dans une Eglise ; & il étoit prêt d'y entrer, quand il fut tué d'un coup de javelot lancé par un des mutins. Ce fut ainsi que périt le Roi Amalaric environ cinq ans après qu'il eut commencé à regner sur les Visigots, ce qui n'arriva qu'après la mort du grand Theo-

doric

doric son aïeul, qui, comme nous avons eu déja l'occasion de le dire, décéda l'année de Jesus-Christ cinq cens vingt-six.

Childebert après avoir fait un riche butin, & délivré sa sœur, se mit en chemin avec elle pour la ramener dans sa patrie;mais cette Princesse mourut durant le voïage, je ne sçais par quel accident. Son corps fut apporté à Paris où il fut inhumé auprès de celui de Clovis son pere. Parmi les thrésors que Childebert rapportoit de son expédition, il y avoit plusieurs pièces d'orfèvreries à l'usage des Eglises, & entr'autres vingt boëtes à mettre les livres des Evangiles, quinze paténes & soixante calices. Toutes ces pieces étoient d'or massif & enrichies de pierreries. Il eut une grande attention à les faire bien tenir & bien garder, & dans la suite il en fit présent aux Eglises de son Roïaume. Nous observerons ici que Grégoire de Tours obmet de dire qu'Amalaric,avant que de s'enfuir à Barcelonne, avoit, comme on le va voir, perdu une bataille auprès de Narbonne.

Voici comment Procope raconte le détail de cette guerre. (a) » Amalaric fut la victime du ressentiment » de ses beaux-freres. Il étoit Arien, & il maltraitoit

(a) Postea Amalaricus offenso suæ conjugis fratri, pœnas graves persolvit. Cum enim uxorem recte de Deo sentientem Ariana ipse imbutus hæresi, non modo consuetis uti cæremoniis, & in divino cultu instituta patria vetaret sequi, sed indignis etiam modis acciperet nolentem ad suæ sectæ ritus accedere, hæc ferre non valens mulier, Theodeberto fratri rem totam edidit. Hinc orto Germanos inter & Visi- gothos bello ac prælio pertinacissime inito, victus Amalaricus, non sine magna suorum strage, obiit, & quantacunque Pars Galliæ Visigothis obvenerat,eam obtinet.Qui cladi superfuerant, ex Gallia cum uxoribus liberisque egressi, in Hispaniam ad Theudim jam palam tyrannum se receperunt. Ita Gallia in Gothorum & Germanorum ditionem venit. Procop. de bell. Goth. lib. pr. cap. decimo tertio.

M

» la Reine sa femme qui faisoit profession de la Re-
» ligion Catholique , & qui ne vouloit point apostasier,
» non seulement en l'empêchant d'exercer le culte de
» sa Religion , mais encore en lui faisant bien d'autres
» outrages. Enfin cette Princesse poussée à bout , en
» porta ses plaintes à Théodebert son frere. Voilà donc
» la guerre allumée entre les Francs & les Visigots. Il
» se donna entr'eux une bataille très-opiniâtrée , qui
» coûta la vie à un grand nombre de Visigots & à leur
» Roi Amalaric. Les Francs se rendirent maîtres en-
» suite de la plus grande partie de la portion des Gau-
» les que les Visigots avoient recouvrée. Ceux d'entre
» ces derniers qui échaperent à l'épée des vainqueurs,
» se retirerent en Espagne auprès de Theudis, qui avoit
» déja levé l'étendart de la révolte , & ils y emmene-
» rent avec eux leurs femmes & leurs enfans. Voilà
» comment les Gaules vinrent au pouvoir des Francs
» & des Gots.

Il y a deux ou trois observations à faire sur cet endroit de Procope. La première est , que ses Copistes
déja tant de fois repris , ont fait encore ici une lour-
de faute, en écrivant *Théodebert* au lieu de *Childebert*. Procope qui pouvoit être encore en Italie lorsque Théodebert y fit l'expédition dont nous parlerons dans la
suite, a sçû certainement que ce Prince n'étoit pas fils
de Clovis, mais son petit-fils , & par conséquent qu'il
étoit neveu de Clotilde fille de Clovis, & non pas frere de cette Clotilde. Notre Historien ne pouvoit pas
ignorer non plus que ce n'étoit pas Théodebert, qui sept
ou huit années avant que de venir en Italie, avoit fait
dans l'Espagne citérieure la guerre où Amalaric avoit été
tué ; mais que c'étoit Childebert oncle de Théode-

bert. Ainſi l'on ne ſçauroit ſans injuſtice mettre cette faute ſur le compte de notre Hiſtorien, & l'on doit l'attribuer à ſes Copiſtes, avec d'autant plus de confiance, qu'il ne faut pas changer beaucoup de lettres pour faire *Théodebert* de *Childebert*.

Ma ſeconde obſervation roulera ſur ce que Procope n'a point eu l'intention de dire que ce fut l'année même de la mort d'Amalaric, que les Francs recouvrerent tout ce que les Viſigots avoient repris ſur eux après la mort de Clovis ; mais ſeulement que ce fut durant le cours de la guerre commencée pour venger les outrages faits à la Reine Clotilde, qu'arriva cet événement. En effet ce fut dès l'année cinq cens trente & un, que Childebert fit ſa premiere campagne contre les Viſigots, & qu'Amalaric fut tué, comme on le voit par un paſſage d'Iſidore que voici : *(a)* » L'année de « Jeſus-Chriſt cinq cens vingt-ſix, & la neuviéme an- » née de l'Empereur Juſtin premier, qui étoit monté » ſur le thrône de Conſtantinople en cinq cens dix- » huit, Théodoric Roi d'Italie y mourut. Après la » mort de ce Prince, Amalaric ſon petit-fils regna ſur » les Viſigots durant cinq ans. Amalaric ayant alors » perdu une bataille auprès de Narbonne contre les » Francs commandés par leur Roi Childebert, il ſe » ſauva honteuſement à Barcelonne, où il fut regar- » dé par ſes ſujets comme leur opprobre, & tué par un » ſoldat de ſes propres troupes qui s'étoient revoltées.

(a) Aera quingenteſima ſexageſi-ma quarta, anno Imperatoris Juſti-ni nono, regreſſo Italia Theodori-co, Amalaricus nepos ejus quinque annis regnavit, qui cum ab Ilde-berto Francorum Rege apud Nar- bonam prælio ſuperatus fuiſſet, Bar-cinonem trepidus fugit, effectuſque omnium contemptibilis, ab exerci-tu jugulatus interiit. *Iſidor.hiſt.Goth.* *pag.* 66.

M ij

Dès qu'Amalaric a été tué la cinquième année de son regne, il est clair que ce fut en l'année cinq cens trente & un, ou en cinq cens trente-deux qu'il mourut. Or nous verrons par la suite de l'Histoire, que les Rois Francs faisoient encore la guerre aux Visigots en cinq cens quarante-deux, & que ce ne fut qu'alors, suivant les apparences, qu'ils reprirent, ou qu'ils acheverent de reprendre ce que cette Nation avoit recouvré après la mort de Clovis, & qu'ils la réduisirent à n'avoir plus dans les Gaules que les huit Cités qu'elle désignoit, comme on l'a vû déja, par le nom d'Espagne citérieure. Ce n'aura donc été qu'en cinq cens quarante-deux que les Visigots, qui avoient été chassés pour la seconde fois du Rouergue & de quelques autres Cités, se seront, comme le dit Procope, retirés auprès de Theudis, qui regnoit sur l'Espagne citérieure, aussi-bien que sur l'Espagne ultérieure. En effet ce Prince qui étoit monté sur le thrône en cinq cens trente & un ou l'année suivante, regna jusques à l'année cinq cens quarante-huit ou cinq cens quarante-neuf. (a) D'ailleurs nous voyons par Isidore de Séville, que Theudis eut à soutenir la guerre contre les Rois des Francs. » L'an de Jesus-Christ cinq cens trente & un ou tren-» te-deux, dit cet Auteur, & la sixiéme année du re-

(a) Aera quingentesima sexagesima nona, anno imperii Justiniani sexto, post Amalaricum Theudix in Spania creatus in regnum annis decem & septem. ... Eo regnante, dum Francorum Reges cum infinitis copiis in Spanias convenissent, & Tarraconensem Provinciam valde popularent, Gothi Duce Theudisclo, obicibus Spaniæ interclusis, Francorum exercitum multa cum admiratione victoriæ prostraverunt. Dux idem prece atque ingenti pecunia sibi objecta vicem fugæ hostibus residuis unius diei noctisque spatio præbuit. Cætera infelicium turba, cui transitus collati temporis non occurrit, Gothorum perempta gladio concidit. Ibid. cap.

» gne de Juſtinien, qui avoit été fait Empereur d'O-
» rient en cinq cens vingt-ſept, Theudis fut procla-
» mé Roi en Eſpagne à la place d'Amalaric. Theudis
» regna dix-ſept ans ; & quoiqu'il fût Arien, il trait-
» ta bien les Catholiques, laiſſant aux Evêques de no-
» tre Communion la liberté de tenir un Concile à To-
» léde, & d'y faire concernant la diſcipline Eccle-
» ſiaſtique, les Canons qu'ils jugeroient à propos. Sous
» ſon regne les Rois des Francs paſſerent les Pyrenées à
» la tête d'une puiſſante armée, qui fit beaucoup de dé-
» ſordre dans l'Eſpagne Tarragonoiſe. Les Viſigots
» ſous la conduite de Theudiſclus, prirent les derrie-
» res de cette armée, ils ſe ſaiſirent des cols par leſ-
» quels elle avoit paſſé, & ils remporterent enſuite ſur
» elle de grands avantages. Mais le Général s'étant laiſſé
» gagner par argent & par prieres, il retira pour vingt-
» quatre heures, les troupes qui gardoient les cols, &
» il donna ce tems-là aux ennemis pour ſe ſauver. Ce-
» pendant il y en eut pluſieurs d'entr'eux qui ne pu-
» rent point profiter de la complaiſance de Theudiſ-
» clus, & qui furent paſſés au fil de l'épée par les Vi-
» ſigots.

Ainſi l'on voit bien que le ſeul reproche qu'on puiſſe faire ici à Procope, c'eſt de s'être énoncé de maniere que ſon Lecteur pût penſer que tout ce qu'il dit
des ſuccès des Francs contre les Viſigots, & de la retraite de ces derniers auprès de Theudis, fût arrivé en
une ſeule année, c'eſt-à-dire, en cinq cens trente &
un. Je ne ferai point d'excuſe de cette digreſſion, bien
qu'elle paroiſſe un peu étrangere à l'Hiſtoire de la conquète de la Turinge, & qu'elle roule ſur une matiere à
laquelle je ſemblois avoir promis de ne plus toucher,

M iij

je veux dire, fur la queſtion, quels étoient les païs que les Viſigots reprirent fur les Francs immédiatement après la mort de Clovis, & dans quel tems les Francs reconquirent ce païs-là. Mais Grégoire de Tours en racontant l'expédition de Childebert dans les Eſpagnes, comme un événement auquel la ſeconde guerre de Turinge avoit en quelque façon donné lieu, m'engageoit ſi naturellement à faire ma digreſſion, que je ne pouvois m'en diſpenſer, d'autant plus encore qu'elle concilie la narration de Procope avec différens endroits de l'Hiſtoire de Grégoire de Tours. En effet il réſulte de tout ce que j'ai ramaſſé dans l'Hiſtorien Grec, que quelques années après la mort de Théodoric Roi des Oſtrogots arrivée en cinq cens vingt-ſix, Thierri ſe ligua avec Clotaire, pour venger l'injure qu'Hermanfroy avoit faite à l'aîné des deux freres : que vers l'année cinq cens trente ils conquirent la Turinge, & que Childebert ayant crû mal-à-propos que Thierri étoit mort dans ſon expédition, il voulut ſe rendre maître de l'Auvergne; mais qu'ayant ſçû que ce Prince étoit vivant, il évacua l'Auvergne pour marcher contre Amalaric, qui fut tué en cinq cens trente & un; & qu'après ſa mort, la guerre qui s'étoit allumée la derniere ou la la pénultiéme année de ſon regne, entre les Francs & les Viſigots ; donna lieu aux Francs de conquerir pour la ſeconde fois ce que les Viſigots avoient repris ſur les Francs immédiatement après la mort de Clovis. Or il n'y a rien dans notre expoſé, très-conforme au récit de Procope, qui ne s'allie très-bien avec ce que Grégoire de Tours dit dans le troiſiéme Livre de ſon Hiſtoire, & dans les Livres ſuivans concernant les guerres que les Francs eurent contre les Viſigots depuis la mort de

Clovis jusques au milieu du sixiéme siecle. Nous dirons ailleurs que Thierri flatté par le courage que Childebert avoit montré en vengeant leur sœur, s'adoucit; & que quelque tems après la conquête de la Turinge Germanique les deux freres se reconcilierent.

CHAPITRE VII.

Sigismond succede à son pere Gondebaud Roi des Bourguignons. Lettres de Sigismond à l'Empereur d'Orient. Premiere guerre des Rois des Francs contre les Bourguignons, dont le Roi est fait prisonnier. Mort de ce Prince. Clodomire est tué à la bataille de Véséronce; & Godemar demeure Roi des Bourguignons.

CE fut dans l'intervalle de tems qui s'écoula entre l'expédition que Thierri fit dans le païs des Turingiens vers cinq cens seize, & l'expédition dans laquelle il subjugua cette Nation en l'année cinq cens trente, que les Rois des Francs enfans de Clovis firent leur premiere guerre contre les Bourguignons. Avant que de parler de cette guerre là, qui, comme nous l'exposerons, commença en cinq cens vingt-trois, il est à propos de dire quelque chose concernant l'état où étoient les Bourguignons quand les Rois successeurs de Clovis les attaquerent pour la premiere fois.

Le Roi Gondebaud (a) nonobstant toutes les es-

(a) Florentio & Antemio. His Consulibus, Monasterium Acauno a Rege Sigismundo conditum est. *Marii. Av. Cbr. ad ann.* 515.

Petro. Hoc Consule, Rex Gondobagaudus obiit, & levatus est filius illius Sigismundus Rex. *Mar. Av. Cbr. ad ann.* 516.

pérances de conversion qu'il avoit données à Bœdicius Avitus Evêque de Vienne, mourut Arien en cinq cens seize. Son fils Sigifmond lui fucceda. Depuis long-tems Sigifmond faifoit profeffion de la Religion Catholique, & même il avoit fondé un an avant la mort de fon pere le célèbre Monaftere d'Agaune ou de faint Maurice, fitué fur les confins du Valais & du Chablais. Il faut, comme nous l'avons promis, rapporter encore ici quelques fragmens des lettres que Sigifmond après fon avénement au Thrône, écrivit à l'Empereur Anaftafe qui furvécut de deux ans le Roi Gondebaud. Rien n'eft plus propre à faire voir que les Rois barbares, qui regnoient dans les Gaules, reconnoiffoient que les Provinces qu'ils avoient occupées, ne laiffoient pas d'être toujours une portion du territoire de la Monarchie Romaine. Voici donc ce que dit Sigifmond dans une des lettres dont nous parlons, & que les Lecteurs fçavent déja avoir été compofées fous le nom de ce Prince par Avitus Evêque de Vienne.

(a) » Il eft à la connoiffance de tout le monde,

(a) Epiftola ab Avito Epifcopo dictata fub nomine Domini Regis ad Imperatorem. N° 83. Notum eft omnibus Celfitudinem veftram non impedimenta temporum, fed fubjectorum vota metiri. Sub cujus fiduciæ fecuritate atque lætitia Gloriofiffimo Principi noftro, qui corpore abfumus, animo præfentamur, & quamquam iftud famula veftra Profapia mea ex devotione perfolverit, me tamen gratia debitorem non magis parent alia debita, quam beneficia mihi impenfa fecerunt. Vefter quidem eft populus meus, fed me plus fervire vobis, quam illi præeffe delectat. Traxit iftud à proavis generis

mei apud vos decefforefque veftros femper animo Romana devotio, ut illa nobis magis claritas putaretur quam veftra per militiæ titulos porrigeret Celfitudo, cunctifque autoribus meis femper magis ambitum eft quod a Principibus fumerent, quam quod a patribus attuliffent. Cumque Gentem noftram videamur regere, non aliud nos quam milites veftros credimus ordinari. Impartit vos gaudiorum munere veftra profperitas, quidquid illic pro falute omnium curatis, & noftrum eft. Per nos adminiftratis remotarum fpatia regionum; Patria noftra vefter orbis eft. Tangit Galliam fuam

que

» que *Votre Hautesse* qui connoît les sentimens de ses
» serviteurs, ne leur impute point les contre-tems dont
» ils ne sont pas la cause. Dans cette confiance qui fait
» notre consolation, nous nous présentons quoiqu'éloi-
» gnés, aux pieds du thrône de notre très-glorieux
» Prince; & quoique le respect pour sa personne soit
» dans la maison dont nous sortons un sentiment hérédi-
» taire, qu'elle a toujours tâché de vous témoigner par
» un sincere attachement, nous confessons néanmoins
» de nouveau que nous sommes vos redevables, tant
» pour les bienfaits qu'elle a reçus de vous, que pour
» ceux que nous-mêmes en avons reçus en notre parti-
» culier. Ma Nation fait une partie du peuple qui vous
» reconnoît comme son Souverain, & je me tiens plus
» honoré de servir sous vos ordres, que de regner sur
» elle. C'est un sentiment que j'ai hérité de mes an-
» cêtres qui ont toujours eu un cœur véritablement
» Romain, & qui toujours ont été attachés si sincere-
» ment à vous & à vos prédecesseurs, qu'ils ont crû
» que l'illustration provenante des grades & des em-
» plois où *Vos Hautesses* les élevoient, faisoit leur plus
» grande gloire. Oui, mes ayeux ont toujours fait
» moins de cas des dignités qu'ils devoient au sang dont
» ils sortoient, que de celles que leur conferoient les
» Empereurs. Quand les Princes de ma maison devien-
» nent Rois de leur Nation, ce qu'ils s'imaginent de
» plus flateur, c'est que par-là ils deviennent vos Offi-

lumen Orientis, & radius qui illis
partibus oriri creditur & hic refúl-
get. Jubar quidem conspectus vestri contemplatione non capimus,
sed lucem serenitatis quam ubique
diffunditis desiderio possidemus.....

Virtute orbi Eoo, felicitate regna-
tis Occiduo. Offero igitur Principum inclyte, litterarum obsequia,
vota gratiarum præstolor, oraculum
sermonis augusti ambio, si quid
sit quod jubere dignemini, &c.

» ciers. Comme tels nous goûtons aujourd'hui le fruit
» de vos profperités, dont le bruit rend notre admi-
» niftration plus aifée. En effet, nos mains ne font que
» tenir le timon par lequel vous gouvernez les Contrées
» où nous habitons, toutes éloignées qu'elles font de
» votre Capitale : à quelque diftance qu'elles foient de
» votre thrône, elles n'en font pas moins une partie
» du monde foumis à cet augufte thrône. . . . .
» la lumiere de l'Orient éclaire les Gaules. Elles pro-
» fitent des rayons de l'aftre qui paroît fe lever pour
» lui : vous gouvernez par vous-mème l'Empire d'O-
» rient, & l'Empire d'Occident eft gouverné fous vos
» aufpices. J'offre donc par cette lettre mes fervices au
» plus grand des Princes ; d'un autre côté je me flatte
» qu'il daignera faire quelques vœux pour moi, & j'at-
» tends avec foumiffion fes ordres auguftes. Toute la
lettre dont ces deux fragmens font tirés, eft écrite
dans le même efprit.

Voici encore quelques Fragmens d'un autre Epitre
du Roy Sigifmond à l'Empereur Anaftafe ; elle eft en
réponfe à une lettre qu'Anaftafe avoit écrite avant qu'il
eût encore reçû l'Epitre précedente, & avant qu'il eût
été informé que Sigifmond demandoit le Patriciat dont
Gondebaud étoit mort revêtu, & que cet Empereur
avoit adreffée au nouveau Roy pour le feliciter fur fon
avenement à la Couronne, & pour lui conférer la dignité de l'Empire dont il fouhaittoit d'être pourvû.
La Seconde lettre de Sigifmond rend compte des obftacles qui avoient empêché celui qu'il avoit chargé de
porter à Conftantinople fa premiere lettre, d'y arriver avant que l'Empereur lui eût écrit & l'eût ainfi
prévenu.

» Votre *Sérénité* ne pouvoit pas mieux donner à con-
» noître qu'elle rendoit justice aux sentimens de ses ser-
» viteurs, (a) & qu'elle ne leur imputoit pas les contre-
» tems, qu'elle l'a donné à connoître en nous prévenant
« par une lettre dont les caracteres sacrés satisfont des
» vœux qui ne lui étoient pas encore connus, quand sa
« main a tracé ces caractères. Quoique vous m'ayez pré-
» venu en m'écrivant quand vous n'aviez pas encore reçû
» la lettre où je vous rends les hommages qui vous sont
» dûs , je ne suis point coupable pour cela ni de man-
» que d'attachement, ni de négligence. Si les obstacles
» qui sont sur la route d'ici à Constantinople n'eussent
» point traversé mon dessein , ces caracteres respecta-

(a) *Epistola ab Avito Episcopo dictata sub nomine Domini Regis Sigismundi ad Imperatorem Anastasium No.* 84. Quam præ Majestatis judicio serenitas vestra vel parum pendat impedimenta temporum , vel censeat corda famulorum , nullo indicio meliore cognoscitur quam quod in sacris apicibus longinquius porrigendis implet desiderantium vota, & supplicum non expectat officia. ...... Quod autem nunc Augustæ compellationis affatus debitæ vobis paginæ prevenit obsequium, nihil indevotioni pius arbiter , nihil imputet tarditati. Nisi aditum conatibus nostris obex interjecta suspenderet, jam nunc profecto verbum mundo desiderabile, responsa potius quam oracula destinasset..... Igitur post obitum devotissimi, fidelissimique patris mei proceris vestri cui ad felicissimos integra prosperitate successus id quoque contigit divino favore votivum, ut lætam florentemque Rempublicam vobis orbem regentibus

sciret, vosque Dominos Nationum placido receptus fine derelinqueret. Ad hæc intimanda , vobisque commendanda meæ militiæ rudimenta quæ genitore quidem meo superstite nutristis, sed magis magisque post eum cumulo sacræ dignationis augetis, sicut debebam vel optare fas fuerat unum de Consiliariis meis, qui quantum ad ignorantiam Gallicanam, cæteros præire litteris æstimatur, venerandi comitatus vestri auribus offerebam , specialius securitate concepta quod Rector Italiæ de pace vestra publice plauderet, & redditam sibi Orientis gratiam coloraret. Interclusum est ergo atque prohibitum relationibus destinatis iter arroptum... Certe ipse viderit quid hinc apud augustam lætitiam spectet series veritatis: Parvum tamen amicitiæ videtur indicium, eum quem te colere asseras , nolle à cæteris honorari, cum omnes qui vos digne cultu suspicimus, idipsum à cunctis fieri velle debeamus. *Ibidem.*

N iij

» bles au monde entier, auroient été employés à écrire
» une réponse à ma lettre, & non point à écrire un oracle
» dicté par votre seule bonté, & qui satisfait à tout ce
» que vous avez déviné que je souhaitois. La jalousie
» de mon rival ne m'a point fait autant de mal qu'elle se
» promettoit de m'en faire. Si je n'ai point eu le plaisir
» d'obtenir une demande, j'ai eu le bonheur d'être pré-
» venu aussi agréablement que l'ai été, quand de votre
» propre mouvement vous m'avez conferé la dignité qui
» faisoit l'objet de mon ambition. Qu'importe que
» l'Empereur prévienne nos demandes, ou qu'il nous
» les accorde? Est-il plus glorieux d'avoir obtenu une
» grace de lui, que d'avoir attiré son attention? Pour
» en venir à ce qui s'est passé, dès que mon pere l'un
» de vos principaux Officiers, & dont vous avez con-
» nu le dévoüement & la fidelité, fut expiré, avec la
» consolation d'avoir vû avant que de mourir l'accom-
» plissement de ses désirs les plus ardens, je veux dire
» la République heureuse sous le regne d'Anastase, &
» cet Empereur reconnu & obéi par les Nations Confe-
» derées, mon premier soin fut de vous donner part de
» cette mort & de ses circonstances. Je voulus aussi faire
» valoir auprès de vous mes services dans les emplois
» que vous m'aviez confiés du vivant de mon pere, &
» vous porter à m'en donner, comme vous l'avez fait,
» de plus importans. Dans ce dessein je jettai les yeux
» sur un de mes Conseillers, qui est une personne fort
» intelligente, du moins à ce qu'on croit dans les Gau-
» les, & je l'adressai à vos Ministres. Comme celui qui
» gouverne aujourd'hui l'Italie se vantoit d'avoir fait
» sa paix avec vous, & qu'il affectoit de publier que
» l'Orient lui avoit rendu ses bonnes graces, je crus que

» la personne que je vous envoyois n'avoit pas besoin
» d'autre passeport que de sa mission même, pour tra-
» verser avec sureté cette Province du monde Romain.
» Néanmoins cette personne qui vous portoit ma lettre,
» & qui devoit me rapporter votre réponse, n'a pû
» achever son voyage, parce que Theodoric lui a fer-
» mé les passages. Jugez, grand Prince, de ce procedé. Il
» me semble que c'est avoir bien peu d'égards pour un
» Souverain, que de ne vouloir pas que les autres lui
» rendent les mêmes devoirs que nous lui rendons. Ces
» sentimens sont bien éloignés des nôtres & de ceux
» de tout bon serviteur. Le reste de la réponse de Sigismond, qui est assez longue, ne fait que répéter en
phrases differentes les assurances d'un dévoüement par-
fait. Je ne crois pas que les Préfets du Prétoire des Gaules, & les Maîtres de la Milice dans ce département,
ayent jamais écrit aux successeurs de Constantin le
Grand en des termes plus soumis, & qui fissent mieux
sentir que les lettres de ceux qui s'en servoient, étoient
celles d'un sujet à son Souverain. Au reste il est facile
de déviner les motifs qui avoient engagé Theodoric,
dès qu'il eut pénétré le sujet du voyage de l'Envoyé
de Sigismond, à fermer à ce Ministre les passages de
Constantinople. Theodoric croyoit qu'il étoit contre
ses droits que l'Empereur d'Orient conferât de son
propre mouvement les dignités de l'Empire d'Occident,
& que la guerre pouvoit se rallumer d'un jour à l'autre
entre les Bourguignons & les Ostrogots. La protection
qu'Anastase pouvoit donner à Sigismond auroit peut-
être empêché les Francs de lui faire la guerre; mais cet
Empereur, qui ne survécut Gondebaud que deux ans,
mourut en cinq cens dix-huit, & Justin son successeur

ou se soucia peu des Bourguignons , ou bien il n'eut
pas dans les Gaules le même crédit que son prédéces-
seur , dont l'autorité avoit été reconnuë par Gontran
lui-même. D'ailleurs saint Avitus Evêque de Vienne
dont Sigismond étoit le proselyte , & qui l'an cinq
cens avoit rendu de si grands services aux Bourguignons mourut en cinq cens vingt-deux. Ce qui me le fait
présumer ainsi , c'est que nos meilleurs Critiques , après
avoir discuté en quelle année mourut ce grand homme,
disent que ce qu'il est possible d'établir de plus précis sur l'année de sa mort , c'est qu'elle doit être arrivée au plutôt en cinq cens vingt-deux , & au plus tard
en cinq cens vingt-buit. Or j'ai deux raisons de convenance pour croire qu'elle soit arrivée dès cinq cens
vingt-deux. La premiere est que ce Prélat auroit empêché , s'il eût encore été en vie , Sigismond de traiter
son propre fils, comme nous allons voir qu'il le traita
cette année-là. La seconde est, que si Avitus ne fût
pas mort avant cinq cens vingt-trois que commença la
guerre des Francs contre les Bourguignons, il seroit fait
du moins quelque mention de lui dans la narration de
cette guerre que Grégoire de Tours nous a laissée.
Notre Historien diroit ce qu'auroit fait Avitus pour
empêcher la rupture, ou quel parti auroit pris dans
cette conjonéture un personnage qui avoit tant de considération & tant de crédit dans les Gaules.

Quoiqu'il en ait été, la mort la plus funeste aux
affaires de Sigismond , fut celle de son fils Sigéric (a)
qu'il fit périr injustement en cinq cens vingt-deux.

(a) Symmacho & Boëtio. His
Consulibus Sigericus filius Sigismundi Regis jussu patris sui injustè
occisus est. Mar. Avent. Chr. ad ann.
522.

Voici comment Grégoire de Tours raconte cette tragique avanture. (b) „ Sigifmond avoit époufé en pre-
„ mieres nôces la fille de Théodoric Roi d'Italie ; & il
„ en avoit eu un fils nommé Sigéric. Après la mort de
„ cette Princeffe Sigifmond époufa une femme qui avoit
„ été à elle. Il étoit naturel que la nouvelle Reine eût
„ pour Sigéric les fentimens ordinaires des marâtres, &
„ ce Prince les aigriffoit encore par fa conduite. Un jour
„ qu'il la vit revêtue d'une robbe précieufe que la
„ feuë Reine avoit portée, & qu'il reconnut, il lui
„ reprocha qu'elle ofoit fe parer des vêtemens d'une
„ Princeffe dont elle avoit été la domeftique. La belle-
„ mere réfolut de fe venger de cette infulte ; & pour
„ cet effet elle irrita le Roi fon mari contre Sigéric:
„ Votre fils, lui dit-elle, a deffein de vous tuer pour
„ fe rendre maître de vos Etats, & pour les joindre
„ un jour à ceux que fon grand-pere Théodoric pof-
„ fede en Italie. Il eft fi connu que vous-êtes aimé ten-
„ drément de vos fujets, que Sigéric ne fçauroit avoir
„ formé le projet d'une ufurpation, qu'il n'ait conçu
„ en même tems le deffein d'un patricide. Sigifmond
„ fut aveuglé par les artifices que la Reine mit en œu-
„ vre pour lui faire ajoûter foi à fes rapports & lui-
„ même il commit un crime qui n'étoit gueres moin-
„ dre que celui dont on lui faifoit craindre d'être la vi-
„ ctime. Le fils, tandis qu'il dormoit après le diner,
„ fut étranglé par les ordres de fon pere. Sigéric avoit
„ à peine rendu les derniers foupirs, que Sigifmond
„ fe repentit de fon crime. Il fe jetta fur le corps de

(a) Sigifmondus perdita priori
conjuge filia Theodorici Regis Italiæ de qua filium habebat nomine
Sigericum, aliam duxit uxorem quæ

valide contra filium ejus, ficut No-
vercarum mos eft, malignari ac
fcandalizari cæpit. *Greg. Tur. lib.*
bift. tertio cap. quinto.

„ ſon fils , & l'embraſſant tendrement le mouilloit
„ ſes larmes , comme pour lui demander pardon.
„ aſſure qu'un des vieux ſerviteurs de ce pere infor-
„ tuné lui dit en le trouvant dans ce tranſport de dou-
„ leur : Ne pleurez point Sigéric , il eſt mort innocent.
„ C'eſt ſur vous-même que vous devez pleurer. Sigiſmond ſe retira quelques jours après à ſaint Maurice
en Valais pour y faire pénitence de ſon crime, & il y

Laus pe-
rennis. fonda un ſervice divin célébré par pluſieurs Chœurs
de Chantres , qui ſe relevoient les uns les autres , de
maniere qu'il ne ceſſoit jamais , parce qu'il ſe faiſoit
toujours quelqu'Office dans l'Egliſe. Je dirai par occaſion , qu'il y avoit alors dans les Gaules pluſieurs Mo-
naſteres où le Service divin étoit célébré ſans aucune
diſcontinuation. Le relâchement des Eccléſiaſtiques a
aboli cet uſage depuis pluſieurs ſiecles. Il paroiſſoit ſi
beau au Pape Sixte-quint, dont l'ame étoit élevée &
les ſentimens pleins de grandeur , qu'il étoit prêt lorſqu'il mourut , à faire une fondation pareille à celle de
Sigiſmond. Ce Pape le plus noble de tous les Papes des
deux derniers ſiecles , vouloit faire édifier au milieu
de l'arène , ou de la place du Coliſée , lieu du martyre
d'un ſi grand nombre de Chrétiens , une Egliſe , où
les Religieux de quatre Couvens qu'on eût bâtis ſous
les portiques & dans les autres dégagemens de ce ſu-
perbe amphiteâtre , auroient célébré ſucceſſivement un
Office divin qui n'eût jamais diſcontinué.

Après que Sigiſmond eut demeuré quelque tems dans
le Monaſtere de ſaint Maurice , il revint à Lyon ; & une
fille qui lui reſtoit de ſon mariage avec Oſtrogothe ,
c'eſt le nom que portoit ſa premiere femme , épouſa
le Roi Thierri le fils aîné de Clovis. On peut juger à
quel

quel point le Roi des Oftrogots dut être aigri contre Sigifmond ; lorfqu'il apprit le traitement fait à Si-géric. Ainfi les Francs ne pouvoient pas prendre une conjoncture plus favorable pour attaquer le Roi des Bourguignons.

Quoiqu'il y eût déja en cinq cens vingt-trois où nous fommes , près de quarante ans que Gondebaud avoit fait mourir Chilpéric pere de fainte Clotilde, & qu'il avoit fait jetter dans un puits la mere & les fre-res de cette Princeffe , elle confervoit encore néan-moins un vif reffentiment de toutes ces cruautés, dont elle n'avoit point pú jufques-là les venger. Mais lorf-qu'elle vit l'Evêque de Vienne mort , & Sigifmond odieux également à fes fujets & à Théodoric, elle crut. que le tems de fe montrer fidelle à fes devoirs, & de tirer raifon de fes injures par les voyes permifes aux Souverains, étoit enfin arrivé , & qu'il falloit, puifque Gondebaud n'étoit plus , s'en prendre à fa poftérité.

Elle affembla donc fes trois fils, Clodomire, Chil-debert & Clotaire , à qui elle dit : (a) Que je n'aye pas fujet, mes chers enfans, de me repentir d'avoir toujours été la plus tendre de toutes les meres. Mon-trez donc que vous vous fouvenez de la maniere inhu-maine , dont mon pere & ma mere , qui m'avoient éle-

---

(a) Chrotildis, vero Regina Chlodomerem & reliquos filios fuos adloquitur , dicens. Non me pœniteat chariffimi vos dulciter enutriffe. Indignamini quæfo inju-riam meam , & patris matrifque meæ mortem fagaci ftudio vindica-te. Hæc illi audientes Burgundias petunt, & contra Sigifmundum & fratrem ejus Godomarum dirigunt, devictoque exercitu eorum Godo-marus terga vertit. Sigifmundus ve-ro dum ad fanctos Agaunenfes fu-gere nititur à Chlodomere captus cum uxore & filiis captivus abduci-tur atque infra terminum Aurelia-nenfis urbis in cuftodia pofitus deti-netur. Greg. Tur. lib. hift. tertio c. fexto.

vée comme je vous ai élevés, ont été traités. Allez les
venger par les voyes les plus promptes & les plus sû-
res. Comme l'ambition conseilloit encore à ces Princes
de faire l'entreprise à laquelle une mere respectable les
excitoit, ils se mirent bientôt en campagne, dans la résolution d'accroître leurs Partages des débris du Roïaume des Bourguignons, & de faire sentir à la postérité
de Gondebaud, que le pere & la mere de Clotilde avoient
des petits-fils dignes d'eux. Nos trois Princes firent
bien à Thierri leur frere de pere, la proposition de
joindre ses armes aux leurs; mais Thierri qui n'avoit
point à venger Chilpéric, ni la Reine femme de Chilpéric, dont il ne descendoit pas, & qui d'ailleurs avoit
épousé une fille de Sigismond, n'accepta point cette
proposition, & il demeura neutre dans la guerre de
ses freres contre son beau-pere.

Nous avons déja observé qu'on se gouvernoit alors
dans les guerres par des maximes bien differentes de
celles qu'on y suit aujourd'hui. Aujourd'hui tout l'honneur d'une campagne est pour le parti qui peut se vanter avec justice, quand elle est finie, d'avoir fait réus-
sir ses projets & d'avoir fait avorter ceux de l'ennemi. Ce parti-là est réputé avoir eu la supériorité sur
ses ennemis, quand bien même il n'auroit remporté
d'autre avantage sur eux, que celui de les avoir em-
pêchés par ses campemens d'assieger la place qu'ils vouloient prendre. Quelles qu'ayent été les manœuvres
de guerre qu'il a faites pour arriver à son but, dès
qu'il l'atteint, elles tournent à sa gloire. Un Général
est quelquefois autant loué pour avoir refusé en certaines circonstances de donner une bataille, qu'il le
seroit pour en avoir gagné une. L'axiome qu'un grand

Capitane se bat quand il lui plaît, & non quand il plaît
à l'ennemi, est devenu la maxime de tous les camps;
& Fabius le *Cunctateur* trouveroit bien plus de justice
dans notre siecle qu'il n'en trouva de son tems. Mais
les Barbares établis dans les Gaules n'étoient point encore assez éclairés dans le sixième siecle de l'Ere Chrétienne, pour assigner aux qualités morales leur véritable rang, & pour faire plus de cas du Capitaine courageux & prudent que du guerrier fougueux & té-
méraire. Refuser alors d'accepter une bataille que l'ennemi présentoit, c'étoit la perdre, & qui reculoit étoit
réputé vaincu. Voilà pourquoi tant de guerres qui
semblent d'abord avoir dû être très-longues à cause des
interêts, des forces & des ressources de ceux qui les
avoient à soutenir, ont été néanmoins terminées en
une campagne.

Sigismond qui ne pouvoit que gagner en tempori-
sant, puisqu'il s'agissoit de défendre son propre païs,
& qu'il avoit affaire à des Alliés, se crût néanmoins
obligé, dès que les Francs furent entrés dans ses Etats,
à tenir la campagne, & même à donner une bataille.
Il la perdit, & désespérant de pouvoir faire tête aux
vainqueurs, il prit le parti de se refugier dans le Monastere de saint Maurice, où, suivant ce qu'on peut
conjecturer, il vouloit renoncer au monde. Pour exécuter cette résolution, il commença par se couper les
cheveux, & s'habiller en Religieux, & puis il se retira seul
dans un hameau où il se tint caché, en attendant qu'il pût
trouver une occasion favorable de gagner son Monastere
de saint Maurice, en Valais. Malheureusement pour
lui ses propres sujets le trahirent, & ils enseignerent
aux Francs le lieu où il se tenoit caché. Il y fut fait

prifonnier de guerre, & on convint de le donner en
garde à Clodomire, qui avoit déja en fa puiffance la
femme & les enfans de Sigifmond. Clodomire envoïa
toute cette famille infortunée dans un lieu de la Cité
d'Orleans, où il la fit garder étroitement. Dès que le
Roi des Bourguignons eut été pris, la plus grande partie du païs qu'ils tenoient, fe foumit aux Francs. Nous
ignorons le lieu où fe donna la bataille que perdit Sigifmond.

Suivant la Chronique de l'Evêque d'Avanches,
cet événement arriva en l'année cinq cens vingt-trois.
On y lit : (a) » fous le Confulat de Maxime, Sigif-
» mond fut livré aux Francs par les Bourguignons. Les
» Francs l'emmenerent dans leur païs habillé en Reli-
» gieux, comme il l'étoit quand ils le prirent, & dans
» la fuite ils jetterent au fond d'un puits ce Prince infor-
» tuné, auffi-bien que fa femme & fes enfans. J'ajoute
te ici *dans la fuite* au texte de Marius, parce qu'il eft
conftant par un paffage de Grégoire de Tours qui va
être rapporté, que Sigifmond ne fut jetté dans un puits
qu'après que les Bourguignons fe furent révoltés, &
qu'ils eurent proclamé Roi, fon frere Godemar; ce
qui n'arriva qu'en cinq cens vingt-quatre, comme la
Chronique même de l'Auteur que j'ai interpolé, en
fait foi.

Auffi-tôt que les Francs fe furent retirés, après avoir
pourvû fuffifamment, du moins à ce qu'ils croïoient,
à la confervation de leur nouvelle conquête, les Bour-

(a) Maximo Confule. Sigifmundus Rex Burgundionum à Burgundionibus Francis traditus eft & in
Francia in habitu Monachali per-
ductus, ibique cum uxore & filiis in puteo eft projectus. *Mar.
Avent. Chron. ad ann.* 423.

guignons fongerent à reprendre les armes. Ils pròclamerent Roi Godemar frere de Sigifmond , & pour obtenir des Oftrogots du moins des fecours cachés , ils leur cederent quatre Cités frontieres de cette Province que Théodoric fe fçavoit fi bon gré d'avoir acquife dans les Gaules. Les Cités cédées furent celles de Carpentras , de Cavaillon , de Saint-Paul-Trois. Châteaux & d'Apt. En voici la preuve.

Dans le Concile tenu à Epaone en l'année cinq cens (a) dix-fept, fous le bon plaifir du Roi Sigifmond, Julien Evèque de Carpentras , Philagrius Evèque de Cavaillon , Florentius Evèque de Saint-Paul-Trois-Châteaux, trois Cités de la Province Viennoife , & Prétextatus Evèque d'Apt dans la feconde des Narbonnoifes , foufcrivirent les Actes de l'Affemblée ; ce qui montre que ces quatre Diocèfes étoient encore cette année - là fous la domination des Bourguignons. Cependant (b) , comme le remarque le Pere le Cointe , ces quatre Diocèfes fe trouvoient fous la domination des Oftrogots fept ans après, c'eft-à-dire en cinq cens vingt-quatre , puifque leurs Evèques foufcrivirent les Actes du quatriéme Concile d'Arles tenu cette annéelà fous le bon plaifir du Roi Théodoric. On lit parmi les foufcriptions de ce quatriéme Concile d'Arles celle de Philagrius Evèque de Cavaillon , celle de Prétex-

(a) Julianus Epifcopus Carpentoractenfis civitatis, Philagrius Epifcopus civitatis Cabellionenfis, Florentius Epifcopus civitatis Tricaffine, Prætextatus Epifcopus civita-[...] Apcenfis. Ex Actis Con. Epaon. [...]numero Epifcoporum qui [...]lenfem quartam in [...] fub Opilionis

Confulatu, five anno Chrifti quingentefimo vigefimo quarto , habitam celebrarunt , legitur Philagrius Cabellicus , Prætextatus Aptenfis , Julianus Carpenctoratenfis, Florentius Tricaftinus, qui Concilio Epaonenfi in regno Burgundiæ ante feptennium habito fubfcripferant. Le Cointe Ann. Ecl. Fran. tom. pr.

O iij

tatus Evêque d'Apt, celle de Julianus Evêque de Carpentras, & enfin celle de Florentius Evêque de Saint-Paul-Trois-Châteaux. Ainsi ces quatre Cités étant passées certainement de dessous la domination des Bourguignons sous celle des Ostrogots dans le tems écoulé depuis le Concile d'Epaone jusques au quatriéme Concile d'Arles, c'est-à-dire, depuis l'année cinq cens dix-sept jusques à l'année cinq cens vingt-quatre, je puis supposer que ce fut à la fin de l'année cinq cens vingt-trois, que Godemar les remit au Roi des Ostrogots, pour l'engager à lui donner contre les Francs, au moins des secours secrets.

Je crois même que c'est de l'acquisition dont il s'agit, qu'il est parlé dans une lettre écrite au Sénat de Rome par Athalaric Roy des Ostrogots après Théodoric, au sujet de la dignité de Patrice qu'il avoit conferée à un Officier de la Nation des Ostrogots nommé Tulum, le même qui fut un de ceux qui défendirent si bien Arles, lorsque Clovis en fit le siége vers l'année cinq cens huit. Aussi avons-nous déja rapporté une partie de cette lettre. Pour en venir à l'autre partie, à celle dont il est question à présent; Cassiodore après qu'il a fait dire par Athalaric, au nom de qui elle est écrite, que Tulum avoit beaucoup contribué par sa bravoure à la conservation de la Province des Gaules tenuë par les Ostrogots, fait ajouter à ce Prince, (a) ,, s'il faut avoir

____

(a) Non est in duce perfecta laus asserere semper anxios labores. Mittitur igitur Tulum Francis & Burgundionibus decertantibus rursus ad Gallias tuendas, ne quid adverse manus præsumeret quod noster exercitus impensis laboribus vindicasset. Adquisivit Reipublicæ Romanæ aliis contendentibus absque ulla fatigatione Provinciam & factum est quietum commodum nostrum ubi non habuimus bellicæ contentione periculum. Triumphos sine pugna, sine labore palma, sine cæde victoria. Cass. var. lib. 8. Ep. decima.

» d'autres talens que l'intelligence de l'Art des com-
» bats pour être réputé digne de gouverner les hom-
» mes : voyons aussi ce que Tulum a fait dans la suite.
» Il est envoïé une seconde fois dans les Gaules pour
» veiller à leur conservation, dans un tems où les Francs
» & les Bourguignons étoient en guerre les uns con-
» tre les autres. On craignoit alors avec raison, que
» celui des deux peuples dont le courage seroit en-
» flé par la victoire, ne se jettât sur un païs que nos
» armes avoient eu tant de peine à recouvrer. Tulum
» fit mieux que de conserver la partie des Gaules con-
» fiée à ses soins. Non-seulement il la garentit de tout
» dommage, mais il sçut encore se conduire avec tant
» de prudence, que sans s'exposer aux hazards de la
» guerre, il acquit à la République Romaine une nou-
» velle Province ; il lui fit remporter une victoire qui ne
» lui coûta point le sang d'aucun de ses enfans ; il lui fit
» cueillir des palmes sans l'exposer. Enfin il la fit triom-
» pher sans lui avoir fait courir les hazards des combats.

Si l'on ne connoissoit pas le langage de Cassiodore,
on croiroit que Tulum se seroit fait céder par les Bourguignons quelque chose de plus que les quatre Cités
dont nous avons parlé. En effet Cassiodore dit que Tulum acquit une Province à la République Romaine.
Mais on connoît le stile oratoire de cet Auteur ; & comme dans sa lettre il ose bien appeller les Gaules absolument, la petite portion des Gaules que tenoient alors
les Ostrogots, il a bien pû qualifier du nom de magni-
fique Province les quatre Cités que les Bourguignons
avoient cédées à Tulum.

On ne sçauroit douter que Théodoric, en conséquence de la cession dont nous venons de parler, n'eût

promis aux Bourguignons tous les secours qu'il pouvoit leur donner sans se déclarer, & qu'il ne les ait donnés d'autant p us volontiers, qu'il étoit de son interêt de s'opposer à l'agrandissement des Francs, & qu'il
n'avoit rien à reprocher sur le meurtre de Sigéric son
petit-fils à Godemar qu'il s'agissoit de favoriser. (*a*) Ce
fut, comme on l'a déja dit, ce Prince frere de Sigismond,
que les Bourguignons proclamerent Roi, quand ils reprirent les armes contre les Francs en l'année cinq cens
vingt-quatre. Voici le récit que Gregoire de Tours fait
de la rébellion des Bourguignons & de ses suites.

(*b*) ,, Dès que Clodomire, Childebert & Clotaire s'en
» furent retournés aux lieux de leur séjour ordinaire,
» Godemar rassembla les Bourguignons, & s'étant mis à
» la tète, il se fit reconnoître pour Souverain dans tous
» les païs dont ces trois Princes s'étoient rendus maî-
» tres. Clodomire résolut de se défaire, avant que d'al-
» ler faire la guerre aux rébelles, de Sigismond frere de
» Godemar, & dont apparemment il apprehendoit les
» menées. Saint Avitus l'Abbé de Mici, l'un des grands
» personnages que l'Eglise eût alors, tàcha de détour-
,, ner Clodomire d'exécuter son dessein. Si la crainte

(*a*) Justino secundùm & Opilione. His Consulibus Godemarus
frater Sigismundi Rex Burgundionum ordinatus est. *Mar. Av. Chr. ad
ann.* 524.

(*b*) Discedentibusque his Regibus, Godemarus Burgundiones col-
ligit regnumque recipit. Contra
quem Chlodomeris ire disponens
Sigismundum interficere destinavit,
cui à beato Avito Abbate Micia-
cense magno tunc temporis Sacer-
dote dictum est. Si, inquit, respiciens
Deum, emendaveris consilium tuum,
ut hos homines interfici non patia-
ris, erit Deus tecum & abiens victoriam obtinebis. ...... statimque
interfecto Sigismundo cum uxore
ac filiis apud Colomnam Aurelia-
nensis urbis vicum in puteum jac-
tari præcipiens, Burgundias petiit,
vocans in solatium Theodoricum
Regem. Ille autem injuriam soceri
sui vindicare nolens, ire promisit.
Gr. Tur. hist. lib. tertio cap. sexto.

'de

„ de Dieu, dit-il à son Prince, vous fait renoncer à
„ ce projet sanguinaire, & si vous épargnez par res-
„ pect pour lui, ceux dont la vie est entre vos mains,
„ il sera toujours avec vous durant votre expédition,
„ & il vous donnera la victoire. D'un autre côté, si
„ vous vous obstinez à répandre le sang de ces infor-
„ tunés, vous tomberez dans les piéges de votre en-
„ nemi, & comme eux vous mourrez de mort vio-
„ lente. Dieu permettra même que le traitement
„ que vous aurez fait à Sigismond, à sa femme & à
„ ses enfans, soit un jour rendu à vous, à votre
„ femme & à vos enfans. Clodomire aussi peu touché
„ des remontrances que des prédictions de saint Avi-
„ tus, lui répondit : Voudriez - vous que je laissasse
„ une partie de mes ennemis dans le sein de mes Etats,
„ quand il faut que j'en sorte pour aller combattre l'au-
„ tre partie ? Ne seroit - ce pas m'exposer à être atta-
„ qué où je serai & où je ne serai plus ? Le moïen le
„ plus sûr de triompher de mes ennemis, c'est de met-
„ tre les uns hors d'état de nuire, avant que de marcher
„ contre les autres. Quand je serai débarassé de ceux
„ qui sont ici, j'en viendrai bien plus aisément à bout
„ de ceux qui sont en Bourgogne. Clodomire donna
„ donc ordre de tuer Sigismond, la femme de Sigis-
„ mond & leurs enfans, & de jetter leurs corps dans
„ un puits, qui est auprès de Coulmiers ou de Coulou-
„ melle, lieu de la Cité d'Orleans. Dès que ces Prin-
„ ces infortunés eurent été traités comme l'avoient
„ été le pere, la mere & les freres de Clotilde,
„ son fils Clodomire partit pour aller combattre les
„ Bourguignons. Ce Prince avoit prié son frere Thierri de venir à son secours, & Thierri qui ne se soucioit

pas de venger la mort de Sigifmond fon beau·pere, avoit promis de joindre l'armée ; ce qu'il paroît néanmoins qu'il ne fit pas. Quoiqu'il en foit, dès qu'elle fut affemblée, elle marcha droit aux Bourguignons, & la bataille fe donna près de Véféronce, lieu de la Cité de Vienne, & non éloigné de la Ville de Belley.

Valef noc Call.p.611.

Godemar fut battu (*a*), Mais Clodomire s'avança fi loin en pourfuivant les fuïards avec trop d'ardeur, qu'il fe trouva n'avoir plus perfonne des fiens auprès de lui. Les Bourguignons, qui le reconnurent pour un des ennemis, fe mirent auffi-tôt la marque à laquelle les Francs devoient s'entrereconnoître dans la mêlée. Quelle étoit cette marque, & quel figne tenoit lieu pour lors, ou de l'Echarpe blanche que les François ont portée long-tems pour s'entrereconnoître dans les actions de guerre, ou du blanc qu'ils portent aujourd'hui pour cela fur le chapeau, il feroit trèscurieux de le fçavoir, mais où l'apprendre ? Reprenons le fil de la narration. ,, Les Bourguignons déguifés en ,, Francs crierent à Clodomire : Ralliez-vous à nous, ,, nous fommes de vos gens. (*b*) Ce Prince qui le crut,

(*a*) Cumque pariter apud Virontiam, locum Urbis Viennenfis con juncti fuiffent, cum Gondemaro confligunt. Cumque Gondemarus cum exercitu terga vertiffet, & Chlodomeris infequeretur, & de fuis non modico fpatio elongatus effet, affimulantes illi fignum ejus, dant ad eum voces dicentes : Huc, huc convertere, tui enim fumus. *Ibidem.*

(*b*) At ille credens abiit inruitque in medium inimicorum fuorum, cujus amputatum caput, & conto defixum elevant in fublime. Quod

Franci cernentes atque cognofcentes Chlodomerem interfectum, reparatis viribus, Gondomarum fugant, Burgundiones opprimunt, patriamque in fuam redigunt poteftatem. Nec mora Chlotocharius uxorem germani fui Geuntheucam nomine fibi in matrimonium fociavit. Filios quoque ejus Chrotechildis Regina exactis diebus luctus, fecum recepit ac tenuit, quorum unus Theodoualdus, alter Guntharius, tertius Chlodoualdus vocabatur. Godomarus iterum regnum recepit. *Ibidem.*

„ les joignit, & il fut enveloppé. Aussi-tôt les Bour-
„ guignons lui couperent la tête, qu'ils mirent au bout
„ d'une lance. Les Francs qui la reconnurent, au lieu
„ de perdre courage, continuerent à pousser les en-
„ nemis, qu'ils dissiperent ; & tout le païs se sou-
„ mit aux vainqueurs. Mais bientôt Godemar qui s'é-
„ toit sauvé de la déroute, mit sur pied une nouvelle
„ armée, avec laquelle il recouvra le Roïaume de ses
„ peres. Quant à la famille de Clodomire, Gontuca
„ sa veuve épousa le Roi Clotaire, & les trois fils or-
„ phelins qu'il avoit laissés, dont l'aîné s'appelloit Théo-
„ bald, le puîné Gonthier, & le troisiéme Clodoaldus
„ ou Cloud, trouverent un pere dans la Reine Clo-
„ tilde leur aïeule. Elle les prit auprès d'elle, dès qu'ils
„ eurent achevé de rendre les derniers devoirs au Roi
„ leur pere.

On voit par la suite de l'Histoire, que le Partage
de Clodomire ne fut point divisé pour lors entre ses
freres, comme l'a crû Agathias mal instruit sur ce point-
là, mais qu'il continua de subsister en forme de Roïaume.

Agathias qui a écrit son Histoire dans le siecle même que la bataille de Véléronce se donna, rapporte
des particularités de la mort de Clodomire, qui mé-
ritent de trouver place ici. Notre Aûteur aïant dit,
qu'après la mort de Clovis, ses fils partagerent entr'eux son Roïaume, il ajoûte : » A quelque tems de-là
(a) » Clodomire fut tué d'un coup de javelot dans la

(a) Non multo post tempore Chlo-
tomerus adversus Burguliones exercitum ducens, Natio autem hæc Go-
thica est per se laboriosa & bellica
laude clara, in ipso prælio pectus ja-

culo ictus interiit. Quo humi jacen-
te, Burgusiones promissam illius la-
xamque comam, & ad scapulos usque pertingentem conspicati, confestim intellexerunt se Ducem ho-

» poïtrine, qu'il reçut en combattant contre les Bour-
» guignons, une des Nations, qui, à l'exemple des
» Gots, avoient envahi le territoire de l'Empire, &
» qui est aussi connuë par son inclination au travail,
» qualité rare parmi les Barbares, que par ses faits
» d'armes. Les ennemis reconnurent d'abord aux che-
» veux de Clodomire, qui lui flottoient sur les épau-
» les, que c'étoit un Chef des Francs qui venoit
» d'être tué. Les Princes de la Maison Roïale de
» cette Nation-là ne se font point couper les cheveux
» au sortir de l'enfance, ainsi que les Romains le pra-
» tiquent. Au contraire ces Princes portent toute leur
» vie une chevelure longue, qu'ils partagent sur le
» haut du front, & qu'ils laissent tomber ensuite
» sur les épaules, ce qui leur donne bonne grace, d'au-
» tant plus que leurs cheveux ne sont point crasseux
» ni mal peignés comme le sont ceux des Turcomans
» & de quelques autres Barbares, ni tressés en forme
» de petites nattes, comme le font ceux des Gots. Au
» contraire les Princes Francs ont grand soin de leur
» tête, & même ils frisent leurs cheveux par boucles.

stium interfecisse. Solemne enim
est Francorum Regibus nunquam
tonderi, sed a pueris intonsi ma-
nent. Cæsaries tota eis in hume-
ros decenter propendit. Anterior
coma e fronte discriminata in utrumque latus deflexa. Neque vero quemadmodum Turcis & Barbaris impe-
xa eis sordidaque est coma vel com-
plicatione indecenter cirrata; sed
smigmata varia ipsi sibi adhibent, di-
ligenterque curant, idque velut in-
signe quoddam, eximiaque honoris
prærogativa Regio generi apud eos
tribuitur. Subditi enim orbiculatim
tondentur, neque eis prolixiorem
comam alere facile permittitur. Burgusiones itaque præciso Chlotome-
ris capite, cum illud copiis quæ cir-
cum eum erant, ostentasset, mag-
nam statim trepidationem confusio-
nemque injecerunt, adeoque eis animi metu ceciderunt, ut in posterum
bellum detrectarent, & victores
quidem ex animi sui sententia, &
quibus oportere videbatur conditionibus & pactis bello se exsol-
verunt. E Francico exercitu qui su-
pererant, in sua se receperunt.
Agathias de rebus Just. lib. pr

» Au reste cette longue chevelure est parmi les Francs
» la marque à laquelle on reconnoît les Princes de la
» Maison Roïale ; & l'on ne permet point à ceux qui
» n'en sont pas issus, d'en porter une semblable. L'u-
» sage est, que les sujets portent tous les cheveux cou-
» pés en rond, & il ne leur est pas permis de les lais-
» ser croître plus longs. Les Bourguignons après avoir
» mis la tête de Clodomire au haut d'une lance, la fi-
» rent voir à ses troupes, qui furent tellement conster-
» nées par la mort de leur Chef ; qu'elles ne voulurent
» plus s'exposer. Enfin leur découragement fut si grand,
» qu'il donna moïen aux Bourguignons de sortir d'em-
» barras, en terminant la guerre par une paix avan-
» tageuse, & dont les conditions furent à-peu-près
» les mêmes que celles qu'ils jugerent à propos de pro-
» poser: Dès qu'elle eut été concluë, les Francs éva-
» cuerent le païs des Bourguignons.

Suivant la Chronique (a) de l'Evêque d'Avanches la
bataille de Véséronce où Clodomire fut tué, se donna la même année que Godemar avoit été proclamé
Roi, c'est-à-dire, en cinq cens vingt-quatre.

Il est facile de concilier l'opposition qui paroît d'a-
bord entre le récit de Grégoire de Tours & celui d'A-
gathias, à cause que le premier dit que la mort de Clodomire n'empêcha point les Francs de gagner la bataille
de Véséronce, & que le second écrit que cette mort
les découragea tellement, qu'ils ne voulurent plus s'exposer. Grégoire de Tours a entendu parler seulement
de l'action de guerre, qui étoit engagée déja lorsque

(a) Justino & Opilione. His Consulibus Godemarus contra Chlodomerem Regem Francorum Viseron-
tia præliavit, ibique interfectus est
Chlodomieres. Mar. Av. Chr. ad ann.
524.

P iij

Clodomire fut tué ; & l'Auteur Grec entend parler en général des événemens qui arriverent après la bataille de Véséronce. La mort de Clodomire aura fait dans son armée le même effet que fit la mort de Gaston de Foix dans la sienne. La mort de Gaston n'empécha point son armée d'achever de gagner la bataille de **Ra-** venne ; mais elle y éteignit si bien l'audace & l'espé- rance, que cette armée devint bientôt semblable à une armée vaincuë. La mort de son Général la découra- gea de maniere, qu'elle ne songea plus qu'à se re- tirer.

donnée en 1512.

Ce que disent nos deux Historiens, le Latin sur le rétablissement de Godemar, & le Grec sur la paix faite entre les Francs & les Bourguignons, n'a pas besoin d'au- cune autre conciliation pour s'accorder. Godemar pro- fitant du découragement où les Francs étoient tombés après la mort de Clodomire, aura recouvré ses Etats, & les Francs, qui n'espéroient plus de l'en dépouiller, auront fait la paix avec lui. Il y a véritablement dans Agathias une chose que je n'entreprendrai point d'ac- corder avec le récit de Grégoire de Tours. La voici: L'Historien Grec après avoir parlé de la mort de Clo- domire & des suites qu'elle eut, ajoute, que ce Prince ne laissa point (a) d'enfans, & qu'après sa mort Chil- debert & Clotaire ses freres partagerent ses Etats en- tr'eux. Il est certain par le témoignage de tous nos Hi- storiens, que Clodomire laissa, comme nous l'avons déja vû, trois fils, & que ce ne fut qu'après s'être défait de ces enfans, que les freres de Clodomire par- tagerent entr'eux son Roïaume. Ce qui peut avoir trom-

_____

(a) Cæso itaque Clotomero, sta-   ullos liberos susceperat, regnum il-
tim fratres ipsius, neque enim adhuc   lius inter se sunt partiti. *Agath. lya.*

pé Agathias, c'eſt qu'il y eut peu de tems entre la mort
de Clodomire & celle de ſes enfans , & qu'auſſi-tôt
après leur mort Childebert & Clotaire s'approprierent les Etats de Clodomire, & les partagerent entr'eux.
Comme on va le voir , il y aura eu à peine un an entre la mort de Clodomire & l'occupation de ſes Etats
par ſes freres. Or deux événemens arrivés ſi près l'un
de l'autre, paroiſſent ſe toucher à des étrangers ; qui
cinquante ans après ont à en parler en général, & comme
on l'a dit par occaſion.

CHAPITRE VIII.

Meurtre des fils de Clodomire , & quelques autres
évenemens arrivés entre les deux guerres des en-
fans de Clovis contre les Bourguignons. De la ſe-
conde de ces deux guerres. Hiſtoire de Munderis,
& celle d'un Romain devenu eſclave du Roi
Thierri. Mort de ce Prince , & Conquête de la
Bourgogne.

ON ne trouve point dans Grégoire de Tours quelle
fut préciſément l'année dans laquelle les freres
de Clodomire ſe défirent de ſes enfans ; mais cet Auteur donne à connoître par les circonſtances de ſa narration, que l'événement tragique dont il eſt queſtion,
doit être arrivé tout au plus tard en l'année cinq cens
trente. Il dit que Théobalde (a) l'aîné des fils de Clo-

(a) Quorum unus erat decem annorum, alius vero ſeptennis. Ter-
tium vero Chlodoaldum compre-
hendere non potuerunt, quia per
auxilium virorum fortium liberatus
eſt, Gr. Tur. hiſt. lib. tert, cap. dec. oit.

domire avoit dix ans, & que Gonthier le fecond de
ces fils avoit fept ans, lorfque l'un & l'autre ils furent égorgés en un même jour. Il faut donc qu
thier fût né au plus tard en cinq cens vingt-trois.
voici la raifon. Il avoit un frere fon cadet, Clodo
Lib. hift 3. né, comme le dit pofitivement Grégoire de Tours,
cap. 6. avant la mort de Clodomire, arrivée cependant dès
l'année cinq cens vingt-quatre. Ainfi Gonthier aïant été
tué à fept ans, il faut qu'il ait été tué tout au plus
tard en cinq cens trente.

Il eft vrai qu'à s'en rapporter à l'ordre dans lequel
Grégoire de Tours raconte les évenemens qu'il écrit,
l'évenement dont nous recherchons la datte, ne feroit
arrivé qu'après cinq cens trente-trois. Notre Hiftorien
avant que de le narrer, parle de l'inftallation d'un Evêque de Tours élû feulement cette année-là. Mais on
fçait bien que l'Hiftorien Ecoléfiaftique des Francs n'a
pas toujours fuivi l'ordre des tems; & Dom Thierri
Ruinart s'eft fi peu affujetti, dans la queftion dont il
s'agit ici, à fuivre la Chronologie que Grégoire de
Tours femble fuppofer, que notre fçavant Bénédictin
place dans fes Annales des Francs le meurtre des enfans de Clodomire fur l'année cinq cens vingt-fix. J'a-
dopte ce fentiment d'autant plus volontiers, qu'il doit
y avoir eu très-peu d'intervalle entre la mort de Clodomire & celle de fes fils, puifqu'Agàthias a crû,
comme nous l'avons rapporté, que ce Prince étoit mort
fans enfans.

Suivant l'apparence, le meurtre des enfans de Clodomire fut commis lorfque la Reine Clotilde, qui
certainement fe trouva pour lors dans Paris, étoit
encore en cette Ville, où la mort de Clodomire l'a-
voit

vuk engagée à venir, & à y faire quelque séjour. Le
projet de ce meurtre aura été formé peu de tems après
la mort de Clodomire tué en cinq cens vingt-quatre,
& il aura été l'une des caufes qui auront porté Childebert & Clotaire à faire avec le nouveau Roi des Bourguignons une paix si avantageufe pour lui. Rapportons
enfin ce que dit Grégoire de Tours fur ce tragique
évenement, que tous les bons François fouhaiteroient
de ne point lire dans notre Hiftoire, à laquelle il ne
fait pas plus d'honneur que le maffacre de la Saint-
Barthelemi. Il vaudroit mieux qu'il y eût dix victoires
de moins dans nos Faftes, & que ces deux évenemens
n'y fuffent pas.

„ Dans un tems que la Reine Clotilde (a) faifoit
,, quelque séjour à Paris, Childebert obfervant qu'elle
,, avoit une grande prédilection pour les fils de Clo-
,, domire, il craignit que la tendreffe qu'elle fentoit
,, pour eux, ne l'induisît à les mettre inceffamment en
,, pleine poffeffion des Etats compris dans le Partage
,, de leur pere. Il envoïa donc des perfonnes affidées à
,, Clotaire fon frere, pour lui repréfenter que certai-
,, nement leur mere feroit regner les enfans de leur fre-
,, re qu'elle élevoit auprès d'elle, & pour l'engager
,, à fe rendre inceffamment à Paris, afin qu'ils y puf-

En 1572.

(a) Dum autem Chrotechildis
Regina Parifiis moraretur, videns
Childebertus quod mater fua filios
Chlodomeris, quos fupra memora-
rimus, unico affectu diligeret, &
netuens ne, favente Regina, admit-
terentur in regnum, mifit clam ad
fratrem fuum Chlotharium dicens:
mater noftra filios fratris noftri fecum retinet, & vult eis regnum dare. Debes velociter adeffe Parifius,
& habito communi confilio, pertra-
ctari oportet quid de his fieri debeat: utrum incifa cæfarie ut reliqua
plebs habeantur, an certe his interfectis regnum germani noftri inter
nofmetipfos æqualitate habita dividatur. *Ibidem.*

Tome III.   Q

„ fent déliberer enfemble fur leurs interêts commun
„ & réfoudre s'il ne leur convenoit pas de réduire le
„ neveux à la condition de fujets , en leur coupant
„ cheveux , & s'il ne leur conviendroit pas enco
„ mieux , dans le deffein où ils étoient, de s'approp
„ le Roïaume de leur frere , de fe défaire par le
„ de fes enfans. La propofition de Childebert fut b
„ reçuë de Clotaire, qui fe rendit à Paris. Quelqu
„ jours après les deux freres firent courir le bruit q
„ le fujet de leur entrevuë étoit le projet de faire p
„ clamer Rois les trois Princes leurs neveux ; & m
„ ils envoïerent les demander à Clotilde, pour les fa
„ élever fur le Pavois. La Reine qui ne fçavoit rien
„ la mauvaife intention de Childebert & de Clotair
„ fit venir dans fon appartement les fils de Clodo
„ re , & après avoir eu l'attention de les faire mang
„ elle leur dit en les embraffant : Si je puis vous v
„ affis fur le thrône de votre pere, j'oublierai que
„ perdu ce cher fils. Auffi-tôt elle les envoïa aux R
„ leurs oncles. Les trois jeunes Princes furent à pei
„ entrés dans le Palais , qu'on les renferma dans u
„ chambre , & qu'on s'affura de leurs Gouverneur
„ du refte de leur fuite , qu'on fit paffer dans une
„ tre. Quand Childebert & Clotaire fe virent les ma
„ tres abfolus de la deftinée de leurs neveux, ils firent p
„ ter à Clotilde par Arcadius Sénateur de la Cité
„ l'Auvergne, une paire de cifeaux & une épée
„ Ce Sénateur, fuivant fa commiffion , dit à la R
„ en lui préfentant les cifeaux & l'épée : Prin
„ fils remettent à votre décifion le fort des
„ Clodomire. Voulez-vous qu'on

„ leur avoir coupé les cheveux, ou aïmez-vous mieux
„ qu'on les faſſe mourir. (a) Sainte Clotilde fut faiſie
„ d'horreur à ce meſſage, auquel elle ne s'attendoit
„ en aucune maniere, & la vûë de l'épée nuë & des ci-
„ ſeaux la mirent hors d'elle-même. Elle répondit donc
„ dans un premier mouvement qui ne lui laiſſoit pas
„ l'uſage de la raiſon, & qui l'empêchoit d'apperce-
„ voir les conſéquences des paroles qui lui échappoient.
„ J'aime mieux voir mes petits-fils poignardés que de
„ les voir *tondus* & déchus de la Couronne. Qu'ils
„ meurent ou qu'ils regnent. Arcadius au lieu de faire
„ reflexion que le diſcours de la Reine étoit l'effet d'un
„ premier tranſport, & avant que d'attendre qu'elle
„ fût en état de penſer à ce qu'elle avoit à répondre,
„ vint au plus vîte dire à ceux qui l'emploïoient : Vous
„ pouvez maintenant conſommer votre ouvrage avec
„ l'aveu de votre mere. Voici ſa réponſe, & il la leur
„ rendit mot pour mot. Auſſi-tôt Clotaire ſaiſit par le
„ bras l'ainé des trois freres, & l'aïant jetté par terre,
„ il le tua d'un coup d'épée dans la poitrine. Le cadet
„ du Prince mort ſe jetta incontinent aux pieds de Chil-
„ debert, & ſerrant entre ſes bras les genoux de ſon
„ oncle, il lui dit en pleurant : Mon pere, mon pere,
„ aïez pitié de moi, & ne me laiſſez pas tuer comme
„ mon frere. Childebert fut attendri véritablement, &
„ aïant lui-même les larmes aux yeux, il dit à Clotaire ·
„ Mon cher frere, au nom de Dieu, accordez-moi la

(a) At illa exterrita nuntio & ni- eſt, ſi ad regnum non eriguntur,
mium felle commota, præcipue mortuos eos videre quam tonſos.
cum cerneret gladium evaginatum At ille parum admirans dolorem
& forcipem, amaritudine præventa ejus, nec ſcrutans quid {deinceps
ignorans in ipſo dolore quod dice- plenius pertraĉaret, &c. *Ibidem.*
ret, ait ſimpliciter : ſatius enim mihi

Q ij

„ vie de cet enfant; je confens à tout moïennant ce
„ mais ne le tuons pas. La fureur de Clotaire étoit fi
„ grande , que loin de fe laiffer toucher , il replique
„ au Roi Childebert : écartez de vous cet enfant, où je
„ vais vous percer lui & vous d'un feul coup. C'eſt vous
„ qui avez lié la partie , & vous · voulez la rompre,
„ quand elle n'eſt encore jouée qu'à moitié. A ces mots
„ Childebert fe dégagea des bras de fon neveu , qu'il
„ pouffa même à Clotaire, comme pour lui dire: Vous
„ êtes le maître d'en ufer ainfi qu'il vous plaira. Clo-
„ taire faifit cet enfant, qui eut la même deſtinée que
„ fon frere aîné. On égorgea enfuite les Gouverneurs
„ des fils de Clodomire, & la plûpart de ceux qui
„ étoient venus à la fuite de ces Princes infortunés. Dès
„ que la Tragédie fut terminée, Clotaire monta à che-
„ val , & fortit de Paris, fe mettant peu en peine de
„ tout ce qu'on y diroit du meurtre de fes neveux.
„ Pour Childebert, il fe renferma dans un Palais qu'il
„ avoit aux portes de la Ville. La Reine Clotilde fit
„ mettre les corps de fes deux petits-fils dans un même
„ cercueil; & fuivie d'un Convoi nombreux, elle les con-
„ duifit elle-même à la Bafilique de faint Pierre , où ils
„ furent inhumés. L'aîné de ces Princes avoit dix ans,
„ & fon cadet en avoit fept. Quant à Clodoaldus le
„ troifiéme des fils de Clodomire , il ne périt pas dans
„ cette cataſtrophe , mais il fut fauvé par des perfonnes
„ qui eurent affez de courage, pour l'enlever du Pa-
„ lais de Childebert. Dans la fuite Clodoaldus ouvrant
„ les yeux , renonça au fiecle ; & après s'être coupé
„ les cheveux de fa propre main , il entre dans l'état
„ Ecléfiaſtique, où il eſt mort
„ en odeur de

eonnuë préfentement & honorée fous le nom de faint
Cloud. Grégoire de Tours (a) reprend la parole.

„ Childebert & Clotaire partagerent auffitôt entre
„ eux par égale portion, les Etats qui avoient aparte-
„ nu à Clodomire. Quant à la Reine Clotilde, elle con-
„ tinua depuis ce malheur à vivre d'une maniere qui
„ lui attiroit un refpect fincere de tout le monde. Il
„ n'y avoit gueres de jour qu'elle ne fît quelque aumô-
„ ne. Elle paffoit la nuit en prieres, & on vivoit dans
„ fon Palais avec une fageffe & une modeftie exem-
„ plaire. En un grand nombre d'occafions elle donna des
„ fonds de fon domaine à des Eglifes & à des Monaf-
„ teres qui avoient befoin d'ètre dotés. Dans de fem-
„ blables occafions Clotilde fe défaifoit fi volontiers de
„ fes Forêts & de fes Métairies, qu'on auroit crû plû-
„ tôt qu'elle ne faifoit que remettre aux Eglifes enri-
„ chies par fes dons, des biens dont elle étoit *Cenfiere*, que
„ de penfer que ce fût en fe dépouillant des biens dont
„ la propriete lui appartenoit, qu'elle fît de fi grandes
„ largeffes. Ainfi fa grandeur, au lieu d'ètre un obfta-
„ cle à fon falut, fervit à fa fanctification. Cette grande
Reine furvêcut environ vingt ans au malheur de fes
petits fils, puifqu'elle ne mourut qu'en cinq cens
quarante cinq. Je reprens le fil de l'hiftoire.

La mort de Théodoric Roy des Oftrogots arrivée en

(a) Hi quoque regnum Chlodomeris inter fe æqua lance diviferunt.
Chrochetildis vero Regina talem fe
cuncumque exhibuit, ut ab omnibus honoraretur. Affidua in eleemo-
fynis, pernox in vigiliis, in caftitate
omni honeftate puram fe fem-
per cuftodivit, prædia Ecclefiis, Mo-
nafteriis, reliquifcumque locis fan-

ctis neceffaria providit; larga & pro-
na volontate diftribuit, ut putaretur eo tempore non Regina fed propria Dei ancilla ipfi fedulo defervi-
re; quam non regnum filiorum;
non ambitio fæculi, nec facultas extulit ad ruinam, fed humilitas eve-
xit ad gratiam. *Ibidem.*   P 1

cinq cens vingt-six, ébranla un peu la puissance de cette nation qui, comme nous l'avons vû, s'étoit alliée
En 514. avec les Bourguignons durant leur derniere guerre contre les Francs. Nous parlerons ailleurs du partage des
Etats que ce Prince avoit gouvernés jusqu'à sa mort.
Néanmoins, soit que les Ostrogots ne laissassent point
d'être encore redoutables, bien qu'ils eussent perdu
Théodoric, soit que les Rois Francs ne fussent point
en une assez bonne intelligence pour faire une grande
entreprise de concert, ils ne recommencerent la guerre
contre les Bourguignons que vers l'année cinq cens
trente-deux, & huit ans après la derniere paix. Mon sentiment est fondé sur la Chronique de l'Evêque d'Avanches qui a écrit dans le sixiéme siécle, & dans une Cité
qui jusqu'à la fin de la Monarchie des Bourguignons, a
toujours été sous leur domination. Cet Auteur après
avoir raconté le rétablissement de Godemar sur l'année cinq cens vingt-quatre, ne parle plus des Francs
& des Bourguignons jusqu'à ce qu'il soit arrivé à l'année cinq cens trente-quatre (*a*). Il dit alors, que cette
année-là Childebert, Clotaire & Théodebert Rois des
Francs, s'emparerent de la Bourgogne, & qu'après
avoir obligé Godemar Roy de ce Pays, à se sauver, ils
le partagerent entre eux. Mais comme le Roy Thierri
pere de Théodebert, & mort en cinq cens trente-
trois, vivoit encore lorsque Childebert & Clotaire
commencerent leur seconde guerre contre les Bourguignons, & qu'il eut même le loisir de faire quelques
expeditions après qu'elle eut commencé & pendant

(*a*) Paulino juniore Consule, Reges Francorum Childebertus, Clotarius & Theodebertus Burgundiam,
obtinuerunt, & fugato Godemaro
Rege, regnum ipsius diviserunt.
Mar. Avent. Chr. ad ann. 534.

qu'elle duroit encore; je crois que cette seconde guerre fut commencée dès cinq cens trente-deux, bien qu'elle n'ait été terminée qu'en cinq cens trente-quatre. Quel fut en cinq cens trente-deux le sujet de la rupture de la paix que les Francs & les Bourguignons avoient faite en cinq cens vingt-quatre, je l'ignore. On peut croire que le motif qui fit entrer de nouveau les fils de Clovis à main armée en Bourgogne, fut uniquement le désir de s'emparer d'un pays qui étoit autant à leur bienséance que celui-là. Du moins trouve-t'on dans Procope de quoi appuyer ce sentiment. Notre Historien rapporte que peu d'années après la conquête de la Bourgogne, un Ministre de l'Empereur Justinien dit aux Ostrogots, à qui les Francs proposoient alors une association entre les deux Peuples (a). ,, Les Francs ,, se vantent d'être fideles à leurs engagemens, mais ,, sans rappeller icy la maniere dont ils ont gardé la foi ,, des Traités qu'ils avoient faits avec les Turingiens & ,, les Bourguignons, je me contenterai de dire que vous ,, ne sçauriez avoir oublié comment ils ont observé les ,, conventions qu'ils avoient faites avec vous.

Voyons d'abord ce qui se trouve dans Gregoire de Tours concernant la seconde guerre des enfans de Clovis contre les Bourguignons, après avoir observé neanmoins que cet historien n'a point suivi l'ordre des tems en rapportant les évenemens. Par exemple nous avons vu que le meurtre des enfans de Clodomire ne sçauroit jamais être arrivé plus tard qu'en cinq cens trente, & on vient de voir par la Chronique de l'Evêque d'Avanches

...... quam isti Barbari ...... gloriantur, post & Burgundiones in vos | quoque socios suos quam certa sit declararunt. *Proc. de bell. Goth.* c. 28.

que les Rois Francs conquirent la Bourgogne en cinq
cens trente-quatre. Grégoire de Tours cependant rap
porte des l'onziéme Chapitre de son troisiéme Livre la
conquête de la Bourgogne, & ce n'est que dans le dix-
huitiémeChapitre du mêmeLivre qu'il raconte le meurtre des enfans de Clodomire. Aussi, comme je l'ai dit
plus d'une fois, nos meilleurs Annalistes modernes se
sont bien donné de garde de se conformer toujours à
l'ordre dans lequel Grégoire de Tours narre les évenemens dont il n'enseigne point la datte.

Le Lecteur se souviendra bien que c'est en finissant
le sixiéme Chapitre du troisiéme Livre de son Histoire
que Grégoire de Tours dit que Godemar recouvra son
Royaume en cinq cens vingt-quatre. Voici ce qu'on
trouve dans l'onziéme Chapitre du même Livre, &
immédiatement après le récit de l'expédition que Childebert fit dans les Espagnes en cinq cens trente,
ainsi que nous l'avons exposé.

  „ A quelque tems de là, Childebert(a)& Clotaire se pré-
„ parerent à envahir le Pays des Bourguignons. Thierri
„ auquel ils avoient proposé de joindre ses armes aux
„ leurs, le refusa cette fois-là; ce qui déplut beaucoup
„ aux Francs qui le reconnoissoient pour Roy. Ils en
„ vinrent même jusqu'à lui dire; Si vous ne voulez
„ point être de l'entreprise à laquelle vos freres vont
„ marcher, nous vous abandonnerons pour nous join-

(a) Post hæc Chlothacharius &
Childebertus Burgundias petere de-
stinant,convocatusque Theodoricus
in solatio eorum ire noluit. Franci
autem qui ad eum adspiciebant, di-
xerunt: Si cum fratribus tuis in Burgundiam ire despexeris, te relinqui-
mus, & illos satius sequi [...]

mus. At ille infideles eos [...]
ad Arvenos, ait, me sequi [...]
Chlothacharius vero & [...]
tus in Burgundiam dir[...]
gustodunumque obsiden[...]
tem, fugam Godom[...]

Live, j'en tombe d'accord, en auroit ufé autrement ;
mais on connoît Grégoire de Tours qui, dans cette occafion comme dans bien d'autres, a fait l'acceffoire du
principal, & de l'acceffoire le principal, parce que cet
acceffoire regardoit l'Auvergne fa patrie. Néanmoins,
avant que de rapporter ce que nous fçavons d'ailleurs
touchant la conquète de la Bourgogne : voyons ce que
fit Thierri en Auvergne & ailleurs, pendant la premiere
campagne de la guerre que fes freres avoient portée
dans la Bourgogne, Les faits que nous allons déduire à
cette occafion paroîtront en quelque forte étrangers à
l'hiftoire de la conquête de la Bourgogne, dont il s'agit
dans ce Chapitre ; mais d'un autre côté, ils font très-
propres à donner l'idée de la maniere dont les Rois
Francs fe conduifoient les uns à l'égard des autres, &
principalement à faire voir combien il eft faux que les
Romains des Gaules fuffent alors réduits à une condition
approchante de l'efclavage.

(4) Grégoire de Tours, immédiatement aPrès le
paffage que nous venons de tranfcrire, ajoûte ce qu'
fuit : »Thierri tint parole aux Francs fes fujets, & s'é-
» tant mis à leur tête il les conduifit dans l'Auvergne
» qu'ils faccagerent comme ils auroient pû faire un païs
» ennemi. Arcadius qui étoit la premiere caufe du mal-
» heur, parce que deux ans auparavant il avoit appellé
» Childebert dans cette contrée, fe fauva à Bourges qui
» pour lors étoit du Partage de ce Prince. Placidina mere
» d'Arcadius, & Alcima tante de ce Sénateur, furen

(a) Theudericus vero cum exercitu Arverno veniens totam regionem devaftat & proterit. Interea
Arcadius fceleris illius autor cujus
ignavia regio devaftata eft, Bituri-
cas urbem petiit, erat enim tunc
temporis urbs illa in Regno Childeberti Regis &c. Gr. Thr. hift. lib. 3.
cap. duodecimo.

» arrêtées à Cahors & condamnées à l'exil, & à la con-
» fiscation de leurs biens. Cependant Thierri s'appro-
» cha de Clermont, dont Quintianus ou saint Quintien
» étoit pour lors Evêque ; & il vint se loger dans un
» village voisin des Fauxbourgs. Durant ce campement
» ses troupes coururent tout le païs où elles firent des
» maux infinis. Quand les Francs sujets de Thierri fu-
» rent assez gorgés de butin, il sortit de l'Auvergne.,
» emmenant avec lui les Citoïens les plus capables de
» remuer. Il y laissa pour Commandant un de ses parens
» nommé Sigivaldus qui continua de maltraiter ce pau-
» vre païs. Les pillards trouverent néanmoins de la résistance en attaquant quelques lieux de défense qui
étoient gardés par les Auvergnats mêmes ; ce qui fait
voir que Thierri les laissoit sur leur bonne foi, & par
conséquent, qu'il ne leur avoit pas fait un traitement
qui dût leur donner envie de changer de Maître.

Ce fut, autant que je puis juger, dans ce tems-là (*a*)
que Mundéric qui prétendoit être de la Maison Royale,
& qui peut-être étoit le fils d'un des Rois Francs que
Clovis avoit sacrifiés à sa sûreté, fit un Parti dans l'Etat.
» Je ne suis pas de condition, dit ce Mundéric, à vivre
» sujet de Thierri, étant né ce que je suis ; je dois aussi-
» bien que lui porter une Couronne. Il faut donc que
» je me fasse reconnoître pour ce que je suis par
» une partie des Francs, dont je formerai une Tri-
» bu, laquelle me proclamera Roi, & qu'ainsi je fasse

(*a*) Mundericus igitur qui se pa-
rentem Regum asserebat, elatus su-
perbia ait? Quid mihi & Theuderico
Regi, sic enim solium regni mihi debetur ut illi. Egrediar ut colligam
Populum meum atque exigam Sacramentum ab eis ut sciat Theodoricus quia Rex sum ego sicut & ille.
Et egressus cœpit seducere Populum suum dicens. Princeps ego sum,
sequimini me & erit vobis bene.
Ibidem cap. decimo quarto.

R ij

»voir à Thierri que je ſuis du Sang Royal auſſi-bien
»que lui. Mundéric ſe mit donc en devoir de ſéduire le
»Peuple, en diſant, ie ſuis Prince de la Maiſon Roïa-
»le, attachez-vous à moi & je ferai vôtre fortune. Pluſieurs perſonnes le reconnurent & lui prêterent ſerment de fidelité. Il eſt ſenſible que le procédé & le
diſcours de Mundéric ſuppoſent qu'une des loix du
droit public des Francs fût que tous les Princes iſſus des
Rois, duſſent avoir un Partage, & qu'aucun d'eux ne
dût être ſujet d'un autre Roi que de ſon pere, ni ſe voir
réduit à un ſimple apanage. Ainſi quelque nombre
d'enfans qu'un Roi laiſſat, il falloit que chacun d'eux
eût ſon Roïaume, ce qui ne pouvoit ſe faire qu'en di-
viſant les Etats du pere, quelques petits qu'ils puſſent
être en autant de partages qu'il laiſſoit de garçons. Voilà pourquoi il y avoit durant le regne de Clovis tant de
Rois Francs, quoique la nation fût peu nombreuſe,
& voilà l'origine de la diviſibilité de notre Monarchie
ſous la premiere & ſous la ſeconde race. En effet, Mundéric ne s'adreſſe point particulierement à certains
Francs, à ceux qui auroient été ſujets de ſon pere. Il
s'adreſſe généralement à tous ceux qu'il peut ſéduire,
& la raiſon qu'il employe pour les gagner, c'eſt qu'é-
tant ſorti de la Maiſon Royale, il a droit d'avoir un
thrône & des ſujets.

Je reviens à l'hiſtoire de Mundéric, Thierri informé de ſes pratiques, lui manda de venir le trouver; ſi
vous avez quelque droit, lui fit-il dire, nous ſommes
très-diſpoſés à vous rendre juſtice ſur vos prétentions.

lui avoient parlé de la part de ce Prince : faites souvenir vôtre Maître que je suis Roi aussi-bien que lui. Thierri résolut donc d'employer la force ouverte pour étouffer la révolte. Il envoya une armée contre Mundéric, qui ne se trouvant point assez fort avec ceux qu'il avoit attroupés pour tenir la campagne, se jetta dans Vitri. Il y fut investi & attaqué, mais le siége tiroit en longueur : Arégisilus un des Ministres de Thierri trouva moyen de l'abréger, conformément aux instructions de son maître, il entra dans la Place sous parole, & il représenta si bien à Mundéric que du moins les troupes de Thierri affameroient Vitri avant peu, qu'il lui persuada de capituler. L'accord se fit, l'on y stipula une Amnistie en faveur de Mundéric, & Arégisilus en jura l'observation en mettant la main sur l'Autel. Néanmoins Mundéric n'eut pas plûtôt le pied hors de la Ville que les assiégeans se jetterent sur lui ; il fut mis en piéces après avoir fait toute la résistance que peut faire un brave homme en une telle conjoncture (*a*), tous ses effets furent ensuite confisqués. Cette révolte & les mouvemens que les Visigots faisoient en faveur des Bourguignons qui se défendoient encore, auront engagé Childebert & Clotaire à se raccommoder avec Thierri : les deux premiers étoient unis alors si étroitement, qu'on peut bien croire qu'ils firent de concert toutes les démarches que Grégoire de Tours fait faire à l'un des deux. Thierri de son côté avoit un égal interêt à se réünir avec eux, quelques démêlés qu'ils eussent avec lui. Aussi les trois freres se liguerent-ils dès la seconde campagne de la guerre nouvellement entreprise contre les Bourguignons. Du moins cette alliance étoit-elle déja

Valef. not. Gall. pag. 602.

interfecto res ejus Fisco conlatæ sunt. *Ibidem.*

formée lorſque Thierri, qui ne vit point la fin de la
guerre, mourut les derniers jours de l'année cinq cent
trente-trois, ou bien au commencement de l'année ſuivante. Ainſi Thierri après avoir refuſé en cinq cent trente-deux, comme on vient de le lire, de ſe liguer avec ſes
deux freres, aura probablement recherché leur alliance
lui-même dès qu'il aura vû qu'ils avoient la fortune favorable. Rien n'eſt plus ordinaire que de voir tenir aux
Souverains une pareille conduite.

    Je vais rapporter tout au long le Chapitre de Gré-
goire de Tours, où il eſt fait mention de cette alliance
de Thierri avec les Rois ſes freres, & qui, dans cet
Auteur, ſuit immédiatement le Chapitre où il raconte
l'hiſtoire de Mundéric. Il eſt vrai que le Chapitre que
je vais tranſcrire eſt un peu long, & qu'il eſt employé
preſque tout entier à narrer les avantures d'un Romain
qui avoit été donné en ôtage de l'éxécution du traité dont
il s'agit ; mais comme d'un autre côté ce Chapitre eſt
très-propre à donner une idée de la condition des Romains des Gaules ſous nos premiers Rois, j'ai crû que les
Lecteurs le trouveroient ici avec plaiſir. Au reſte, je
dois obſerver d'avance que les avantures de notre Ôtage, c'eſt-à-dire ſa captivité & ſon évaſion, ſont des éve-
mens qui ne doivent être arrivés que long-tems après le
Traité d'alliance dont nous venons de parler. Cet Ôtage aura été déclaré eſclave quelque tems après l'année
cinq cens trente-quatre, & à l'occaſion des brouilleries
qui, après la mort de Thierri, ſurvinrent entre

un Traité par lequel ils se promettoient de ne rien entreprendre au préjudice l'un de l'autre; & pour sûreté de l'éxécution de leur engagement, ils s'entredonnerent des ôtages, du nombre desquels furent plusieurs enfans de Sénateurs. Une broüillerie qui survint à quelque tems de-là entre les Rois Francs, fut cause que de part & d'autre on déclara les personnes de ces ôtages confisquées au profit de l'Etat. Ceux des nouveaux serfs, qui ne trouverent pas moïen de se sauver, furent donnés en garde à différens particuliers qui les emploïerent aux travaux ordinaires des Esclaves. Attalus neveu de Gregorius Evêque de Langres, étoit un de nos ôtages, & sa garde fut confiée à un Franc établi dens la Cité de Tréves qui étoit du Partage de Thierri. Ce Barbare traitant notre Romain comme un serf appartenant à l'Etat; il lui donna pour sa tâche l'emploi d'avoir soin d'un Haras. L'Evêque de Langres mit en campagne plusicurs de ses Esclaves pour avoir des nouvelles de son neveu; & quand il eut appris par leur moïen où ce neveu étoit détenu, il les envoya traiter de la rançon d'Attalus avec le Franc qui l'avoit dans sa maison; le Barbare refusa toutes les offres qui lui furent faites. Ce jeune homme, dit-il, est de si bonne maison qu'il ne racheteroit pas trop cherement sa liberté, en donnant des montagnes d'or. Dés qu'ils furent de retour

cramento ut neuter contra alteram moveretur, obsides ad invicem diderunt quo facilius firmarentur fuerant dicta. Multi tum filii Senatorum in hoc obsidium dati iurgio orto iterum inter Reges publice ad servitium publicum sunt addicti & quicunque eos ad custodiendum accepit, servos sibi ex iis fecit. Inter quos Attalus nepos Beati Gregorii Lingonum Episcopi, ad publicum servitium mancipatus est. *Gr. Tur. hist. lib.3. cap. decimo quarto.*

» à Langres, & qu'on y ſçut qu'ils avoient fait un voïa-
» ge infructueux, un autre Eſclave nommé Léon qui
» ſervoit dans la cuiſine de l'Evêque, demanda d'être
» envoyé à Tréves d'où peut-être, diſoit-il, je ſerai
» aſſez heureux pour ramener Attalus. L'Evêque agréa
» la propoſition de Léon, qui prit auſſi-tôt le chemin de
» ce païs-là, où d'abord il fit pluſieurs tentatives pour
» tirer d'eſclavage le neveu de ſon Maître; elles furent
» toutes inutiles; mais Léon loin de ſe rebuter, imagina
» un nouvel expédient, ce fut de ſe faire vendre lui-mê-
» me à notre Franc par un homme apoſté, qu'il avoit ga-
» gné en lui offrant de lui laiſſer tout l'argent qui pro-
» viendroit du marché. Dès que Léon & ſon Maître ſup-
» poſé ſe furent promis par ſerment d'exécuter fidele-
» ment leur convention; ce Maître vendit Léon au Bar-
» bare pour le prix de dix ſols d'or. A quoi es-tu le
» plus propre, demanda le Franc à ſon Eſclave? A
» quoi, répondit Leon, je ſçais faire la cuiſine en per-
» fection, & perſonne n'apprête mieux que moi tous les
» plats qui peuvent ſe ſervir ſur la table d'un Maître
» qui veut faire bonne chere, dans l'occaſion je ferois
» le dîner d'un Roi, ſans qu'on trouvât rien à redire
» à mon repas: tant mieux, répliqua le Franc, il eſt
» demain le jour du Soleil, c'eſt le nom que les Barba-
» res donnent au Dimanche, & mes parens & mes voi-
» ſins ont coûtume de venir dîner chez moi ce jour-là,
» apprête-nous un ſi bon repas que mes convives puiſ-
» ſent dire en s'en allant, on ne fait pas meilleure chére
» à la table de nos Rois. Tout ira bien, repartit Léon,
» donnez ordre ſeulement qu'on me fourniſſe des pou-
» lets en quantité. Le Dimanche tout le monde [illegible]
» exceſſivement le dîner, & le Franc [illegible]

„ nation pour fon nouvel Efclave qu'il le fit fon pour-
„ voïeur , & qu'il lui donna encore la commiſſion de
„ diſtribuer journellement la pitance aux autres ſerfs.
„ Cependant il ſe paſſa une année entiere avant que
„ Léon pût trouver l'occaſion d'éxécuter fon grand
„ projet, mais voyant qu'il avoit enfin acquis toute la
„ confiance de fon Maître, il crut qu'il étoit tems de
„ prendre fon parti & de tenter l'avanture. Un jour qu'At-
„ talus étoit dans le pré où ſes chevaux paiſſoient, no-
„ tre fidéle Efclave s'aſſit ſur l'herbe , comme pour ſe
„ repoſer, & il dit aſſez haut pour être entendu de celui
„ qu'il vouloit ſauver, quoiqu'il eût affecté de lui tour-
„ ner le dos ; le tems de prendre le chemin de notre
„ patrie eſt arrivé, ainſi quand vous aurez fait rentrer
„ vos chevaux dans l'écurie, ne vous mettez point à dor-
„ mir; attendez bien éveillé que je vous appelle. Ce qui
„ déterminoit Léon à prendre cette nuit-là pour ſe ſau-
„ ver , c'eſt que fon Maitre avoit chez lui une grande
„ compagnie dont étoit le gendre de la maiſon. Sur le
„ minuit, & quand chacun voulut ſe retirer, Léon ac-
„ compagna ce gendre juſques à ſa chambre, & là il
„ lui préſenta encore à boire. Le Barbare lui dit en plai-
„ ſantant & en buvant un coup: Mon ami, le *Fac totum* du
„ beau-pere, tu as bien la mine d'être un éveillé qui par
„ un beau matin, enfourchera ſans mot dire le meilleur
„ cheval de l'écurie de la maiſon, dans l'intention, inno-
„ cente au fond , d'aller faire admirer ta belle monture
„ aux gens de ton païs. Parlons plus ſérieuſement , quel
„ jour t'enfuiras-tu? Leon répondit ſans s'émouvoir,
„ je pars cette nuit. L'avis eſt important, répartit le
„ _____ & vaut bien qu'on y faſſe attention : après
„ _____ avoir remercié , je vais donner ordre à mes

III.   S

„gens d'avoir l'œil au guet, afin qu'un ſi grand ;
„me de bien, que tu me parois l'être, ne ſoit
„ſé au malheür de fourrer, en faiſant ſa male, quel-
„ques hardes à moi, parmi les ſiennes. La converſation
„finit, comme elle avoit commencé, en plaiſantant.
„Tout le monde étant endormi, Léon appella ſon
„compagnon de fortune, & les chevaux étant ſellés il
„lui demanda s'il ne s'étoit point pourvû de quelques
„armes qui ſerviſſent à empêcher le monde qui les ren-
„contreroit, de les reconnoître pour des Eſclaves fugi-
„tifs. Si je me ſuis pourvû d'armes, répondit Attalus,
„je n'en ai pas d'autres que ma demi picque; Léon eut
„dans cette conjonĉture, aſſez de courage & de réſo-
„lution pour entrer dans la chambre de ſon Maître
„afin de lui prendre ſon bouclier & ſa pertuiſane. Le
„Barbare ſe réveillant en ſurſaut, s'écria qui va là.
„C'eſt moi, répondit Léon, il eſt déja heure de me-
„ner les chevaux à la pâture, & Attalus que je veux
„faire lever pour les y conduire, eſt encore ſi endormi,
„pour avoir trop bû hier, que je ne puis tirer aucune
„raiſon de lui. Fais comme tu voudras, répondit notre
„Barbare en ſe rendormant. Léon emporta donc avec
„lui les armes qu'il étoit venu chercher, & après les
„avoir données à Attalus, l'un & l'autre ſe mirent en de-
„voir d'ouvrir la grande porte de la maiſon qu'on avoit
„coûtume de bien fermer tous les ſoirs, & à laquelle
„eux-mêmes ils avoient aidé à mettre les verroux à
„l'entrée de la nuit. Cependant elle ſe trouva ouverte
„comme par miracle. Nos fugitifs après avoir remer-
„cié le Ciel d'un préſage ſi favorable, montérent cha-
„cun ſur un bon cheval, & ils en
„ſiéme qu'ils menoient en main

» qu'ils ne tinrent pas le droit chemin de Langres, dans
» la crainte d'être poursuivis. Lorsqu'ils furent arrivés
» au gué où ils avoient compté de passer la Moselle, ils
» le trouverent gardé, & ils se virent ainsi contraints
» d'abandonner leurs chevaux & la plus grande partie
» de leurs hardes afin de se sauver. Le parti qu'ils pri-
» rent fut donc celui de traverser cette riviere à la nage
» en s'aidant du bouclier qu'ils emportoient, qui, com-
» me le sont communément ceux des Barbares, étoit un
» simple tissu d'ozier recouvert de cuir. Dès qu'Attalus
» & Léon furent arrivés à l'autre bord, ils entrerent
» dans un bois pour y passer la nuit : là ils trouverent
» heureusement un prunier chargé de fruits qui leur fut
» d'un grand secours, car il y avoit déja deux jours
» qu'ils n'avoient rien mangé. Après s'être reposés &
» répus, ils prirent leur chemin par la Champagne, &
» précisément dans le tems qu'ils en traversoient la plai-
» ne, ils entendirent le bruit que faisoient plusieurs
» chevaux qui alloient grand train & qui venoient à
» eux : ce bruit les obligea de se coucher par terre, afin
» de n'être point apperçûs par les Cavaliers qui alloient
» passer. Il se trouva là tout-à-propos un buisson fort
» large & fort épais, derriere lequel nos fugitifs se mi-
» rent ventre contre terre, aïant leur armes auprès
» d'eux, & dans l'intention de se défendre du mieux
» qu'ils pourroient s'ils étoient attaqués. Cependant les
» Cavaliers qui alloient grand train se trouverent bien-
» tôt vis-à-vis le buisson, & le hazard voulut encore
» que le cheval d'un d'entr'eux pressé par un besoin
» qu'il est facile de deviner, s'arrêta précisément dans
» cet endroit-là, toute la troupe fit bride en main pour
» attendre celui dont le cheval s'étoit arrêté, & qui prit

„juſtement ce tems-là pour dire : Ne ſuis-je pas bien
„malheureux de ne pouvoir pas joindre nos deux co-
„quins, ſi nous les ratrappons il faudra attacher l'un au
„gibet & mettre l'autre en quatre quartiers. C'étoit le
„Maître de nos deux Eſclaves lui même qui, ſans le
„ſçavoir ſi près de lui, expliquoit ſi nettement ſa pen-
„ſée. Il revenoit de Reims qui étoit, auſſi-bien que
„Treves, du Partage de Thierri, & il les y avoit cher-
„chés fort inutilement : mais le hazard les lui eût livrés,
„ſi la nuit ne l'eût point empêché de les appercevoir.
„Auſſi-tôt que la troupe qui s'étoit arrêtée eut recom-
„mencé à marcher & qu'elle fut à quelque diſtance du
„buiſſon, Attalus & Léon ſe remirent en chemin, & ſur
„le point du jour ils entrerent dans Reims, où ils prie-
„rent la premiere perſonne qu'ils rencontrerent, de
„leur enſeigner la maiſon de Paulellus, un Prêtre de
„cette Ville ; on la leur indiqua & comme pour s'y
„rendre ils paſſoient par le marché, ils entendirent ſon-
„ner Matines, parce qu'il étoit Dimanche ce jour là,
„ainſi Paulellus étoit déja éveillé lorſqu'ils frapperent à
„ſa porte qui leur fut ouverte ſur le champ : Léon ex-
„poſa d'abord à Paulellus en quelle ſituation Attalus
„ſe trouvoit. Le ſonge que j'ai eu cette nuit, s'écria
„le ſaint Prêtre, n'étoit donc pas un ſimple rêve, c'é-
„toit une viſion véritable : en effet, j'ai ſongé que deux
„colombes, dont l'une étoit blanche & l'autre noire,
„ſe perchoient ſur mon bras : mais nos voyageurs affa-
„més lui dirent, ſans vouloir raiſonner ſur un augure
„ſi heureux, nous croyons que le Seigneur voudra bien
„nous pardonner d'avoir, affamés comme le ſommes,
„déjeûné avant que d'aſſiſter au ſervice divin, quoi-
„qu'il ſoit aujourd'hui Dimanche. Faites nous donc

» donner à manger, car il y a quatre jours que nous
» n'avons vû ni pain, ni vin, ni viande. Paulellus fit
» manger à ses hôtes du pain trempé dans du vin, &
» après les avoir cachés, il s'en fut chanter Matines.
» Cependant le Maître d'Attalus & de Léon revint à
» Reims sur quelque nouvelle de ses Esclaves qu'on
» lui donna, & il demanda à Paulellus qu'il eût à les
» lui livrer ; mais comme depuis long-tems cet Eccle-
» siastique avoit de grandes liaisons avec l'Evêque de
» Langres, il se garda bien de les rendre, & il fit au
» Franc une réponse qui le dépaïsa. Enfin nos fugitifs,
» après s'être réposés quelques jours dans la maison
» de leur protecteur, se mirent en chemin, & ils ar-
» riverent sains & saufs dans Langres. (a) Grégorius
» répandit des larmes de joye quand il embrassa son
» neveu, & pour récompenser le courage & la fidé-
» lité de Léon, il affranchit cet esclave, ainsi que tou-
» te sa famille, & il lui donna encore la pleine pro-
» prieté de la terre à la culture de laquelle ils étoient
» attachés.

Nous avons dit qu'un des motifs qui obligea Thierri
vers l'année cinq cens trente-trois de se raccommoder avec ses freres, fut la nécessité de faire tête à ces
Visigots qui tentoient quelque diversion en faveur de
Godémar, qui se défendoit encore, & le dessein de
profiter de cette occasion pour reprendre sur ces mêmes Visigots quelque partie du païs qu'ils avoient en-
levé aux Francs après la mort de Clovis, & que les

(a) Gregorius autem Pontifex,
visis pueris, flevit super collum At-
tali nepotis sui. Leonem autem à
jugo servitutis absolvens cum omni-
generatione sua, dedit ei terram
propriam. Gr. Tur. lib. hist. 3. cap. decimo quinto.

» ans , & dont il avoit eu Théodebald , afin dé se met-
» tre en état d'exécuter l'engag ment d'épouser Vi-
» sigarda, lequel il accomplit. Je reviens à l'année cinq
cens trente trois.

Tandis que Théodebert prenoit Cabrieres, Thierri
se défit de Sigivaldus son parent, le même qu'il avoit
laissé pour commander en Auvergne,& il écrivit incontinent à Théodebert de se defaire aussi de Givaldus fils
de ce Sigivaldus. Mais Théodebert n'en voulut rien
faire , parce que Givaldus étoit son filleul. Au contraire Théodebert donna à lire la lettre de son pere
à Givaldus, en lui disant : ,, Sauvez-vous. Voilà l'or-
» dre de vous faire mourir que mon pere m'envoye.
» Quand il ne sera plus , revenez auprès de moi , &
» vous n'y aurez rien à craindre. (a) Givaldus après
avoir remercié Théodebert, se refugia dans Arles, qui
bien qu'elle fut sous l'obéissance des Ostrogots, avoit
donné des ôtages à ce Prince pour sûreté qu'e le ob-
serveroit une exacte neutralité durant la guerre, mais où
cependant les Ostrogots n'avoient point laissé de jetter
des Troupes. Givaldus ne s'y tint pas en sûreté, & passant les Alpes, il se refugia dans les environs de Rome
où regnoit alors Athalaric Roi des Ostrogots. En effet en
lisant avec réflexion la narration de Grégoire de Tours,
il paroit que Théodebert fut convenu avec le Sénat
d'Arles dès le commencement de cinq cens trente trois,
que cette Ville demeureroit neutre durant la guerre
des Francs contre les Bourguignons & les Visigots, quoi-

____

(a) Quod audiens Givaldus, gratias agens , & vale dicens., abscessit.
Arelatensem enim, tunc urbem Gothi pervaserunt, de qua Theodebertus obsides retinebat. Ad eam Givaldus, confugit. Sed parum ibidem
cernens se esse munitum, Latium
petiit, ibique latuit. Gr. Tur. hist. l.
3. cap. vigesimo tertio.

qu'elle

qu'elle appartînt aux Oftrogots, qui pour lors avoient
pris le parti des ennemis des Francs. Les Oftrogots,
bien qu'ils n'euffent plus alors, comme du vivant de
Théodoric, le même Souverain que les Vifigots, s'é-
toient néanmoins déclarés pour les Vifigots. Il paroît encore que les Oftrogots ayant introduit une garnifon
dans Arles, le Sénat, nonobftant cette garnifon étoit
encore dans la volonté de tenir tout ce qu'il avoit promis aux Francs, dont un article étoit apparemment :
que les Transfuges feroient rendus de part & d'autre.
Ainfi Givaldus, qui d'abord aura crû être en fureté
dans Arles, parce qu'il étoit dans une Ville ennemie
de fes ennemis, n'aura point jugé à propos, après avoir
reconnu la difpofition d'efprit où étoient les Habitans,
de continuer à y demeurer. Il aura crû que le parti le
plus fûr étoit celui de paffer les Alpes, & de fe refugier dans les environs de Rome où Athalaric Roi des
Oftrogots étoit plus le Maître qu'il ne l'étoit dans
Arles. Reprenons la narration de Grégoire de Tours.

Il ajoûte immédiatement après avoir dit que Givaldus fe retira en Italie : (a) » Tandis que toutes ces cho-
» fes fe paffoient, Thierri tomba malade dangereu-
» fement. Auffi-tôt les ferviteurs de Théodebert l'a-
» vertirent de fe rendre en diligence auprès de fon
» pere, & de prévenir par-là les mefures que Chil-
» debert & Clotaire pourroient prendre, pour lui bar-
» rer les chemins, & les menées qu'ils ne manque-

(a) Dum hæc agerentur nuntia- auditis, cunctis poft pofitis illuc di-
tur Theudeberto patrem fuum gra- rigit, Deuteria cum filia fua Arve-
viter ægrotare, & ad quem nifi ve- nis relicta. Cumque abiiffet, Theu-
locius properaret ut eum inveniret dericus non poft multos dies obiit
vivum à patruis fuis excluderetur & vigefimo tertio regni fui anno. Ibid.
ultra illuc non rediret. At ille his

» roient pas de faire, pour s'emparer du Partage qui
» lui devoit appartenir. Théodebert abandonna donc
» toutes ses autres affaires pour celle-là, & laiſſant
» Deuteria en Auvergne, il ſe rendit auprès de Thierri
» qui mourut peu de jours après l'arrivée de ſon fils
» & la vingt-troiſiéme année de ſon regne commencé en
» ſept cens onze. (a) Les deux oncles de Théodebert eu-
» rent bien envie de ſe mettre en poſſeſſion de ſon
» héritage ; mais il ſe conduiſit avec tant de ſoupleſſe
» à leur égard, & ſes ſujets ſe montrerent ſi fort atta-
» chés à leur Roi légitime, que ces Princes ſe déſiſte-
» rent de leur projet. Dès que Théodebert ſe vit af-
» fermi ſur le Thrône, il fit venir de l'Auvergne Deu-
» teria qu'il épouſa ſolemnellement.

Ce fut donc à la fin de l'année cinq cens trente-trois,
ou au commencement de l'année ſuivante, que mourut Thierri décedé après vingt-trois ans d'un regne qui
avoit commencé en cinq cens onze, & ce fut alors que
ſes freres voyant bien qu'il falloit renoncer à l'eſpe-
rance de déthrôner Théodebert, auront voulu l'avoir
pour ami, & qu'ils auront renouvellé avec lui l'alliance
qu'ils avoient contractée environ un an auparavant avec
Thierri ſon pere. » Dès que Théodebert eut été af-
» fermi ſur le Thrône, dit Grégoire (b) de Tours, il ſe

(a) Conſurgentes autem Childebertus & Chlothacarius contra
Theudebertum regnum ejus auferre voluerunt ſed illis muneribus
pacatis à leudibus ſuis defenſatus eſt
& in regno ſtabilitus. Mittens poſ-
tea Arvernum Deuteriam exinde
accivit eamque ſibi matrimonio ſo-
ciavit. ibidem.

(b) At ille in regno firmatus,
magnum ſe atque in omni bonitate
præcipuum reddidit. Erat enim regnum cum juſtitia regens, Sacerdotes venerans, Eccleſias munerans,
pauperes relevans & multa multis
beneficia pia ac dulciſſima accom-
modans voluntate. Omne tributum
quod in Fiſco ſuo ab Eccleſiis in
Arverno ſitis reddebatur, clementer indulſit. ibidem cap. vige ſimo.

» montra & grand Prince & bon Roi. Il faifoit re-
» gner la juftice dans fes Etats, il donnoit largement
» aux Eglifes, il foulageoit volontiers les indigens, &
» dans toutes occafions il étoit débonnaire & bienfai-
» fant. Il remit même aux Eglifes d'Auvergne les re-
» devances dont les biens qu'elles poffedoient étoient
» tenus envers le Fifc.

Si nous en croyons Caffiodore, le Roi Thierri mourut du déplaifir qu'il reffentit du peu de fuccès q l'avoit
eu fon fils Théodebert dans une campagne faite contre les Oftrogots. Nous avons déja dit qu'ils s'étoient
déclarés contre les Francs, fans doute par les mêmes
motifs qui avoient engagé les Vifigots à prendre parti
dans la guerre dont nous faifons ici l'Hiftoire. Voici
comment s'explique cet Auteur dans une lettre qu'il
écrit, après avoir été fait Préfet du Prétoire d'Italie,
au Sénat Romain, & où il fait un pompeux éloge
d'Athalaric Roi des Oftrogots, auffi bien que d'Amalafonthe mere de ce Prince, laquelle gouvernoit durant
la minorité de fon fils. (a) » Dans quelle confternation
» l'armée que nos Princes ont envoyée contre les Francs,

(a) Franci etiam tot Barbarorum in-
victoriis præpotentes quam ingenti expeditione turbati funt. Laceffi-
ti metuerunt cum noftris inire certamen, qui præcipitatis faltibus
prælia femper gentibus intulerant.
Sed quamvis fuperba natio declina-
verit conflictum vitare tamen proprii Regis nequivit interitum. Nam
Theodoricus ille dudum potenti
nomine gloriatus in triumphum
Principum noftrorum langoris potius' pugna fuperatus occubuit,
ordinatione credo divina ne nos
aut affinium bella polluerent,
aut jufte productus exercitus vindictam non haberet. Macte pro-
cinctus Gothorum omni felicitate jucundior, qui hoftem regalem capite cœdis & nobis ultionis
facta fubducis. Burgundio quin
etiam ut fua reciperet devotus effe-
tus eft reddens fe totum dùm acce-
piffet exiguum. Elegit quippe inte-
ger obedire quam imminutus obfif-
tere. Tutius nunc defendit regnum
quando arma depofuit. Recupera-
vit enim prece quod amifit acie.
Caff. Var. lib. undecimo ep. prima.

T ij

» n'a-t'elle point jetté cette Nation devenuë si puis-
» sante par ses conquêtes sur les autres Nations barba-
» res. Ces Francs qui dans les tems précedens avoient
» toujours cherché leur ennemi par tout où il se trou-
» voit pour le charger, n'ont point voulu accepter la
» bataille quand nos Troupes la leur ont présentée.
» Mais ces Guerriers audacieux en devenant si circons-
» pects, qu'ils n'étoient plus reconnoissables, n'ont
» point laissé d'essuïer de grandes disgraces. Ils ont
» perdu leur Roi. Ce Thierri, dont le nom s'étoit ren-
» du si célébre, est mort de douleur, en voïant no-
» tre supériorité sur les Francs. Bien qu'il ne soit pas
» mort les armes à la main, mais dans son lit ; nous
» pouvons néanmoins le regarder comme un ennemi
» vaincu, dont la défaite honore le triomphe de nos
» Souverains. Le genre de sa mort est un effet parti-
» culier de la Providence, qui d'un côté n'a point vou-
» lu que notre armée, qui s'étoit mise en campagne,
» pour défendre une bonne cause, rentrât dans ses
» quartiers sans avoir cueilli quelque fruit de ses tra-
» vaux, & qui d'un autre côté n'a point jugé à propos de
» permettre que l'armée d'Amalasonthe fille d'Aude-
» flede sœur de Clovis, répandît le sang des peuples
» sujets aux fils de ce Prince. Heureuse campagne pour
» les Gots, puisqu'ils y ont sacrifié à leur gloire une
» Tète couronnée, sans qu'on puisse cependant leur re-
» procher d'avoir trempé leurs armes dans son sang.
» D'ailleurs le Bourguignon, pour recouvrer ce qu'il
» avoit perdu, a bien voulu s'avoüer dépendant de
» nos Maîtres. Moïennant quelques villes qu'on lui a
» renduës, il a soumis à leur empire tout le
» dont il étoit en possession. Il a mis

» leur fujet fans rien perdre de fes Etats, qne d'en
» perdre une partie en s'obftinant à demeurer dans
» l'indépendance. Depuis qu'il a mis bas les ar-
» mes, après nous avoir pris pour Arbitres, il n'en a
» été que plus affuré de la poffeffion de fon païs. Sa
» foumiffion au pouvoir de nos Rois lui a même valu
» la reftitution de plufieurs Contrées, qu'il n'avoit pas
» pû défendre l'épée à la main.

Il faut que la campagne de cinq cens trente-trois,
à la fin de laquelle Thierri mourut probablement, ait
fini par un accord, en vertu duquel les Francs ayent
rendu au Roi Godemar quelque portion de ce qu'ils
avoient déja conquis fur lui, & que cet accord fe foit
fait par la médiation des Oftrogots, qui pour obtenir
cette reftitution, auront bien voulu de leur côté remettre quelques cantons qu'ils tenoient fur la droite
du Rhône, entre les mains des Francs.

En effet on ne fçauroit douter que fous le regne
d'Athalaric, qui mourut en cinq cens trente-quatre,
la Nation des Oftrogots n'ait laît aux Francs une ceffion affez confiderable, foit en leur délaiffant quelque
portion de territoire, foit en leur tranfportant les
droits qu'elle prétendoit avoir fur la partie des Gaules, que les Francs tenoient déja. J'ai pour garand Jornandés, qui a écrit environ cinquante ans après l'année cinq cens trente-trois. Voici ce que dit cet Hiftorien dans les deux Ouvrages qu'il nous a laiffés. Il écrit
dans fon Hiftoire des Gots : (a) » Les Francs qui ne
» craignoient point un Roi enfant, & qui même le

(a) Francis de regno puerili def- tibus, quod pater & avus Gallias
peratibus, immo in defpectu ha- occupaffent, cis conceffit. Jornandes
bebant, bellaque parare molien- de rebus Get.

» méprifoient, fe difpofoient à faire la guerre au Roi
» Athalaric à caufe des droits que fon pere & fon
» ayeul avoient acquis fur les Gaules,il les leur céda.Ce
même Auteur dit dans fon Hiftoire générale des révolutions arrivées dans les fiecles & dans les Etats.(a)» Théo-
» doric Roi d'Italie étant mort, il eut pour fucceſ-
» feur, conformément à la difpofition qu'il avoit fai-
» te, fon petit-fils Athalaric. Ce Prince quoique très-
» jeune par fon âge & par fes inclinations, ne laiffa
» point de regner huit ans. C'étoit fa mere Amala-
» fonthe,qui gouvernoit.Elle céda auxFrancs qui pour-
» fuivoient leurs prétentions avec chaleur, les Gaules
» qui depuis long-tems étoient en difpute entr'eux
» & les Oftrogots. Peut-on croire que Jornandés qui
. écrivoit dans un tems fi voifin des évenemens dont
il s'agit, fe foit trompé affez lourdement pour écrire
que la ceffion de la Province que les Oftrogots tenoient entre le bas Rhône & les Alpes, comme la remife actuelle de cette Province aux Francs, qui, comme nous le verrons,ne furent faites que plus de deux ans
après la mort d'Athalaric, ayent été faites du vivant
& fur des ordres expédiés au nom de ce Prince. Il n'y a
point d'apparence. Il faut donc qu'Athalaric eût fait
aux Francs quelqu'autre ceffion la derniere année de
fon regne, & que ce foit de cette ceffion-là que Jornandés ait voulu parler.

Nous avons encore dans le douziéme Livre des Epi-
tres de Caffiodore qui contient celles que ce grand
homme écrivit au nom des Succeffeurs de Théodoric,

(a)In Italia vero Theodorico Rege defuncto, Athalaricus nepos
ejus ipfo ita ordinante fuccefßit, &
annis octo quamvis pueriliter vivens, matre tamen regnante Ame-
lafuenta degebat, quando & Gallias diu tentas Francis reddidit.

& par conſéquent après l'année cinq cens vingt-ſix, un acte qui fait foi que les Oſtrogots étoient alliés aux Bourguignons durant la derniere guerre des Francs contre les Bourguignons ; guerre qui finit par la conquête du païs de ces derniers. C'eſt un Edit (*a*) par lequel le Roi des Oſtrogots informe les Peuples de la Ligurie d'un avantage que les Bourguignons venoient de remporter ſur les Allemands , & déclare à ces Peuples , qu'attendu la diſette où ils étoient , il leur remet la moitié des impoſitions annuelles, & veut bien leur permettre d'acheter du bled dans les greniers Roïaux. On a vû déja qu'après la bataille de Tolbiac , une partie des Allemands s'étoit ſoumiſe aux Francs, & que l'autre s'étoit ſoumiſe aux Oſtrogots. Certainement ce n'eſt point une victoire remportée par les Bourguignons ſur les Allemands ſoumis aux Oſtrogots, que l'Edit annonce comme une bonne nouvelle aux Peuples de la Ligurie. Il faut donc qu'il s'agiſſe dans cet Edit de la défaite des Allemands ſujets de la Monarchie Françoiſe, qui pour faire diverſion, avoient attaqué de leur côté , c'eſt-à-dire, vers le Mont - Jura, les Bourguignons alliés pour lors aux Oſtrogots.

Quoique Caſſiodore crût encore à la fin de l'année cinq cens trente-trois le Roïaume des Bourguignons en état de ſubſiſter long-tems , ſon terme fatal étoit néanmoins arrivé: Il fut conquis par les Francs l'année ſuivante. Soit qu'ils aïent penſé que la convention faite avec Athalaric ne 'les obligeoit plus après la mort de ce Prince arrivée pour lors , ſoit qu'ils aïent

---

(*a*) Edictum indicat Liguribus victoriam a Burgundionibus reportatam , ab fugam Alamannorum. Deinde dicit Regem ob inopiam relaxaſſe dimidiam tributi partem, & horrea ſua ad eos ſublevandos aperuiſſe. *Caſſ. Var. lib.* 12. *ep.* 28.

eu d'autres raifons de ne point obferver cette convention , ils acheverent en cinq cens trente-quatre
la conquète de la Bourgogne , dont ils avoient déja
conquis depuis la rupture une partie ; & ils fe rendirent fi bien les maîtres du païs, qu'ils n'en furent
plus chaffés. C'eft a l'Evêque d'Avanches , que nous
avons l'obligation de fçavoir précifément cette date,
qui eft d'un fi grand ufage dans l'Hiftoire des enfans
de Clovis. Ainfi nous tranfcrirons encore ici le paffage de la Chronique de cet Evêque , où il nous l'a
donnée , quoique nous l'aïons déja rapporté. (*a*) » Sous
» le Confulat de Paulin le jeune, les Rois des Francs,
» Childebert , Clotaire & Théodebert fe rendirent
» maîtres de la Bourgogne ; & après avoir réduit le
» Roi Godemar à fe fauver , ils partagerent entr'eux
» fes Etats.

　　Ceux qui connoiffent les monumens dont on peut
fe fervir en écrivant notre Hiftoire , n'attendront pas
de moi une relation exacte de ce grand évenement,
qui finit probablement par la prife d'Autun , dont Grégoire de Tours fait mention dans l'endroit que nous
avons rapporté. Il fçavent trop bien que la plûpart
des circonftances de la conquète dont il s'agit , nous
font inconnuës , & qu'il faut fe contenter de ce que
nous avons vû déja , & de ce que nous en apprend
un Hiftorien Grec. Procope écrit donc: (*b*) » Les Francs

(*a*) Paulino juniore Cotifule. Reges Francorum Childebertus, Clotarius & Theodebertus , Burgundiam obtinuerunt, & fugato Rege
Godemaro, regnum ipfius obtinuerunt. *Mar. Av. Chr. ad ann.* 534.

　(*a*) Poft Theodorici obitum ,
Franci, nemine jam obfiftente, Tv-

ringos bello adorti ipforum Regem
interficiunt..... Deinde Germani
cum Burgundionibus qui fepten-
runt, armis congreffi ......
ctoriam , contra Regem ......
i ....

» qui croïoient qu'après la mort de Théodoric Roi
» d'Italie, rien ne fût plus capable de leur réfister,
» attaquerent la Turinge, ils se défirent du Roi de
» cette contrée qu'ils conquirent. Quelque tems après
» ils assaillirent très-vivement les Bourguignons, dont
» le nombre étoit fort diminué par la quantité d'hom-
» mes qu'ils avoient perdus dans les guerres précéden-
» tes & dans les combats, les Francs eurent l'avantage sur
» les autres. Le Roi des Bourguignons tomba même
» enfin au pouvoir des ennemis, qui l'enfermerent
» dans un Château, où ils le tinrent prisonnier. Le
» vainqueur accorda ensuite une espece de capitula-
» tion aux vaincus. Elle portoit que les Bourguignons
» continueroient à jouir des Terres dont ils étoient
» en possession en qualité d'*Hôtes de l'Empire*; mais à
» condition qu'ils payeroient à l'avenir aux Rois
» Francs les redevances dont elles étoient chargées, &
» qu'ils serviroient ces Princes dans leurs guerres. En
effet dès que les Bourguignons reconnoissoient les Rois
Francs pour leurs Souverains, c'étoit à ces Princes
qu'ils devoient payer les redevances qu'ils payoient
auparavant à Godemar, & aux autres Rois de leur
Nation ses prédécesseurs. Nous verrons dans la suite
les Bourguignons accomplir le second article de la capitulation qu'on avoit bien voulu leur accorder, &
porter les armes en Italie pour le service des Rois
des Francs. Nous y verrons aussi que quoique Procope n'en fasse point mention, il devoit se trouver dans
la capitulation des Bourguignons un article, qui leur

---

militare coegerunt, ut
... rum conditio postula-
... omnibus quæ Burgun- | diones antea coluerant, vectigal
imposuerunt. *Procop. de bell. Got. lib.*
pr. cap. decimo tertio.

aſſurât le privilége de vivre ſelon leur Loi nationnale
qui étoit la Loi Gombette. Ils continuerent à vivre ſuivant cette Loi juſques ſous le regne de Louis le Débonnaire.

CHAPITRE IX.

*Juſtinien Empereur des Romains d'Orient ſe rend
maître de la Province d'Afrique, en ſubjuguant
les Vandales, qui l'avoient envahie. Il veut
conquérir l'Italie ſur les Oſtrogots. Ses négo-
ciations avec les Rois des Francs, & ſon premier Traité avec eux.*

NOus ſommes enfin parvenus à la derniere des
trois grandes acquiſitions faites par les enfans
de Clovis, à celle des païs que les Oſtrogots tenoient
dans les Gaules & dans la Germanie, & qui fut ſuivie
de la ceſſion entiere des Gaules faite à ces Princes
par les Romains.

Les troubles qui ſuivirent de près la mort d'A-
thalaric, avoient déja facilité à nos Princes la conquête de la Bourgogne ; & ce fut la continuation de ces
troubles, & les guerres auſquelles ils donnerent lieu,
qui livrerent aux Francs tout ce que les Oſtrogots
poſſedoient hors des limites de l'Italie. Ainſi je dois commencer l'hiſtoire de cette eſpéce de conquête par expoſer en quel état ſe trouvoient, lorſqu'elle fut faite,
les Puiſſances dont les diſſenſions, les querelles & les
guerres procurerent à nos Rois Francs les moyens de
la faire.

L'Empereur Anastase étant mort en l'année cinq cens dix-huit, il eut pour son successeur Justin premier, qui après un regne de neuf ans laissa le Thrô- En 517. ne des Romains d'Orient à Justinien, Prince si célébre par ses victoires, & si renommé encore aujourd'hui par une nouvelle rédaction du Droit Romain. Dès la premiere année de son regne, cet Empereur avoit formé le vaste projet de chasser des Provinces du Partage d'Occident les Barbares, qui les avoient envahies, sous prétexte de les défendre contre d'autres Barbares. Comme l'Afrique & l'Italie étoient celles de ces Provinces qui étoient les plus voisines du Partage d'Orient, c'étoit en les recouvrant que Justinien devoit commencer l'exécution de son projet. Mais soit que les grands préparatifs qu'il convenoit de faire avant que de l'entreprendre, n'eussent point été achevés plutôt, soit que Justinien eût attendu, pour commencer la guerre en Afrique, qu'il fût débarassé de celle qu'il eut les premieres années de son regne contre les Perses, ce ne fut qu'en cinq cens trente-quatre qu'il envoïa Belisaire chasser de l'Afrique les Vandales. Sous » le Consulat de (a) Paulin le jeune, dit l'Evê- » que d'Avanches, le Patrice-Belisaire reconquit au nom de l'Empire Romain la Province d'Afrique sur les Vandales, qui la tenoient depuis quatre-vingt-douze ans ; & il présenta dans Constantinople à l'Empereur Justinien Gélimer Roi de ce peuple,

(a) Paulino juniore Consule. Justiniano Imperio post nona-.... per Belisarium ....tur, & Gelimer .... captivus Con- | stantinopoli exhibetur, & Justiniano Augusto cum uxoribus & thesauris, à suprascripto Patricio præsentatur. *Mar. Av. Chr. ad ann.* 534.

» avec toute la famille & tous les thréfors de ce Prince
» barbare.

J'ai rapporté dans le tems comment les Vandales
s'étoient emparés de la Province d'Afrique, & les
différentes tentatives que les Empereurs avoient faites pour les en chaffer. Zénon Empereur d'Orient,
& qui mourut en quatre cens quatre-vingt-onze, défefperant de pouvoir venir à bout de reconquérir fur
eux cette Province, avoit fait enfin la paix avec leur
Roi Genféric, le même qui les y avoit établis. » Zé-
» non, dit Procope, (a) traita avec Genféric, & ils
» conclurent enfemble une paix durable, aux condi-
» tions que les Vandales s'abftiendroient de porter au-
» cun préjudice aux Romains, & que les Romains de
» leur côté n'entreprendroient plus rien contre les
» Vandales. Tant que Zénon & fes deux premiers
» fuccefleurs Anaftafe & Juftin vécurent, ce Traité
» fut exécuté de bonne foi de part & d'autre ; & il n'a
» été enfreint que par l'Empereur Juftinien. Ce fut lui
» qui le rompit en faifant aux Vandales la guerre dont
» nous allons écrire l'hiftoire. Genféric ne furvêcut
» pas long-temps à fon Traité avec l'Empereur Zé-

(a) Zeno Auguftus cum Giferico tranfegit & perpetuam compofuit pacem ; cautum enim diferte fuit, ne unquam Vandali in Romanos hoftile quidquam patrarent, neque ab his viciffim illi paterentur. At-que hæc Pacta conventa cum Zeno ipfe fervavit, tumque fucceffor Anaftafius nec Juftinus diffolvit, cui Juftinianus ex forore nepos Imperium fucceffit. Hoc Pacto bellum Vandalicum ita con... eft, ut in temporum inferiori... ftoria defcribemus. Haud diu fuper... ftes Genfericus grandævus deceffit condito teftamento, quo præter... multa, Vandalis mandavit ... num Vandalicum ... ret, qui per virilem ...

» non, & il mourut fort âgé, trente-neuf ans après
» avoir pris Carthage, c'est-à-dire, en quatre cens
» foixante & dix-huit. Son testament contenoit une
» disposition singuliere. Il y ordonnoit que la Couron-
» ne du Roïaume dont il étoit le Fondateur, ne paf-
» feroit point toujours à l'héritier en ligne directe du
» dernier posseffeur, mais qu'indépendamment de la
» prérogative des lignes & de la proximité du dégré,
» elle seroit toujours déferée à la mort du Prince qui
» la porteroit, à celui des descendans de mâle en mâle
» de lui Genséric, qui se trouveroit être le plus âgé
» dans le tems que le Thrône viendroit à vacquer.
Il devoit donc souvent arriver que ce fût un cousin
du Roi dernier mort qui montât sur le Thrône, à
l'exclusion des fils de ce Roi. Auffi cette disposition
de Genséric a t'elle été souvent citée comme une Loi
de fucceffion bien singuliere, par les Auteurs qui ont
écrit sur le Droit public des Nations. Cependant nous
allons voir qu'elle fut obfervée.

(a) » Honoric le fils aîné & le fucceffeur de Gen-
» féric mourut de maladie en quatre cens quatre-vingt-
» fix, après un regne de huit ans. Son Sceptre paffa
» entre les mains de Gundamund. Il étoit fils de Gen-
» fo, un des fils de Genféric, & non pas d'Honoric,
» mais la disposition de Genféric lui déferoit la Cou-
» ronne, comme au plus âgé des Princes de la Fa-

(a) Regnum Gifericus filiorum
maximo Honorico reliquit. Annis
demum octo Vandalis dominatus,
morbo oppetiit.....Extincto Honorico, in manus Gundamundi, cujus pater Genfo filius Giferici fuerat, Sceptrum Vandalicum devenit
ætatis jure quæ in Giferici ftirpe
principem ei locum dabat. Prove-
cto ad medium anno regni duodecimo, implicitus morbo e vita dif-
ceffit. Habenas Regni capeffit Tra-
famundus ipfius frater......Trafa-
mundus poftquam Vandalis annis
viginti feptem imperaffet, diem fu-
premum obiit. Ibid. cap. octavo.

» mille Roïale. Gundamund mourut de maladie au
» milieu de la douziéme année de son regne, durant
» l'année de Jesus-Christ quatre cens quatre-vingt-
» dix-huit, & il eut pour succeffeur son frere Trasa-
» mund, qui regna vingt-sept ans. A sa mort (*) ar-
» rivée en cinq cens vingt-cinq, Ildéric fils d'Hone-
» ric le fils & le premier succeffeur de Genséric, mon-
» ta sur le Thrône, où suivant les Loix ordinaires de
succeffion , il auroit dû monter dès l'année quatre
cens quatre-vingt-six. Ildéric ne regna que sept ans.
Au bout de ce tems-là, c'est-à-dire, en cinq cens trente
& un, Gélimer fils de Gélaridus, qui étoit fils de Gen-
so, l'un des enfans de Genséric , étoit après Ildéric
le plus âgé de la Maison Roïale, & par conséquent
tout le monde le regardoit comme le succeffeur pré-
somptif d'Ildéric. Il profita de la confidération qu'on
avoit pour lui ; & après s'être fait un parti, il dépofa
Ildéric, qu'il fit enfermer. Gélimer commit encore
des cruautés infinies contre les Partifans de ce Roi dé-
thrôné.

Ainfi Juftinien ne pouvoit point entreprendre
la guerre contre les Vandales dans une conjoncture plus favorable que celle où il l'entreprit en cinq
cens trente - quatre. Il avoit affaire à un ufurpa-
teur odieux, & d'un autre côté les Oftrogots d'Italie
n'étoient point en état , comme nous allons l'expliquer, de fecourir un Roi, dont ils devoient cependant

(*) In regnum fucceffit Ildericus   ad regnum, ut exiftimabatur, pro-
Honorici filius ac Giferici nepos....   pe diem perventurus..... Ita Domi-
Quidam e Giferici ftirpe, Gelimer   natum occupat Gelimer, & Ilderi-
Gelaridi filius , Genfonis nepos ,   cum feptem annos regno potitum
pronepos Giferici , jam grandis   ...... ejufque fratre Eva-
natu, uno præcedente Ilderico   ...... lib. cap.

croire que la chûte entraîneroit leur Etat. Auffi la guer-
re-Vandalique fut-elle bientôt terminée. Mais comme
elle ne fait point une partie de l'Hiftoire de notre Monarchie, je m'en tiens à ce que j'en ai déja dit, &
je renvoye ceux qui voudroient en fçavoir davantage
à Procope, qui l'a fi bien écrite.

A peine la conquête de la Province d'Afrique fut-
elle achevée, que les conjonctures parurent favora-
bles à Juftinien pour chaffer auffi d'Italie les Oftrogots.
Il faut remonter jufques à la mort de leur Roi Théodoric, pour bien donner à connoître en quelle fituation ils fe trouvoient au commencement de l'année cinq
cens trente-cinq, qu'ils furent attaqués par l'armée
Romaine, qui venoit de triompher des Vandales.

Ce grand Prince, qui auffi-bien que Genféric, fut
le Fondateur d'une puiffante Monarchie, ne laiffa
point de garçon lorfqu'il mourut en cinq cens vingt-
fix. Il avoit eu d'Audéfléde fœur de Clovis trois filles.
Une de ces Princeffes nommée Oftrogothe, avoit été
mariée avec Sigifmond Roi des Bourguignons, dont
elle eu avoit Sigéric. Mais, comme nous l'avons déja dit,
Oftrogothe étoit déja morte, lorfque Sigifmond fit
tuer leur fils Sigéric en l'année cinq cens vingt-deux.
Ainfi lorfque Théodoric mourut, il ne reftoit point
de garçon defcendant de cette Princeffe. Quant aux
deux autres filles de Théodoric, Théodegote qui étoit
l'aînée, avoit été mariée avec Alaric fecond Roi des
Vifigots, tué à la bataille donnée à Vouglé en cinq
cens fept. Comme l'Hiftoire ne fait aucune mention
d'elle après la mort de fon mari, on peut juger qu'elle
étoit décédée avant lui. Mais elle avoit laiffé un fils,
Amalaric Roi des Vifigots, celui dont Théodoric avoit

jufques à fa mort gouverné les Etats. La troifiéme des
Princeffes filles du Roi des Oftrogots, étoit la célébre
Amalafonthe, qui devoit être la cadette de fa fœur
Théodegote, puifqu'elle ne fut mariée avec (a) Eutharic Cillica de la Maifon des Amales, qu'en l'année
cinq cens quinze. Eutharic mourut avant Théodoric,
mais il laiffa de fon mariage avec Amalafonthe une
fille nommée Matafonthe, & un fils nommé Athalaric, qui avoit environ dix ans lorfque fon grand-pere
Théodoric mourut en cinq cens vingt-fix. Ainfi lorfque le Fondateur de la Monarchie des Oftrogots ceffa
de vivre, il avoit pour héritiers naturels Amalaric
Roi des Vifigots, & Athalaric fils d'Amalafonthe.

Amalaric étoit bien fils de l'aînée des filles de Théodoric, mais il étoit déja de fon chef Roi des Vifigots,
Ainfi Théodoric qui ne vouloit pas laiffer Athalaric
fans un puiffant établiffement, fe détermina en fa faveur. Le Roi des Oftrogots nomma donc pour fon
fucceffeur le fils d'Amalafonthe; & il fe contenta de
remettre au fils de Théodegote les Etats qui compofoient la Monarchie des Vifigots, & dont il avoit toujours gardé l'adminiftration depuis la mort d'Alaric
fecond. (b) » Théodoric, dit Jornandés, fe voïant
» avancé en âge, & près de fa fin, il fit affembler

(a) Florentius. Anthemius. His
Confulibus, Dominus nofter Rex
Theodoricus filiam fuam Domi-
nam Amalazuntam gloriofi viri Domini noftri Eutharici matrimonio,
Deo aufpice, copulavit *Faft. Caff.
ad ann 515.*

(b) Sed poftquam Theodericus
ad fenium perveniffet, & fe in bre-
vi ab hac luce egreffurum cognof-
ceret, convocans Gothos fuos Co-

mites & Gentis fuæ Primates, Atha-
laricum infantulum adhuc vix de-
cennem, filium Amalafuenthæ, qui
patre Eutharico orbatus erat, Regem conftituit, eifque in mandatis
dedit, ac fi teftamentali voce de-
nuntians, ut Regem colerent, Se-
nátum Populumque Romanum
amarent Principemque Orienta-
lem plac tum femper & amicum
haberet. *Jornandes de rebus Get.*

» ceux

» ceux des Oſtrogots qui avoient des emplois , & les
» principaux Citoyens de cette Nation , & il déclara
» devant eux Athalaric , qui n'avoit encore que dix
» ans , ſon ſucceſſeur dans ceux des Etats qu'il gouver-
» noit , dont il étoit Proprietaire. Il ajoûta que cette
» déclaration auroit la même force qu'un teſtament
» fait dans toutes les formes , qu'il enjoignoit à ceux
» qui l'écoutoient , de bien ſervir leur jeune Roi ,
» d'aimer le Sénat & le Peuple Romain , & d'entre-
» tenir toujours une bonne correſpondance avec l'Em-
» pereur d'Orient.

On voit par la lettre qu'Athalaric , dès qu'il fut
monté ſur le Thrône , écrivit à Juſtinien , que le nouveau Roi des Oſtrogots accomplit exactement les dernieres volontés de ſon aïeul. En (a) voici un extrait :
« Vous avez autrefois élevé au Conſulat mon aïeul
» Théodoric. vous avez bien voulu envoïer à mon
» pere juſque dans l'Italie la robbe triomphale ; & pour
» vous l'attacher encore plus étroitement , vous l'a-
» vez déclaré votre *Fils d'armes ,* en voulant bien ainſi
» adopter un Prince qui étoit preſque de votre âge.
» Etant auſſi jeune que je le ſuis , vous m'adopterez
» avec encore plus de convenance. Daignez donc ac-
» quérir par vos bienfaits quelque ſupériorité ſur mes
» États. Ma reconnoiſſance vous y rendra maître plus

(a) Juſtiniano Imperatori Athalaricus Rex...... Vos avum noſtrum
in veſtra Civitate celſis Curulibus
extuliſtis , vos patrem meum in
Italia Palmatæ claritate decoraſtis.
Deſiderio quoque concordiæ factus eſt per arma filius , quamvis
pœne vobis videbatur æquævus.
Hoc nomen adoleſcenti convenien-

tius dabitis...... Quapropter *Hunc &*
illum Legatos noſtros æſtimavimus
eſſe dirigendos , ut amicitiam nobis
illis pactis , illis conditionibus con-
cedatis , quas cum divæ memoriæ
Domno avo noſtro inclitos deceſſo-
res veſtros conſtat habuiſſe. *Caſſiod.*
Var. lib. oct. ep. pr.

» que vous ne l'êtes dans les vôtres. Voilà pourquoi
» j'ai nommé *tel & tel* mes Ambassadeurs auprès de
» votre Sérénité, & je les envoye vous prier de s'ac-
» corder votre amitié aux mêmes conditions que les
» Princes vos prédécesseurs ont accordé la leur à mon
» aïeul de glorieuse mémoire.

Il est clair par cette lettre, & c'est une observation
qu'on ne sçauroit s'empêcher de faire, que les Rois
Ostrogots vouloient bien reconnoître dans les Empereurs d'Orient une supériorité de rang, mais non pas
une supériorité de jurisdiction, & qu'ils se croyoient
en droit de traitter avec ces Empereurs de Couronne à Couronne. C'est ce qui peut confirmer dans l'o-
pinion que Zénon avoit cedé purement & simplement
tous les droits de l'Empire d'Orient sur l'Italie à Théodoric, & qu'il n'y avoit point envoyé ce Prince en
qualité de son Lieutenant, lorsqu'il l'y envoya pour
délivrer Rome de la tyrannie d'Odoacer. C'est de quoi
nous avons parlé assez au long sur l'année quatre cens
quatre-vingt-neuf. Je reviens à l'avenement d'Athalaric à la Couronne.

Ce Prince eut donc l'Italie, & Amalaric l'Espagne. Quant aux Provinces des Gaules qui obéissoient à la Nation Gothique, voici comment elles furent partagées en suivant la disposition de Théodoric.
(*a*) » Les Gots, on sçait bien que dans le style de

(*a*) Amalaricus Rex Visigotho-
rum Gallias cum Gothis & Atha-
larico consobrino suo ita divisit ut
Gothis cesserit quidquid est cis
Rhodanum fluvium, partes vero
trans illum positæ, in Visigotho-
rum ditione manserunt. Convenit
etiam inter ipsos, ut vectigal quod
constituerat Theodoricus, non
penderent amplius Gothi. Quidquid opum ex urbe Carcassona
idem abstulerat, Athalaricus bona
fide Amalarico restituit. Quin etiam
vero hæ duæ Gentes connubii affi-
nitates junxerant, unicuique eorum
qui uxorem e Gente altera duxisset,

Procope, les Goss dits abfolument, font les Oftrogots, eurent la partie de ces Provinces qui par rapport à »l'Italie, eft en deça du Rhône ; & les Vifigots eu-» rent la partie qui eft au-delà de ce fleuve. Le Le-cteur fe fouviendra bien que la partie des Gaules qui échut à Athalaric, étoit celle que Théodoric avoit poffedée de fon chef, l'aïant conquife en différens tems fur les Bourguignons, & que le lot d'Amalaric étoit précifément la partie des Gaules, qui avoit été de la Monarchie des Vifigots, & qu'ils avoient con-fervée après la bataille de Vouglé, & la mort d'Ala-ric fecond. Il eft vrai qu'Athalaric garda la Ville d'Ar-les, quoiqu'elle eût été du Roïaume d'Alaric fecond, & qu'elle dût par cette raifon être du Roïaume d'A-malaric. Mais les convenances demandoient abfolu-ment que les Oftrogots gardaffent cette Ville. En pre-mier lieu elle étoit affife à leur égard en-deça du Rhô-ne, qui étoit une féparation naturelle des Contrées qu'eux & les Vifigots tiendroient dans les Gaules. En fecond lieu elle étoit dès le tems des Empereurs le Siége de la Préfecture des Gaules, qu'il importoit tant au Roi des Oftrogots de maintenir en crédit. Nous en avons dit ci-deffus les raifons. Athalaric donna-t'il ou non à fon coufin une compenfation pour Arles? Quel fut cet équivalent ? J'ignore tout cela.

Procope reprend la parole : » Du confentement »d'Athalaric, les Vifigots furent difpenfés de lui » païer les redevances annuelles, que Théodoric leur » avoit impofées. Il fut même convenu qu'Athalaric

---

piffet, permiffa eft optio, utrum mallet uxorem fequi, an ad Gentem ex qua ipfe effet, eam traducere.

uxores multi abduxerunt arbitratu fuo, multi fecuti funt. *Procop. de bell. Got. lib. pr. cap. decimo tertio.*

» reſtitueroit à ſon couſin Amalaric le thréſor des
» Rois Viſigots , que Théodoric avoit autrefois em-
» porté de Carcaſſonne , pout le porter à Ravenne.
» Enfin il fut ſtipulé que ceux des Oſtrogots qui s'é-
» toient mariés dans les païs qui devoient demeurer
» aux Viſigots , & réciproquement que ceux des Viſi-
» gots qui s'étoient mariés dans les païs qui devoient
» demeurer aux Oſtrogots , auroient les uns & les
» autres à leur choix la faculté de demeurer dans le
» païs où ils s'étoient domiciliés , ou celle d'emme-
» ner leur famille avec eux, s'ils jugeoient à propos
» d'en ſortir , pour ſe retirer dans les païs de l'obéïſ-
» ſance du Roi de la Nation dont ils étoient. On voit
par-là que les Viſigots & les Oſtrogots , qui n'é-
toient originairement que deux Tribus d'une même
Nation n'avoient pas encore été confondus les uns avec
les autres , quoiqu'ils habitaſſent pêle-mêle dans les
mêmes Contrées depuis vingt ans. Il faut une convention ſpéciale , afin que les Viſigots qui s'étoient
mariés dans le païs des Oſtrogots , & que les Oſtrogots qui s'étoient mariés dans le païs des Viſigots ,
puiſſent être Citoyens de la Tribu dont ils n'étoient
pas ſortis , au cas qu'ils veuillent demeurer avec leurs
femmes. Qu'on juge après cela combien les uſages & les
mœurs de ces tems-là s'oppoſoient à ce que les Nations , qui étoient étrangeres en quelque ſorte les unes
à l'égard des autres , ne viſſent à s'incorporer & à
ſe confondre.

Nous avons déja dit quelle fut la deſtinée d'Amalaric , & comment il fut tué à Barcelonne vers l'année cinq cens trente & un. Pour Athalaric , il reſta
juſques à ſa mort arrivée en cinq cens trente-quatre ,

fous la conduite de fa mere Amalafonthe. Quoique la
coutume des Oftrogots ne permît point qu'une femme regnât en fon nom, elle permettoit néanmoins
qu'une femme regnât fous le nóm d'autrui. Athalaric avoit à peine atteint l'âge de dix-huit ans qu'il
mourut. Dès qu'il fut mort, Amalafonthe devint auffi
célébre par fes malheurs, qu'elle l'avoit été jufques-
là par fon élévation & par fes vertus. La coutume des
Oftrogots ne lui permettant pas de regner fous fon nom,
elle crut qu'elle devoit fe marier, & qu'elle pourroit
enfuite regner auffi glorieufement fous le nom d'un
mar, qu'elle avoit regné jufques-là fous le nom d'un
fils. Dans cette idée elle affocia à fon Thrône & à
fon lit Théodat, un de fes coufins, & celui des Grands
de la Nation des Oftrogots qu'elle crut le plus propre à bien obferver les conditions aufquelles cette
Princeffe vouloit affujettir fon époux, & qu'elle exi-
gea de lui. On fe doute bien qu'une des premieres
conditions étoit, que Théodat ne fe prévaudroit point
du titre de mari, pour ôter à fa femme l'adminiftration de l'Etat, & pour lui ravir une autorité plus
chere que la vie à celles qui l'ont exercée durant
un tems. En effet l'Hiftoire eft remplie de Princes qui
ont abdiqué la Couronne, mais on y trouve un très-
petit nombre de Princeffes qui fe foient dépouillées
volontairement du pouvoir fouverain.

On va voir par un fragment de la lettre qu'A-
malafonthe écrivit au fujet de fon mariage à Juftinien (a), qu'elle ne vouloit point trop avouer que

(a) *Juftiniano Imperatori Amala-*
fintha Regina. Perduximus ad Sceptrum virum nobis paterna affinitate
conjunctum, qui Regiam Dignitatem communis confilii robore nobifcum fuftineret.... Nam licet con-
cqudia Principum deceat, veftra tamen abfolute me nobilitat, quo-

X iij

fon fexe la rendît incapable de porter feule la Couronne, & qu'elle, prétendoit tenir de fa naiſſance le droit d'aſſocier du moins au pouvoir ſuprême l'homme qu'il lui plairoit de choiſir. » Nous avons, dit-elle, » fait monter ſur le Thrône un Prince notre couſin, » afin qu'il nous aide par la fermeté de ſes conſeils, » à ſoutenir le poids du Sceptre. Amalaſonthe ajoûte à quelques lignes de-là : » Rien ne fait tant d'hon- » neur aux Princes , que de vivre en bonne intelli- » gence les uns avec les autres , mais l'union qui re- » gnera entre l'Empereur d'Orient & nous, me fera » toujours un honneur ſingulier, puiſqu'il n'y a point » de Souverain , ſi grand qu'il puiſſe être , dont la » ſplendeur ne ſoit encore augmentée par l'établiſſe- » ment de l'unanimité entre Juſtinien & lui.

Nous obſerverons ſur ces dernieres paroles, qu'elles font voir auſſi-bien que le contenu de la lettre d'Athalaric à Juſtinien , laquelle nous venons de rapporter , que les Rois des Oſtrogots ſe prétendoient abſolument indépendans de l'Empire d'Orient. Ces Princes prétendoient être à cet égard dans tous les droits des Empereurs d'Occident prédéceſſeurs d'Auguſtule. En effet le terme d'unanimité , dont Amalaſonthe ſe ſert ici , étoit , comme je l'ai déja remarqué à l'occaſion de l'avenement d'Avitus à l'Empire d'Occident en quatre cens cinquante-cinq, le terme conſacré , dont les Empereurs d'Occident ſe ſervoient pour exprimer l'eſpece de liaiſon qui étoit entr'eux & les Empereurs d'Orient : ainſi Amalaſonthe traittoit d'é-

niam ille redditur amplius excel- | mitate conjonctus. *Caſſiod. Var. lib.*
ſus, qui veſtræ gloriæ fuerit unani- | *dec. ep. prima.*

gal à égal avec Juftinien , quand elle lui demandoit l'*unanimité.*

Théodat écrivit auffi de fon côté à Juftinien une lettre qui fe trouve parmi les Ouvrages de Caffio-dore, qui l'avoit compofée. Ce Prince y dit à l'Em-peteur : *(a)* » Dès qu'un Roi eft monté fur le Thrô-
» ne, l'ufage veut qu'il faffe part de fon avenement
» à la Couronne aux autres Souverains , afin qu'ils
» lui accordent l'amitié qu'ils doivent avoir pour ceux
» qui font revètus de la même dignité qu'eux.

Une Hiftoire critique permet d'interrompre la nar-ration toutes les fois qu'il fe préfente une occafion de faire des remarques propres à prouver quelque cho-fe de ce qu'on y peut avoir avancé. J'obferverai donc en ufant de cette liberté , que les nouveaux Souve-rains avoient coutume deflors „comme je l'ai fuppo-fé en plufieurs endroits , de donner part de leur avenement au Thrône aux autres Princes. Caffiodo-re le dit expreffément ; & nous pouvons encore ap-püier fon autorité de celle de Menander Protector *(b)*. Cet Auteur écrit que Juftin fecond, qui fucceda en cinq cens foixante & cinq à fon oncle Juftinien, en-voïa Johannes en Perfe. » Quel que fut le véritable
» fujet de fa miffion, ajoûte notre Auteur , elle avoit

(a) Juftiniano Imperatori Theo-datus Rex. *Significat fe ab Amalafon-tha in focium regni affumptum , & pe-tit ut judicio fuo faveat.* Novis Regi-bus mos eft per diverfas Gentes prove&us fui gaudia nuntiare, ut adquirant affectum Principis ex-rerni de ipfa communione regnan-di. *Caffiod. Var. lib decimo. ep.* 2.
(b) Juftinus Juftiniani nepos quo

fere tempore Imperium fufcepit , mifit Johannem Domantioli filium, in Perfiam ut Legatione fungere-tur. Legatio vero hæc erat, fic enim accepi & vulgo ferebatur, ut pro more inter Romanos & Perfas re-cepto nuntiaret Juftino Imperium delatum. *Menander Protector in ex-cerptis Legat. Cantoclar. pag.* 309.

» pour prétexte la néceſſité de donner part au Roi
» des Perſes de l'avenement de Juſtin à l'Empire, &
» de remplir le devoir dont ces Rois & les Empe-
» reurs Romains s'acquittent réciproquement en ces
» oecaſions.

Théodat fut ou plus ambitieux, ou moins recon-
noiſſant, qu'Amalaſonthe ne ſe l'étoit promis. Quelques mois après ſon mariage, il dépouilla ſa bienfai-
trice de l'autorité ſouveraine ; & les ſoupçons qu'il
conçut en voïant l'impatience avec laquelle cette Princeſſe portoit ſa dégradation, l'engagerent à la con-
finer dans une Iſle du Lac de Bolſéne. Amalaſonthe
de ſon côté 'eut recours à Juſtinien, qu'elle promettoit d'aider de ſon crédit & de ſes amis, pour le rendre maître de l'Italie, ſans exiger d'autre récompen-
ſe de ſes ſervices, qu'un établiſſement & une retraite
convenables à une Reine fille de Roi & mere de Roi.
Juſtinien promit plus qu'on ne vouloit ; mais les menées d'Amalaſonthe furent découvertes, & ſon mari
la fit mourir. Je me conforme dans ce récit aux Hiſtoires de Procope, quoique Grégoire de Tours ra- *Lib. hiſt.*
conte bien différemment la cataſtrophe d'Amalaſon- *3. Cap. 31*
the. Mais tous les Sçavans ſont convenu d'abandonner ici l'Hiſtorien Latin, pour ſuivre l'Hiſtorien Grec,
qui avoit plus de capacité que l'autre, & qui vivoit
dans le tems que les évenemens dont il eſt queſtion,
arriverent.

Le meurtre d'Amalaſonthe rendit Théodat ſi odieux
aux Oſtrogots, qui reſpectoient en elle le ſang du
Fondateur de leur Monarchie, & aux Romains, à qui
elle étoit chere, parce qu'elle avoit reçu une éducation ſemblable à la leur, que Juſtinien crut qu'il étoit
temps

tems de recouvrer l'Italie. Il entreprit d'autant plus
volontiers ce projet, qu'il avoit deja dans la Province d'Afrique une armée victorieuse, celle qui venoit
de subjuguer les Vandales. Bélifaire qui la commandoit eut donc ordre de paffer en Sicile: c'étoit par la
conquête de cette Ifle qu'il falloit commencer l'entreprife. (a) Il y paffa & il la conquit en l'année cinq cens
trente-cinq.

Ce fut apparemment tandis que Bélifaire foûmettoit
la Sicile, que Juftinien voulut négocier avec les Rois
des Francs un Traité qui obligeât ces Princes à ne le
point traverfer dans le recouvrement de l'Italie fur
les Oftrogots. Il n'étoit pas de leur interêt de fouffrir
que l'Empereur des Romains d'Orient fe rendît maître de cette Province; mais il fe flattoit que le parti
qu'il leur offriroit, & le reffentiment qu'ils devoient
avoir contre le meurtrier d'une niéce de Clovis, les
engageroient à laiffer déthrôner Théodat fans tirer l'é-
pée en fa faveur. Voici ce qu'on trouve dans Procope,
concernant la premiere négociation de l'Empereur Juftinien avec nos Rois.

(b) Cet Hiftorien avant que de faire la digreffion
fur l'origine & fur les premiers progrès des Francs de
laquelle nous nous fommes fervis tant de fois, dit: » Ju-
» ftinien envoya auffi pour lors des Ambaffadeurs

(a) Belifario Confule, eo anno
quo Confulatum dedit Siciliam ingreffus, eam Imperatori Romano
reftituit. Mar. Av. Chr. ad an. 535.
(b) Tunc quoque legationem ad
Francorum Principes cum his litteris
mifit. Quoniam Gothi non modo
Italiam quam habent ditioni noftræ
ereptam vi, reftituere nolunt, fed

injurias etiam nobis nec mediocres
nec tolerabiles impofuerunt non
lacefliti, ipfis bellum inferre coacti
fumus. Nobifcum vos id fufcipere
convenit quod commune facit, cum
germana religio erroris Ariani ex-
pultrix, tum odium quo æque ut
nos diffidetis a Gothis Procop. de
Bell. Goth. lib. pr. cap. quinto.

» préfenter aux Rois Francs une lettre dont la tene

». étoit : Les Oftrogots non contents de s'ètre emp

». rés par force de l'Italie qui nous appartient, & de r

» fufer de l'évacuer, nous ont fait encore fans q

» nous y euffions donné lieu, plufieurs injures des pl

» graves, & telles que l'honneur ne nous peu

» pas de les diffimuler. Voilà ce qui nous obligé

» faire marcher une armée contr'eux ; il eft jufte q

» vous nous donniez du fecours dans la guerre où n

» nous engageons contre un ennemi qui doit être at

» le vôtre, principalement parce qu'étant vous & n

» de la mème Communion, vous déteftez les erre

» d'Arius qu'il fait profeffion de fuivre.

Il n'y a point d'apparence qu'une lettre dans

quelle l'Empereur d'Orient explique fi clairement

projets, foit la premiere qu'il ait écrite à Théo

bert, qui étoit regardé comme le Chef de la Maifon

France, parce qu'il étoit fils de Thierri l'ainé des

fans de Clovis. Je crois donc que la lettre qui vi

d'être rapportée, n'aura été écrite que plufieurs m

après celle où Juftinien félicitoit Théodebert fur

avenement à la Couronne & dont nous avons parl

l'occafion du Confulat de Clovis. La réponfe q

Théodebert fit à cette premiere lettre de Juftinien

dont nous avons donné un affez long extrait, dan

même endroit de notre ouvrage que nous venons

citer ; aura noué une correfpondance entre les Pi

ces Francs & la Cour de Conftantinople, & dan

fuite Juftinien aura écrit la lettre que Procope no

confervée, & dans laquelle cet Empereur, pour

fervir de l'expreffion ordinaire

qui a déja fon

'La négociation réüffit. (*a*) » L'Empereur, dit
» Procope, joignit à fa lettre aux Princes Francs, un
» préfent en argent comptant, & la promeffe d'un fub-
» fide confidérable qui leur feroit payé dès qu'ils au-
» roient commencé la guerre. Les Francs furent fi fa-
» tisfaits de ce qui leur étoit donné & de ce qui leur
» étoit promis, qu'ils s'engagerent à faire la guerre
» conjointement avec les Romains d'Orient.

Cette alliance des Rois Francs avec Juftinien faite
avant que la guerre eût commencé, eft encore prouvée & renduë plus certaine, par ce que dit Procope,
dans le quatriéme livre de l'Hiftoire de la guerre Gothique. Pour mettre mieux le Lecteur au fait de ce
que contient l'endroit de cet Ecrivain dont je vais faire
ufage, il faut anticipant fur l'avenir, parler de ce qui
arriva long-tems après l'année 535, où nous fommes
encore, & quand on étoit déja dans le fort de la guerre,
du prélude de laquelle nous rendons compte ici.
Théodebert fe déclara à deux reprifes contre les Romains d'Orient, & dans plufieurs rencontres il les attaqua comme ennemis. C'eft ce dont il s'agit dans le
paffage de Procope, que nous allons rapporter comme une nouvelle preuve qu'il y eut une alliance faite
entre Juftinien & les Francs en cinq cens trente-cinq.

» Dès que Théodebald eut fuccedé à Théodebert
» (*b*) fon pere mort en cinq cens quarante-huit,
» l'Empereur Juftinien envoya au nouveau Roy le

(*a*) Hæc fcripfit Imperator quibus amplum pecuniæ munus addidit, plura pollicitus daturum fe
rem agreffis. Illi focia arma liben-
tiffime promiferunt. *Procop. de Bell.*
Goth. cap. quinto.

(*b*) Paulo antea Theodebertus
Francorum Rex, morbo obierat
cum fibi nullo negotio tributaria
feciffet nonnulla Liguriæ loca, Alpes Cottias agrique Veneti partem
maximam. Etenim Franci arrepta

» Senateur Léontius, pour lui perfuader de joindre
» ſes armes à celles des Romains contre les Oſtrogots
» & d'évacuer les contrées de l'Italie dont les Francs,
» au mépris des traités, s'étoient emparés ſous le re-
» gne précédent, & dont ils étoient encore en poſſeſ-
» ſion. Léontius dit donc à Théodebald dans l'audience
» qu'il eut de çe Prince. Il n'y a guéres de Souverain à
» qui plus d'une fois il ne ſoit arrivé des diſgraces auſ-
» quelles ils ne s'attendoient point; mais il n'eſt jamais
» arrivé à aucun d'eux rien qui ait dû le ſurprendre au-
» tant que Juſtinien mon Souverain a dû l'être de la con-
» duite que les Francs ont tenuë à ſon égard. Tout le
» monde ſçait que ce Prince n'eut pas ſi-tôt conçû le
» deſſein de faire la guerre aux Oſtrogots, qu'il voulut
» avant toutes choſes s'aſſurer de l'alliance de votre na-
» tion & qu'il n'attaqua ſon ennemi qu'après qu'elle ſe
» fut obligée, moyennant une groſſe ſomme d'argent,
» qu'elle toucha, d'agir de concert avec lui; cependant
» non-ſeulement les Francs ne tinrent pas compte alors
» d'accomplir les engagemens où ils étoient entrés, mais

belli quo Romani Gothi quæ erant
impliciti opportunitate, ſine diſ-
crimine ditionem ſuam his locis au-
xerunt de quibus illi pugnabant.
Venetorum pauca oppida Gothis
ſupererant, nam Romani maritima,
Franci cætera occuparant.
Poſtquam vero in regnum Theodeberti ſucceſſit Theodebaldus filius, ad eum Juſtinianus Legatum
miſit Leontium Athanaſii generum
ac Senatorem, poſtulans ut arma
ſecum adverſum Totilam & Gothos jungeret, cederetque locis quæ
Theodebertus in Italia contra jus fœderis occupaviſſet. Ubi ad Theode-
baldum venit Leontius, ita diſſeruit.
Sunt forte quibus contra expectati-
ro a vobis in Romanos admiſſa ſunt,
nemini præterea contigiſſe unquam
crediderim. Etenim Juſtinianus Au-
guſtus non ante ad bellum iſtud ad-
jecit animum, nec ſe arma in Gothos movere prius oſtendit, quam
Franci auxilia promiſiſſent amicitiæ
& ſocietatis nomine, accepta ingenti pecunia. At illi adeo non pro-
miſſi partem implevere aliquam ut
Romanis injuriam tantam intule-
rint, quantam vel ſuſpicari nemo facile poſſit. Neque enim dubitaverit
pater tuus Theodebertus in Provincias contra jus faſque involare quas
Imperator labore multo belliciſque
periculis, idque ſine Francorum
ope, in ditionem ſuam ſubjunxerat.

» il n'y a forte d'outrage que votre pere n'ait fait ef-
suyer aux Romains d'Orient. Il a envahi plufieurs
» contrées du territoire de l'Empire fur lefquelles il
» n'avoit point la moindre ombre de droit. Je ne viens
» pas ici, ajoùta Léontius, pour vous faire des reproches
» fur le paffé, mais pour faire en forte que vous foyez
» véritablement de nos amis à l'avenir. Le refte du difcours de l'Ambaffadeur ne regarde pas le fujet dont
il eft ici queftion, je veux dire l'alliance concluë entre
Juftinien & les enfans de Clovis, avant que Bélifaire
defcendît en Italie, & qui fait ici notre principal objet.

On peut regarder deux autres lettres de Théodebert à Juftinien, qui font échappées aux injures du
temps, & dont je n'ai point encore parlé, comme deux
réponfes que ce Prince aura faites à deux dépêches
que l'Empereur lui avoit écrites quelque temps après
la conclufion du traité dont il s'agit. Le Lecteur après
avoir vû le contenu de ces réponfes, jugera fi je me
trompe. (a) Dans la premiere, Théodebert dit qu'il
a bien reçû la dépêche par laquelle Juftinien le prioit
d'envoyer inceffamment trois mille hommes au fecours
du Patrice Brigantinus ; mais que par des raifons dont
Andréas, qui la lui avoit remife, eft bien informé, il
n'avoit pas pû être affez heureux pour rendre le fervice qu'on lui demandoit. Ce Prince finit enfuite par
des proteftations d'attachement fa lettre dont la fufcription eft : *Le Roy Théodebert au très-excellent & très-*
illuftre Seigneur notre pere l'Empereur Juftinien.

La feconde de celles des lettres de Theodebert à

(a) *Domino illuftri & præcellentiffimo* *Comiti & Patri Juftiniano Imperatori* *Theodebertus Rex.* Litteras gloriæ *tuæ Andrea Comite veniente fuf-* cepimus, quibus indicare dignami- ni tria mil'ia virorum in folatium Brigantini Patricii dirigere debe- remus &c. *Du Chefne Tom.* I. *p.* 862.

Juſtinien deſquelles il s'agit ici, contient la répon
des queſtions que cet Empereur avoit faites au petit
de Clovis, touchant l'étenduë de la dominatio
Francs dans la Germanie, & touchant les différe
peuples de ces contrées qui reconnoiſſoient cette
mination. Theodebert y parle comme un homme
communique l'état de ſes affaires à un ami qui s'en
informé par affection. Il y dit donc (a) qu'après
défaite des Turingiens, la conquête de leurs Etat
la mort de leurs Princes, les Francs avoient éten
leur domination des rivages de l'Océan juſqu'au
ves du Danube.» Je rends compté de ces proſper
» à vôtre Auguſte Hauteſſe avec quelque plai
» ajoûte Théodebert, parce que je ſuis bien info
» de ſon zéle pour la propagation de la Foy Catholi
» qu'elle & moi nous profeſſons, & qui devient la
» ligion dominante dans tous les pays dont les Fr
» ſe rendent maîtres.

  Ainſi lorſqu'en l'année cinq cens trente-ſix Béliſ
fit ſa deſcente dans le continent de l'Italie pour en cl
ſer les Oſtrogots, les Romains d'Orient étoient alliés
la Nation des Francs & ils devoient même compter
ſes ſecours. Comme les divers évenemens de la g
qui commença cette année-là, ne ſont point de
ſujet, nous n'en parlerons que ſuccinctement, bien

faſſent, grace aux Hiſtoriens Grecs, la partie de l'hiſtoire du ſixiéme ſiecle que nous ſçavons avec le plus de détail. Nous avons donc réſolu de n'en faire mention qu'autant qu'il le ſera néceſſaire pour conduire le Lecteur par des routes connuës juſques à la remiſe des Provinces que les Oſtrogots tenoient en deça des Alpes, par rapport aux Gaules, faite par eux aux enfans de Clovis & à la ceſſion des droits de l'Empire ſur toutes les Gaules faite en premier lieu à ces mêmes Princes par les Oſtrogots, & validée en ſecond lieu par l'Empereur Juſtinien.

CHAPITRE X.

Premiers ſuccès de Béliſaire, Général de Juſtinien. Autre Traité entre les Francs & les Oſtrogots qui reçoivent des premiers quelque ſecours. Juſtinien fait enſuite ſon ſecond Traité avec les Francs, & par ce Traité il leur cede la pleine Souveraineté des Gaules. Obſervations ſur quelques points de ce Traité.

A Juger de la durée de la guerre que Béliſaire commença en Italie contre les Oſtrogots en l'année cinq cens trente-ſix par les premiers évenemens, on croiroit qu'elle auroit dû être terminée dès la troiſiéme campagne. D'abord les armes de Juſtinien furent heureuſes par tout, mais bientôt la fortune parut ſe repentir de la conſtance qu'elle avoit euë, & tantôt favorable à un parti, & tantôt favorable à l'autre, elle fit durer vingt ans une guerre qui ſembloit devoir être terminée en trois années.

Bélifaire étoit encore (a) en Sicile lorfque T
dat Roy des Oftrogots, offrit aux Francs
les détacher de l'alliance des Romains d'Orient
leur compter une groffe fomme d'argent , & de
délaiffer tout ce qu'il tenoit au-delà des Alpes par
port à l'Italie , moyennant qu'ils s'obligeaffent de
côté à lui donner du fecours : mais le Traité n'a
pas été conclu , & Bélifaire ayant mis le pied da
continent de l'Italie , Théodat épouvanté en vint
ques à capituler fecretement avec lui; Théodat
donc aux Romains de leur livrer fes propres Etats à
taines conditions. Enfin l'accord étoit prêt d'être
clu quand les Oftrogots indignés de la foibleffe de
Roi, le maffacrerent & mirent Vitigès en fa
au commencement de l'année cinq cens trente-
On ne fera point fâché de trouver ici un fragmen
la lettre que Caffiodore écrivit au nom de Vitig
tous les Oftrogots pour leur donner part de fon
tion. Rien de ce qui peut donner quelque notion
ufages & de la maniere de penfer des Nations barb
qui avoient envahi les Provinces de l'Empire Rom
n'eft à négliger dans un ouvrage de la nature de
que je compofe : voici cette lettre (b) *Le Roi Vitig*

tous les Oftrogots, Salut. » Nous vous donnons part après,
» en avoir rendu grace à Jefus-Chrift auteur de tout
» bien, que l'armée des Oftrogots campée en front
» de Bandiere, nous a élevé fuivant la coutume de
» nos ancètres fur un Pavois, & que par l'effet de la
» Providence, elle nous a proclamé Roi, nous regar-
» dant comme une perfonne capable de faire la guerre
» avec fuccès, parce que nous y avons acquis déja quel-
» que forte de réputation. Ce n'a donc point été dans
» une chambre, mais en raze campagne que nous avons
» été fait Roi.

Vitigès tâcha fitôt qu'il eut été élû, de faire la paix
avec Juftinien, mais les démarches qu'il hazarda dans ce
deffein ayant été infructueufes, & ce Prince voyant bien
d'ailleurs qu'il lui étoit impoffible de faire tète en mème tems aux Romains & aux Francs, il prit le parti de
rechercher les derniers & de leur offrir de nouveau ce
que Théodat leur avoit offert déja. Les Francs écoute-
rent cette fois-là les propofitions de Vitigès au préjudice de leur traité avec Juftinien. La viteffe des progrès de Bélifaire avoit ouvert les yeux aux fucceffeurs
de Clovis, & fait comprendre à ces Princes, qu'ils
étoient perdus, fi loin de mettre des obftacles à la rapidité du torrent, ils continuoient à favorifer fon cours.
Voyons ce que Procope écrit concernant le traité des
Oftrogots avec les Francs. » Dans le tems que Vitigès
» fut élû, il y avoit dans la partie des Gaules qui étoit
» fous la domination des Oftrogots, un corps de trou-
» pes confiderable, compofé des meilleurs foldats de
» cette Nation & commandé par Martias, qui avoit
» charge de veiller à la confervation de ce pais-la & de
» le défendre contre les Francs. Qu'arriva-t'il ? Bélifai-

» re étant entré dans Rome, à la fin de la première
» année de la guerre, Vitigès réfolut au commence-
» ment de l'année fuivante de marcher à Rome avec
» le plus de force qu'il lui feroit poffible de raffembler
» pour reprendre au plûtôt une ville dont la perte dé-
» créditoit les armes des Oftrogots. En faifant réfle-
» xion fur les fuites de fon expédition, ce Roi com-
» prit aifément que Martias, lorfqu'il ne pourroit plus
» être foutenu de proche en proche, ne conferveroit pas
» long-tems le païs qu'il gardoit, & il craignoit encore
» avec raifon que les Francs, après avoir conquis en
» quelques mois ce païs-là, ne s'abandonnaffent à leur
» impétuofité naturelle, & que fe trouvant tout affem-
» blés ils ne defcendiffent en Italie pour y attaquer en-
» core les Oftrogots d'un côté, tandis que les Romains
» les attaqueroient de l'autre. Dans ces conjonctures,
» Vitigès affembla les principaux de fa nation pour
» délibérer avec eux fur le parti qu'il convenoit de
» prendre, & voici le difcours qu'il leur tint.

   » Je ne vous ai point affemblés ici, vous qui m'êtes
» tous attachés par les liens les plus étroits, pour avoir
» vos avis fur plufieurs projets de campagne, & choifir
» avec vous celui qui feroit le plus avantageux à la gloi-
» re de notre Nation : C'eft au contraire pour voir ce
» que nous pouvons faire de moins mal dans les triftes
» conjonctures où nous fommes. Ne nous laiffons pas
» éblouir par l'état où fe trouvent actuellement nos
» troupes campées fous Ravenne. J'en tombe d'accord
» nous voilà en état d'entrer en campagne & de faire tê-
» te aux Romains d'Orient : Mais les Francs ne feront-
» ils pas bientôt une diverfion en faveur de nos enne-
» mis ? La nation des Francs n'aime point les Oftrogots.

» Vous fçavez combien il nous a fallu répandre de fang
» pour arrêter fes progrès, & qu'encore ce n'a été qu'à
» grand'peine que nous lui avons refifté en des tems
» où nous n'avions point à combatre d'autre ennemi
» qu'elle. Il eft donc néceffaire fi nous voulons mar-
» cher avec confiance contre les Romains, de terminer
» auparavant la guerre que nous avons avec les Francs,
» qui fans cette fage précaution joindroient bientôt
» leurs enfeignes avec celles de Bélifaire. La raifon na-
» turelle apprend aux hommes qui ont le même enne-
» mi, qu'il leur faut l'attaquer de concert. Si pour
» nous oppofer à la jonction des Francs & des Romains,
» nous féparons nos forces en les partageant en deux
» corps, les Francs batteront une de ces armées tandis
» que les Romains déferont l'autre. Par tout nous fe-
» rons vaincus. Ne vaut-il pas donc mieux céder une
» petite portion de nos domaines pour nous mettre en
» état de bien défendre l'autre, que de tout perdre en
» voulant tout conferver? Ainfi mon avis eft, que nous
» cédions aux Francs la partie des Gaules que nous te-
» nons, laquelle il nous eft fi difficile de défendre contre
» eux, & que nous leur donnions les deux mille livres
» d'or que Théodat leur offroit, à condition, qu'ils fi-
» gneront avec nous un traité de paix & d'alliance. Il
» feroit inutile de raifonner à préfent fur ce que nous
» pourrons faire un jour, pour recouvrer la Province
» que nous céderons aujourd'hui. A chaque jour fuffit
» la peine.

» Tout le monde fut de l'avis de Vitigès (a) &

(a) Hac Vitigis oratione Gothorum proceribus audita, & conduc-
tura quæ dicerentur fat ratis, per-
actum hæc iri ex ducis fententia.
placuit. Ex templo itaque Francorum ad gentem Oratores mittunt,
qui Gallias illis & pecunias dederent, focietatemque facerent. Fran-

Z ij

» fur le champ on fit partir des Ambaſſadeurs avec
» commiſſion d'offrir aux Francs la ceſſion de toutes
» les Gaules, & de leur promettre pour premiere offre
» pécuniaire, ſix-vingt mille ſols d'or en argent comp-
» tant, moyennant qu'ils s'engageaſſent par un traité à
» ſecourir les Oſtrogots. Théodebert, Childebert, &
» Clotaire, qui regnoient alors ſur les Francs, agrée-
» rent ces propoſitions & ils conclurent le traité.
» Auſſitôt les Oſtrogots en executerent les condi-
» tions. Ils céderent les Gaules aux Francs, ils leur re-
» mirent les Cités qu'ils y tenoient encore, & ils leur
» compterent la ſomme promiſe. Les trois Princes que
» je viens de nommer partagerent également entr'eux
» & l'argent qu'ils avoient reçû & le païs qui leur
» avoit été remis. Cependant des qu'il leur fallut exé-
» cuter les conditions d'un traité ſi avantageux, ils di-
» rent que leurs engagemens précédens avec Juſtinien,
» à qui depuis peu ils avoient promis de ne point agir
» hoſtilement contre ſes armées, ne leur permettoit pas
» de ſe déclarer hautement contre lui & d'envoyer un
» corps compoſé de Francs naturels joindre l'armée
» des Oſtrogots, mais qu'ils leur alloient envoyer un
» puiſſant ſecours compoſé de ſoldats des nations que
» les Francs avoient ſubjuguées.

Procope ne dit point comment les Ambaſſadeurs

eorum autem duces, Ildebertus Theodibertus, & Clotarius tunc temporis erant qui Galliis ſimul & pecunia a Gothis receptis & his quidem pro cujuſque Imperii portione partitis, amicos ſe Gothis fore quam maxime profitentur. Clam tamen his ſe auxilia non ex Francis miſſuros, ſed ſubditorum e nationibus aliis. Arma vero in | Romanorum perniciem Gothis ſociare, nullo pacto ſe poſſe, quippe qui paulo ante Imperatori promiſerint, in hoc bello illi ſe opem laturos. Oratores itaque rebus confectis quarum de cauſa mittebantur, Ravennam mox repetunt, & Vitiges Martiam ad ſe ex Galliis revocat. *Procop. Bell. Goth. lib. 3.*

Oſtrogots ſirent la reſtriction que les Princes Francs
mirent au traité dont ils venoient de recueillir le fruit.
Cet Hiſtorien finit le recit de ce mémorable événé-
ment en diſant, que nos Ambaſſadeurs partirent pour
revenir en Italie, où ils ramenerent avec eux le corps
de troupes commandé par Martias, & qui avoit évacué
la Province des Gaules remiſe aux ſucceſſeurs de
Clovis.

Il eſt facile d'imaginer les raiſons dont les Ambaſſadeurs de Vitigès s'étoient ſervi pour engager les Rois
des Francs à ſigner le traité dont nous venons de parler.
Je crois néanmoins à propos de rapporter ici ce que dirent aux Francs en une occaſion à peu près ſemblable
d'autres Ambaſſadeurs des Oſtrogots. On y verra encore plus diſtinctement & plus préciſément qu'il n'eſt
poſſible de l'imaginer, quelles étoient les maximes
politiques des Nations barbares dans le tems que l'Empire Romain dont ils avoient envahi les Provinces
ſubſiſtoit encore, & qu'ils pouvoient craindre qu'il ne
les chaſſât de leur nouvelle Patrie.

Agathias rapporte, que vers l'année cinq cens cinquante, tems où les Oſtrogots vivement preſſés par les
troupes Romaines, en étoient aux abois, quelques-
uns d'entr'eux qui s'étoient liés par une confédera-
tion particuliere, envoyerent des Ambaſſadeurs à la
Cour de Théodebald le fils & le ſucceſſeur de Théodebert, pour tâcher de faire entrer dans leur querelle
ce Prince qui étoit encore fort jeune. Notre Hiſtorien
ajoute que ces Miniſtres s'adreſſerent à tous les Grands
de cette Cour-là pour les engager à leur tendre une
main ſécourable & qui les tirât de l'état malheureux
où l'Empereur Romain les avoit reduits. » Ils ne ceſ-

» ſoient de repréſenter à ces Seigneurs l'intérêt que
» les Francs avoient de ne point ſouffrir que la puiſ-
» ſance des Romains d'Orient s'augmentât autant
» qu'elle étoit ſur le point de s'accroître. (4) Dès qu'ils
» auront ſubjugué la Nation Gothique, diſoient nos
» Miniſtres, ils attaqueront la vôtre. Les Rhéteurs, les
» Ambaſſadeurs de Juſtinien ſe déchaîneront partout
» contre vous, ſes Officiers réveilleront toutes les an-
» ciennes querelles, & ſes Généraux entreront à main
» armée dans votre païs? La violence des Romains
» manque-t'elle jamais de prétexte? Vous les verrez al-
» leguer pour juſtifier leurs armes juſques aux droits
» que les Camilles, les Marius & ceux des Céſars qui
» ont fait des conquêtes au-delà du Rhin, leur ont ac-
» quis, à ce qu'ils s'imaginent, ſur les Nations Germa-
» niques. Enfin les Romains diront, qu'en ſe rendant
» maîtres des païs que vous occupez, ils ne font que ſe
» remettre en poſſeſſion de leur ancien patrimoine, &
» que du moins on ne ſçauroit les accuſer d'envahir le
» bien d'autrui? Quelle autre raiſon ont-ils alléguée du
» traitement qu'ils nous ont fait, quand ils nous ont
» chaſſés de nos maiſons, quand ils ont égorgé la plus
» grande partie de notre Nation, & quand ils ont
» vendu à l'encan les femmes & les enfans de nos prin-

(4) Si enim univerſam Gentem Gothicam deleverint, ſtatim etiam in vos dicebunt Oratores, exercitum ducent & priſtina bella inſtaurabunt. Neque enim illis eſt defutura ſpecioſa aliqua cauſa quam avaritiæ ſuæ prætexant. Quin potius juſtum ſe ſe vobis inferre bellum putabunt, Marios quoſdam & Camillos & Cæſarum pleroſque recenſentes qui olim bella adverſus priſcos Germanos geſſerunt & trans Rhenum univerſa occuparunt. Quo circa non vim illaturi vidébuntur, ſed bellum juſtum movere, tanquam nihil alienum quæſituri, ſed majorum ſuorum poſſeſſiones recuperaturi. Tale porro etiam nobis crimen objicient quod ſcilicet cum Theodericus noſter olim Princeps & Coloniæ deducendæ Auctor. Agath. lib. hiſt. ...

» cipaux citoyens ; fi ce n'eſt. celle-ci ? Que le Roi
» Théodoric, qui nous avoit établis en Italie , s'étoit
» emparé de ce païs-là ſans avoir un titre ſuffiſant. Ce-
» pendant Théodoric ne s'étoit rendu le maître de
» l'Italie , que de l'aveu de l'Empereur Zenon , qui
» regnoit pour lors ſur les Romains d'Orient. On a
déja rapporté à l'occaſion de cet évenement même, la
ſuite de ces repréſentations des Ambaſſadeurs Oſtrogots auprès de Théodebald. Elles finiſſent par cette ex-
hortation aux Francs. » Ne laiſſez donc point paſſer
» ſans en profiter la belle occaſion que vous avez au-
» jourd'hui de mettre obſtacle à l'agrandiſſement des
» Romains, en les empêchant de nous ſubjuguer. Il en
» eſt encore tems. Envoyez-nous des troupes à qui
» nous donnerons de bons guides, & bientôt elles au-
» ront chaſſé de notre terre vos véritables ennemis.

Retournons à la ceſſion faite aux Francs par les Oſtrogots, l'année cinq cens trente-ſept. Comme on le
verra, non-ſeulement elle contenoit le délaiſſement de
toûtes les Cités que les Oſtrogots tenoient encore dans
les Gaules, ou dans la Germanie , mais auſſi le tranſport & l'abandonnement total de tous les droits que
les Oſtrogots pouvoient, comme Seigneurs de la ville
de Rome , prétendre ſur ces deux grandes provinces
de l'Empire. Entrons en quelque diſcution de ces deux
points-là.

Quant au premier point, le Lecteur ſe ſouviendra
bien de ce qui a été dit en parlant des ſuites de la bataille de Tolbiac : Qu'une partie des Allemands leſquels y avoient été défaits, ſe ſoumit à Clovis, que
l'autre ſe retira dans les païs que les Oſtrogots tenoient entre les Alpes & le Danube , & que là cette

partie fut encore féparée en deux portions, dont l'u-
ne refta en deça des Alpes, & l'autre fut tranfplantée
en Italie. Or, nous voyons qu'à la fin du fixiéme fiecle, le gros de la nation des Allemands étoit auffi-bien
que le païs fitué entre les Alpes & le Danube, fous
la domination de nos Rois, fans que nous apprenions
en quel tems ils y étoient paffés. Ainfi je conclus que
ce fut en vertu de la ceffion faite aux Francs par les
Oftrogots, en cinq cens trente-fept que les Allemands
& les païs défignés ci-deffus, devinrent fujets de notre Monarchie. Cette conjecture fe change en certitude lorfqu'on lit dans Agathias que Théodebert, peu
de tems après avoir (4) fuccedé à fon pere, affujet-
tit les Allemands & quelques nations voifines. En effet,
fuivant nous, Théodebert fe fera mis en poffeffion
des contrées dont il s'agit vers la fin de l'année cinq
cens trente-fept, & quand il n'y avoir qu'environ trois
ans qu'il avoit fuccedé au Roi Thierri. D'un autre
côté Théodebert aura trouvé quelque refiftance de
la part des Allemands, qui n'étoient pas contens d'a-
voir été cédés fans leur participation, & cette refiftance aura fait dire à l'Hiftorien Grec, que Théodebert avoit foumis par force les Allemands.

Quant à la ceffion de tous les droits que les Oftrogots
préténdoient avoir fur les Gaules, & dont fut fuivie
la remife actuelle qu'ils firent de la Province qu'ils y
tenoient encore; elle fera fuffifamment prouvée par
tout ce que nous dirons bientôt concernant la confirmation que Juftinien fit de cette ceffion. Je vais reprendre le fil de l Hiftoire.

(4) Theodebertus accepto pa-　nuflas alias finitimas gentes fub-
terno regno, Alamannos & non | egit. *Agath. hift. lib. prim.*

Le

Le corps de troupes commandé par Mattias, joignit Vitigès, après avoir évacué la Province des Gaules délaissée aux Francs par les Ostrogots, & mit le Roi de ces derniers en état d'assieger durant la campagne de cinq cens trente-sept, (*a*) la Ville de Rome, que l'armée de Justinien avoit prise l'année précédente ; mais ce Roi fut obligé de lever son siége à la fin du mois de Mars de l'année cinq cens trente-huit, & quand ce siége avoit déja duré douze mois & neuf jours. Cette disgrace ne fut point la seule que les Ostrogots essuierent cette campagne-là. Les Romains d'Orient surprirent Milan ; & par-là ils porterent la guerre dans celles des Provinces de l'ennemi, qui pouvoient, si elles fussent demeurées tranquilles, l'aider à la soutenir. Les Ostrogots comprirent donc d'abord la nécessité de reprendre Milan , & ils demanderent à nos Rois le secours qu'ils étoient obligés de leur donner. Voyons ce que dit Procope à ce sujet.

» (*b*) Vitigès étant informé de ce qui venoit d'arri-
» ver, fit incontinent filer du côté de Milan beaucoup
» de troupes, dont il donna le commandement à un
» de ses néveux nommé Vraïa. Le Roi des Ostrogots
» demanda en même tems du secours à Théodebert,
» qui pour lors étoit comme le chef de la nation des

(*a*) Romam Belisarius cœpit ipso anno quingentesimo trigesimo sexto & a Vitige obsessam annum unum ac dies novem circa æquinoxium vernum liberat , anno quingentesimo trigesimo octavo. *Petav. Ration. Temp. Lib. sept. cap. quinto.*
(*b*) De his certior factus Vitiges, confestim magnum exercitum mittit Vraia duce sororis suæ filio. A Theo-

deberto Francorum Rege, decem millia auxiliariorum impetraverat, Burgundionum utique non Francorum ne videretur Imperatoris rebus injuriam facere Theodebertus. Neque enim ejus mandato sed sponte & voluntate sua profectos Burgundiones simulabat. *Procop. de bell. Goth. lib. 2. cap. duodecimo.*

» Francs. Théodebert envoya bien un corps de dix
» mille hommes joindre l'armée des Oſtrogots, mais
» ce corps n'étoit point composé de Francs naturels,
» parce que Théodebert craignoit, s'il faiſoit paſſer
» des ſoldats de ſa nation au ſecours de Vitigès, qu'on
» ne lui reprochât d'avoir enfreint le traité qu'il avoit
» conclu avec Juſtinien, & qui ſubſiſtoit encore. Le
» corps de troupes que le Roi des Francs envoya aux
» Oſtrogots ne ſe trouvoit donc composé que de Bour-
» guignons, qui ne manquerent pas encore, dès qu'ils
» furent arrivés en Italie, d'y publier, que ce n'étoit
» point par ordre de Théodebert dont ils ne ſe ſou-
» cioient gueres, qu'ils venoient faire la guerre con-
» tre les Romains d'Orient, mais que c'étoit de leur
» plein gré & de leur propre inclination, qu'ils
» avoient pris ce parti-là.

'L'armée des Oſtrogots accruë par ce ſecours, re-
prit Milan dans la même année. » (*a*) En cinq cens
» trente-huit, dit l'Evêque d'Avanches, les Oſtro-
» gots & les Bourguignons emporterent d'aſſaut la
» ville de Milan, où ils paſſerent au fil de l'épée les
» habitans, ſans épargner même les Sénateurs & les
» Prêtres.

'La conduite que les Rois des Francs tinrent en cette occaſion, étoit du moins conforme aux regles de
la politique ordinaire des Souverains. Si nos Princes
euſſent envoyé des Francs au ſecours de Vitigès, ils
auroient eux-mêmes trahi leur ſecret. D'un autre côté,
s'ils y euſſent envoyé des Romains de leurs ſujets,

(*a*) Joanne Conſule, Mediola-   cerdotes cum reliquis populis in-
nus a Gothis & Burgundionibus   terfecti ſunt. *Mar. Aventi. Chr. ad*
effracta eſt, ibique Senatores & Sa-   *ann.* 538.

c'auroit été envoyer des soldats à Bélisaire. Au contraire, en faisant passer des Bourguignons au service de Vitigès, ils lui envoyoient des soldats que leur qualité de barbares devoit lui attacher. D'ailleurs on pouvoit désavoüer ces Bourguignons en gardant quelques apparences de bonne foi. On aura écrit à Bélisaire, qu'il ne devoit pas imputer aux Rois des Francs, le parti qu'avoient pris quelques Bourguignons, qui s'en alloient servir Vitigès : Qu'il étoit bien vrai que ces Bourguignons étoient de leurs sujets, mais qu'ils n'étoient subjugués que depuis quatre ans, & qu'ils n'étoient pas encore bien soumis : Qu'ainsi le corps de troupes dont il s'agissoit n'étoit composé que d'hommes inquiets & de brouillons, qui après s'être évadés de leurs quartiers, malgré toutes les précautions qu'on avoit prises pour l'empêcher, s'étoient attroupés dans les gorges des Alpes, pour aller chercher fortune sous des chefs qu'ils s'étoient eux-mêmes choisis : Que tous ces gens-là n'avoient aucune commission de leur Souverain, & que Bélisaire, s'il le jugeoit à propos, seroit le maître, lorsqu'ils tomberoient entre ses mains, de les faire tous pendre comme gens sans aveu : Qu'on lui conseilloit cependant de ne point user de ce droit, parce qu'au fond ces Bourguignons étoient de braves gens, & que d'ailleurs ils étoient assez brutaux pour user de représailles sur les prisonniers de guerre qu'ils ne manqueroient pas de faire.

Enfin les Rois Francs en faisant passer au-delà des Alpes dix mille Bourguignons, se défaisoient d'un grand nombre de sujets audacieux, ennuïés de leur condition présente, & par conséquent toujours disposés à s'attacher au premier brouillon qui voudroit remuer. Ces Princes firent dans le fixiéme fiecle la même chofe que fit dans le dernier fiecle Charles fecond Roi de la Grande - Bretagne , lorfqu'immédiatement après *l'heureufe Reftauration de la Royauté* dans fa Monarchie , il eut la politique d'envoyer au fecours du Roi de Portugal Don Alphonfe le Victorieux , les vieilles Bandes Angloifes qui avoient fervi fous Olivier Cromwel.

Quoique nos Rois défavoüaffent les Bourguignons qui avoient joint l'armée de Vitigès , il étoit impoffible que Juftinien ne vît bien que ces Barbares n'avoient rien fait que par ordre de leurs Souverains , d'autant plus que l'exécution du traité de ceffion , qui n'avoit point pû fe cacher , montroit évidemment qu'il y avoit une liaifon étroite entre les Francs & les Oftrogots. Mais fuppofé que l'Empereur attendît quelque preuve encore plus claire, pour fe convaincre que les Francs ne fe croyoient plus obligés , par des raifons que fes Hiftoriens auront fupprimées, de tenir le premier traité qu'ils avoient fait avec lui , il ne l'attendit pas longtems. L'année fuivante , c'eft-à-dire , en cinq cens trente-neuf, *(a)* Théodebert defcendit en perfonne en Italie. Il s'y empara de la Ligurie, & pénétra même dans le Plaifantin , où la temperature de l'air & la mauvaife qualité des eaux firent beaucoup fouffrir fon armée.

On peut voir dans Procope un récit beaucoup plus long de cette premiere expédition de Théodebert, qu'il ne faut pas confondre avec celle que Buccellinus fit par ordre de ce Prince plufieurs années après en Italie.

(a) Appione Confule Theudibertus Rex Francorum Italiam ingreffus, Liguriam Æmiliamque devaftavit, ejufque exercitus loci infirmitate gravatus, valde contribulatus eft. *Mar. Avent. Chr. ad ann.* 539.

Grégoire de Tours fait mention de ces deux expéditions différentes des Francs en Italie, fous le regne
de Théodebert, & il dit positivement, que dans la
premiere ce Prince commandoit en personne son armée, au lieu que dans la seconde, elle étoit commandée sous ses auspices par Buccellinus. Notre Historien,
après avoir raconté à sa maniere la fin tragique d'Ama-
lasonte, & après avoir parlé de l'accommodement des
Francs & des Ostrogots, écrit : *(a)* ,, Théodebert pas-
,, sa en Italie, où d'abord il fit de grands progrès, mais
,, comme le païs est malsain, son armée y fut attaquée
,, de fiévres de toutes especes ; ce qui lui fit prendre le
,, parti de s'en revenir dans les Gaules, où lui & ses
,, troupes ils arriverent gorgés de butin. On prétend
,, que dans cette expédition, Théodebert se soit avan-
,, cé jusques dans la Cité de Pavie. Dans la suite il
,, renvoya en Italie Buccellinus, qui après avoir sub-
,, jugué plusieurs contrées en déçà des Appennins,
,, passa ces montagnes, & pénétra dans l'Italie propre-
,, ment dite. Cette seconde expédition, celle dans laquelle Buccellinus commandoit en chef l'armée des
Francs, ne se fit, autant qu'il est possible d'en juger
par l'endroit de son Histoire, où Procope en place le
récit, que vers l'année cinq cens quarante-sept, &
peu de tems avant la mort de Théodebert arrivée en
cinq cens quarante-huit.

De bello
Goth. lib.
quatto.

(a) Theodebertus vero in Ita- | multa secum spolia ipse vel sui de-
liam abiit, & exinde multum ad- | ferentes. Dicitur tamen tunc tem-
quisivit. Sed quia loca illa ut fer- | poris usque Ticinum accessisse Ci-
tur morbida sunt, exercitus ejus | vitatem. In qua Buccellinum rur-
in diversis febribus corruens vexa- | sum direxit qui Minori illa Italia
batur. Multi enim ex his in illis | capta atque in ditionibus antedic-
locis mortui sunt. Quod videns | ti Regis redacta, Majorem petiit.
Theodebertus ex ea reversus est | *Gr. Tur. hist. lib tertio cap. 32.*

qu'en examinant quand feroient arrivés les événemens qu'il n'auroit placés qu'après ce récit ; mais ce que Procope dit concernant notre traité, il le dit dans des réflexions générales fur les fuites funeftes qu'avoit eues la guerre entreprife contre les Oftrogots. Ainfi on ne fçauroit affeoir aucune conjecture chronologique fur l'endroit de fon Hiftoire , où Procope a placé ce qu'il nous apprend touchant la ceffion abfoluë des Gaules faite aux Rois Francs par Juftinien. Tout ce qu'il m'eft poffible de dire de plus précis ou plûtòt de moins vague fur la datte de cet événement , c'eft qu'il eft arrivé peu de tems après, ou peu de tems avant que Totila eut été proclamé Roi des Oftrogots, ce qui fe fit en l'année cinq cens quarante-un. Ma raifon, c'eft que Procope dit dans le paffage qu'on va lire , que cette ceffion n'empècha point les Francs, fitòt qu'ils virent que Totila donnoit beaucoup d'affaires aux Romains, d'attaquer de nouveau les Romains, & de pouffer leurs conquètes jufques fur les bords de la mer Adriatique. Ainfi comme les progrès de Totila fuivirent de près fon élévation au Thrône, comme les Francs attaquerent les Romains dès qu'ils les virent malmenés par Totila , & comme la ceffion dont il s'agit étoit deja faite quand les Francs attaquerent les Romains dans ces circonftances, il paroît qu'elle a été faite en l'année cinq cens trente-neuf, ou une des deux années fuivantes. Ecoutons enfin Procope.» Ce fut à la faveur de la guer-» re Gothique , que les Barbares (a) qui avoient des

Petav.ᵖ at. temᵖ. lib. feptim. cap. quinto.

(a) Hujus belli tempore , totius Occidentis Imperio Barbari potiti funt , ac bellum Gothicum cujus primordia Romani præclaris victoriis infignierant quemadmodum fupra narravi, eo recidit ut non modo pecunias & corpora plurima abfque ullo impenderint emolumento , fed Italiam quoque vaftaverint & Illyricum Thraciamque

» quartiers dans les Provinces de l'Empire d'Occi...
» en devinrent les véritables maîtres, & que le...
» le masque, ils s'en firent reconnoître Souver...
» Tandis que les Romains qui avoient eu un si gr...
» air de superiorité dans les commencemens de...
» guerre, s'épuisoient d'hommes & d'argent pour...
» soutenir & pour dévaster l'Italie sans aucun fru...
» les Barbares qui s'étoient établis sur la frontie...
» la Thrace & de l'Illyrie, ravageoient ces Provin...
» & les Francs s'assuroient la possession des Gaul...
» Voici comment tout cela se fit. Dès la premiere an...
» née de la guerre Gothique, l'Ostrogot, comme no...
» l'avons dit dans le premier Livre de notre Histoir...
» voyant bien qu'il ne pouvoit point faire tête...
» la fois aux Romains d'Orient & aux Francs, ce...

fere universam a Barbaris utpote jam finitimis, fœde populari viderint, quod ita contigit. Belli hujus initio Gothi, ut in libris dixi superioribus, *Gallias integras* suæ ditionis effectas Germanis cesserant, illis ac Romanis resistere se simul non posse rati. Quod ne fieret adeo non impedire Romani potuerunt, ut Justinianus Augustus confirmaverit ne ab his Barbaris si hostiles animos inducerent turbaretur. Nec vero Franci Galliarum possessionem nisi illam Imperator suis litteris comprobaviset *sibi tutam rati.* Ex eo tempore Germanorum Reges Massiliam Pho ensium Coloniã ac maritima loca omnia adeoque maris imperium obtinuerunt. Jamque Arelate *pugnis equestribus* præsident & nummos cudunt auro Gallicon non Imperatoris, ut fieri so... sed sua impressos effigie. M... quidem argenteam...

arbitratu suo cudere consuevit, ... ream vero neque ipsi neque... piam Barbarorum Regi qua... auri Domino, proprio vultu... re licet, quippe ejusmodi... commercio vel ipsorum Barba... rum excluditur. Ibi Franci... vel ita cesserat. Jam Gothi... tila bello superioribus, Franci... ximam agri Veneti partem... parunt nullo negotio, cum... Romani illos arcere nec Go... utrisque arma inferre possent... pædes qui olim urbem Sir... Daciamque omnem obti... ut primum. Justinianus Au... ditioni Gothicæ regionem... eripuit, agentes ibi Ro... duxerunt in servitutem &... nepter progressi, vim vastitat... Imperio Romano attuler... *Goth. lib.*

» les Gaules entieres qui étoient de sa dependance, à
» ces derniers. Non-seulement les Romains ne se trou-
» verent point alors en état de traverser cette cession,
» mais il fallut encore que Justinien, qui ne vouloit pas
» donner aux Francs aucun sujet de lui déclarer la guer-
» re, confirmât par un acte autentique la cession dont je
» viens de parler. Les Francs exigeoient cette confir-
» mation, persuadés qu'ils étoient, que les Gaules ne
» pouvoient devenir la possession permanente de leur
» Nation, que par le moyen d'un Diplome de l'Em-
» pereur expédié en bonne forme. En effet, dès que
» les Rois Francs l'eurent obtenu, ils furent reconnus
» pour Souverains dans Marseille, qui est une Colonie
» de nos Phocéens, ainsi que dans les Cités adjacentes,
» & par-là ils devinrent encore les maîtres de la mer des
» Gaules. Aussi ces Princes ont-ils donné depuis dans
» Arles des jeux à la Troyenne, & ont-ils même fait
» frapper avec l'or qui se tire des mines de cette gran-
» de Province, des monnoyes où ils ont mis leur effi-
» gie, au lieu d'y mettre, comme il se pratiquoit aupa-
» ravant, celle de l'Empereur. On sçait bien que le
» Roi des Perses, quoiqu'il puisse faire fabriquer des
» especes d'argent à son coin, ne peut pas non plus que
» les autres Rois Barbares, mettre sa tête & son nom
» sur les especes d'or qu'ils font frapper, quand bien
» même on fouilleroit dans leur pais des mines de ce
» metail. Du moins s'ils le faisoient, ces especes n'au-
» roient aucun cours, même parmi les Barbares. Voi-
» la les avantages que tirerent les Francs de la situa-
» tion où se trouvoit Justinien pour s'être engagé dans
» la guerre Gothique. Cependant dès que les Ostro-
» gots eurent sous le regne de Totila repris quelque

Tome III.   Bb

» fupériorité fur les Romains, les Francs firent.
» nouveau la guerre aux Romains, & ils s'emparerent,
» fans beaucoup de peine, d'une partie confidérable,
» du païs des Vénétes. J'interromprai ici pour un moment la narration de Procope, afin de faire fouvenir
le Lecteur de ce qu'il a vû dans le Chapitre précédent :
Que Juftinien avoit fait demander par Léontius fon Ambaffadeur auprès de Théodebald fils de Théodebert,
la reftitution d'un canton de l'Italie que Théodebert
avoit occupé contre la teneur des traités faits entre les
Francs d'une part & les Romains d'Orient de l'autre.
Suivant les apparences ce canton que Juftinien fit rede-
mander aux Francs fous le regne de Théodebald, étoit
le païs des Vénétes, dont ils s'étoient emparés fous le regne de Théodebert, & à la faveur du défordre où les
fuccès de Totila mettoient les affaires des Romains
d'Orient. Procope reprend la parole. » Les Romains
» n'étoient point en fituation de fe défendre quand
» cette invafion fut faite, & les Oftrogots qui parta-
» geoient alors avec eux l'Italie, ne pouvoient point
» faire face à la fois à deux ennemis. Dans le même tems
» les Gépides à qui Juftinien avoit donné des quartiers
» auprès de Sirmich & dans toute la Dace dès qu'il en
» avoit eu chaffé les Oftrogots, s'érigerent en tyrans
» dans ces contrées. Ils y réduifirent en fervitude les
» Romains qui les habitoient, & ils coururent enfuite
» & faccagerent les Provinces voifines.

On concevra facilement que les fucceffeurs de Clovis avoient un grand interêt à exiger de Juftinien
ratifiât & qu'il validât, en la confirmant, la ceffion
les Oftrogots leur avoient faite
parce qu'elle n'étoit

contrée. Procope rapporte qu'un Ambassadeur des
Gépides, à qui Justinien avoit, comme on vient de
dire, donné des quartiers auprès de Sirmich, & qui
avoient abusé de cette concession, dit dans son audience à cet Empereur : Qu'il se flate que quelques au-
trées occupées par sa Nation sur le territoire Romain,
ne seront pas un sujet de guerre sous le regne d'un
Prince qui sent si bien qu'il a plus besoin d'amis que
de terres, qu'il vient de céder aux Francs, & à d'autres peuples des Provinces entieres.

Avant que de perdre de vûë le passage de Procope,
dans lequel la cession des Gaules aux Francs est rapportée, il est à propos de réflechir sur quelques détails
qu'il contient, & de dire pourquoi cet Historien affecte de les écrire. Dès qu'on est au fait des coutumes
& des usages des Romains, on n'est pas surpris que
Procope observe que les Princes Francs voulurent aussi-
tôt qu'ils eurent été reconnus Souverains des Gaules, donner dans Arles des jeux à la Troyenne. En
effet, ces jeux qui ressembloient en plusieurs choses
nos Carouzels, avoient été inventés par les Troyens
(a) de qui les Romains se faisoient honneur de descendre, & ce spectacle leur étoit d'autant plus agréable, qu'il étoit en quelque maniere une preuve de leur
origine : C'étoit celui des jeux du Cirque à qui cette
Nation si éprise des spectacles, étoit la plus atta...

(a) Hunc morem, hos cursus atque
   hæc certamina primus
Ascanius longam muris cum cin-
   geret Albam
Rettulit, & priscos docuit celebra-
   re Latinos;
Quo puer ipse modo secum
   Troja pubes

Albani docuere suos, hic
   porro
Accepit Roma & patrium
   honorem,
Trojaque...

née. Dans les autres; c'étoient ordinairement des efclaves, ou tout au plus des perfonnes à gages qui divertif-
foient le peuple, au lieu que dans les jeux à la Troyén-
ne, (a) c'étoient les enfans des meilleures maifons,
qui pour ainfi dire, donnoient eux-mêmes cette fête
domeftique. Ainfi nos Rois, en préfidant à ce fpectacle
dans Arles qui, fous les derniers Empereurs, avoir été
comme la Capitale des Gaules, donnoient à connoître
qu'ils étoient revêtus de tous les droits des Céfars fur
cette grande Province de la Monarchie Romaine.

Notre feconde obfervation roulera fur ce qu'écrit
Procope, que les Rois Francs ne commencerent qu'a-
près cette ceffion à faire fabriquer des efpeces d'or à
leur coin. Nous remarquerons pour confirmer ce qu'a-
vance Procope, que comme il a été obfervé déja, nous
n'avons aucunes médailles d'or des prédeceffeurs de
Clovis premier, & qu'il eft très-incertain que les monnoyes d'or qu'on voudroit lui attribuer, ainfi que celles qu'on veut attribuer à Thierri fon fils ; portent
la tête, & qu'elles appartiennent à ces Princes morts
avant que Juftinien eût cédé la pleine fouveraineté des
Gaules aux Francs; mais que nous avons plufieurs monnoyes d'or qui portent le nom & la tête de Théodebert,
de Childebert & des autres Princes qui regnoient quand
cette ceffion fut faite, ou qui ont regné depuis. Je
croi donc conformément au récit de Procope, que
tous les Princes qui avoient regné fur les Francs avant
la ceffion dont il s'agit, n'avoient point fait frapper aucune efpece d'or à leur coin, c'eft-à-dire, avec leur nom

Livre 4.
chap. 17.

Le Blanc.
Tr. hift des
Monn. de
France, pag.
14. pag. 19.
& 11.

(a) Sed & Trojæ ludos edidit
frequentiffime majorum minorum-
ve puerorum dilectu, prifci deco-
tique moris exiftimans, claræ ftirpis
indolem fic clarefcere. *Sueton. in
Aug. cap. 42.*

Monfieur le Blanc croit que Procope a tort quand il écrit que les autres Rois Barbares, & même celui des Perfes n'ofoient faire frapper de la Monnoye d'or à leur coin.

» Quelque peu vraifemblable, dit cet Auteur dans » fon Traité hiftorique des Monnoyes de France, que » foit ce que Procope dit du Roi de Perfe, dont la » puiffance étoit fi redoutable aux Empereurs d'O- » rient, que Juftinien même fut obligé de lui deman- » der la paix, & de lui payer un tribut annuel, les » Sçavans n'ont pas laiffé de croire cet Hiftorien fur fa » parole... Pour moi l'avantage que Procope donne à » nos Rois au deffus de celui des Perfes, qui en écri- » vant aux Empereurs Romains, prenoit le titre de » *Grand Roi* & de *Roi des Rois*, ne fçauroit m'empêcher » d'être d'un fentiment contraire, & d'affurer que ce » qu'il dit eft un effet de la vanité Grecque, & qu'il a » voulu dans cet endroit flater les Empereurs aux dé- » pens de la vérité. Il n'en faut pas aller chercher des » preuves plus loin que dans le Cabinet de Sa Majefté, « où il y a vingt-quatre fols d'or très-fins & très-con- » fervés, qui portent le nom & l'image de plufieurs » Rois Vifigots qui ont regné en Efpagne.

Pag. 31.

Il ne me paroît point difficile de juftifier Procope fur ces deux points-là. Quant au premier, je dirai que cet Hiftorien n'entend point parler du Roi qui regnoit fur la Monarchie des Perfes, du Prince qui s'intitu- loit le *Roi des Rois* ou le *Grand Roi*, mais bien du Chef de quelque peuplade de fujets de la Monarchie des Perfes fortis de leur païs par differents motifs, & qui s'étoient enfuite établis dans quelque canton du terri- toire de l'Empire d'Orient, où ils vivoient fur le même

pied que les Barbares *Hoftes* de l'Empire d'Occident
vivo'ent fur le territoire de cet Empire avant fon renverfement arrivé fous Auguftule. Qu'il n'y eut plufieurs peuplades de fujets du Roi des Perfes, qui fuffent
alors établies fur le territoire de l'Empire d'Orient,
c'eft de quoi il n'eft pas permis de douter. (*a*) Prifcus
Rhétor Auteur. du cinquiéme fiecle dit, que de fon
tem, l'Empereur Leon reçut des Ambaffadeurs que le
Roi des Perfes lui envoyoit pour fe plaindre que fes
fujets, qui fe réfugioient fur le territoire de l'Empire
d'Orient y fuffent reçûs, & que les Romains lui débau-
chaffent même tous les jours ceux qui habitoient fur
la frontiere de fes Etats. Il paroit en lifant une des
Lettres de Sigifmond Roi des Bourguignons à l'Empereur Anaftafe, que le Chef ou le Roi particulier de
la Nation des Parthes, qui pour lors (*b*) étoit un des
peuples foûmis à la Monarchie des Perfes, traita actuellement pour fe retirer a certaines conditions fur le
territoire de l'Empire d'Orient. D'ailleurs on voit en
lifant le panégyrique de Diocletien, que dans les païs
fitués au-delà de l'Euphrate (*c*) & qui après avoir eté
long-tems une partie du Royaume des Perfes fe donnerent volontairement à cet Empereur, il étoit demeuré un nombre de Perfes, qui avoient reconnu vo-

(a) Venit & Legatio a Perfarum
Rege quæ multos e Perfide ad Romanos Eoos confugere querebatur
& Magos atque alios qui jam inde
a prifcis temporibus Romanorum
finium funt incolæ, à patriis moribus, legibus & inftitutis & antiquo
religionis cultu abduci. *Prif. Rh.
in excer. Leg. Conto. Edit. pag.* 70.
(b) Parthicus ductor propter

pacis commodum in Romanum Imperium gaudeat tranfire. *Avit Epift.*
83.

(c) Credo itidem opimam illam
fertilemque Syriam ampl. xv fuo te-
gebat Euphrates, antequam Diocle-
tiano fponte fe dederent regna Perfarum. *Mam. in Paneg. Maxi. Herc,
Ed. Cellarii pag.* 15.

lontairement

volontairement son pouvoir, à condition qu'on les laiſ-
ſât vivre ſous le gouvernement de Chefs de leur Nation, qui, conformément à l'uſage de ces temps-là,
avoient pris le titre de Roi. C'eſt ce qu'il me paroît
que ſignifie *Regna Perſarum*, dans le paſſage que je rapporte.

Ce qui acheve de prouver que Juſtinien avoit des
Perſes au nombre de ſes Sujets, c'eſt qu'il employa un
grand nombre de ſoldats & d'Officiers de cette Nation
dans la guerre contre les Oſtrogots. Procope parle en
pluſieurs endroits des Perſes qui portoient les armes
pour le ſervice de ce Prince en Italie. Il dit dans un de
ces endroits : (*a*) ›› Cabadés fils de Zamis & petit-fils de
›› Cabadés Roi de Perſe, s'étoit réfugié depuis long-
›› temps, comme je l'ai écrit, ſur le territoire de l'Em-
›› pire, pour éviter les embuches de ſon oncle Choſ-
›› roés, & il commandoit un corps compoſé de Perſes
›› transfuges. Comme on appelloit en Occident Roi
des Francs abſolument un des Rois qui regnoit ſur les
Francs, comme on y appelloit abſolument Roi des
Bourguignons un des Rois qui regnoient ſur les Bourguignons, on aura de même appellé dans l'Orient Roi
des Perſes tous les Rois qui regnoient ſur les Perſes.
Aïnſi l'on aura nommé abuſivement ſi l'on veut, Rois
des Perſes, les Chefs des Peuplades de Perſe établies
ſur le territoire de ce Partage. C'eſt de ces Chefs que
Procope aura dit, qu'ils ne pouvoient point faire battre de la monnoye d'or à leur coin.

(*a*) Perſas multos transfugas duce-
bat Cabades Zamis filius & Cabadis
Regis nepos, qui ut in
ſuperioribus rettuli, exitium
Choſroe patruo decretum
effugerat. Chanarangis opera, ſeque
ad Romanos multo ante receperat.
*Procop. de Bell. Goth. lib. quarto cap.
vig. ſexto.*

Tome III.

C c

Quant aux Rois des Vifigots, les vingt-quatre médailles d'or de ces Princes, lesquelles M. le Blanc cite, & dont même il rapporte l'estampe, ne prouvent en aucune façon que dans le temps où les Rois Francs, suivant mon opinion, ne faisoient point battre encore de la monnoye d'or à leur coin, les Rois Vifigots en fissent frapper au leur. La plus ancienne de ces vingt-quatre médailles d'or est du Roi Liuva, qui commença son regne en cinq cens soixante & sept, & quand il y avoit déja près d'un siecle que les Vifigots possedoient en toute souveraineté la portion du territoire de l'Empire dont ils s'étoient rendus les maîtres. M. le Blanc pouvoit alleguer quelque chose de plus plausible contre Procope. G'auroit été de dire que long-temps avant que les Rois Francs fissent fabriquer des especes d'or avec leur nom & leur effigie, Alaric second Roi des Vifigots qui monta sur le Thrône en quatre cens quatre-vingt quatre, & qui fut tué à la bataille de Vouglé en cinq cens sept, avoit fait battre des especes d'or d'un titre plus bas que le titre en usage dans l'Empire, & qui devoient être marquées à son coin, puisque les Auteurs du temps les désignent par l'appellation d'especes Gothiques. On peut voir dans l'endroit de notre ouvrage où il est parlé des motifs qu'eut le Roi Clovis de faire la guerre contre Alaric, ce que disent concernant ces especes, les Lettres d'Avitus, & la Loi Nationale des Bourguignons. Mais cela ne prouveroit au fond rien contre Procope, qui n'a entendu parler que des Rois Barbares établis dans un territoire dont les Empereurs étoient encore reconnus souverains par les Barbares qui s'y étoient cantonnés. Or nous avons vû que dès l'année quatre cens soixante & quinze Julius

Nepos avoit cedé les Gaules à Euric le pere & le prédeceſſeur d'Alaric. Aprés cette ceſſion quelle qu'en fût la validité, les Rois des Viſigots ſe feront regardés comme pleinement ſouverains des Gaules, & ils y auront dèslors fait frapper des eſpeces d'or à leur coin, comme le pratiquerent les Rois Francs après leur ſecond Traité avec Juſtinien. Alaric, comme on l'a vû, ne s'érigea-t'il point en Legiſlateur, je ne dis pas des Viſigots, mais des Romains habitans dans ſon territoire?

Procope n'eſt pas le ſeul Hiſtorien du ſixiéme ſiecle qui parle de la ceſſion de Marſeille, une des Villes tenuës par les Rois des Oſtrogots, & qui fut faite aux premiers ſucceſſeurs de Clovis par Vitigès. Il eſt encore parlé de cette ceſſion dans l'Hiſtoire d'Agathias. Je vais rapporter l'endroit de ſon ouvrage où il en eſt fait mention, & qui d'ailleurs ſe trouve encore très-propre à donner une idée de ce qu'étoient les Francs durant le ſixiéme ſiecle, & par conſequent à diſpoſer le Lecteur à concevoir plus aiſément ce que nous allons lui dire de l'état & du gouvernement des Gaules ſous Clovis & ſous ſes premiers ſucceſſeurs.

(*a*) » Les Francs dont le territoire confine avec l'Ita-

(*a*) Sunt Franci Italis accolæ & contermini, olim dicti Germani quod ſatis quidem conſtat. Nam circa Rhenum fluvium habitant & continentem ei adjacentem; maximamque Galliarum partem occupant, non quidem jam olim ab ipſis poſſeſſam, ſed poſterius adquiſitam: Maſſiliam quidem urbem retinent Ionum Coloniam. Patria enim adminiſtratione abjecta Imperantium legibus utuntur. Videtur vero etiam hodie non admodum priſtina incolarum dignitate inferior. Sunt enim Franci non Campeſtres ut fere plerique Barbarorum, ſed & politia plerumque utuntur Romana & legibus iiſdem. Eamdem etiam contractuum & nuptiarum & divini numinis cultum tenent. Habent & Magiſtratus in urbibus & Sacerdotes. Feſta etiam perinde ac nos celebrant, & pro Barbara Natione valde mihi videntur civiles & urbani, nihiloque a nobis differre quam ſolum modo Barbarico veſtitu & linguæ proprietate. *Agath. de reb. Juſt. lib. prim.*

Cc ij

CHAPITRE VII.

De l'execution du second Traité de Justinien avec les Rois des Francs.

TOus les Romains des Cités des Gaules remiſes par les Oſtrogots aux Francs, dûrent paſſer volontiers ſous la domination de ces derniers qui étoient Catholiques. *(a)* » Tandis que ſaint Céſaire, diſent les » Auteurs de ſa Vie, faiſoit paître avec ſollicitude la » partie du troupeau de Jeſus-Chriſt, dont il étoit le » Paſteur, ſon Diocéſe eut la conſolation de paſſer » ſous la domination d'un Souverain Catholique, ſous » celle du très-glorieux Roi Childebert. Ce ne fut pas » néanmoins Céſaire qui livra le païs à un Maître or- » thodoxe, comme les Ariens l'avoient accuſé tant de » fois de l'avoir voulu faire. De ce jour-là notre ſaint » Evêque n'eut plus rien à craindre de ces Hérétiques, » & il lui fut permis de ſe rire de leurs menaces. Il ſemble néanmoins que parmi les Romains de ces Cités il y en ait eu qui par des motifs particuliers ne virent point avec joie les Francs maîtres des païs cedés par les Oſtrogots, & qui le témoignoient dans les occaſions. Nous avons encore une Lettre d'Aurelianus l'un des Succeſſeurs de Céſaire, & élû Evêque d'Arles vers cinq cens quarante-cinq, laquelle eſt écrite à Théodebert pour le reconnoître. Dans cette Lettre Aurelianus

---

(*a*) Dum ergo his velut ex offi- cio, ſacrum implet officium..... adeſt Dei nutu, non tradente ipſo ut criminabuntur Ariani, glorio- ſiſſimi Childeberti Catholicum in | Chriſti nomine regnum.... De hoc ergo homo Dei refectus & lætus deſpexit Ariomanidarum minas. *Vita Cæſarii lib. ſecundo in Sürio ad d. 27. Auguſti.*

s'excuse de n'avoir point rempli ce devoir auffi-tôt qu'il l'auroit fallu , & il y donne quelque lieu de pen- fer qu'il eût reculé lorfqu'il s'étoit agi de prêter fon ferment de fidelité. (*a*) » Quoique ce ne foit point fans » une crainte bien fondée , dit ce Prélat, que je m'ac- » quitte du devoir de vous écrire, cependant j'ai , non » pas fans fujet , la confiance que fi vous daignez avoir » égard à la droiture de mes intentions, vous ne vous » tiendrez point offenfé ni par mon filence paffé, ni » par la lettre que je vous adreffe. Quand tout le mon- » de étoit fi empreffé à faire la cour à Votre Hauteffe, » elle n'a point dû foupçonner perfonne d'indiffèren- » ce , & je ne devrois pas craindre d'être rebuté pour » être venu un peu tard. Le degré d'élevation où vous » êtes monté, rend votre perfonne précieufe même aux » hommes de la condition la plus abjecte. Elle eft de- » venue le premier objet de la véneration de ceux-là » même de fes Sujets qui ne la connoiffent pas bien » encore. Nous nous préparons donc avec ardeur à » obéir aux ordres d'un Prince debonnaire , & nous » lui rendons nos devoirs avec une parfaite foumiffion. » Recevez auffi avec bonté les premiers hommages de » vos Sujets,& renvoyez-les fatisfaits de votre clemence. Le refte de la lettre, où l'on ne trouve point certaine- ment la clarté des Ecrivains du fiecle d'Augufte, eft rem- pli ou des mêmes fentimens rendus par d'autres tours ou des enfeignemens qu'un Evêque d'Arles fe croyoit en droit de donner , écrits dans le ftile du fixiéme fiecle.

(*a*) *Domino inclito & ubique glorieffi-* *fimo atque in Chrifto piiffimo Domino &* *filio Theodeberto Regi, Aurelianus Epif-* *copus.* Licet tam fera Scriptorum of- ficia juftiffima trepidatio compe- tur .. Novis namque nunc ftudiis in obfequia religiofiffimi Principis in- formamus , &c. *Greg. Tur. Hift.* *pag.* 1335.

En conféquence du Traité dont nous venons de parler, Juftinien s'abftint de nommer des Préfets du Prétoire des Gaules, quoiqu'il fe portât en Italie, comme étant aux droits des Empereurs d'Occident. Le Pere la Carri croit que Martias qui commandoit les (a) troupes dans la Province des Gaules tenuë par les Oftrogots, lorfqu'ils la remirent aux Francs en cinq cens trente-fept, ait été le dernier de ces Préfets. Mais fuivant mon fentiment, cet Auteur fe trompe, & Martias n'a point été Préfet du Prétoire des Gaules. Aucun Auteur ne lui donne cette qualité : d'ailleurs Théodoric Roi des Oftrogots & fes fuccefleurs gouvernoient les Provinces de l'Empire lefquelles ils occupoient ainfi que les derniers Empereurs les avoient gouvernées, c'eft-à-dire, fuivant la forme d'adminiftration introduite par l'Empereur Conftantin le Grand; ainfi Martias qui felon Procope exerçoit le pouvoir militaire dans cette Province, ne devoit point y exercer en même tems le pouvoir civil, & par conféquent y être Préfet du Prétoire. Enfin, fuivant Procope, les Oftrogots fe vantoient qu'aucune perfonne de leur nation n'étoit entrée dans les Emplois civils, & qu'ils les avoient laifTés tous aux Romains. Nous avons rapporté le paffage où Procope le dit, quand nous avons parlé de la maniere dont Théodoric le Grand s'étoit conduit en Italie, après qu'il s'en fut rendu le maître, (b) & le même Hiftorien écrit que notre Martias étoit Oftrogot de naiffance.

(a) Martias ultimus Præfectus anno quingentefimo trigefimo fexto. Notitiam hujus Præfecti Prætorio Galliarum omnium ultimi, acceptam referimus Procopio referenti Martiam adminiftrafle Gallias cum reliquæ a Vitige Rege in Italia Gotho, Francis traditæ funt anno 536. La Carri Hift. Gall. fub Præf. Præ. pag. 186.

(b) Interea Gothorum non pauci numero & viri quidam fortiffimi quos Martias Gothus ductaret. Procop. Bell. Goth. lib. primo.

Le second Traité que les Rois Francs avoïet
avec Justinien ne fut point plus durable que le pre
Qui viola ce second Traité? Fût-ce le Franc? Fut
Romain d'Orient? Comment le dire? Comment
le décider, quand nous ne pouvons entendre qu
des Parties, & quand nous ne sommes informés
qui se passoit pour lors en Italie, que par deux ■
sujets de l'Empereur d'Orient, Procope & Agar
Est-il facile même aujourd'hui que les Souverain
trent pas en guerre les uns contre les autres, san
chaque parti publie son Manifeste, & je ne sçai cor
d'autres écrits, pour montrer que ce n'est point
a manqué le premier à l'observation des Tra
sistants, de juger quel parti est véritablement l
seur. Je me contenterai donc de dire que peu d'
après le second Traité conclu entre l'Empereur
nien & les Rois Francs, Théodebert envoya en
une armée commandée par Buccellinus qui avoit
d'agir contre les Romains d'Orient, ce qu'il ne m
point d'executer. Ce fut alors que les Francs fire
Italie la seconde des expéditions que nous avon
remarqué qu'ils y avoient faites sous le regne de
debert. Après la mort de ce Prince son fils Théod
y fit encore la guerre contre les Romains d'Orient
comme ces expeditions dans lesquelles les Fran
conquirent rien qui leur demeurât, ne font poïr
partie de l'histoire que j'écris présentement, je n'e
lerai point. Je vais donc finir par deux observatic
    La premiere sera que les Traités qui furent fai
tre nos Rois & les Empereurs d'Orient, poster
ment aux expeditions de Théodebert & de Th
bald en Italie, ayant rétabli la paix entre les deux

fances , & remis en vigueur les articles effentiels du fecond Traité des enfans de Clovis avec Juftinien, les Romains de Conftantinople ne fe porterent plus pour Seigneurs fuzerains des Gaules, & qu'ils cefferent d'y exercer tous actes de Souveraineté. Du moins s'ils tenterent
d'en exercer, ce fut fecretement, & ils défavouerent eux-
mèmes leur entreprife dès qu'on s'en plaignit , ainfi que
d'une infraction des Traitez. *(a)* » Le Roi Gontran fils
» de Clotaire premier & petit-fils de Clovis , envoya la
» vingt-feptiéme année de fon regne, dit Fredegaire ,
» le Comte Syagrius en Ambaffade à Conftantinople.
» Syagrius y fut créé Patrice par une prévarication de
» l'Empereur Maurice ; mais la trafme ayant été dé-
» couverte, elle demeura fans effet. « C'eft-à-dire , que
Maurice revoqua le Diplome en vertu duquel Syagrius
devoit fe faire reconnoître dans les Gaules pour un Officier de l'Empire, ou que ce Romain n'ofa le publier ni tenter de s'en prévaloir. Il eft vrai que bien que
nos Rois fuffent indépendans à tous égards des Empé-
reurs Romains dès l'année cinq cens quarante, ils ne
prirent néanmoins eux-mêmes le titre d'Empereur que
cent cinquante ans après. (*b*) Eghinard ayant dit que
Charlemagne avoit pris les titres d'Augufte & d'Empereur, il ajoûte: » Ce grand Prince vit fans s'émouvoir

---

(*a*) Anno vigefimo feptimo Regis
Guntchramni, Syagrius Comes Con-
ftantinopolim juffu. Guntchramni
in Legatione pergit , ibique fraude
Patritius ordinatur. Cœpta quidem
eft fraus , fed non proceffit. *Fredeg.
Chr. ad ann.* 587. *cap. fexto.*
(*b*) Quo tempore Imperatoris &
Augufti nomen accepit.... Invidiam
fufcepti nominis Conftantinopoli-

tanis Imperatoribus fuper hoc indi-
gnantibus magna tulit patientia, vi-
citque eorum contumaciam magna-
nimitate qua eis procul dubio longe præftantior erat, mittendo ad eos
crebras Legationes , & in Epiftolis
fratres eos appellans. *Egh. de vita
Caroli Magni , cap.* 24. *pag.* 113.
Edit. Schminkii.

» que les Empereurs de Constantinople fissent beau-
» coup de bruit des nouvelles qualités qu'ils se don-
» noit. Il vint même à bout de la répugnance qu'ils
» avoient à les lui donner, & il la surmonta en leur
» envoyant de fréquentes Ambassades, & en leur écri-
» vant des lettres où il les traitoit toujours de freres.
Jusques à Charlemagne on n'avoit donné à nos Rois
d'autre titre, comme nous l'allons dire, que celui de
Roy des Francs simplement, ou tout au plus de Roi des
Francs & Prince des Romains.

Ma seconde observation sera, que le Royaume de
France, que la Monarchie dont le Fondateur a placé le
Thrône dans Paris, a sur les contrées de sa dépendance
non seulement le droit que les autres Monarchies qui
composent aujourd'hui la societé des Nations, ont sur
les contrées de leur obéissance, je veux dire le droit
acquis par la soumission des anciens habitans, & par la
prescription; mais que cette Monarchie a encore sur
les contrées de sa dépendance, un droit que les autres
Monarchies n'ont pas sur les contrées de leur domination. Ce droit sur les Provinces de son obéissance, qui
est particulier à la Monarchie Françoise, est la cession
authentique qui lui a été faite de ces Provinces par
l'Empire Romain, qui depuis près de six siecles les possedoit à titre de conquête. Elles ont été cédées à la
Monarchie Françoise par un des successeurs de Jules
César & d'Auguste, par un des successeurs de Tibere
que Jesus-Christ lui-même reconnut pour Souverain
légitime de la Judée, sur laquelle cependant cet Empereur n'avoit pas d'autres droits que ceux qu'il avoit sur
les Gaules & sur une portion de la Germanie. Ainsi la
Monarchie Françoise est de tous les Etats subsistans

ſeul qui puiſſe ſe vanter de tenir ſes droits immédiatement de l'ancien Empire Romain. Perſonne n'ignore
que l'Empire moderne ou l'Empire *Romano-Germani-*
que, comme le nomment ſes Juriſconſultes, n'eſt point,
& même qu'il ne prétend en aucune maniere ètre la
même Monarchie que l'Empire Romain, fondé en premier lieu par Romulus. Les Chefs de l'Empire d'Allemagne ne ſe donnent point pour ſucceſſeurs des Céſars
ni pour héritiers des droits d'Auguſte & de Théodoſe
le Grand. L'erreur ſeroit puerile.

Tous les Sçavans connoiſſent le Traité *Des limites*
de l'Empire d'Allemagne, qu'Hermannus Conringius,
un de ſes plus célebres Juriſconſultes, publia en mil
ſix cent cinquante-quatre, & qui depuis a été réimprimé pluſieurs fois. Conringius dit dans cet Ouvrage,
qui eſt regardé avec une grande déférence par les
Compatriotes de l'Auteur. (*a*) » Il eſt évident par tout
» ce qui vient d'être expoſé, que les droits de l'Em-
» pire Germanique ſur les Provinces renfermées dans
» ſes limites, ne lui viennent point de l'Empire Ro-
» main, dont les droits ſont proſcrits depuis long-
» tems. C'eſt d'une autre ſource qu'émanent les droits
» de l'Empire Germanique, & c'eſt à cette ſource
» qu'il faut remonter pour trouver leur origine. M. Pufendorf ſi connu dans la République des Lettres par
ſon *Traité du Droit de la Nature* & *des Gens*, & par ſes
Hiſtoires, écrit la même choſe que ſon Compatriote. On
lit dans l'*Etat de l'Empire d'Allemagne* que M. Puſendorf

(*a*) Ex hiſce vero ſatis ubique apparet originem atque jura omnium
Germanici Imperii Provinciarum,
non ex illis dudum exoletis veteris
Imperii Romani Juribus, ſed aliunde
profluere, adeoque ex aliis longe
fontibus etiam negotii hujus univerſi notitiam petendam eſſe. *Conringius*
de finibus Imperii, lib. pr. cap. pr. par.
tertia.

fitimprimer d'abord fous le nom fuppofé de *Severinus de Mozambano Veronenfis*, & qui depuis a été réimprimé plufieurs fois fous le nom véritable de fon Auteur; » Ce feroit (*a*) commettre une faute d'écolier, que » d'imaginer que l'Empire d'Allemagne fût aux droits » de l'Empire des Céfars, & que la Monarchie Germa-» nique ne foit qu'une continuation de la Monarchie » Romaine. « M. Vander Muelen d'Utrecht, le même qui nous a donné un long & docte Commentaire fur le Livre du *Droit de la Guerre & de la Paix* par Grotius, prouve fort au long cette verité dans fon Traité *De ortu & interitu Imperii Romani*. Elle eft enfin reconnuë par les Auteurs fans nombre qui ont écrit fur le Droit Public d'Allemagne. En effet, comme l'obferve Pufendorf, il s'eft écoulé trop de fiècles entre le renverfement de l'Empire Romain en Occident, & l'érection de l'Empire Romano-Germanique en forme d'une Monarchie particuliere, pour penfer que la feconde de ces Monarchies foit la continuation de la premiere. C'eft Charlemagne que les Empereurs modernes regardent comme le Fondateur de l'Etat dont ils font les Chefs.

(*a*) Ex quibus apparet puerilem valde errare errorem qui credunt regnum Germanorum in antiqui illius Romani Imperii vicem fubiiffe & hoc in illo continuari, cum illud Imperium cujus fedes Roma erat, dudum fuerit deftitutum, antequam Germania inftar regni haberi cœpiffet. *Sam. Pufend. de ftatu Imp. Germ. cap. pr. par.* 14.

LIVRE SIXIEME.

CHAPITRE PREMIER.

Idée générale de l'Etat des Gaules, durant le sixiéme siecle, & les trois siecles suivans. Que les differentes Nations qui pour lors habitoient dans les Gaules, n'y étoient pas confonduës. Ce qu'il faut entendre par Lex Mundana, *ou la* Loy du Monde.

AVant que de continuer l'Histoire de la Monarchie Françoise, il est nécessaire d'exposer aux Lecteurs, du moins autant qu'il est possible de le faire , quelle fut la forme de sa premiere constitution.

En premier lieu , bien que les Monarchies naissantes prennent ordinairement une forme d'Etat qui est simple & facile à concevoir, il est arrivé néanmoins que la Monarchie Françoise a eu dès le tems de son origine , une forme d'Etat très-composée & même assez bizarre. Sa premiere conformation a été monstrueuse en quelque maniere. La forme de la constitution de l'Empire d'Allemagne, & la forme de la constitution des Provinces-Unies des Pays-Bas, ne sont pas plus difficiles à comprendre , que l'est celle de la premiere constitution de la Monarchie que les Francs fonderent dans les Gaules, au milieu du cinquiéme siecle.

En second lieu ; aucun Auteur de ceux qui ont écrit dans les tems où cette premiere forme de Gouvernement

Tome III.   H h

subsistoit encore, c'est-à-dire, sous nos Rois des deux premieres Races, n'a songé à nous l'expliquer méthodiquement. Lorsqu'il arrive à ces Auteurs d'en parler, c'est toûjours par occasion. Aucun d'eux n'a entrepris de nous donner dans un écrit fait exprès le plan de la constitution de la Monarchie, comme le Chevalier Temple nous a donné le plan de la constitution de la République de Hollande, & comme tant d'Ecrivains nous ont donné celui de la constitution de l'Empire d'Allemagne.

Il faut donc pour se former une idée de ce plan, faire exprès un travail particulier. Il faut après avoir ramassé ce qu'on trouve dans ces Auteurs, concernant la constitution du Royaume des Francs, l'éclaircir autant qu'il est possible, par ce qu'on trouve sur le même sujet dans les monumens litteraires des tems postérieurs, & arranger ensuite tous ces matériaux, suivant l'ordre dans lequel les Ecrivains modernes qui donnent l'Etat présent d'une Monarchie ou d'une République arrangent les leurs. Ainsi un plan méthodique, des la premiere conformation du Royaume des Francs, est aussi nécessaire à la tête de son Histoire, que le peut être une Carte Géographique à la tête de la Relation d'un voyage fait dans des pays nouvellement découverts. En effet, on lit sans fruit & même sans beaucoup de plaisir, les Annales d'un Etat quand on ne connoît point la forme de son Gouvernement; comment juger alors du merveilleux & de l'importance des évenemens? Comment rendre justice à ceux qui en ont été les mobiles? Et d'un autre côté, comment ne s'ennuyer pas bientôt dans une lecture qui laisse l'esprit dans l'inaction, & qui n'exerce pas le jugement? D'ailleurs, comme nous l'avons déja dit dans notre Préface, l'intelligence du Droit public en usage sous nos Rois de la premiere Race, dépend en grande partie de la connoissance de la premiere constitution de la Monarchie. Tâchons donc de bien développer la forme si compliquée de cette premiere constitution.

Il paroît, en lisant les Auteurs du cinquiéme & du sixiéme siecle, que généralement parlant, la division des Gaules en dix-sept Provinces, laquelle sous les derniers Empereurs Romains, avoit lieu dans l'ordre politique & dans l'ordre Ecclesiastique, cessa dès la fin du regne de Clovis d'avoir lieu dans l'ordre Politique, quoiqu'elle continuât d'avoir toûjours lieu dans l'ordre Ecclésiastique. Chacun des Evêques des dix-sept Capitales de ces Provinces, ou pour parler le langage des siecles suivans, chacun des dix-sept Archevêques conserva bien le pouvoir qui lui appartenoit sur tous les Evêchés qui avoient été suffragans de sa Métropole, aux tems où les Empereurs regnoient encore sur les Gaules, mais les dix-sept Provinces cesserent de composer chacune une espece de corps politique distinct & renfermé dans des bornes certaines. Cette confusion des anciennes Provinces fut apparemment l'effet du partage des enfans de Clovis, dans lequel, comme je l'ai dit, la même Province des Gaules fut divisée entre plusieurs Rois. D'ailleurs les nouveaux Rois établirent leur Thrône particulier & leurs Conseils, non point dans des Villes Métropoles, mais dans de simples Cités. Thierri établit à Metz le siege de sa domination, c'est-à-dire, le siege de son Sénat ou de son Conseil. Clodomire établit son Thrône à Orleans, Childebert à Paris, & Clotaire à Soissons. Une Ville qui est devenue la Capitale d'un Royaume & le séjour du Conseil du Souverain, a bientôt acquis par le séjour du Prince & de son Sénat, une espece de supériorité & d'Empire sur les au-

tres Villes de cet Etat. Il sera donc arrivé que certaines
Cités qui appartenoient au même Roi, auront, de quelque Province qu'elles fussent, & quelque rang qu'elles
tinssent auparavant, regardé la Ville, où leur Souverain
faisoit son séjour ordinaire, comme leur véritable Capitale, & l'ordre ancien aura du moins à cet égard, été pleinement interverti. Non-seulement Orleans & Paris ne seront plus regardé Sens comme leur Capitale dans l'ordre
civil, mais elles-mêmes; elles auront été regardées comme Villes Capitales, l'une par les sujets de Clodomire,
& l'autre par tous les Francs en général & par les sujets
de Childebert en particulier. Metz aura cessé d'avoir recours à Tréves comme à sa Métropole dans l'ordre politique, & Soissons à Reims comme à la sienne. Au contraire, Metz sera devenu la Capitale du Partage de Thierri, & Soissons la Capitale du Partage de Clotaire. Il semble néanmoins que les deux Aquitaines ayent conservé
long-tems leur forme de Province. Nous parlerons un
jour des nouvelles divisions des Gaules, qui s'introduisi-
rent dans la suite, & qui dans l'ordre civil, furent substi-
tuées à la division en usage sous les derniers Empereurs.

　　Quant à la subdivision des Gaules, suivant laquelle les
Gaules étoient partagées en plusieurs Cités, elle continua
d'avoir lieu dans l'ordre civil, aussi bien que dans l'ordre
Ecclésiastique.

　　Chaque Cité subsista en forme de corps Politique, &
elle continua d'être divisée en Cantons, ainsi qu'elle l'é-
toit avant que les Francs fussent les Maîtres des Gaules.
C'est de quoi nous parlerons plus au long, en expliquant
quel étoit sous nos premiers Rois le Gouvernement civil
dans chaque Cité. Mais avant que d'entrer dans cette
discussion, il convient d'exposer quel étoit le peuple dont

les Gaules étoient alors habitées, & quel y étoit la condition des sujets, Point d'une si grande importance dans le Droit public des Etats.

Le peuple des Gaules, ainsi que celui de l'Espagne, de l'Italie & des autres Provinces de l'Empire Romain, dont les Barbares venoient de se rendre maîtres, étoit bien different de ce qu'il est aujourd'hui. Aujourd'hui tous les Habitans de la France qui sont nés dans le Royaume, sont réputés être de la même Nation. Ils sont tous François, mais dans le sixiéme siecle & dans les siecles suivans, les Gaules étoient habitées par des Nations differentes, qui étoient mêlées ensemble, sans être pour cela confonduës. Ces Nations, bien qu'elles cohabitassent dans le même pays, sont demeurées pendant plusieurs générations, des Nations distinctes & differentes les unes des autres par les mœurs, par les habits, par la langue, & ce qui est de plus essentiel, par la Loy, suivant laquelle elles vivoient. Durant plusieurs générations, & même jusques aux derniers Rois de la seconde Race, les Habitans des Gaules étoient compatriotes sans être pour cela concitoyens. Ils ont été tous durant long-tems également regnicoles, sans être pour cela de la même Nation. Voici la peinture que fait Agobard, Archevêque de Lyon dans le neuviéme siecle, de la constitution de la Societé, telle qu'elle étoit de son tems dans la Monarchie Françoise, & nous avons eu déja plusieurs fois occasion de dire que la face du Royaume a été la même sous les Rois Mérovingiens & sous les Rois Carlovingiens. Agobard dit donc dans un Mémoire qu'il présenta à Louis le Débonnaire, pour l'engager à abreger la Loi des Bourguignons. „ (a) Je laisse à votre bonté à

(a) Cupio per pietatem vestram nosse si non huic tantæ divinæ ope-

„ juger ſi la Religion & ſi la Juſtice n'ont pas beaucoup à
„ ſouffrir de cette diverſité de Loix qui eſt ſi grande,
„ qu'il eſt commun de voir dans le même Pays, dans la
„ même Cité, que dis-je, dans la même maiſon, des
„ perſonnes qui vivent ſuivant des Loix differentes. Il
„ arrive ſouvent que de cinq perſonnes qui converſent
„ ou qui ſe promenent enſemble, il n'y en a point deux
„ qui vivent ſuivant la même Loy temporelle, quoi-
„ qu'elles ſoient toutes de la même Religion, la Chré-
„ tienne.

Aujourd'hui c'eſt le lieu de la naiſſance qui décide de
quelle Nation eſt un homme. Tout homme qui eſt né d'un
pere habitué en France, eſt réputé François de quelque
contrée que ce ſoit que ſon pere ſoit originaire. Dans le
cinquiéme ſiecle & dans les ſiecles ſuivans, c'étoit la filiation & non pas le lieu de la naiſſance qui décidoit, de
quelle Nation on devoit être. En quelque Province des
Gaules, par exemple, que fût né un Bourguignon, il
étoit toûjours reputé Bourguignon. Les deſcendans de
ce fils étoient encore de même Nation que lui, en quelque lieu du Royaume que ce fût que le pere eût été domicilié. Il en étoit de même en général des Habitans de
l'Eſpagne & de ceux de l'Italie.

Ainſi le mot de Peuple ne ſignifioit point dans les Gaules, durant les ſiecles dont je parle, la même choſe que
le mot de Nation, & je ſupplie le Lecteur de ſe ſouvenir
de l'acception qu'avoient alors ces deux mots, qui dans

rationis unitati aliquid obſiſtat tanta diverſitas Legum, quanta non ſolum in ſingulis regionibus aut civitatibus, ſed etiam in multis domibus habetur. Nam plerumque contingit ut ſimul ſint aut ſedeant quinque homines & nullus eorum communem Legem cum altero habeat exterius In rebus tranſitoriis, cum interius in rebus perennibus una Chriſti Lege teneantur. *Aug. ad Leg. Gen. Cap. 4. Ed. Bal. pag. j. tom. med.*

le langage ordinaire, fignifient aujourd'hui la même chofe. On entendoit alors par Nation, une Societé compofée d'un certain nombre de citoyens, & qui avoit fes
mœurs, fes ufages, & même fa Loy particuliere. On
entendoit au contraire, par le mot de Peuple, l'affemblage de toutes les differentes Nations qui habitoient fur le
territoire d'une même Monarchie. On comprenoit fous
le nom de Peuple, tous les fujets du Prince qui la gouvernoit, de quelque Societé qu'ils fuffent. Ce que je dirai dans la fuite, fervira de preuve fuffifante à ce que je
viens d'avancer. Néanmoins je ne laifferai pas de citer ici
un paffage de la Loy des Bourguignons qui le dit bien pofitivement. On (a) lit dans le code de cette Loi, publié
par Gondebaud, dont les fujets ainfi que ceux de Clovis,
étoient de differentes Nations : ,, Si quelqu'un tue un
,, homme libre de notre Peuple, de quelque Nation que
,, foit celui qui aura été tué, fon meurtrier ne fera point
,, reçû à faire aucune compofition, & il fera mis à
,, mort.

Comme chacune des Nations qui habitoient dans les
Gaules durant le fixiéme fiecle & les fiecles fuivans, formoit une focieté politique complette, on voit bien qu'il
falloit que fuivant les ufages, chaque Nation fut divifée
en hommes libres & en efclaves. Ainfi lorfqu'un homme
libre devenoit efclave, ce qui arrivoit pour lors affez
fouvent, il devenoit efclave de la Nation dont étoit
ou fon créancier ou celui qui l'avoit fait prifonnier de
guerre. D'un autre côté, fuivant le Droit commun, l'ef-

(a) Si quis hominem ingenuum ex Populo noftro cujuflibet Natio-nis, aut fervam Regis Natione dun-taxat Barbarum, occidere damnabili aufu aut temeritate præfumpferit, non aliter admiffum crimen quam fanguinis fui effufione componat. Leg. Burg. Titulo fecundo.

clave affranchi étoit reputé être de la Nation dont étoit
le Maître qui lui avoit donné la liberté. Toutes les Nations avoient adopté la Loy du Digeste, qui ordonnoit que
la posterité des affranchis seroit reputée être originaire du
même lieu, & descendre de la même Tribu (*a*) dont étoit
le Maître qui les avoit affranchis.

Si les Loix Romaines vouloient que les esclaves, qui
avoient été mis en liberté avec de certaines formalités,
fussent citoyens Romains, les Barbares regardoient aussi
comme un citoyen de leur Nation, l'esclave qu'un citoyen de leur Nation avoit affranchi. Nous avons encore
un Rescript de Theodoric Roi d'Italie, par lequel ce
Prince enjoint à un de ses Officiers, qui vouloit soûmettre
deux esclaves affranchis par des Ostrogots, à des corvées
que les personnes libres ne devoient pas, (*b*) de ne point
les exiger de ces affranchis-là, parce qu'ils devoient être
regardés comme étant en possession de l'Etat d'Ostrogots.

L'exception que la Loy des Ripuaires apporte à cet
usage général, suffiroit seule pour montrer qu'il étoit en
vigueur dans le tems qu'elle fut redigée. Elle permet au
citoyen Ripuaire d'affranchir son esclave, de maniere
qu'il devienne simplement citoyen Romain, ou de maniere qu'il devint un citoyen de la Nation des Ripuaires.
Le titre de cette Loy porte : *Des esclaves affranchis sui-*
vant la Loy Romaine ; & voici sa sanction : Si quelqu'un a
,, affranchi son esclave par un billet où il a déclaré que

(*a*) Filii libertorum libertarumque,
liberti Paterni, Patroni manumissoris
domicilium originemque sequantur.
Digest. lib. 50. *tit. pr.* §. 20.
(*b*) Costulo atque Dailo, cum Deo
propitio Gothorum libertate lætan-
tur, onera sibi servilia à vobis non
causantur injungi, quæ nec ipsi debeant perpeti. *Cass. Var. lib.* 5. *Ep.* 29.

„ quelqu'un, ou par lui-même, ou par Procureur,
„ franchi un efclave, en recevant de lui une ___
„ monnoye en préfence du Roi, fuivant l'ufage ___
„ puaires, cet efclave ne pourra en aucune ___
„ réduit à retourner en fervitude, mais il fera de ___
„ condition que les autres Ripuaires. Dans un autre
droit., cette même Loy condamne le meurtrier ___
ces efclaves affranchis, fuivant l'ufage National ___
deux cens fols d'or. C'étoit la même peine qu'___
foit au citoyen Ripuaire, qui avoit tué un autre ___
Ripuaire.

Enfin, chaque Nation faifoit fi bien une fociété ___
plette, qu'elles avoient toutes un code de Loix ___
lier, fuivant lequel elles vivoient. Les fix ou fept ___
differentes qui habitoient les Gaules, fous la ___
& même fous la feconde Race de nos Rois, avoient ___
cune leur Loy Nationale, fuivant laquelle tous ___
culiers de cette Nation-là devoient être jugés. Le ___
Salien ou le Franc abfolument dit, pourfuivi en ___
par un Romain, ne pouvoit être jugé que ___
Salique; & le Romain pourfuivi en Juftice par ___
Francs ou par un autre Barbare, ne pouvoit être ___
fuivant le droit Romain.

On trouve dans tous ces Codes que nous av___
aujourd'hui, plufieurs chofes qui montrent évi___
que chaque particulier devoit être jugé fuivant ___
tionale. On trouve par exemple dans la Loi des Ri___

---

fervitium inclinare, fed ficut reliqui
Ripuarii liber permaneat. Ibid. Titul.
quinquagefimo feptimo.

Quod fi Denarialem fervum fuum
facere voluerit, licentiam habeat &
tunc Ducentos folidos valeat. Ibid.

Tit. 62.

Si quis ingenuus ___
nuum Ripuarium inter___
tis folidis culpabilis ju___
Titulo feptimo.

,, (*a*) Tous les Habitans de la contrée des Ripuaires ſoit
,, qu'ils ſoient Francs, Bourguignons, Allemands, ou d'au-
,, cune autre Nation, ſeront cités & jugés conformément
,, à la Loi particuliere de leur Nation, & ceux qui ſeront
,, trouvés coupables ſeront condamnés à la peine infligée
,, à leur délit par leur Loi Nationale, & non point à la
,, peine prononcée dans la Loi Ripuaire contre le délit dont
,, ils ſeront trouvés coupables.

Il ſemble que cette ſanction des Loix Ripuaires, & ce
qu'on lira bien-tôt concernant le ſerment que les Princes
prêtoient à leur avenement à la Couronne, dût me diſpenſer de chercher d'autres preuves pour montrer que
chaque Citoien étoit jugé ſuivant la Loi particuliere de la
Nation dont il étoit. Je ne laiſſerai pas néanmoins de rapporter un article inſéré dans la Loi des Lombards lorſqu'ils
eurent été ſubjugués par nos Rois de la ſeconde race ; parce que ce point du Droit public en uſage dans la ſocieté
des Nations durant le ſixiéme ſiecle, & les ſiecles ſuivans,
s'y trouve expoſé très-clairement. (*b*) ,, Nous ordonnons
,, conformément à l'uſage de notre Roïaume, que lors
,, qu'un Lombard intentera une action contre un Romain,
,, on juge ſuivant les Loix Romaines les prétentions du
,, Lombard contre le Romain, que toutes les procedures

(*a*) Hoc autem conſtituimus, ut infra Pagum Ripuariorum tam Franci, Burgundiones, Alamanni, ſeu de quacunque Natione commoratus fuerit, in judicio interpellatus, ſicut Lex loci continet ubi natus fuerit, ſic reſpondeat. Quod ſi damnatus fuerit, non ſecundum Legem Ripuariorum damnum ſuſtineat. *Ibid. Titulo trigeſimo primo par. 3.*

(*b*) Sicut conſuetudo noſtra eſt, Longobardus aut Romanus, ſi evenerit, quod cauſam inter ſe habeant: obſervamus, ut Romani ſucceſſiones juxta illorum Legem habeant, ſimiliter & omnes ſcriptiones ſecundum Legem ſuam faciant: & quando jurant, juxta Legem ſuam jurent, & alii ſimiliter faciant. Et quando componunt juxta Legem ipſius cujus malum fecerit componant, & Longobardos illos convenit ſimiliter componere. *Lex Longobar. lib. 2. Tit. 56.*

,, se fassent suivant ces mêmes Loix & que le Romai
,, se les sermens qu'il conviendra d'exiger de lui, sel
,, forme prescrite par les susdites Loix. Nous ordon
,, la même chose en faveur du Lombard. Mais le Ro
,, lorsqu'il aura fait tort à un Lombard sera tenu d
,, donner satisfaction suivant la Loi du Lombard, &
,, sera de même du Lombard qui aura fait tort à un
,, main. Quelle raison particuliere ce Législateur a
il eüe de statuer sur ce dernier point, autrement q
plûpart des autres Loix Nationales? je l'ignore. Le
de cette Loi n'a-t-il pas été corrompu?

Les Princes à leur avenement à la Couronne prov
toient solemnellement dans le serment (*a*) qu'ils
toient avant leur inauguration, de se conformer à l'a
usage en faisant rendre justice à chacun de leurs suje
quelque condition qu'il pût être, conformement à la L
la Nation dont chaque sujet étoit Citoien. Il est vrai
ce serment qui contient les paroles que je viens de
porter est celui de Charles le Chauve, & que les a
sermens de même teneur que nous avons encore som
Rois de la seconde Race; mais comme nous n'avons
les sermens des Rois de la premiere Race, on doit le
poser avoir été semblables à ceux des Rois de la seco
La constitution de la Monarchie Françoise ayant é
même sous la premiere & sous la seconde Race, on pe
servir des monumens litteraires des tems, où regnoit l
conde pour éclaircir quelle étoit cette constitution so
premiere quand ces monumens ne contiennent rien

(*a*) Et Legem ut prædiximus unicuique competentem sicut antecesso-
res sui tempore antecessorum nostro-
rum habuerunt in omni dignitate &
ordine, nos adjuvante Domin
turos perdonamus. *Baluz.* Cap.
2. *pag.* 269.

foit contredit par ceux des tems où regnoit la premiere.
(*a*) Marculphe a fait fon recüeil des Formules fous les
Rois de la premiere Race. La formule des Lettres de Provifions des Ducs & des Comtes , laquelle nous rapportons ci-deffous , oblige ces Officiers à rendre juftice aux
Francs , aux Bourguignons , aux Romains comme aux
autres Nations fujettes de la Monarchie, fuivant la Loi de
chaque Nation.

Lorfque je parlerai en particulier de chacune des Nations qui habitoient les Gaules , j'entrerai dans quelque
détail concernant la Loi Nationale fuivant laquelle elle
vivoit. Ici je me contenterai de dire que le Corps de
Droit Civil fuivant lequel tout le peuple des Gaules étoit
gouverné , & qui étoit compofé du Code Theodofien,
& des Codes Nationaux des Barbares dont je viens de faire mention , s'apelloit collectivement *Lex Mundana* , ou
la Loi du Monde , par oppofition au Droit Canonique fur
lequel on fe regloit dans les affaires fpirituelles & dans
les matieres Ecclefiaftiques. Grégoire de Tours dit en
parlant de Salvius Evêque d'Albi qui avant que d'em-
braffer (*b*) l'état Ecclefiaftique avoit fervi dans les Cours
de Judicature Laïques : Qu'il avoit été vêtu long-tems
comme les perfonnes du fiecle , & qu'il avoit travaillé
avec les Juges du Monde aux Procès qui doivent être
terminés fuivant la Loi du Monde.

Il eft encore dit dans le ferment de Charles le Chauve.

(*a*) Et omnis populus ibidem com-
manentes, Tam Franci, Romani, Burgundiones , quam reliquæ Nationes
fub tuo regimine degant & moderentur & eos recto tramite fecundum Legem & confuetudinem eorum regas.

Mar. lib. pr. Form. octava.

(*b*) Diu in habitu fæculari commoratus , cum judicibus fæculi Mundia-
les caufas exercuit. *Greg. Tur. Hift.*
lib. 7. cap. prim.

„ (*a*) Nous promettons à tous nos sujets de quelq̃ c
„ qu'ils puiſſent être de faire rendre juſtice à chacun̄ c
„ ſuivant les articles des Loix Eccleſiaſtiques , & ſui
„ les articles de la Loi du Monde qui ſeront appliqũb
„ ſa cauſe. Il eſt ſi clair que ce n'eſt point la Loi Civilr̃
cune Nation particuliere qui ſous le nom de Loi du à
de , eſt oppoſée au Droit Canonique dans le ſermet
Charles le Chauve , mais bien la collection des Loix ̃
les de toutes les Nations ſoumiſes à Charles le Chã
qu'il me paroît ſurprenant que des Auteurs mode
ayent cru que par Loi du Monde il fallut entendre ſin
ment le Droit Romain.

Il eſt dit encore dans un Capitulaire de Carlomai
de Louis le Begue : (*b*) „ Le Comte enjoindra à ſõ̃
„ comte, à ſes Centeniers, & aux autres Officiers de la
„ publique auſſi bien qu'aux Citoiens habiles dans l'int
„ gence de la Loi du Monde, de prêter leur miniſtere
„ Evêques, & aux pauvres toutes les fois qu'ils en ſeron
„ quis par les uns & par les autres; " ſi la Loi du Monde
voulu dire ſeulement le Code Theodoſien, Carloman
ajouté, *& dans les autres Loix Civiles.* Il devoit être quel
tous les jours d'agir & de juger ſuivant toutes ces Lœ̃

Cette diviſion du peuple d'une Monarchie en pluſi
Nations diſtinctes ne paroît plus auſſi extraordĩ
qu'on la trouvoit d'abord , après qu'on a fait réflex
qu'encore aujourd'hui il y a , même en Europe , pluſi

(*a*) Et unicuique eorum in ſuo ordine ſecundum ſibi competentes Leges tam Eccleſiaſticas quam Mundanas
rectam rationem & juſtitiam conſer-
vabimus. *Baluz. Cap. tom. 2. p. 269.*

(*b*) Comes præcipiat ſuo Viceco-
miti ſuiſque Centenariis ac reliquis Mi-
niſtris Reipublicæ nec non Francis ho-

minibus Mundanæ Legis docum
eruditis , ut pro amore Dei om
tentis ac pace ſanctæ Eccleſiæ t
delitate noſtra ex hoc adjuvent in
tum meliùs potuerint, quotior ã
ſtri Epiſcoporum ſive etiam ipſ
peres eos appellaverint. *Ibid. p. 4*

contrées où deux Nations differentes habitent enſemble depuis pluſieurs générations, ſans être pour cela confonduës. Les deſcendans des Anglois qui s'établirent en Irlande il y a déja pluſieurs ſiecles, n'y ſont point encore confondus avec les anciens habitans de cette Iſle. Les Turcs établis dans la Grece depuis trois ſiecles, y ſont toujours une Nation differente de celle des Grecs. Les Armeniens, les Juifs, les Egiptiens, les Syriens & les autres Sujets du Grand Seigneur, ne ſont pas plus confondus avec les Turcs que le ſont les Grecs. Il y a plus ; toutes ces Nations ne ſe confondent pas enſemble dans Conſtantinople ni dans les autres lieux de l'Empire Ottoman où elles habitent peſle meſle, depuis pluſieurs ſiecles. La difference de religion qui eſt entre ces Nations contribue beaucoup, dira-t'on, à faire ſubſiſter la diſtinction dont il s'agit ; j'en tombe d'accord. Mais la prévention de nos Barbares en faveur de leur Nation, leur eſtime pour la Loi & pour les uſages de leurs peres, & d'un autre côté l'attachement des Romains à leur droit & à leurs mœurs, auront opéré dans la Chrétienté, ce qu'opere la difference de religion dans les Etats du Grand Seigneur. Si la politique des Sultans entretient avec ſoin cette difference Nationale, qui empêche que tous les ſujets d'une Province n'entreprennent rien de concert contre le gouvernement, pourquoi nos premiers Rois n'auront-ils point auſſi penſé que leur autorité ſeroit mieux affermie ſi leur peuple demeuroit diviſé en pluſieurs Nations, toujours jalouſes l'une de l'autre, que ſi ce peuple venoit à n'être plus compoſé que d'une ſeule & même Nation ?

On voit encore le Peuple d'une même contrée diviſé en pluſieurs Nations dans les colonies que les Européans ont fondées en Aſie, en Afrique ou en Amerique, & prin-

cipalement dans celles que les Castillans ont établies dans
cette derniere partie du Monde. Je dis quelque chose de
semblable, car il s'en faut beaucoup que la difference qui
étoit entre les diverses Nations qui habitoient ensemble
dans les Gaules, dans l'Italie & dans l'Espagne durant le
sixiéme & le septiéme siecles, fût aussi grande & pour
ainsi dire aussi marquée, que l'est par exemple la difference qui se trouve entre les diverses Nations dont le Mexique est habité, soit par rapport aux usages & aux inclinations, soit par rapport à la condition de chacune d'elles,
comme au traitement qu'elles reçoivent du Souverain.
Les Espagnols, les Indiens & les Negres libres dont est
composé le peuple du Mexique, sont originairement des
Nations bien plus differentes par l'exterieur & par les inclinations que ne l'étoient les habitans de la Germanie &
ceux des Gaules, lorsque les premiers Germains s'établirent dans les Gaules. D'ailleurs les Espagnols se sont
établis dans le Mexique en subjuguant les armes à la main
les anciens habitans du pays, & les Negres qui s'y trouvent, y ont été transportés comme esclaves achetés à
prix d'argent. Au contraire les Francs & les autres Germains qui s'établirent dans les Gaules, s'y établirent non
pas sur le pied de conquérans; mais sur celui d'*hostes &*
de confederés; c'est-à-dire pour y vivre suivant les conventions qu'ils avoient faites avec les anciens habitans du
pays.

CHAPITRE

CHAPITRE SECOND.

De la Royauté de Clovis & de celle de ses Successeurs. Etablissement de la Loi de Succession. Qu'un des Articles de cette Loi est contenu dans les Loix Saliques implicitement.

LE pouvoir de Clovis & celui des Rois ses successeurs consistoit en ce que ces Princes étoient non-seulement Rois des Francs, mais aussi en ce qu'ils étoient les Rois ou les chefs suprêmes de chacune des Nations dont le peuple de leur Monarchie étoit composé. Par exemple, Théodebert étoit non-seulement Roi des Francs établis dans son partage; mais il étoit encore Roi des Bourguignons, Roi des Allemands, Roi des Romains, en un mot Roi particulier de chacune des Nations établies dans ce partage. C'est ce qui fut dit à ce Prince même par Aurelianus Evêque d'Arles dans la lettre que nous avons citée à la fin de notre cinquième Livre. (*a*) „ Je ne „ parlerai point, écrit ce Prélat à Théodebert, de la gran- „ deur de votre Maison. Je ne m'amuserai point à faire „ valoir que vous gouvernez avec le même Sceptre plu- „ sieurs societés differentes, que votre Roïaume renfer- „ me diverses Nations unies sous un seul maître, & que „ d'un Thrône solidement établi vous donnez des ordres „ également respectés dans des pays éloignés les uns des „ autres; mais je ne puis me refuser de parler de vos ver-

---

(*a*) Præterea generis tui stemma fidereum; Taceo illud quod unicus sceptris, multiplex Populis, gente varius, Dominatione unitus, solidus regno, diffusus imperio. Illud tamen quod stylo rerum magnitudo suggerit non taceho. Dicam igitur quod ortum moribus transcendisti, &c. *Du Ch. tom. 1.* *pag. 857.*

Tome III.   Kk

„ tus encore plus grandes que votre élévation.

Comme nous voyons aujourd'hui que plufieurs Etats indépendans les uns des autres, n'ont tous cependant qu'un feul & même Chef politique, & qu'ils composent ainfi cette efpece d'affemblage de Souverainetés que les Jurifconfultes du Droit Public des Nations appellent un *fyftême d'Etats*. Comme nous voyons par exemple que le Roïaume de Hongrie, le Roïaume de Naples, le Duché de Brabant, & que les autres Souverainetés qui compofent le patrimoine de la Maifon d'Autriche n'ont toutes qu'un feul & même Chef politique, l'Empereur Charles fixiéme, quoiqu'elles ne foient point incorporées enfemble, & qu'elles foient même la plûpart indépendantes l'une de l'autre : De même on voyoit dans les Gaules durant le fixiéme fiecle & durant les fiecles fuivans, les différentes Nations qui les habitoient n'avoir toutes, quoiqu'elles fuffent diftinctes l'une de l'autre, qu'un feul & même Chef ou Prince qui s'intituloit fimplement fuivant l'ufage de ce tems-la, le Roi des Francs, parce que ce titre étoit le plus ancien titre dans la Maifon dont il fortoit. J'ajouterai encore que comme les Napolitains n'obéiffent point à Charles VI. parce qu'il eft Roi de Hongrie, mais parce qu'il eft Roi de Naples, de même les Romains des Gaules n'obéiffoient point à Dagobert I. par exemple, parce qu'il étoit Roi des Francs; mais parce qu'il étoit leur Chef fuprême, ou fi l'on veut, le Prince des Romains des Gaules. C'eft le titre que donne (*a*) à Dagobert un Auteur fon contemporain qui le qualifie expreffément de Roi des Francs & de Prince des Romains : Il en étoit de

(*a*) Dagobertus Rex Françorum & | & variis eventibus premeretur. *Vid.*
Romani Populi Princeps, cum multis || *Martini Vertav. Du Ch. tom.I. p.*

même des autres Nations qui habitoient les Gaules dans les tems dont nous parlons.

Comme la réunion du droit de fucceder à plufieurs Etats indépendans l'un de l'autre, laquelle fe fait fur une feule & même tête, ne les incorpore point ; comme elle ne fait, pour ufer de l'expreffion ufitée en cette occafion, que les *vincoler* en leur donnant toujours le même maître à chaque mutation de Souverain, de même la réunion du droit de regner fur plufieurs Nations faite fur la tête d'un des Rois de la premiere Race, n'incorporoit point ces Nations. Ce droit laiffoit fubfifter chacune d'elles en forme de focieté diftinéte. Par exemple, fi la loi de fucceffion obligeoit les Romains des Gaules à reconnoître pour Souverain le Prince, qui étoit appellé à la Couronne des Francs, ce n'étoit point parce qu'il étoit appellé à la Couronne des Francs, mais parce qu'il fe trouvoit en même-tems appellé à la Principauté des Romains en vertu des conventions qu'ils avoient faites avec Clovis, & en vertu des Diplomes des Empereurs.

Perfonne n'ignore que dans les Monarchies héréditaires on appelle *Loi de fucceffion*, la Loi qui regle la fucceffion à la Couronne, & qu'on y regarde avec raifon comme leur plus ferme foutien, parce qu'empêchant les interregnes, & difpenfant des élections, elle prévient les plus dangereufes conteftations qui puiffent naître dans un Etat, d'autant qu'il eft ordinaire qu'elles dégenerent en guerres civiles durables & funeftes fouvent à l'Etat même : En effet cette Loi oblige non-feulement le peuple à reconnoître pour Souverain celui des Princes de la famille regnante, que l'ordre de fucceder établi, appelle à remplir le Trône dès qu'il eft devenu vacant; mais elle oblige auffi le Prince dont le rang pour monter au Trône eft venu,

à cause de cela la Maison Roiale. On voit encore plus
diſtinctement en liſant le commencement de nos Annales, que les Couronnes des diverſes Tribus des Francs
étoient héréditaires, du moins en ligne directe, & que
les fils des Princes qui avoient été une fois élus, ſucce-
doient à leur pere ſans avoir beſoin pour cela d'une
élection perſonnelle. Ils étoient réputés avoir été compris dans la vocation de leur pere. En effet lors que Clovis propoſa aux Ripuaires de le prendre pour Roi; il
appuia ſa demande de la raiſon : Que la poſterité de Sigebert qu'ils avoient élu pour regner ſur eux étoit
éteinte. Le diſcours de Clovis à cette, Tribu ſuppoſe
qu'elle n'auroit point été en droit d'élire Clovis, s'il
fût reſté quelque deſcendant mâle de Sigebert. Quand
Grégoire de Tours fait mention de l'avenement de Clovis à la Couronne des Saliens, il ſe ſert d'expreſſions qui
donnent l'idée d'une ſucceſſion & non point d'une élection. Childéric étant mort, dit cet Hiſtorien, ſon fils
Clovis regna en ſa place. Si ces preuves ne paroiſſent
point déciſives, qu'on faſſe attention, qu'elles deviennent telles par la nouvelle force qu'elles tirent de
l'uſage obſervé dans la Monarchie depuis la mort de
Clovis, & cela d'autant plus qu'il ne ſe trouve rien dans
les monumens de notre Hiſtoire qui les contrediſe.

Lorſque Clovis réunit un an avant ſa mort à la Couronne des Saliens, les Couronnes des autres Tribus de
la Nation des Francs, ce fut des Couronnes héréditaires qu'il réunit à une Couronne héreditaire. Le nouveau
Diadême ſe trouva donc être pleinement héréditaire par
ſa nature. Il étoit compoſé d'Etats déja héréditaires avant
leur réunion.

Il eſt vrai que la Couronne de la Monarchie Fran-

çoife n'étoit pas formée uniquement des Couronnes de
toutes les Tribus des Francs. Elle étoit compofée
de ces Couronnes, & , pour ufer de cette expreffion,
de la Couronne Confulaire que l'Empereur Anaftafe avoit
mife fur la tête de Clovis , & qui rendoit ce dernier le
Chef des Romains des Gaules , non-feulement pendant
la durée de cette Magiftrature , qui comme on le fçait ,
étoit annuelle , mais pendant un tems indéfini ; car il eft
vrai-femblable , comme nous l'avons déja infinué , qu'A-
naftafe en conférant à Clovis le Confulat pour une année ,
lui avoit conféré en même-tems la Puiffance Confulaire
pour les tems pofterieurs à cette année-là. Clovis devoit
après que cette année auroit été expirée , continuer à
jouir de l'autorité Confulaire , quoiqu'il ne fût plus Conful. Dans cette fuppofition , Anaftafe n'aura fait pour
Clovis qu'une chofe , à peu près femblable à celle que
l'Empereur Arcadius avoit faite pour Eutrope , qui
après avoir été Conful en 399. & être forti de charge en
400. puifque Stilicon & Aurelianus , fe trouvent infcrits
fur les faftes de cette derniere année , conferva encore
longtems le pouvoir Confulaire. Zozime (a) dit qu'Eutrope
garda long-tems après l'expiration de fon Confulat , le
pouvoir Confulaire ; & qu'il fut enfuite revêtu de la dignité de Patrice. Si mon opinion ne juftifie point quelques Auteurs du moyen âge d'avoir fuppofé , que Clovis n'eût point été Conful , du moins elle les juftifiera ,
d'avoir écrit que Clovis avoit été Patrice. Il femble que
ce pouvoir confié à Clovis perfonnellement , ne dût point

(a) Euttopius ad fummum jam
potentiæ faftigium elatus , adeo quidem ut inter Confules defignaretur &
Confulatus appellationem diutius

retineret & Patriciorum denique dignitatem adeptus effet. Zof. lib. Hift.
5. pag. 311.

être héréditaire. J'en tombe d'accord. Mais il se peut faire que le Diplome de l'Empereur Anaſtaſe n'eût point nommé Clovis perſonnellement Conſul , & qu'attendu l'état où étoient les Gaules en cinq cens huit, il eût conferé cette dignité au Roi des Francs Saliens abſolument, & quel qu'il fût. Il ſe peut faire qu'Anaſtaſe eût uni le Pouvoir Conſulaire ſur les Gaules à la Couronne des Francs , ainſi que l'Empereur Gallien avoit uni l'adminiſtration d'une portion de l'Aſie à la Couronne des Palmireniens. Du moins eſt-on porté à croire , qu'il s'étoit fait alors quelque choſe d'approchant, quand on obſerve qu'après la mort d'Odénat Roi des Palmireniens, à qui Gallien avoit conferé ce pouvoir, Ermias Vabalatus fils d'Odénat, s'en mit en poſſeſſion , & même que Zénobie femme d'Odénat & mere de Vabalatus , l'exerça durant le bas âge de ſon fils.

Dans la ſuppoſition que nous hazardons ici, concernant le contenu au Diplome, par lequel le Conſulat fut conferé à Clovis , les enfans de ce Prince auroient eu droit de ſucceder au Pouvoir Conſulaire, parce qu'ils avoient droit de ſucceder à la Couronne de leur pere. C'eſt ainſi que les Princes qui ont droit de ſucceder à l'Electorat de Baviere, ont droit de ſucceder en même tems à la dignité de Grand Maître de l'Empire, attachée à cet Electorat. Il en eſt de même des Princes appellés aux autres Electorats, par rapport aux grandes charges de l'Empire, réunies aux bonnets de ces Principautés.

Quoi qu'il ait été ſtatué dans le Diplome de l'Empereur Anaſtaſe, la queſtion à laquelle il aura pu donner lieu, fut pleinement terminée par la ceſſion des Gaules, que Juſtinien fit aux Rois des Francs, Après la ceſſion dont je viens de parler, les Romains de cette grande Province devinrent sujets de nos Princes , & le droit de Souveraineté sur ces Romains , fut pleinement réuni à la Couronne des Francs : Il en fut de même du droit de Souveraineté sur les Bourguignons & sur les Turingiens , dès que les enfans de Clovis eurent subjugué ces Nations. Je reviens à Clovis.

Si l'on pouvoit douter que ce Prince & ses prédecesseurs eussent été des Rois héréditaires , on ne sçauroit douter du moins, que ses successeurs ne l'ayent été. Il est évident par l'Histoire , que ces Princes monterent sur le Trône par voye de succession , & non point par voye d'élection.

En premier lieu , Grégoire de Tours ne fait aucune mention d'élection dans les endroits de son ouvrage, où il parle de vingt mutations de Souverains des Francs , arrivées dans les tems dont il écrit l'Histoire ; combien de fois cependant , auroit-il eu occasion de parler des Assemblées tenues pour l'élection d'un Roi, si l'on en avoit tenu à chaque mutation de Souverain. Ces Assemblées se seroient-elles passées si tranquillement qu'elles n'eussent jamais fourni aucun de ces évenemens , tels qu'un Historien sous les yeux de qui, pour ainsi dire ils sont arrivés, ne peut les passer sous silence ? Ne sçait-on pas bien que les plus tumultueuses de toutes les Assemblées , sont celles où se rendent les citoyens d'une Nation belliqueuse pour nommer leur Roi ? Aucun des Evêques dont Grégoire de Tours écrit la vie avec tant de complaisance , n'auroit il jamais eu assez de part à quelqu'une de ces élections pour engager notre Historien à en parler. En un mot, quoique nous ne sçachions point parfaitement l'Histoire du sixiéme siecle, néanmoins nous la sçavons assez bien pour ne pas ignorer, que de tems en tems ; il s'y fit

Affemblées pour l'élection d'un Roi s'il s'en fût fait, & pour n'être pas inftruits de quelques circonftances de ces élections, fuppofé qu'elles euffent jamais eu lieu. Plus on réfléchit fur le filence de Grégoire de Tours & de tous les Auteurs fes contemporains, concernant les élections, plus on fe perfuade que ce filence fuffiroit feul pour montrer que dès l'origine de la Monarchie Françoife, fa Couronne a été héréditaire.

J'obferverai en fecond lieu, qu'un Peuple qui élit fon Souverain à chaque vacance du Trône, fe choifit ordinairement pour Maître un Prince en âge de gouverner, & non point un enfant. Les fujets ne veulent pas au fortir d'un interregne, effuyer encore une minorité. Or en faifant attention fur toutes les mutations de Souverain, arrivées dans la Monarchie Françoife durant le fixiéme fiecle, on trouve que les enfans du dernier décédé n'ont jamais été exclus de la Couronne de leur pere, parce qu'ils n'étoient point en âge de regner. En que que bas âge que fuffent ces enfans, ils ont toûjours fuccedé à leur pere. Lorfque Clovis mourut, Clodomire l'aîné de trois garçons qu'il avoit eus de la Reine Clotilde, n'avoit gueres que dix-fept ans, & l'on peut juger par-là, de l'âge de Childebert & de l'âge de Clotaire, freres puînés de Clodomire. Cependant ces trois Princes regnerent immédiatement après leur pere. Ils s'affirent fur le Trône dans un âge où les particuliers n'avoient point encore l'adminiftration de leur patrimoine. Je ne crois pas du moins qu'il y ait eu dès-lors, une Loy qui ait déclaré des hommes majeurs dès l'âge de quatorze ans, & la Loy qui déclare nos Rois majeurs dès quatorze ans commencés, & par conféquent beaucoup plutôt que ne le font leurs fujets, n'a été faite que fous la troifiéme Race. Elle eft le

fruit d'une longue expérience & de la prudence de notre
Roi Charles V. Il eſt même certain que lorſque ce
Prince publia ſa Loy, nos Rois n'étoient reputés majeurs
qu'à vingt-un ans.

Edit de 1374.

On voit par le récit que Grégoire de Tours fait du
meurtre des fils de Clodomire, & qui a été rapporté en
ſon lieu, que le troiſiéme de ces fils ne pouvoit avoir à
la mort de ſon pere que cinq ou ſix ans. Cependant,
quoiqu'ils n'adminiſtraſſent point les Etats de leur pere,
ils étoient regardés comme ſucceſſeurs de leur pere.
Leurs oncles ne crurent pas qu'il leur fût poſſible de
s'emparer des Etats de Clodomire, avant que de s'être
défait de ſes fils. (a) Ce ne fut qu'après le meurtre de
ces enfans, que Childebert & Clotaire partagerent entr'eux les Etats de Clodomire. Il paroît ſeulement en liſant dans Grégoire de Tours, la cataſtrophe des enfans
de ce Prince, qu'ils n'avoient point encore été procla-
més, & même que ce fut ſous prétexte de les inaugu-
rer, que leurs oncles les demanderent à ſainte Clotilde
qui les avoit en ſa garde. En effet, on voit par le contenu
en l'Edit de notre Roi Charles VI. où ce Prince ordonne : *Que tous ſes ſucceſſeurs Rois, en quelque petit âge qu'ils
ſoient, ſoient appellés leurs peres décédés, Rois de France, &
ſoient couronnés & ſacrés ;* que l'ancien uſage de la Monarchie n'étoit point que les ſucceſſeurs fuſſent procla-
més & inaugurés, ſuivant le cérémonial en uſage de leur
tems, avant qu'ils euſſent atteint un certain âge. Mais
cela n'empêchoit pas que ces ſucceſſeurs fuſſent Rois de
fait & de droit dès l'inſtant de la mort de leur prédéceſ-

Donné en 1407.

(a) An certe his interfectis regnum
Germani noſtri inter noſmetipſos
æqualitate habita dividatur...... Hi
quoque regnum Clodomeris inter ſe
æqua lance diviſerunt. *Gr. Tur. lib. 3.
cap. decimo-octavo.*

feur, quoiqu'avant Charles VI. celui qui étoit Régent
durant la minorité d'un Roi, gouvernoit l'Etat non pas au
nom du Roi mineur, mais en fon nom. Ce Régent fcel-
loit avec un fceau où étoit fon nom & fes armes, &
non point avec le fceau du Roi pupille. Je remonte au
fixiéme fiecle.

Theodebalde n'avoit que treize ans, lorfqu'il fucceda
à fon pere le Roi Theodebert. Childebert II. n'avoit que
quatre ans, lorfqu'il fucceda au Roi Sigebert fon pere.
Clotaire II. étoit encore moins âgé, lorfqu'il fucceda à
fon pere Chilpéric. Quand Thierri II. commença fon
regne, il n'avoit encore que huit ans. Je fupprime bien
d'autres exemples.

(*a*) Enfin Agathias Auteur du fixiéme fiecle, dit pofitivement en parlant de la conftitution de la Monarchie
des Francs : *Le fils y fuccede à la Couronne de fon pere.* En
rapportant l'avenement de Théodebert au Trône, cet
Hiftorien dit encore : *Peu de tems après, Thierri fut attaqué*
de la maladie dont il mourut, & il laiffa tous fes biens & tous
fes Etats à fon fils Théodebert.

(*b*) Le paffage fuivant eft encore bien plus pofitif.
„ Théodebert étant mort, Théodebalde fon fils qui étoit
„ fi jeune qu'il avoit encore fon Gouverneur, ne laiffa
„ point de monter fur le Trône, parce que tout enfant
„ qu'il étoit, il s'y trouvoit appellé par la Loy de fa Na-
„ tion.

(*a*) Filii patribus in regnum fucce-
dunt...... Neque muleo poft Theodoricus morbo correptus interiit, Theo-
doberto filio præter alia bona etiam
Principatus dignitate relicta. *Agath.*
de Rebu Juf. lib. pri.

(*b*) Theobaldus itaque Theode-

berti filius in regnum fucceffit. Qui-
quidem tametfi Juvenis admodum,
atque adhuc fub Magiftri cura infti-
tutioneque effet, Patria tamen lex
eum ad regnum vocabat. *Agathia*
ibidem.

Agathias nous apprend même que la Couronne de la Monarchie Françoise, étoit non-feulement héréditaire en ligne directe, mais qu'elle l'étoit auffi en ligne collaterale. Or une Couronne qui paffe de droit non-feulement aux defcendans du dernier poffeffeur, mais auffi à fes parens collateraux, eft du genre de celles qu'on appelle pleinement héréditaires. Notre Hiftorien dit donc en parlant de la mort de Clodomire, que (a) dès qu'elle fut arrivée, fes freres partagerent fes Etats entr'eux, parce que ce Prince n'avoit pas laiffé de fils. Il eft vrai que notre Auteur fe trompe fur le tems de ce partage; qui n'eut lieu qu'après la mort ou l'abdication des enfans de Clodomire, ainfi que nous l'avons expliqué. Mais cette erreur n'empêche point qu'on ne voye qu'il raifonne fur le principe: Que fuivant le droit public de la Monarchie Françoife, la Couronne y étoit pleinement héréditaire. „ Après la mort de Théodebalde, dit encore Agathias, (b) „ Loy de la Monarchie appelloit à la fucceffion de ce „ jeune homme qui ne laiffoit pas d'enfans, Childebert & „ Clotaire fes grands oncles, en qualité de fes plus pro- „ ches parens.

L'exhérédation des filles étoit un autre article de la Loy de fucceffion en ufage dès l'origine de la Monarchie. Il eft vrai que nous n'avons point cette Loy, qui peut-être, ne fut jamais rédigée par écrit; mais en pareils cas, un ufage fuivi conftamment & fans aucune variation, fuffit

(a) Cefo itaque Clotomero, ftatim fratres ipfius, neque enim adhuc ullos liberos fufceperat, regnum illius inter fe funt partiti. Agath. ibidem.

(b) Interea dum hæc geruntur, Theobaldus adolefcens qui finitimis Italiæ Francis imperabat, è vivis excefferat. Cum vero Childebertum atque Clotarium ut pote genere proximos, lex Patria ad hæreditatem Juvenis vocaret, gravis ftatim inter eos contentio eft orta. Agath. ibidem.

pour prouver l'exiſtence de la Loy qu'il ſuppoſe. Or non-ſeulement, les filles de nos Rois morts durant le ſixiéme ſiecle, n'ont point partagé la Monarchie avec leurs freres, quoiqu'elle fût alors diviſible, mais ces Princeſſes ont même été toûjours excluſes du Trône, quoique leurs peres n'euſſent point laiſſé d'autres enfans qu'elles. Les Rois qui n'ont laiſſé que des filles, ont été reputés morts ſans deſcendans, & leur ſucceſſion a été déférée à ceux de leurs parens collatéraux, qui étoient iſſus de mâle en mâle de l'Auteur de la ligne commune.

Après la mort de Clovis, ſa fille Clotilde ne partagea point avec ſes freres le Royaume de ſon pere. Quand Childebert, le fils de ce Prince mourut, les filles que Childebert laiſſa, ne lui ſuccederent point, & ſa Couronne paſſa ſur la tête de Clotaire ſon frere. Charibert fils de Clotaire étant mort ſans garçons, ce ne fut point les filles de Charibert qui lui ſuccederent. Ce furent ſes parens mâles collatéraux. A la mort du Roi Gontran frere de Charibert, Clodielde fille de Gontran, & qui lui ſurvêcut, n'hérita point de la Couronne de ſon pere. Cette Couronne paſſa ſur la tête de Childebert II. neveu de Gontran. Enfin tout le monde ſçait que notre Hiſtoire fait mention fréquemment de Princeſſes excluſes, de la ſucceſſion de leur Auteur par des parens collatéraux, & qu'on n'y trouve pas l'exemple d'une fille qui ait ſuccedé, ni même prétendu ſucceder au Roi ſon pere. En voilà ſuffiſamment pour rendre conſtant l'article de notre Loy de ſucceſſion, lequel exclut les filles de la Couronne. Ainſi ce ſera par un ſimple motif de curioſité que nous examinerons ici, s'il eſt vrai, que ſuivant l'opinion commune, le texte des Loix Saliques, contienne véritablement l'article de notre Loy de ſucceſſion, qui juſqu'ici a toû-

jours exclu les femelles de la Couronne. C'est dans le titre soixante & deuxiéme de ces Loix, lequel statue sur
les biens allodiaux ou sur les biens appartenans en toute
proprieté à leur possesseur, que se lit le paragraphe, où
l'on croit trouver la sanction, qui exclut de la Couronne
les filles de la Maison de France. Voici tout le contenu
du Titre.

    Si le mort ne laisse point d'enfant , & que son pere ou
,, sa mere le survivent, que son pere ou sa mere héritent
,, de lui.

    ,, Si le mort n'a ni frere ni sœur , que la sœur de sa
,, mere hérite de lui.

    ,, Si le mort n'a point de tante maternelle, qu'alors
,, sa succession passe à sa tante paternelle. Au défaut d'he-
,, ritiers dans les dégrés énoncés cy-dessus, que les plus
,, proches parens paternels du défunt héritent de lui.

    (a) ,, Mais pour ce qui regarde la terre Salique , qui se
,, trouvera dans les successions , il n'en sçauroit jamais
,, appartenir aux femmes aucune portion, mais ces terres
,, doivent en toute sorte de cas passer aux mâles, comme
,, étant un heritage acquis spécialèment à leur sexe. Voilà
le contenu de l'article des Loix Saliques, devenu si célebre par l'application, qu'on en a faite à la Couronne de
France, qu'il s'imprime en lettres majuscules dans les édi-
tions de ces Loix, même dans celles qui se font en pays
étranger. Au reste, cet article se trouve dans la premiere
rédaction que nous ayons des Loix Saliques, celle qui
fut faite par les ordres des Rois fils de Clovis , ainsi que

(a) De terra vero Salica, in mulieres
nulla portio hæreditatis transit , sed
hoc virilis sexus acquirit. Leg. Sali.
antiq. tit. 62. de Alodis.
  De terra vero Salica nulla portio
hæreditatis mulieri veniat, sed ad virilem sexum tota terræ hæreditas per-
veniat. Lex Sal. Caroli. Mag. tit. 62.
par. 6.

dans les rédactions faites poſtérieurement au regne de ces Princes.

De quoi eſt-il queſtion dans le titre que nous venons de rapporter ? De deux choſes. Quels ſont les cas où les femmes héritent de leurs parens autres que leurs peres ? & quels ſont les biens dont les femmes ne ſçauroient hériter en aucun cas. Ainſi le Légiſlateur après avoir expoſé quels ſont les cas où les femmes héritent de leurs parens collatéraux, ſtatue que néanmoins dans les cas allegués ſpécialement, & dans tous autres, elles ne pourront hériter des terres Saliques, appartenantes à celui dont elles feront heritieres, & que ces terres ne ſçauroient jamais appartenir qu'à des mâles. En effet, les poſſeſſeurs des terres Saliques, qui comme nous le dirons, n'étoient autre choſe que les bénéfices militaires établis dans les Gaules par l'Empereur, étant tenus en conſéquence de leur poſſeſſion, de ſervir à la guerre ; & les femmes étant incapables de remplir ce devoir, elles étoient excluſes de tenir des terres Saliques, par la nature même de ces terres-là. Ce n'a été qu'après que les déſordres arrivés, ſous les derniers Rois de la ſeconde Race, eurent donné atteinte à la premiere conſtitution de la Monarchie, & que les terres Saliques furent devenues des Fiefs, qu'on trouva l'expédient de les faire paſſer aux femmes, en introduiſant l'uſage qui leur permettoit de faire, par le miniſtere d'autrui, le ſervice dont ces bénéfices militaires étoient tenus envers l'Etat, qui étoit le véritable proprietaire de cette ſorte de biens. En un mot, les Loix Saliques ne font que ſtatuer ſur les terres Saliques, ce qu'avoit ſtatué l'Empereur Alexandre Sevére, concernant les bénéfices militaires qu'il avoit fondés ; ſçavoir, que les héritiers de celui auquel un de ces bénéfices auroit été

conferé, n'y pourroient point y fucceder, à moins qu'ils
ne fiffent profeffion des armes. C'eft de quoi nous avons
parlé dans notre premier Livre.

Cela pofé, eft-ce mal raifonner que de dire : fi la Loy
de la Monarchie a voulu affecter les terres Saliques, ou
pour parler abufivement, le langage des fiecles poté-
rieurs, les fiefs fervans aux mâles comme étant feuls capables des fonctions, dont font tenus les poffeffeurs de
ces fiefs, à plus forte raifon la Loy de la Monarchie au-
ra-t-elle voulu affecter aux mâles dans la difpofition faite
à ce fujet, le fief dominant, celui de qui tous les autres relevoient, foit médiatement, foit immédiatement, & qui
ne relevoit que de Dieu & de l'épée du Prince qui le
tenoit. Ainfi l'on ne fçauroit gueres douter que l'article
des Loix Saliques dont il s'agit, ne regarde la Couronne.
Les Caftillans difent, que leur Couronne eft le premier
Mayorafque de leur Royaume. Qui nous empêche de
dire auffi qu'en France, la Couronne eft le premier bénéfice militaire, le premier fief du Royaume, & par-
tant, qu'il doit être reputé compris dans la difpofition
que la Loy Nationale des Francs fait, concernant les
bénéfices militaires. Monfieur le Bret qui avoit fait une
étude particuliere de notre Droit public, & qui a exercé
les premieres charges de la Robe, ne dit-il pas : *Que la*
Couronne de France eft un Fief mafculin, & non pas un Fief
feminin? Si dans l'article dont il eft queftion, les Loix Saliques n'ont pas ftatué fur la mafculinité de notre Couronne, point inconteftable dans notre Droit public, il fe
trouveroit qu'elles n'auroient rien ftatué à cet égard,
parce qu'aucun autre de leurs articles, n'eft applicable à
l'exhérédation des Filles de France. Or, il n'eft pas vrai-
femblable que les Loix Saliques n'ayent rien voulu ftatuer
fur

Souverai-
neté des
Rois. Liv.
1. chap. 4.
pag. 17.

fur un point d'une fi grande importance, ni qu'il eût toûjours été exécuté fans aucune oppofition, ainfi qu'il l'a été fi ces Loix n'euffent rien ftatué à cet égard.

On ne voit pas, dira-t-on, que fous la premiere & fous la feconde Race, on ait jamais appliqué à la fucceffion à la Couronne, l'article des Loix Saliques dont il eft queftion. Voilà ce que je puis nier. Il eft vrai que les Hiftoriens qui ont écrit dans les tems où plufieurs Princeffes ont été exclufes de la Couronne par des mâles, parens plus éloignés qu'elles du dernier poffeffeur, n'ont pas dit qu'elles en euffent été exclufes, en vertu de la difpofition contenuë dans le foixante & deuxiéme titre des Loix Saliques; mais le filence de ces Hiftoriens, prouve - t - il qu'on n'ait point appliqué cette difpofition aux Princeffes dont il s'agit. Un Hiftorien s'avife-t'il de citer la Loy toutes les fois qu'il raconte un évenement arrivé en conféquence de la Loy, quand cet évenement n'a caufé aucun trouble ? Tous les Hiftoriens qui ont écrit que Charles IX. n'ayant laiffé qu'une fille, lorfqu'il mourut en mil cinq cens foixante & quatorze, il eut pour fon fucceffeur Henry III. fon frere; fe font-ils amufés à expliquer que ce fut en vertu d'un article de notre Loy de fucceffion, qui ftatuë que la Couronne de France *ne tombe point de lance en quenouille*, que cette Princeffe avoit été exclufe de la fucceffion de fon pere. Lorfque nos Auteurs rapportent qu'un certain fief fut confifqué à caufe de la félonie de fon poffeffeur; fe donnent-ils la peine de nous apprendre que la confifcation eut lieu en conféquence d'une Loy, qui ordonnoit que les fiefs de ceux qui tomberoient en félonie feroient confifqués. Quand un évenement qui arrive en exécution d'une Loy, ne fouffre pas de contradiction; les Hiftoriens ne s'avifent gueres de

Tome III.　　　　　　　　　　　　　　M m

citer la Loy, en vertu de laquelle il arrive. D'ailleurs,
faudroit afin que l'objection à laquelle je réponds , ya
avoir quelque force, que nous euffions l'Hiſtoire des n
gnes des Rois des deux premieres Races , écrite auſſi a
long que nous avons celle de Charles VI. dans l'Anonim
de ſaint Denis. Qu'il s'en faut que cela ne ſoit ainſi ! Ma
dès que l'exécution de la Loy d'excluſion dont il s'agit
donné lieu à des conteſtations ; on a eu recours à l'écrit
des Loix Saliques, lequel nous venons de rapporter
comme à la ſanction, qui contenoit cette Loy d'excl
ſion. Par exemple, lorſqu'il fut queſtion après la mo
du Roy Charles le Bel, arrivée en mil trois cens vingt-hu
de ſçavoir ſi le mâle fils d'une fille de France, pouvo
prétendre à la Couronne nonobſtant l'excluſion que
Loy donnoit à ſa mere, on eut recours auſſi-tôt au tit
ſoixante & deuxiéme des Loix Saliques. La partie inte
reſſée à nier que le ſixiéme article de ce titre fut app
cable à la ſucceſſion à la Couronne, n'oſa point le nie
Elle tâcha ſeulement d'éluder par une interprétation fo
cée, le ſens qui ſe préſente d'abord en liſant cet ar
cle-là.

Quand Charles le Bel mourut, il n'avoit point de g
çons, mais il laiſſoit la Reine enceinte. Il fut donc qu
ſtion de nommer un Régent, en choiſiſſant ſelon l'u
le Prince que la Loy appelloit à la Couronne, ſuppo
que la Reine n'accouchât que d'une fille. Edouard II
Roy d'Angleterre, & Philippe de Valois, prétendire
chacun être le Prince à qui la Couronne devoit appa
nir, au cas que la veuve de Charles le Bel mît au mon
une Princeſſe, & par conſéquent qu'il étoit le même
qui la Régence devoit être déferée.

Voici les moyens ou le fondem

chacun des deux Princes. Edouard étoit neveu du dernier possesseur, & son plus proche parent, mais il ne sortoit de la Maison de France, que par une fille sœur de Charles le Bel. Philippe de Valois n'étoit que cousin du dernier possesseur, mais il étoit issu de la Maison de France par mâle. Il étoit fils d'un frere du pere de Charles le Bel. On voit l'interêt sensible qu'avoit le Roi Edouard, à soûtenir que la Loy Salique ne fût point applicable aux questions, concernant la succession à la Couronne. Il se crut obligé néanmoins de convenir que l'article des Loix Saliques, qui fait le sujet de notre discussion, étoit applicable à ces questions-là, & il se retrancha seulement sur ce que cet article excluoit bien les femelles, mais non pas les mâles issus de ces femelles. Voici ce qu'on trouve sur ce point-là dans un Auteur anonime, qui a écrit sous le regne de Louis XI. *L'origine des differens qui étoient entre les Rois de France & les Rois d'Angleterre,* & qui fait voir bien plus de capacité & bien plus d'intelligence du Droit public, qu'on ne se promet d'en trouver dans un ouvrage composé vers mil quatre cens soixante.

„ Au contraire disoit le Roi Edouard, que nonobstant „ toutes les raisons alleguées par ledit Philippe de Valois, „ la Couronne de France lui devoit appartenir, tant par „ la Loy Salique qu'autrement. Premierement par la Loy „ Salique, parce qu'elle mettoit, *plus prochain hoir mâle* „ *doit succeder à la Couronne.* Or, disoit-il, qu'il étoit mâle „ & étoit le plus prochain du Roi Charles ; car étoit son „ neveu, & ledit Philippe de Valois n'étoit que son cou- „ sin germain, & par conséquent qu'il devoit être preferé „ audit Philippe de Valois. Et si tant vouloit dire qu'il „ venoit par fille, ce disoit-il, qu'il ne servoit de rien ; car

Leibnitz. Cod. Dipl. Tom. 1. pag. 66.

M m ij

„ la Loy Salique ne difoit point d'où doivent defcendre
„ les hoirs mâles, mais feulement dit, le plus prochain
„ hoir mâle doit venir à fucceffion.

Comme la Couronne n'étoit plus divifible en mil trois
cens vingt-huit, qu'eut lieu la conteftation entre Philippe
de Valois & le Roi Edouard, ce dernier appliquoit au
feul plus proche parent mâle, la difpofition faite dans les
Loix Saliques, en faveur de tous les mâles qui fe trouveroient parens au même dégré du dernier poffeffeur.

Sur le fimple expofé du Droit des deux Princes con-
tendans, on fe doutera bien qu'Edouard perdit fa caufe,
& qu'il fut jugé que les Princeffes de la Maifon de France
ne pourroient pas tranfmettre à leurs fils le droit de fucceder à la Couronne, puifqu'elles ne l'avoient pas, &
qu'ainfi le Roi d'Angleterre n'y avoit pas plus de droit
qu'Ifabelle de France fa mere. Mais plus la Loy Salique
étoit oppofée aux prétentions d'Edouard, plus il avoit
interêt à nier qu'elle fût applicable aux queftions de fucceffion à la Couronne, ce qu'il n'ofa faire néanmoins.

Comme Monfieur Leibnitz, qui a fait impri-
mer dans fon *Code Diplomatique du Droit public des Na-*
tions, l'ouvrage dont je viens de rapporter un paffage, ne
dit rien concernant l'autenticité de cet ouvrage ; on
pourroit le croire, fuppofé par un Sçavant du dernier
fiecle, qui auroit mis fous le nom d'un contemporain de
Louis XI. un écrit qu'il auroit compofé lui-même à plaifir. Ainfi pour lever tout fcrupule, je dirai qu'il fe trouve
Neuf mille dans la Bibliotheque du Roy plufieurs copies Manufcri-
fix cens
foixante &
dix-huit. tes de l'ouvrage dont il s'agit ; & qu'il eft marqué à la fin
d'une de ces copies, qu'elle a été tranfcrite en mil quatre
cens foixante & huit, & qu'elle appartient à Madame de
Beaujeu fille du Roi Louis XI. Cette Apoftille eft auffi

ancienne que le Manufcrit. Ainfi l'on peut regarder l'ouvrage dont nous parlons comme ayant été compofé dans
un tems où la tradition confervoit la mémoire des raifons qu'Edouard & Philippe de Valois avoient alleguées
pour foutenir leurs prétentions , & où l'on avoit encore
communement entre les mains des piéces concernantes la
conteftation entre ces deux Princes, lefquelles nous n'a-
vons plus ou qui du moins ne nous font plus connuës.

Je ne vois pas qu'on ait jamais revoqué en doute que
l'article des Loix Saliques dont il s'agit ici, fût applicable à la Couronne, avant les tems de la Ligue. On fçait
que les plus factieux de ceux qui étoient entrés dans la
fainte union, vouloient de concert avec le Roi Philippe II.
faire paffer, au cas que Henri III. & fon frere le Duc
d'Alençon mouruffent fans garçons , la Couronne de
France fur la tête de l'Infante d'Efpagne Ifabelle Claire
Eugenie , née de Sa Majefté Catholique & d'Ifabelle de
France, fille aînée de Henri II. Roi Très-Chrétien , &
fœur de Henri III. & du Duc d'Alençon. Il falloit pour
préparer le Peuple à voir tranquillement cette ufurpation, le tromper en lui donnant à entendre qu'il étoit faux
que les Filles de France fuffent exclufes de la Couronne,
par une Loy auffi ancienne que la Monarchie. Ainfi les
Auteurs de ce complot s'imaginant fauffement qu'il feroit poffible de venir à bout d'énerver la force des preuves réfultantes des exemples des Filles de France exclufes
de la Couronne, & qui font en fi grand nombre dans
notre Hiftoire, s'ils pouvoient une fois dépouiller de fon
autorité la Loy qui rend inconteftable l'induction tirée
de ces exemples , ils attaquerent l'autorité de cette Loy
par toutes les raifons que l'efprit de Parti fut capable de
leur fuggerer. Le Docteur Bernardin Mendoze, l'un des

Ambaſſadeurs de Philippe II. auprès des Etats de France durant l'interregne qui eut lieu dans le Parti de la Ligue quelque tems après la mort de Henri III. compoſa même contre l'autorité de la Loy Salique un Diſcours que nous avons encore, & où l'on voit autant de connoiſſance du Droit Romain, que d'ignorance de notre Hiſtoire. Il ſemble donc que l'opinion qui veut que la Loy Salique ne ſoit point applicable à la ſucceſſion à la Couronne, eût dû tomber avec la Ligue.

Je ne crois pas que dans le ſixiéme ſiecle notre Loy de ſucceſſion contînt d'autre article qui fût de Droit poſitif que celui qui donnoit l'excluſion aux femmes, & qui ordonnoit pour me ſervir de l'ancienne expreſſion; que la Couronne ne tombât point de lance en quenouille. La préférence des deſcendans du dernier poſſeſſeur à ſes parens collateraux, & la préference des plus proches des parens collateraux aux plus éloignés, lorſque le dernier poſſeſſeur n'avoit point laiſſé de garçons, ſont des préceptes du Droit naturel.

Certainement l'article de notre Loy de ſucceſſion qui rend la Couronne indiviſible, n'a été mis en vigueur que ſous les Rois de la troiſiéme Race. Tant que les deux premieres ont regné, la Monarchie a toujours été partagée entre les enfans mâles du Roi décédé. L'article de cette même Loy qui ſtatuë que les mâles iſſus des Filles de France n'ont pas plus de Droit à la Couronne que leur mere, étoit bien contenu implicitement dans la diſpoſition qui en exclut les femelles; mais comme il ne s'étoit pas encore élevé de queſtion ſur ce point-là avant la mort de Charles le Bel, on peut dire que cet article ne fut bien developpé qu'alors. On peut dire la même choſe d'un autre article de Droit poſitif qui ſe trouve aujourd'hui

dans notre Loy de fucceffion , & qui ordonne que lorfque la Couronne paffe aux parens collateraux du dernier
poffeffeur , elle foit déferée fuivant l'ordre des lignes &
non pas fuivant la proximité du degré. Cet article qui
préfere le neveu à un oncle frere cadet du pere de ce
neveu, ne fut auffi clairement developpé que lorfqu'il
y eut conteftation entre Henri IV. fils d'Antoine Roi de
Navarre, & fon oncle le Cardinal de Bourbon frere puîné d'Antoine, concernant le Droit de fucceder au Roi
Henri III. Cette queftion-là ne s'étoit pas préfentée avant
la fin du feiziéme fiecle. On ne doit pas douter néanmoins que fi l'une & l'autre queftion euffent été agitées
dès les premiers tems de la Monarchie, elles n'euffent
été decidées, ainfi qu'elles le furent en mil trois cens vingt-
huit & en mil cinq cens quatre-vingt-neuf.

C'eft le tems , c'eft l'expérience qui ont porté les Loix
de fucceffion jufques à la perfection qu'elles ont atteinte
dans les Monarchies héréditaires de la Chrétienté. Si les
fils puifnés des derniers poffeffeurs font reduits à des apa-
nages; s'il ne fçauroit plus y naître aucun doute concernant la fucceffion à quelque degré que ce foit que l'he-
ritier préfomptif fe trouve parent de fon prédeceffeur;
enfin fi le fucceffeur en ligne collaterale fe trouve toûjours aujourd hui défigné auffi clairement que peut l'ê-
tre un fucceffeur en ligne directe, c'eft que la durée de
ces Royaumes a déja été affez longue pour donner lieu à
différens évenemens qui ont developpé & mis en évi-
dence tous les articles contenus implicitement dans les
Loix de fucceffion. Il faut que tout le monde tombe d'accord de ce que je vais dire : Le genre humain a l'obligation de l'établiffement & de la perfection de ces Loix
qui préviennent tant de maux au Chriftianifme, dont la

morale eft fi favorable à la confervation comme
durée des Etats, parce qu'il fait de tous les devoirs
bon citoyen des devoirs de religion.

L'on ne doit point être furpris que notre Loy de
ceffion ne fût point plus parfaite dans le fixiéme f
qu'elle l'étoit. L'Empire Romain, la mieux reglée de
tes les Monarchies dont les fondateurs de la nôtre eu
connoiffance, n'avoit point lui-même lorfqu'il fini
Occident, une Loy de fucceffion encore bien établ
bien conftante. En effet lorfqu'on examine le titr
vertu duquel les fucceffeurs d'Augufte dont l'avenei
au Trône a paru l'ouvrage des Loix & non pas celui
corps de troupes revolté, font parvenus à l'Empire
voit qu'en quelques occafions la Couronne Impéri
été déférée comme étant Patrimoniale, qu'en d'a
occafions elle a été déférée comme une Couronne
réditaire, & qu'en d'autres enfin elle a été déférée c
me étant une Couronne élective.

On fçait qu'en ftyle de Droit public on appelle
ronnes Patrimoniales, celles dont le Prince qui les p
peut difpofer à fon gré, & de la même maniere q
particulier peut difpofer de fes biens libres. Les Cou
nes de ce genre fi rares dans le fiecle où nous fomn
étoient très-communes dans la focieté des Nations a
l'établiffement des Monarchies Gothiques. C'eft le
que quelques Peuples donnent communément
Royaumes qui doivent leur origine aux Nations qu
truifirent l'Empire d'Occident & qui formerent
debris des Etats héréditaires dès leur origine. C'e

croit qu'elle étoit une Couronne patrimoniale, quand on voit Augufte l'ôter au jeune Agrippa fon petit-fils, pour la laiffer à Tibére ; ce même Tibére exclure de fa fucceffion fon propre petit-fils , pour la faire paffer à Caligula fon neveu , & Claudius la déférer au préjudice de fon fils Britannicus à Neron, qu'il n'avoit adopté que plufieurs années après la naiffance de Britannicus. On voit encore dans l'Hiftoire Romaine des affociations à l'Empire , & des adoptions de fucceffeur , qui montrent que plufieurs Empereurs fe font crus en droit de difpofer à leur plaifir de la Couronne qu'ils portoient.

Nous voyons d'un autre côté des enfans encore trèsjeunes fucceder à leur pere , fans qu'il y eût eu aucune difpofition faite en leur faveur par le Peuple, mais comme les fils des particuliers fuccedent aux biens de leur pere : On voit même des freres fucceder de plein droit à la Couronne de leurs freres. Ce fut ainfi que Domitien monta fur le Trône après la mort de Titus. Quand on fait attention à ces évenemens , il femble que la Couronne Impériale ait été héréditaire.

Enfin d'autres évenemens femblent prouver que cette Couronne fut élective. Je n'entends point parler des proclamations faites dans des camps revoltés. Ce qui fe paffe durant une rébellion, ne fait point Loy dans le Droit public d'une Monarchie. J'entends parler de ce qui s'eft paffé dans plufieurs mutations paifibles de Souverains , de ce qui s'eft fait dans Rome par le concours de tous les citoyens. Nerva après la mort de Domitien , & Pertinax après la mort de Commode, furent élus & inftalés comme le font les Souverains Electifs. Quand le Sénat eut appris la mort des Gor-

diens Afriquains, il ne proclama point Empereur Gor-
dien Pie ,. qui auroit été leur succeffeur de droit, fi la
Couronne impériale eût été pleinement héréditaire. Le
Sénat élût pour régner en leur place, Balbin & Pupien.

Enfin, je crois qu'un Jurisconsulte interrogé sous le
regne d'Auguftule , touchant le genre dont étoit la
Couronne impériale, n'auroit pu donner une réponse
positive. L'usage ne prouvoit rien , parce qu'il n'avoit
jamais été conftant , & d'un autre côté , il n'y avoit
point de Loy générale écrite, qui ftatuât fur ce point de
Droit public. Il y a bien dans le Droit Romain plufieurs Loix qui ftatuent fur l'étendue du Pouvoir donné
à chaque Empereur par la *Loy Royale*, par la Loy particuliere qui se faisoit pour inftaler le nouveau Prince ;
mais je n'y en ai point vû qui décide en général & pofitivement , fi la Couronne étoit patrimoniale, héréditaire ou élective. Dès qu'il n'y avoit point de Loy de
succeffion certaine dans l'Empire Romain , on ne doit
pas être furpris que celle du Royaume des Francs n'ait
point été parfaite dès l'origine de la Monarchie.

CHAPITRE TROISIE'ME.

De la division du Peuple en plusieurs Nations, qui avoit lieu dans la Monarchie Françoise, sous la premiere Race & sous la seconde Race.

Du nom de Barbare *donné aux Francs.*

LA premiere division des sujets regnicoles de la Monarchie, étoit la division qui se faisoit en Romains & en Barbares, ou *Chevelus.* C'étoit le nom par lequel on désignoit souvent ces derniers pris collectivement, & par opposition aux Romains. En effet, la difference la plus sensible qui fût entre un Romain & un Barbare, consistoit en ce que le Romain portoit les cheveux si courts, que ses oreilles paroissoient à découvert, au lieu que le Barbare portoit ses cheveux longs. En cela les Barbares se ressembloient tous, & ils étoient tous visiblement differens des Romains. Cela étoit si vrai, que comme nous le verrons, le Barbare qui se faisoit couper les cheveux à la maniere des Romains, étoit réputé renoncer à la Nation, dont il avoit été jusques-là, pour se faire de celle des Romains.

Childebert II. a supposé sensiblement cette premiere division de ses sujets, dans l'ordonnance qu'il fit pour défendre aux Francs & aux autres Barbares qui lui obéissoient de contracter aucun mariage dans certains dégrés d'affinité, où les Loix Romaines défendoient déja aux Romains de se marier. (*a*) Ce Prince dit : ,, Qu'aucun

___

(*a*) Nullus de Crinosis incestum asum sibi societ conjugio, hoc est nec fratris sui uxorem, nec uxoris suæ sororem, nec uxorem patrui sui aut parentis consanguinei. *Balus. Cap. rom.* 1. *pag.* 17.

N n ij

„ des Chevelus ne pourra époufer la veuve de fon frere,
„ la fœur de fa femme, la veuve de fon oncle paternel,
„ ni celle de fon coufin.

On appelloit donc dans les Gaules *Crinofi*, ceux qui s'appelloient en Italie *Capillati*. Ces deux noms ont en Latin la même fignification. (*a*) „ Si quelque Barbare „ dit dans fon Edit Theodoric Roi des Oftrogots, refufe „ de comparoître à l'Audience d'un Juge compétent, „ devant lequel il aura été cité par trois fois, & qu'il foit „ dûment prouvé que les trois citations ayent été faites „ dans les formes à ce Chevelu, qu'il foit déclaré con-„ tumace & jugé par défaut. Dans une des Formules de Lettres adreffées généralement à tous les fujets des Rois des Oftrogots établis en Italie, *Capillati* eft un terme oppofé à *Provinciales*. C'étoit l'ancien nom fous lequel les Empereurs comprenoient dans les ordres adreffés à quelque Province en particulier, tous les fimples ci-toyens Romains qui étoient domiciliés dans cette Pro-vince.

Comme en écrivant fur la matiere que je traite, j'aurai fouvent à défigner par le nom de Barbares, les Francs & les autres Nations Germaniques établies dans les Gaules, je crois devoir avertir le Lecteur, que dans le fixiéme fiecle & dans le feptiéme, ce nom n'avoit rien d'odieux, qu'il fe prenoit dans la fignification d'étranger, & que les Barbares eux-mêmes fe le donnoient fouvent dans les occafions où ils vouloient fe diftinguer des Romains.

(*a*) Si quis Barbarorum tertio competentis Judicis autoritate conventus ad judicem venire neglexerit, fententiam excipiet contumaciæ adeo ut judicetur de quo conventus eft perdidiffe negotium; dummodo tertio quemlibet Capillatorum fuiffe conventum, aut cautionis ab eodem emiffæ fides conftet. *Edictum Theod. art.* 145.

Univerfis Provincialibus & capillatis. *Caff. Var. lib.* 4 *forml.* 49.

Voici ce que dit Monſieur de Valois concernant cet uſage.

(*a*) „ Il eſt bon que le Lecteur pour n'être point ſur-
pris de m'entendre dire , qu'on donnoit dans le ſixiéme
„ ſiecle le nom de Romains aux Gaulois & aux Eſpa-
„ gnols , obſerve que lorſque les Barbares s'établirent
„ dans les Provinces de l'Empire d'Occident, les anciens
„ habitans n'y changerent point de nom en changeant de
„ Maîtres , & que les nouveaux Seigneurs continuerent
„ eux-mêmes à leur donner le même nom qu'aupara-
„ vant, je veux dire, à les appeller Romains. D'un autre
„ côté, ces nouveaux Seigneurs, loin de regarder le nom
„ de Barbare comme un nom odieux, ſe tinrent hono-
„ rés de le porter comme un nom devenu illuſtre. Ainſi
„ Theodoric Roi des Oſtrogots, dit dans le préambule
„ de ſon Edit, que les réglemens qu'il contient, doivent
„ être obſervés également par les Romains & par les
„ Barbares, entendant parler des anciens habitans de l'I-
„ talie ſoûs le nom de Romain , & ſous le nom de Barba-
„ re , des Oſtrogots. Dans les Gaules, les Francs étoient
auſſi déſignés par le nom de Barbares, & les Gaulois par
celui de Romains. On lit dans l'Hiſtoire de Grégóire de
Tours, que les Religieux d'un Couvent qu'une troupe
de Francs vouloit ſaccager, lui parlerent en ces termes :
„ Abſtenez-vous, Barbares, de commettre aucune vio-
„ lence dans cette Maiſon. Elle appartient à ſaint Mar-

Gr. Tur.
Hiſt. lib. 4.
cap. 49.

(*a*) Ne quis autem forſitan mire-
tur quod ſuprà dixerim Gallos & Hiſ-
panos vocatos eſſe Romanos , notare
convenit; cum Barbari Provincias imperii Romani perpetuæ poſſeſſionis
cauſâ in Occidente occupaviſſent ,
Provinciales quidem nomen unà cum
Dominis minimè mutaviſſe , & uti
antea dicebantur , Romanos à Barbaris dictos eſſe, ipſos autem non jam
ſicut ante contumeliæ ſed honoris
cauſâ , Barbaros appellari cœpiſſe.
Rer. Franc. lib. ſexto pag. 288.

„ tin. Fortunat Evêque de Poitiers, pour donner à entendre que Vilitura, une Dame de la Nation des Francs,
étoit polie (a) & bienfaifante, dit : „ Elle étoit née dans
„ la Ville de Paris, & iffuë de parens Barbares, mais elle
„ avoit toutes les inclinations d'une Romaine. Le même
Poëte écrit en louant un Lunébodès, qui dans Touloufe,
avoit fait bâtir une Eglife fur le lieu même où faint Satur-
nin premier Evêque de cette Ville , avoit été détenu &
gardé avant fon martyre. (b) „ Jufques à nos jours, on
„ n'avoit point encore bâti d'Eglife à l'endroit où ce
„ grand Serviteur de Dieu avoit été mis aux fers. Ce
„ qu'aucun Romain n'avoit fait, un Barbare l'a entrepris,
„ & il l'a achevé, fecondé dans fon deffein par fa femme
„ Berthrude, fi célebre par la Nobleffe de fon origine
„ & par celle de fes inclinations. Fortunat dit encore que
les Barbares & les Romains louoient également (c) leur
Roi Charibert, petit-fils de Clovis; & dans l'éloge de
Chilpéric frere de Charibert, on lit : „ Chilpéric nom (d)
„ qu'un Traducteur Barbare rendroit par celui de défen-
„ feur courageux. On voit bien qu'un *Traducteur de la
langue Barbare* eft mis dans le Texte de Fortunat, pour
dire un *Interprête franc.*

(a) Sanguine Nobilium generata Parifius Urbe ;
Romana ftudio, Barbara prole fuit. *Epist. Vilithuta Fort. lib. 4. car. 26.*
(b) Sed locus ille quidem quo fanctus vincula fumpfit
Nullius templi fultus honore fuit.
Quod nullus veniens Romana gente fabrivit
Hic vir Barbarica prole peregit opus.
Conjuge cum propria Berethrude clara decoro
Pectore, quæ blando clarior ipfa nitet.
Cui genus egregium fulget de ftirpe parentum ;
Addidit ornatum vir venerando Deum. *Fort. lib. 2. carmine nono.*
(c) Hinc cui Barbaries, illinc Romania plaudit
Diverfis linguis laus fonat una viri. *Ib. lib. 6. car. 4.*
(d) Chilperice potens fi interpres Barbarus extet,
Adjutor fortis, hoc quoque nomen habes. *Ibid. lib. nono. carm. primo.*

Il semble que sous le regne des enfans de Clovis, il se fit encore une division du Peuple de la Monarchie pris en général, autre que la division dont nous venons de parler. Suivant la premiere division, tout le Peuple de la Monarchie se partageoit en Romains & en Barbares; & suivant celle dont je vais parler, ce même Peuple se partageoit en Francs & en hommes d'autres Nations qu'on désignoit tous par le nom général de Neustrasiens. Ainsi suivant cette derniere division, on aura partagé tout le Peuple de la Monarchie en Nation des Francs & en Nations Occidentales, en comprenant sous le nom d'Occidentaux ou de Neustrasiens: Premierement, la Nation Romaine & puis toutes les Nations établies dans les Gaules, autres que la Nation des Francs, & cela parce qu'elles habitoient dans les Gaules, qui sont à l'Occident de la Germanie & de l'Italie, où étoit la premiere patrie de toutes ces Nations-là. Ce qui me donne cette opinion, est la Chartre de la fondation de l'Abbaye de saint Germain des Prez, par le Roi Childebert fils de Clovis. Ce Prince y dit : (*a*) *Du consentement & de l'Approbation des Francs & des Neustrasiens, & sur les représentations de saint Germain.* Cette mention des *Neustrasiens* faite après avoir nommé les *Francs*, suppose que les Francs ne fussent pas compris alors sous le nom de *Neustrasiens*. Dans la suite des tems, les partages de la Monarchie auront occasionné la division de la plus grande partie des Gaules en Neustrie & en Austrasie, & l'opposition qui aura eu lieu, entre *sujet du Royaume de Neustrie* , & *sujet du Royaume d'Austrasie* aura fait oublier la premiere acception du mot

---

(*a*) Ego Childebertus Rex una cum consensu & volontate Francorum & Neustrasiorum & exhortatione sanctissimi Germani. *Hist. de l'Abb. S. Germain. Pieces just. pag.* 1.

Neuſtraſien, & l'oppoſition, qui ſous le regne de Chilbert I. étoit entre *Franc* & *Neuſtraſien*. Ainſi les Francs ſuivant la partie des Gaules où ils habitoient, auront été nommés comme les citoyens des autres Nations, ou Francs Neuſtraſiens ou Francs Auſtraſiens, c'eſt-à-dire, Francs Occidentaux ou Francs Orientaux.

CHAPITRE QUATRIE'ME.

Des Nations differentes qui compoſoient le Peuple de la Monarchie, & de la Nation des Francs en particulier.

APrès avoir vû que le Peuple de la Monarchie ſe diviſoit d'abord en Barbares & en Romains, il faut expoſer quel étoit l'état de chacune de ces Nations ſous les premiers ſucceſſeurs de Clovis.

La Nation Barbare, pour uſer de ce terme, ſe diviſoit en pluſieurs autres, dont les principales étoient celle de Francs Saliens, ou des Francs proprement dits, celle de Francs Ripuaires, celle des Bourguignons & celle de Allemands.

Nous avons déja vû que les Saliens n'étoient d'abord qu'une des Tribus des Francs, mais que toutes les autres Tribus, à l'exception de celle des Ripuaires, y furent réunies après que Clovis ſe fut fait reconnoître Roi par chacun de ces eſſains. En effet, & c'eſt ce que nous avons encore remarqué, il n'eſt plus parlé dans l'Hiſtoire de tems poſtérieurs au regne de Clovis d'Ampſivariens, d Chamaves, ni des autres Tribus des Francs. Il n'y eſt plus fait mention, que des Francs abſolument dits & des Ripuaires

puaires. Eghinard dit même que fous Charlemagne (*a*)
tous les Francs vivoient fuivant deux Loix , dont l'une
étoit la Loy Ripuaire, & l'autre la Loy Salique. Du moins
il n'y a plus eu que les Poëtes , comme Fortunat, qui
ayent encore donné le nom de Sicambre aux Francs ; &
l'on fçait que les Poëtes défignent fouvent les Nations
dont ils ont occafion de parler, par des noms que ces
Nations ne portoient plus quand ils écrivoient.

La Loy Salique & la Loy Ripuaire étoient-elles redigées par écrit avant que les Francs fe fuffent établis
dans les Gaules , ou bien étoient-elles fimplement une
tradition *orale* qui fe tranfmettoit par les peres aux enfans , & de même nature que l'étoient les Coutumes qui
ont force de Loy dans la France , avant que l'Edit de
Charles VII. qui ordonne qu'elles foient redigées par
écrit eût été mis en exécution ; c'eft ce que j'ignore ?
Nos deux Loix ont-elles été redigées d'abord en Langue
Latine ou en Langue Germanique , c'eft une feconde
queftion qui dépend de la premiere. Si elles ont été mifes
par écrit dans le tems que toutes les Tribus de la Nation
des Francs habitoient encore au-delà du Rhin , il femble
qu'elles ayent dû être redigées d'abord en Langue Germanique. Si leur premiere compilation ne s'eft faite que
dans les Gaules, il eft probable qu'elles auront été d'abord
écrites en Latin, & telles que nous les avons aujourd'hui,
c'eft-à-dire, en un Latin mêlé de plufieurs mots Germaniques , qu'on aura regardés comme des termes de Droit
qu'il étoit bon de conferver en leur Langue , dans la
crainte d'en alterer le fens en les rendant par des termes
Latins qui ne pourroient pas toujours être parfaitement

(*a*) Franci duas habent leges plu- | *vita Carol. mag. cap.* 29. *Ed. Shmin-*
ribus in locis valde diverfas. *Egh. de* | *kji pag.* 129.

équivalens. Nous avons déja dit que les Francs, f[...]
Clovis, entendoient le Latin, & il n'y a point d[...]
rence que les Romains, concernant les interêts [...]
nos deux Loix statuent assez souvent, entendissen[...]
munément la Langue Germanique. Ainsi la conv[...]
voulant que les Loix dont il est question , fussen[...]
gées dans la Langue la plus en usage parmi les [...]
du pays où elles devoient avoir lieu , elles au[...]
redigées en Latin.

Quant à la Loy Salique , ce nom lui vient [...]
ment de ce qu'elle étoit déja en usage parmi les Fra[...]
Saliens , lorsque Clovis incorpora dans leur T[...]
l'exception de la Tribu des Ripuaires , toutes les Tribu[...]
qui le reconnurent pour Roi en l'année cinq cens [...]
plus ancienne rédaction de cette Loy que nous ay[...]
jourd'hui, est celle qui fut faite par les soins du Roi Cl[...]
& retouchée ensuite par les soins de Childebert [...]
Clotaire ses enfans. Il est dit dans le préambule de [...]
rédaction. (*a*) » Avant que la Nation des Francs [...]
» l'assemblage est un effet de la Providence , & qu[...]

(*a*) Gens Francorum inclyta , auctore Deo condita , fortis in armis , firma Pacis fœdere, corpore nobilis & incolumis , candore & forma egregia, audax , velox & aspera , nuper ad fidem Catholicam conversa , immunis ab hæresi , dum adhuc teneretur Barbarie, inspirante Deo inquirens sapientiæ clavem , juxta morum suorum qualitatem , desiderans justitiam , custodiens pietatem , dictaverunt Salicam Legem proceres ipsius gentis qui tunc temporis apud eam erant Rectores , sunt autem electi de pluribus viri quatuor his nominibus Wisogast, Bodogast, Salogast & Vind[...] per tres Mallos conveni[...] causarum origines sollicit[...] do tractantes de singulis , [...] decreverunt hoc modo. At [...] favente Clodoveus Coma[...] cher & inclytus Rex Franco[...] mus recepit Catholicum B[...] quidquid minus in Pacto [...] idoneum per præcelsos Reges Clodo-veum ; Childebertum & Clotariu[...] fuit lucidius emenda[...] tum Decretum hoc. [...] *Franc. pag.* 4.

» ſtable aujourd'hui dans ſes établiſſemens, en vertu de
» la convention qu'elle vient de faire avec les Empe-
» reurs, eût encore, ce qu'elle a fait depuis peu, embraſſé
» la Religion catholique, elle avoit déja par amour pour
» la Juſtice, fait rediger la Loy Salique, qui fut compi-
» lée par les principaux de ſes citoyens, qui tinrent à
» ce ſujet trois aſſemblées du Peuple. Mais étant arrivé
» heureuſement que ſon Roi Clovis ait reçu le Baptême,
» ce Prince, & puis Childebert & Clotaire, ont changé
» pluſieurs choſes dans cette Loy qu'ils ont rendue plus
» parfaite, & qu'ils ont miſe dans l'état où elle eſt main-
» tenant.

Cette Loy aura eu la deſtinée de tous les Codes Nationaux, c'eſt-à-dire, que de tems en tems, on y aura
fait quelque changement. (*a*) En l'année ſept cens quatre-vingt dix-huit, Charlemagne en fit une nouvelle rédaction, dans laquelle il ajouta beaucoup de ſanctions.
C'eſt ſur quoi, ainſi que ſur pluſieurs autres queſtions,
concernant le lieu où la Loy Salique fut publiée, & qui
furent ſes premiers compilateurs : Je renvoyerai le Lecteur au Livre que Monſieur Vendelin, Chanoine de
Tournay a écrit, ſur le Berceau de cette Loy, & aux
ſçavantes Notes de Monſieur Eccard, ſur la Loy Salique
& ſur celle des Ripuaires.

Quant à la Loy des Ripuaires, je crois avec Monſieur
Eccard, que ce fut Thierri fils de Clovis, qui la fit rediger, ou qui la mit du moins dans un état approchant de

---

(*a*) Pactus Legis Salicæ ab incarnatione Domini noſtri Jeſu Chriſti
ſeptingenteſimo nonageſimo octavo
Indictione ſexta Dominus Karolus

Rex Francorum inclitus hunc libellum Tractati Legis Salicæ ſcribere juſſit. *Balux. Cap. Tom.* 1. *pag.* 281.

celui où nous l'avons. (*a*) Ce sçavant homme dit dans
ses Notes sur cette Loy : » Clovis s'étant fait élire Roi
» des Ripuaires, il les aura maintenus dans leurs anciens
» usages & dans leurs anciennes coûtumes, & il les aura
» laissés subsister en forme de Societé particuliere, & sé-
» parée du gros de la Nation des Francs. Son fils Thierri
» dans le Partage de qui les Ripuaires entrerent, aura
» fait quelques changemens à ces usages & coûtumes,
» après quoi il les aura redigées en forme de Loy , & les
» tables de cette Loy sont celles que nous avons encore
» aujourd'hui. Monsieur Eccard cite pour appuier son
sentiment, une des Notes qu'il avoit déja faites sur la
Loy Salique. La Note à laquelle il nous renvoye ici, est
faite sur un endroit de la Préface ancienne, qui se trouve
à la tête de la Loy Salique dans quelques Manuscrits, &
dans lequel on lit : *Que le Roi Thierri étant à Châlons, y*
avoit de son côté , fait travailler des personnages Doctes , à
mettre la Loi des Francs dans une plus grande perfection. Or
suivant la Note que fait Monsieur Eccard sur ce passage,
il faut y entendre par *la Loi des Francs*, non pas la Loy
Salique, mais bien la Loy des Ripuaires, laquelle étoit
un des Codes , suivant lesquels les Francs vivoient.
» Thierri, ajoute-t-il, (*b*) aura donné ses soins à la per-
» fection de la Loy des Ripuaires qui se trouvoient dans

(*a*) Legitime igitur & tanquam in peculiari atque à Francorum regno diversa ditione Rex electus Chlodoveus, novis his subditis sine dubio, veteres consuetudines conservavit, Legesque confirmavit quas deinde filius ejus Theodericus cum Ripuarii ipsi post mortem Patris tribuerentur, in eam formam redegit & emendavit uti eas hodie habemus. Sed de his jam supra in notis ad Legem Salicam egimus. *Eccard. Leg. Franc. pag.* 208.

(*b*) Habebat sub se speciatim Theodericus Ripuarios. Unde statuo *Legem Francorum* hìc de Ripuaria intelligendam esse , eamque Theodericum condidisse , cum fratres ejus in Salicam Legem curas suas converterent. *Ibid. pag.* 8.

» ſon Partage , tandis que ſes freres Childebert & Clo-
» taire faiſoient travailler à la Loy des Saliens.

· En effet , ce qui eſt dit concernant *les ſoins du Roi
Thierri* dans cette Préface des Loix Saliques , laquelle a
donné lieu à la derniere des deux Notes de Monſieur
Eccard , dont nous avons rapporté le contenu , ſe trouve
répeté dans le préambule même de la nouvelle rédaction
de la Loy des Ripuaires , faite par les ordres du Roi Dagobert I. On y lit : (*a*) » Le Roi Thierri étant à Châ-
» lons , il fit choix d'hommes ſages & inſtruits dans les
» anciennes Loix de ſon Royaume , & ce Prince leur
» enjoignit enſuite de rediger la Loy des Francs , ainſi
» que la Loy des Allemands & la Loy des Bavarois ,
» afin de donner à chacune de ces Nations , qui toutes
» étoient ſous ſon obéïſſance , un Code conforme à leurs
» anciens Us & Coûtumes , auſquelles il ne fit que les
» additions & les changemens néceſſaires , pour régler
» ſur les principes de la Religion Chrétienne , pluſieurs
» points. qui n'avoient encore été reglés , que ſuivant
» les principes de la Religion Payenne. Childebert per-
» fectionna encore à cet égard , les Codes réformés par
» Thierri ; & dans la ſuite , Clotaire ajoûta auſſi quel-

(*a*) Theodoricus Rex Francorum
cum eſſet Catalaunis elegit viros ſa-
pientes qui in regno ſuo Legibus eruditi erant. Ipſo autem dictante juſſit
conſcribere Legem Francorum & Alemannorum & Bujuvariorum , unicuique genti quæ in ejus poteſtate erat
ſecundum conſuetudinem ſuam. Addidit quæ addenda erant & improviſa &
incompoſita reſecavit & quæ erant ſecundum conſuetudinem Paganorum
mutavit ſecundum Legem Chriſtia-
norum : Et quidquid Theodericus

Rex propter vetuſtiſſimam Paganorum conſuetudinem mutare non potuit , poſt hæc Childebertus Rex in-
choavit , ſed Chlotarius Rex perfecit.
Hæc omnia Dagobertus Rex glorio-
ſiſſimus per viros illuſtres Claudium ,
Chaudum , Indomagum & Aglufum
renovavit , & omnia vetera Legum in
melius tranſtulit , & unicuique genti
ſcripta tradidit , quæ uſque hodie
perſeverant. *Baluz. Capit. Tom. pr.
pag. 25.*

» que chofe à l'Ouvrage de Childebert. Le Roi Da-
» bert a fait revoir de nouveau toutes ces Loix, par les
» très-illuftres perfonnes, Claudius, Chaudus, Indom-
» gnus & Agilufus, & il en a fait une nouvelle rédaction,
» après quoi il a délivré à chaque Nation les tables de la
» Loy, & c'eft la rédaction dont on doit fe fervir au-
» jourd'hui dans les Tribunaux.

On a vû par le paffage d'Eghinard, qui vient d'être
rapporté, que les Francs vivoient felon deux Loix, la
Loy Salique & la Loy Ripuaire. Ainfi l'une & l'autre
Loy pouvant s'appeller également *la Loy des Francs*, on
peut fuivant que les circonftances le décident, entendre
ce qui eft dit de la Loy des Francs en général, ou de la
Loy Salique en particulier, ou de la Loy Ripuaire en
particulier. Les Loix des Francs, c'eft-à-dire la Loy Salique & la Loy Ripuaire, ayant été imprimées plufieurs
fois, je n'en donnerai point ici un abregé fuivi, & j'en
rapporterai feulement les articles, que les matieres que
je vais traiter me mettront dans l'obligation de rapporter.

La premiere divifion de la Nation des Francs,
ainfi que la premiere divifion de toutes les Nations qui
fubfiftoient alors, étoit celle qui fe faifoit en hommes libres & en efclaves. La fervitude de ces efclaves, ainfi
que celle des efclaves qui appartenoient aux citoyens de
toutes les Nations Germaniques, étoit de differens genres. Quelques-uns de ces Serfs étoient nés dans les foyers
de leurs Maîtres. D'autres étoient de véritables captifs,
je veux dire, des prifonniers de guerre, que l'ufage du
tems condamnoit à l'efclavage. D'autres avoient été
achetés. D'autres étoient des hommes nés libres, mais
condamnés à la fervitude par jugement porté contr'eux.

à cause qu'ils s'étoient rendus coupables des délits, dont
la peine étoit, que l'offenseur fut adjugé comme esclave
à l'offensé, ou bien, parce qu'ils n'avoient pas pû payer
de certaines dettes. D'autres enfin, étoient des hommes
libres qui s'étoient dégradés volontairement, soit en se
vendant eux-mêmes, soit en se donnant gratuitement à
un Maître, qui s'obligeoit de son côté à fournir à leur
subsistance & à leur entretien. On a remarqué ailleurs,
qu'au tems où les Francs s'établirent dans les Gaules, le
nombre des esclaves étoit beaucoup plus grand dans tous
les pays & parmi toutes les Nations, que le nombre des
citoyens ou des personnes libres. Ainsi lorsqu'on trouve
que sous nos premiers Rois de la troisiéme Race, les deux
tiers des hommes qui habitoient la France, étoient esclaves, ou du moins de condition serve, il ne faut point attribuer le grand nombre de personnes serves qui s'y trouvoient alors à la dureté des Francs, ni supposer qu'ils
eussent réduit les anciens habitans des Gaules dans une
espece d'esclavage. Cela procédoit de la constitution
générale de toutes les Sociétés politiques lorsque les
Francs s'établirent dans les Gaules.

Nous avons déja dit qu'il y avoit plusieurs manieres de
donner la liberté aux Serfs, & que suivant le Droit commun, l'affranchi devenoit citoyen de la Nation dont étoit
le Maître qui l'avoit fait sortir d'esclavage. Venons au
traitement que les Peuples Germaniques faisoient à leurs
Serfs. (a) » Les Germains, dit Tacite, ne tiennent pas

(a) Servis non in nostrum morem descriptiis per familiam ministeriis utuntur. Suam quisque sedem, suos Penates regit. Frumenti modum Dominus, aut pecoris aut vestis ut Colono injungit & servus hactenus paret. Cætera domus officia, uxor ac liberi exsequuntur. Tacit. de Morib. Germ. Cap. 25.

» comme nous leurs efclaves dans leurs maifons ; pour
» les y faire travailler chacun à une certaine tâche. Au
» contraire , ils affignent à chaque efclave fon manoir
» particulier, dans lequel il vit en pere de famille. Toute
» la fervitude que le Maître impofe à l'efclave , c'eft de
» l'obliger à lui payer une redevance , qui confifte en
» grain , en bétail & en peaux , ou en étoffes. La condi-
» tion de ces Serfs , reffemble plus à celle de nos Fer-
» miers qu'à celle de nos efclaves. Chez les Germains ,
» ce font les enfans & la femme de la maifon qui font la
» befogne du ménage.

Lorfque les Peuples Germaniques furent une fois établis dans les Gaules , ils n'auront pas manqué d'y prendre
l'ufage de tenir chez foi des efclaves , pour les employer
aux fervices domeftiques. Ces Nations ne furent que trop
éprifes , de toutes les commodités & de toutes les délices
que le luxe des Romains y avoient fait connoître. Mais il
eft auffi à croire que les Francs , les Bourguignons , & les
autres Nations Germaniques auront continué à donner
des domiciles particuliers à une partie de leurs efclaves ,
comme à leur abandonner une certaine quantité d'arpens
de terre pour les faire valoir , à la charge d'en payer une
redevance annuelle , foit en denrées , foit en autres chofes.
Les Romains des Gaules auront eux-mêmes imité leurs
Hôtes dans cette œconomie politique, foit parce que, tout
calculé , ils l'auront trouvée encore plus profitable que
l'ancien ufage , foit pour empêcher que la plûpart de
leurs efclaves ne fe réfugiaffent chez ces *Hôtes* , afin de
changer leurs fers contre des fers moins péfans. L'amour
de l'indépendance fi naturel à l'homme, fait préférer à
ceux dont le fentiment n'eft point entierement perverti ,
le féjour d'une cabane où il n'y a perfonne qui foit en

droit

Nation étoit divifée en plufieurs Ordres, il eft évident qu'elles auroient arbitré de même la peine pécuniaire du meurtrier d'un Franc libre, par rapport à l'Ordre dont auroit été le Franc mis à mort, fuppofé que les Francs euffent été divifés comme les Romains en différens Ordres. Cependant les Loix Saliques ne font point cett diftinction. Dans le titre que je rapporte il eft dit fimplement : » Celui qui aura tué un Franc, un autre Barba re, ou un homme qui vit felon la Loy Salique, fera condamné à payer deux cens fols d'or.

On trouve auffi dans la Loy des Ripuaires, deux Titres, où il eft ftatué expreffément fur le meurtre d'une perfonne libre, tuée par une autre perfonne libre. (*a*) Il eft dit fimplement dans le premier : » L'homme libre qui „ tuera un Ripuaire libre, fera condamné à deux cens fols » d'or. Ce titre ne contient rien de plus. Au contraire, le trente-fixiéme qui ftatuë fur le meurtre commis par un Ripuaire, fur une perfonne d'une autre Nation, condamne le meurtrier à une fomme plus ou moins forte, fuivant la condition dont étoit le mort. Le Ripuaire qui auroit tué un Franc Salien, y eft condamné à deux cens fols d'or. Celui qui auroit tué un Bourguignon, à cent foixante. Celui qui auroit tué un Romain Citoyen d'un autre pays que celui que tenoient les Ripuaires, à cent fols. Enfin le Ripuaire qui auroît trempé fes mains dans le fang d'un Soûdiacre, doit payer quatre cens fols d'or; celui

---

(*a*) *De homicidio Ingenuorum.* Si quis Ingenuus hominem Ingenuum Ripuarium interfecerit, Ducentis folidis culpabilis judicetur. *Lex. Ripuar. tit. feptimo.*
Si quis Ripuarius advenam Francum interfecerit, ducentis folidis culpabilis

judicetur. Si quis Ripuarius advenam Burgundionem interfecerit, centum fexaginta folidis culpabilis judicetur. Si quis Ripuarius advenam Romanum interfecerit, centum folidis mulcetur. *Ibid tit. trigefimo fexto.*

qui les auroit trempées dans le sang d'un Diacre, cinq cens sols d'or , & celui qui les auroit trempées dans le sang d'un Prêtre , six cens sols d'or. Qui ne voit qu'une Loy si jalouse de proportionner la peine d'un meurtrier à la qualité de la personne tuée, auroit infligé des peines plus ou moins fortes aux meurtriers des Ripuaires de différente condition , si les Ripuaires eussent été divisés en plusieurs Ordres.

Ce qui démontre à mon sentiment, que le silence de la Loy des Francs , & celui des Historiens sur la division des Francs libres en differens Ordres , prouve contre cette division , c'est que les Loix des Nations, dont les Citoyens ont été véritablement divisés en Nobles & en Roturiers, dans les siecles dont il est ici question , parlent de cette division ; c'est que les Historiens en font mention. Citons quelques exemples.

On trouve dans le Recueil de Lindembrog la Loy des Frisons , une des Nations Germaniques , dont les Citoyens étoient partagés en deux Ordres, celui des Nobles & celui des Frisons qui ne l'étoient pas. (a) Il y est dit , au Titre *des Homicides* : » Le Noble qui aura tué un »¡autre Noble, payera quatre-vingt sols d'or. Le Noble qui aura tué un simple Citoyen , payera cinquante sols d'or , & celui qui aura tué un affranchi , » payera vingt-sept sols d'or au patron de l'affranchi, &c

---

(a) Si Nobilis Nobilem occiderit, octoginta solidis componat. Si Nobilis ingenuum occiderit quinquaginta quatuor solidos & unum denarium solvat. Si Nobilis Litum occiderit viginti septem solidis uno denario minus componat Domino suo, & propinquis occisi solidis novem. Si liber Nobilem occiderit octoginta solidis componat. Si liberum occiderit solidos quinquaginta tres & unum Denarium solvat. Si litus Nobilem occiderit octoginta solidis componat. Si litus liberum occiderit solidos quinquaginta tres & unum Denarium solvat. *Lindemb. Lex Frison. tit.* z. *de Homicidiis. pag.* 430.

» neuf fols d'or aux parens de l'affranchi. Le fimple Ci-
» toyen qui aura tué un Noble, fera condamné à quatre-
» vingt fols d'or, & à cinquante-trois fols d'or s'il a tué
» un Citoyen du même Ordre que lui. L'affranchi qui
» aura tué un Noble, payera quatre-vingt fols d'or, &
» cinquante-trois, s'il a tué un fimple Citoyen.

Le Lecteur fera de lui-même toutes les réflexions qui
font à faire, fur les difpofitions énoncées dans cette
Loy.

Il fera bon cependant d'obferver ici, qu'il eft contre
toute forte d'apparence, bien que des Auteurs modernes
ayent affecté de le croire, que les meurtriers & les voleurs en fuffent quittes pour payer la fomme à laquelle
ils font condamnés par nos Loix Nationales. Une Societé
où les voleurs & les meurtriers n'euffent point été punis
plus féverement, n'auroit pas fubfifté long-tems. Il faut
donc regarder ces fortes d'amendes, comme des intérêts
civils, comme une fatisfaction à laquelle le voleur ou le
meurtrier étoit condamné envers ceux qui avoient fouffert par fon vol ou par fon meurtre. Au cas que le délinquant fût exécuté à mort, la fomme à laquelle fe mon-
toit cette fatisfaction, fe prélevoit fur tous les biens qu'il
avoit laiffés; & dans les cas où la confifcation avoit lieu,
les Officiers du Fifc ne pouvoient pas mettre la main fur
ces biens-là, avant que l'homme qui avoit été volé, &
que le maître ou les parens du mort, euffent reçû la fomme que la Loy leur adjugeoit. » Si quelqu'un dit la Loy
» des Ripuaires, a été traduit en juftice pour vol, & qu'-
» après avoir (a) été duëment atteint & convaincu, il

Cang.
Gloff. tom.
2. pag. 47.

(a) Si quis homo propter furtum
comprehenfus fuerit & legitime fuper juratus & judicio Principis pendu-
tus, vel in quocunque libet patibulo

vitam finierit, omnes res ejus hæredes
poffideant excepto quod capitale &
delatura in locum reftituant.
Lex Ripuar. Titul. feptuagef. nona.

Q q ij

» soit par jugement du Prince pendu ou exécuté à quel-
» que gibet que ce puisse être, ses héritiers entreront en
» possession de tous ses biens, dès qu'ils auront satisfait
» pour le vol, & payé tous les frais & dépens du procès.
Au cas que le Prince voulût faire grace de la vie au
coupable, il ne pouvoit point apparemment l'accorder
que le coupable n'eût satisfait les personnes lézées. Ainsi
qu'il se pratique encore aujourd'hui dans plusieurs Etats
Chrétiens, la grace du Prince ne pouvoit valoir, que le
criminel n'eût satisfait sa partie civile, en lui payant la
somme à laquelle il étoit condamné par la Loy.

Nous rapporterons ci-dessous une Loy de Childebert le jeune, laquelle fait foy que les voleurs étoient
exécutés à mort. Il est dit dans la Loy des Bourguignons:
» Si quelqu'un de notre Peuple, de quelque Nation qu'il
» soit, vient à tuer une personne de condition libre, (a)
» ou même un de ceux des Esclaves du Roi, à qui l'on a
» donné la même éducation que les Romains donnent à
» leurs Esclaves, que le sang du meurtrier soit versé. Si un
» Esclave, ajoûte cette même Loy, tuë sans que son
» Maître soit complice du crime, un homme de condi-
» tion libre, que l'Esclave seul soit mis à mort; mais si le
» Maître est complice, qu'on envoye au supplice & le
» Maître & l'Esclave. Enfin un des Capitulaires de Charlemagne, statuë positivement, (b) que les homicides &

(a) Si quis hominem ingenuum &
Populo nostro cujuslibet Nationis aut
servum Regis Natione duntaxat Barbarum occidere damnabili ausu & temeritate præsumpserit, non aliter ad-
missum crimen quam sanguinis sui
effusione componat... Si servus incon-
scio Domino hominem ingenuum
occidere forsasse præsumpserit, servus

tradatur ad mortem. Dominus vero
reddatur indemnis. Si Dominus ejus
facti conscius fuerit ambo tradantur
ad mortem.
Lex. Burgund. tit. 2. de Homicidiis.

(b) Ut homicidæ & cæteri rei qui
Legibus mori debent, si ad Ecclesiam
confugerint. *Balu. cap. Tom. 1.
pag. 197.*

les autres criminels, qui suivant la Loy, doivent être punis de mort, ne recevront point aucun aliment lorsqu'ils se seront refugiés dans les Eglises, & que cet azile ne doit pas leur sauver la vie. Si nos Loix Nationales n'ordonnent pas la peine de mort dans tous les articles où elles arbitrent les intérêts civils dûs pour chaque crime aux particuliers lézés par le crime, c'est qu'elles laissent au Roi, qui comme nous le dirons, jugeoit lui-même les accusés qui étoient de condition libre, le droit de décider si les circonstances du crime exigeoient ou non, qu'on fît mourir le coupable.

Je reviens à mon sujet, qu'il n'y avoit point deux Ordres dans la Nation des Francs. Si les citoïens de la Nation des Saxons étoient divisés en plusieurs Ordres, les Historiens anciens & les Loix de cette Nation font une mention expresse de la distribution des Saxons libres en différens Ordres. Nithard, petit-fils de Charlemagne (a), dit, en parlant des Saxons, que son ayeul avoit engagés à se faire Chrétiens ; que les citoïens de cette Nation sont divisés en trois Ordres, celui des Nobles, celui des hommes nés libres, & celui des affranchis. Adam de Bréme qui vivoit dans l'onziéme siecle, parle même de la constitution de la sociecé, qui avoit lieu parmi les Saxons, comme d'un usage opposé à l'usage le plus ordinaire parmi les Peuples Germaniques (b). Voici ce qu'il en dit : » La Nation des Saxons prise » en général, comprend quatre Ordres différens ; celui

---

(a) Quæ gens omnis in tribus Ordinibus divisa consistit, sunt enim qui inter illos Edhilingi, sunt qui Frilingi, sunt qui Lazzi illorum lingua dicantur. Latina vero lingua hoc sunt. Nobiles, ingenuiles, atque serviles. Nith.

lib. q. Du Ch. tom. 2. p. 376.

(b) Quatuor differentiis Gens illa Saxonum consistit Nobilium scilicet, & Liberorum, Libertorumque atque servorum. Et id Legibus firmatum ut nulla pars in copulandis conjugiis pro-

» des Nobles, celui des hommes nés libres, celui des
» affranchis, & celui des ferfs. Leur Loy défend même
» à ceux d'un Ordre d'épouser des personnes d'un autre
» Ordre. Elle veut qu'un Noble époufe une fille de l'Or-
» dre des Nobles, que l'homme libre époufe une fille
» de fon Ordre, que l'affranchi fe marie avec une af-
» franchie, & le ferf avec une efclave. Enfin la Loy Nationale des Saxons condamne à mort, l'homme qui auroit époufé une fille née dans un des Ordres fupérieurs
à celui où il feroit né. On voit bien que toute la diffé-
rence qui eft entre ces Auteurs, vient de ce que Nithard n'a point fait mention des efclaves qu'Adam de
Bréme compte pour un quatriéme Ordre.

Venons aux Loix. Nous n'avons plus l'ancienne Loy
des Saxons ; ainfi nous ne fçaurions-nous en fervir pour
confirmer ce que difent Nithard & Adam de Bréme,
fur la divifion des citoïens de cette Nation en trois Ordres & fur la condition des efclaves, qui compofoient
en quelque maniere un quatriéme Ordre. Mais nous
avons encore un Capitulaire fait du tems de Charlemagne, qui rend toute autre recherche inutile. Il eft dit
dans ce Capitulaire, fait dans l'affemblée tenuë à Aix-la-
Chapelle en fept cens quatre-vingt dix-fept (c). » Les
» Saxons fónt demeurés d'accord que dans les cas où
» la peine pécuniaire d'un Franc doit être de douze fols

---

prix fortis terminum transferat,
fed Nobilis Nobilem ducat uxorem,
& Liber Liberam, Libertus conjunga-
tur Libertæ & fervus Ancillæ. Si vero
quifpiam horum fibi non congruen-
tem & præftantiorem ducat uxorem,
cum vitæ fuæ damno componat. Ad.
Brem. Hiff. Ecl. lib. 1. cap. 5.

(a) Item placuit omnibus Saxoni-
bus ut ubicunque Franci fecundum
Legem folidos duodecim folvere debent, ibi Nobiliores Saxoni folidos
duodecim, Ingenui quinque, Liti
quatuor componant. Bajur. Cap. ...
1. pag. 277.

» d'or, celle du Saxon Noble fera de douze fols d'or,
» celle du Saxon né libre de cinq fols d'or, & celle du
» Saxon affranchi de quatre fols d'or. Ce paffage à mon
fens, prouve également & que les Saxons citoïens
étoient divifés en différens Ordres, & que les Francs
ne l'étoient pas. Si les Francs l'euffent été notre ftatut auroit égalé chaque Ordre de Saxon à un Ordre de Franc.

Enfin mon fentiment fur la conftitution de la focieté
parmi les Francs, durant les premiers fiecles de notre
Monarchie eft conforme à celui des écrivains François
ou étrangers, qui ont paffé pour être les plus Sçavans
dans l'Hiftoire des premiers tems de cette Monarchie.
M. de Valois après avoir dit que les Saxons & les Fri-
fons étoient divifés en plufieurs Ordres, ajoûte : » Il y
» avoit auffi trois Ordres différens de citoïens dans la
» Nation des Anglois & dans celle des Verins, qui
» étoient des Peuples Germaniques, celui des Nobles,
» celui des hommes nés libres, & celui des affranchis.
» Au contraire la Loy Salique ne fait aucune mention des
» Nobles, non point qu'il n'y eût parmi les Francs des
» familles illuftres & pour lefquelles on avoit une con-
» fidération particuliere, mais parce qu'il n'y avoit point
» dans cette Nation un Ordre de Nobles, diftinct &

(a) Apud Anglos quoque & veri-
nos Gentes Germaniæ, tres erant hominum Ordines, Adalingorum id eft
Nobilium, Liberorum & fervorum.
At in Lege Salica Nobilium nulla fit
mentio, non quod apud Francos nulli
Nobiles viri & Honorati effent,
fed quia Nobilium nullus Ordo erat
à Populo feparatus. Nobilitatis nullam in regno Francorum corpus à plebe diftinctum. Franci omnes in duos
modo Ordines Clericorum & Laïco-
rum dividebantur...... Poftea Proceres
fuum fibi & à Populo feparatum Ordinem habere cœperunt ita ut primus
Ordo Clericorum effet, fecundus Pro-
cerum five Nobilium, tertius Populi
feu Collegiorum & Univerfitatum ur-
bium Regni ut docet appendix Chro-
nici Guillelmi Nangiacenfis in rebus
anni milleſimi trecentefimi tertii,
quem Gerfo nunc triplicem ſtatum
principalem, nunc tres ftatus appellat,
Valef. Not. Gall. pag. 485. & 486.

» féparé du refte des Citoyens. La feule divifion qui eût
» lieu parmi les Francs , étoit celle fuivant laquelle ils
» étoient partagés en Eccléfiaftiques & en Laïques. A une
page de là , Monfieur de Valois, dit en parlant de ce qui
s'eft paffé dans la Monarchie Françoife , après que les
differentes Nations dont fon Peuple étoit compofé , eurent été confonduës fous les derniers Rois de la feconde
Race , & fous les premiers Rois de la troifiéme. » Dans
» la fuite des tems , les Nobles commencerent à faire un
» Ordre diftinct & féparé du refte du Peuple, de maniere
» qu'il fe trouva enfin trois. Ordres dans le Royaume ,
» celui du Clergé , celui de la Nobleffe , & celui des
» Communautés ou Communes des Bonnes villes. C'eft
» ce qu'on peut voir dans la continuation des Annales de
» Guillaume de Nangis , fur l'année mil trois cens trois.
» Gerfon qui vivoit dans le même fiecle , les nomme les
» trois principaux Ordres , ou les trois Etats de France.

Il n'y a point de Sçavant qui ne connoiffe les Ouvrages
de Monfieur Hertius le pere , un des plus célébres Jurifconfultes d'Allemagne , en matiere de Droit public.
Voici ce qu'il écrit dans fa Notice de l'ancien Royaume
des Francs , concernant l'Etat des Citoyens de cette Nation. (a) » Les Francs n'étoient point divifés , ainfi que

---

(a) Atque hac in re Franci diver-
fum habuerunt morem à cæteris Germanis qui diftinguebantur in Nobiles,
Ingenuos, Libertos ut alibi docuimus.
At in Lege Salica Nobilium nulla fit
mentio, non quod apud Francos nulli
Nobiles viri honorati effent , fed quia
Nobilium nullus Ordo erat à Populo
feparatus, Nobilitâtis nullum in Gente Francorum corpus à plebe diftinctum , ut optime obfervavit Hadrianus
Valefius. Hanc elucubratam viri Rerum Francicarum callentiffimi obfer-
vationem , nuper impugnare aufus
eft Autor Differtationis *de Jure Feu-
dorum*. Objicit illi : Confundere Va-
lefium Ordines Regni qui ad Placita
Regum Francorum veniebant , cum
Claffibus hominum in regno viven-
tium. Enim vero Cives præcipue æfti-
mantur ex jure veniendi ad Comitia &
in ik fuffragia ferendi ut prudentia Gé-

quelques

» quelques autres Nations Germaniques , en nobles , en
» Hommes nés libres, & en affranchis. En effet, il n'est
» fait dans la Loy Salique aucune mention de Nobles,
» non point parce qu'il n'y eût pas dans la Nation des
» personnes Nobles & *Honorables* , mais parce que ces
» personnes ne composoient point un Ordre séparé du
» reste des Citoyens, parce qu'il n'y avoit point dans la
» Nation des Francs, comme l'observe très-bien Adrien
» de Valois, un Ordre de la Noblesse distingué de celui
» du Peuple. L'Auteur de la Dissertation sur les Droits
» des Fiefs, publiée depuis peu, ose attaquer cette Ob-
» servation de Monsieur de Valois, si digne d'un homme
» profondément Sçavant dans l'Histoire de France. Notre
» Critique reproche à Monsieur de Valois, d'avoir avancé
» faussement que tous les Francs libres , fussent du même
» Ordre, en se fondant mal-à-propos sur ce que dans les
» Assemblées réprésentatives de la Nation , ils n'étoient
» pas divisés en des Ordres differens. Or suivant le même
» Critique, cela ne prouve point que les Francs ne fussent
» point partagés en differens Ordres, ainsi que l'étoient
» les Citoyens d'autres Nations Germaniques. Mais ce
» Critique ne fait point réflexion que rien ne donne mieux

vilis non docet. Deinde ostendat ille nobis jactatam illam classem in universo Francorum Populo de quo loquitur Valesius. Non negat hic Seniores & Majores fuisse nobiles , sed certum Ordinem in Francorum Populo constituisse negat , & in hac re diversum à quibusdam Germaniæ populis morem habuisse Francos asserit , nam quilibet ingenui etiam ex plebe , si fortiter egissent vel prudentiæ specimen dedissent, poterant fieri Majores vel Seniores. Ingenui autem erant qui nulla originis aut servitutis macula inquinabantur. Hinc apud Theganum de Gestis Ludovici Pii capite quadragesimo quarto *Fecit te liberum non Nobilem quod impossibile est post libertatem*, & apud Gregorium Turonensem in vitis Patrum capite nono , ingenuus distinguitur ab illis qui Nobilitate sublimes. *Joannis Hertii. Notitia Regni Francorum veteris cap. tertio.*

» à connoître, quelle est la condition des sujets dans
» Etat, que l'ordre qui s'observe dans les Assemblées
» nérales du Peuple de l'Etat. D'ailleurs, que nous
» tique montre par quelque preuve positive, que la
» stinction d'Ordres, ait jamais eu lieu dans la Na
» des Francs, qui est celle dont parle Monsieur de Vale
» Il seroit inutile de prouver contre cet Ecrivain cé
» bre, que les *Sénieurs* & les *Mayeurs* étoient Nobles,
» prendre ce mot dans le sens d'illustre, de relevé, d'ho
» me qui est au-dessus des hommes du commun, il
» tombe d'accord. Ce qu'il nie, & ce qu'on ne sau
» roit lui montrer, c'est que les personnes Nobles fiss
» parmi la Nation des Francs, une Classe à part, & u
» Ordre séparé de l'Ordre du simple peuple, ainsi qu
» les en faisoient un parmi d'autres Nations Germaniqu
» En cela, l'usage des Francs étoit different de l'usage
» ces Nations, comme le fait voir Monsieur de Vale
» Parmi les Francs, tous les Citoyens nés libres, qu
» que de la lie du Peuple, pouvoient par la valeur & p
» une bonne conduite, parvenir au grade de *Sénieur*
» de *Mayeur*. Que les Francs ne missent une grande dif
» rence entre ceux de leurs Concitoyens, qui étoient n
» libres, & ceux qui étant nés Esclaves, avoient eu l
» soin d'être affranchis pour devenir Citoyens, on n'
» sçauroit douter. Il paroît même en lisant Thégan
» que les Citoyens nés libres, étoient qualifiés de Nobl
» dans l'usage du monde. Cet Auteur qui a écrit l'Histoir
» de Louis le Débonnaire dont il étoit contemporain,
» fait dire par un de ses Acteurs : *Il vous a rendu libre, m*
» *il ne sçauroit vous faire Noble, parce qu'on ne sçauroit fair*
» *faire un Noble d'un homme qui a été Serf.* Dans les Vi
» des Peres, Grégoire de Tours fait même menti

» diſtinction entre les Citoyens, qui n'avoient point d'au-
» tre avantage que celui d'être nés libres, & les Citoyens
» illuſtres par leur Nobleſſe.

Il eſt bon de rapporter les deux paſſages que cite Monſieur Hertius, & d'examiner en quoi ils peuvent être ap-
pliqués à notre queſtion. Commençons par celui de Theganus: Cet auteur parlant de la dépoſition de Louis le Débonnaire, mis en pénitence par un Conciliabule tenu à
Compiegne, en huit cens trente trois, dit: (*) » Les
» Evêques prirent parti contre Louis, & principalement
» ceux qu'il avoit élevés en ce rang honorable, après
» les avoir tirés de l'Etat de ſervitude, ainſi que ceux qui
» étant nés dans une des Nations Barbares qui habitent
» les Gaules, n'avoient pas laiſſé de parvenir à l'Epiſco-
» pat. Leur Chef étoit Heblés, né, je ne dis point dans
» une famille tombée par quelque malheur dans la capti-
» vité, mais iſſu de parens Eſclaves de tems immémorial.
» Il fut le principal inſtrument de la dépoſition & de l'hu-
» miliation du Prince ſon bienfaiteur. On peut bien ap-
» pliquer à cet évenement la Prophétie de Jérémie, nos
» Eſclaves ſont devenus nos maîtres. Quelle reconnoiſ-
» ſance Héblés témoigniez-vous à votre maître. Il a fait
» pour vous tout ce qu'il a pû. Il vous a rendu libre. S'il
» ne vous a point rendu Noble, c'eſt qu'il eſt impoſſible
» de faire jamais un homme Noble d'un homme qui eſt
» né Serf. Il vous a fait Evêque, &c.

(*) Omnes enim Epiſcopi moleſti
fuerunt Ludovico & maxime ii quos è
ſervili conditione honoratos habebat,
cum his qui ex Barbaris nationibus ad
hoc faſtigium perducti ſunt. Elege-
runt tunc unum impudicum & crude-
liſſimum qui dicebatur Hebo Remen-
ſis Epiſcopus qui erat ex originalium
ſervorum ſtirpe...... Tunc impletum
eſt elogium Prophetiæ Jeremiæ dicen-
tis, ſervi dominati ſunt noſtri. O
qualem remunerationem reddidiſti ei.
Fecit te liberum non nobilem quod
impoſſibile eſt poſt libertatem. Veſti-
vit te purpura & pallio & tu induiſti
eum cilicio. *Theganus de Geſtis Lud.
Pii cap.* 43. & 44.

R r ij

Quant à ce paſſage ; il eſt certainement applicable à la queſtion préſente, & il fortifie les raiſons que nous avons rapportées, pour montrer que les Francs Laïques n'étoient point diviſés en deux ordres dans le neuviéme ſiécle. Ce paſſage ne veut point dire que Louis le Débonnaire n'eût pas pu faire entrer Héblés dans l'Ordre des Nobles. Héblés, comme Archevêque de Reims, eût été du premier Ordre ſuperieur à celui de la Nobleſſe ſi la Nation des Francs eût été diviſée en pluſieurs Ordres. Ce paſſage prouve donc ſeulement que les Citoyens nés libres, étoient qualifiés de *nobles Hommes* dans l'uſage du monde. Noble Homme, & Homme né libre, ont ſignifié long-tems la même choſe, comme nous pourrons le faire voir un jour. Peut-être auſſi qu'Héblés n'avoit point été Eſclave dans la Nation des Francs, mais dans la Nation Saxonne ou dans une autre Nation Germanique, dont les Citoyens étoient diviſés en pluſieurs Ordres. Théganus ne dit point de quelle Nation étoit Héblés.

Pour ce qui regarde le paſſage de Grégoire de Tours, qui met de la difference entre un homme né libre & un homme illuſtre par la Nobleſſe ; il paroît d'abord contredire le ſentiment que Monſieur Hertius défend, & je ne ſçais pourquoi il a voulu s'en ſervir. Quoiqu'il en ſoit, il ne doit point embarraſſer, parce qu'au fond, il n'eſt pas applicable en aucune maniere à la queſtion. *Si la Nation des Francs étoit diviſée en differens Ordres, ou ſi elle ne l'étoit pas,* Grégoire de Tours, dit en parlant d'un des Peres, dont il écrit la vie : (a) Le bienheureux Patroclus étoit fils

_____

(a) Igitur beatiſſimus Patroclus Biturigi territorii incola , Ætherio patre progenitus, cum decem eſſet annorum paſtor ovium deſtinatus fratre Ant-　｜　mio tradito ad ſtudia litterarum. Erat quidem non Nobilitate ſublimes, ingenui tamen. *Greg. Tur. de vitis Patrum* cap. nono Ed. Ruinartii pag.

» d'Ætherius de la Cité de Bourges. Dès que notre Saint
» fut à l'âge de dix ans, on lui donna la commiſſion d'a-
» voir ſoin de pluſieurs troupeaux de moutons, parce
» qu'Antemius ſon frere, avoit pris le parti de s'avancer
» par l'étude. L'un & l'autre, ils n'étoient pas Nobles,
» mais ils étoient nés libres. Or il eſt ſenſible par le nom que
portoit Patroclus, comme par le nom de ſon pere & par
celui de ſon frere, que ce Patroclus étoit Romain. On
verra quand il en ſera tems, que Monſieur de Valois &
les autres Ecrivains Sçavans dans nos antiquités, enſei-
gnent qu'on reconnoît au nom propre de celui dont parlent les Auteurs du cinquiéme ſiecle ou des ſiecles ſuivans, s'il étoit Romain. Alnſi le paſſage de Grégoire de
Tours prouve ſeulement que de ſon tems, les Citoyens
de la Nation Romaine, qui habitoient dans les Gaules,
étoient encore diviſés en trois Ordres, comme nous l'a-
vons déja dit au commencement de ce Chapitre, & comme nous le dirons encore. Le paſſage dont il s'agit, ne
prouve rien, concernant la Nation des Francs.

Je conclus donc de tout ce qui vient d'être expoſé, que
dans la Nation des Francs, il n'y avoit point aucunes familles de Citoyens, qui en qualité de Nobles, formaſſent
un Ordre particulier, & au ſang deſquelles il y eût des prérogatives & des Droits tellement attachés, qu'ils s'acquiſſent
par la ſeule filiation. La Conſtitution de la Societé dans
la Nation des Francs, étoit à cet égard la même qu'elle
eſt encore aujourd'hui dans le Royaume d'Angleterre. En
Angleterre tous les Citoyens ſont du même Ordre, en
vertu de la naiſſance. Si les *Lords* ou les Seigneurs y forment comme Pairs un Ordre diſtingué de celui des Citoyens communs, ſi ces Lords jouiſſent de pluſieurs prérogatives & droits qui leur ſont particuliers, ils n'en

jouïssent qu'en vertu de la possession actuelle d'une dignité, qui bien qu'héréditaire, est originairement un emploi *attributif* de commandement & d'autorité dans une portion du Royaume. C'est en vertu de cette dignité, qu'ils ont plusieurs Privileges dans les affaires civiles, comme dans les procès criminels, & qu'ils ont un droit acquis d'entrer dans les assemblées représentatives de la Nation, où ils forment sous le nom de Chambre des Pairs ou de Chambre Haute, un Sénat particulier. C'est si bien à la possession de leur dignité, érigée en premier lieu par le Roi, que les Droits des Lords sont attachés, que leurs freres, issus du même sang, ne jouïssent pas en vertu de leur naissance d'aucune prérogative, qui ne leur soit pas commune avec tous les autres Citoyens. S'ils entrent dans l'Assemblée représentative de la Nation, c'est seulement dans la Chambre basse, & comme députés élus volontairement par leurs Concitoyens. Les freres des Lords, quelque titre que la courtoisie leur fasse donner dans le monde, n'ont aucun privilege dans leurs procès civils ou criminels, & les Anglois ne les comprennent pas sous le nom de Noblesse. On ne comprend en Angleterre sous le nom de *Nobilti*, que les Seigneurs. En un mot, le frere du premier Pair ou du premier Baron d'Angleterre, n'est que du second Ordre, en vertu de sa filiation. Il y a plus, le fils aîné d'un Pair, & qui est appellé au titre de son pere, n'est que du second Ordre, tant que son pere vit; & si pour lors, il entre dans le Parlement, il n'y entre qu'en qualité de Député, élu par ses Concitoyens, pour servir dans la Chambre des Communes.

Quoique que j'aye été un peu long à traiter la question, si dans les premiers tems de notre Monarchie, la

Nation des Francs étoit divifée ou non en plufieurs Ordres, j'efpere que le Lecteur ne me reprochera point d'avoir été prolixe hors de propos. Comme je l'ai déja dit dans le Difcours que j'ai mis à la tête de cet Ouvrage, il eft impoffible de bien expliquer le Droit public, en ufage fous les Rois de la troifiéme Race : Le Droit public qui eut lieu dès que les Nations differentes qui habitoient les Gaules eurent été confonduës, & n'en firent plus qu'une, fi l'on n'a pas bien éclairci auparavant le Droit public en ufage, fous les Rois des deux premieres Races; & le point que je viens de traiter, eft un des plus importans dans tout Droit public.

CHAPITRE CINQUIE'ME.

Continuation de ce qui regarde la Nation des Francs en particulier. On reconnoît fi les perfonnes dont l'Hiftoire parle étoient des Romains ou des Barbares, au nom propre qu'elles portoient.

APrès avoir vû quelle étoit la Loy des Francs, voyons quelles étoient les perfonnes prépofées pour la faire obferver. Les Rois auffi jaloux d'exercer par eux-mêmes le pouvoir Civil que le pouvoir Militaire, faifoient fouvent les fonctions de premier Magiftrat. On en verra une infinité de preuves dans la fuite. Il paroît même par le Capitulaire de Childebert II. qu'on n'exécutoit aucun citoyen à mort que la fentence de fa condamnation n'eût été renduë, ou du moins confirmée par le Prince. Il eft dit dans ce Capitulaire. » En conféquence de la réfolution prife dans le Champ de Mars tenu à Cologne, nous avons. ordonné que dès qu'un

» Juge aura connoiſſance d'un vol commis dans ſon reſ
» ſort, il ſe tranſportera à la demeure du malfaiteur &
» qu'il s'en aſſurera. Si le voleur eſt de condition libre,
» il ſera traduit devant nous ; mais s'il eſt de condition ſer-
» ve, il ſera pendu ſur les lieux.

J'ai traduit ici *Francus* non point par *Franc*, mais par
homme de condition libre, fondé ſur deux raiſons. La premiere, c'eſt que dès la fin du ſixiéme ſiecle, & le Capitulaire de Childebert a été fait vers l'année cinq cens quatre-vingt-quinze ; *Francus* ſignifioit non - ſeulement un
homme de la Nation des Francs, mais auſſi quelquefois
un homme libre en général. C'eſt-à-dire un citoyen de
quelque Nation qu'il fût. M. Ducange dans ſon gloſſai-
re, prouve très-bien que le mot *Francus* a été pris ſouvent dans cette acception-là. Les paſſages que cet Auteur y rapporte ne laiſſent aucun doute ſur ce ſujet. Ma
ſeconde raiſon eſt que *Francus* eſt ici oppoſé ſenſiblement à un *homme ſerf* de quelque genre que fût ſon eſclavage, & non pas un *homme d'une autre Nation que
celle des Francs*. Jamais on ne trouvera *les citoyens des autres Nations que celle des Francs*, déſignés par l'appellation de *Debilior perſona*. Le titre ſoixante & dix-neuviéme
de la Loy Ripuaire, rapporté cy-deſſus, parle encore
de voleurs pendus après avoir été jugés par le Roi. Il
ſemble, à la maniere dont Thierri fit exécuter Sigévald,
& par l'Ordre qu'il donna de faire mourir le fils de Sigévald ſans forme de procès, que nos Rois jugeoient les

(*a*) Similiter Kalendis Martii Co-
lonia convenit & ita bannivimus ut
unuſquiſque judex criminoſum latro-
nem ut audierit, ad caſam ſuam am-
bulet & ipſum ligare faciat, ita ut ſi
Francus fuerit ad noſtram præſentiam
dirigatur., & ſi debilior perſona fuerit
in loco pendatur. *Capitul. Balus. tom.*
1. *pag.* 19.

criminels

criminels en la maniere qu'il leur plaisoit, sans être as-
traints à aucune forme, & ce qui paroît de plus dur, sans
être obligés d'entendre l'accusé. C'est ce qui paroît encore par les termes qu'employent les Historiens en parlant de quelques exécutions faites, en conséquence d'un
jugement du Prince. » Rauchingus, Bozon-Gontran,
» Ursio & Bertefridus, (*a*) dit Frédégaire, » ayant cons-
» piré contre Childebert, ce Prince ordonna de tuer ces
» Seigneurs. En un mot, on voit dans differens endroits
de notre Histoire, que les Rois Mérovingiens jugeoient
leurs sujets, de quelque condition qu'ils fussent, aussi arbitrairement que le Grand Seigneur juge les siens. Ils exerçoient sur les particuliers la même autorité que Clovis
exerça sur le Franc, qui avoit donné un coup de hache
d'armes sur le vase d'argent reclamé par saint Remy. Aussi
ces Princes ont-ils souvent éprouvé tous les malheurs ausquels les Sultans des Turcs sont exposés. Nous revien-
drons encore à ce sujet-là, en parlant de l'étenduë du
pouvoir de nos Rois.

Ceux qui commandoient aux Francs immédiatement
sous les Rois, s'appelloient *Seniores*, ou les vieillards.
Ces *Sénieurs*, s'il est permis d'employer ici un mot qui
n'est plus en usage parmi nous, que pour signifier les
Anciens de quelques Compagnies, étoient à la fois les
principaux Officiers du Roi, tant pour le civil que pour
le Militaire. « Parmi les Germains, dit Monsieur de Va-
» lois, (*b*) on appelloit les Sénieurs, ceux qui avoient

____

(*a*) Ipso quoque tempore Rauchingus & Bozo-Guntramnus, Ursio &
Bertefridus Optimates Childeberti
Regis eo quod eum tractaverant interficere, ipso Rege ordinante interfecti
sunt. *Fredeg. Chron. cap. 8.*

(*b*) Apud Germanos Seniorum qui
honores gesserant & pace ac bello in-
claruerant, maxima erat autoritas. Eorum præcipuè consilio Respublica ge-
rebatur. Hi si quid advenisset evocati
convenire & à Regibus consuli ac li-

» rempli les principaux emplois Civils ou Militaires,
» ils avoient beaucoup de part au Gouvernement ; lor
» qu'il arrivoit quelqu'évenement , le Roi les mandoit
» & ils lui difoient leur avis en toute liberté. On lit dan
» les Commentaires de Céfar, que les Ufipet
» Tenéteres, deux Nations Germaniques qui habitoie
» fur les bords du Rhin, vinrent le trouver, ayant à leu
» tête leurs anciens & les perfonnes principales de cha
» que Nation. Monfieur de Valois, après avoir rapport
» plufieurs paffages d'Auteurs anciens, où il eft fait men
tion des *Sénieurs* des Germains, ajoûte : » Parmi les Fran
» qui étoient un Peuple Germanique, on appelloit don
» les Sénieurs, ceux qui ayant occupé les premiers em
» plois , foit dans les Armées, foit dans le Gouvernemen
» civil, foit à la Cour, & fe trouvant avancés en âg
» & décorés en même tems, demeuroient ou dans le
» Villes de la domination des Rois des Francs, ou bie
» dans leurs propres Métairies, comme des perfonne
» qui leurs travaux paffés avoient acquis le Droit d
» jouir d'un repos honorable. Ils étoient en grande confi

beré diçere, fententiam confueverant. Caius Cæfar in quarto Commentariorum de Ufupetibus & Tenéteris Germanis Gentibus Rheni accolis , fic fcribit. Germani frequentes omnibus Principibus Majoribufque natu adhibitis, ad eum in caftra venerunt. .... Apud Francos Gentem Germaniæ ficuti apud cæteros Germanos Seniores fiveMajores natu erant atque vocabantur qui poftquam Civiles aut Militares Magiftratus gefferant aut in Palatio militaverant jam ut ætate fic dignitate provecti , pars in Urbibus regni Franciæ, pars in villis fuis agebant tanquam emeriti atque veterani. His

magnus ab omnibus honor habebat Hi Comitum & Ducum jus defen tium , hi Regum noftrorum confiliar atque adfeffores ac convivæ erant. Concilium in Urbe Arvernis habitu eft confenfu Regis Theuderici pd Confulatum Paulini pofteris Anno Chrifti quingentefimo trigefimo qui to, cujus Canon decimus quintus, S aioribus , Francis feu Majoribus na qui in villis fuis vel in fub comm rantur præcipit , Natalem Domin Pafcha & Pentecoften in fua quif que Urbe & apud fuum quifque E pifcopum celebrare. *Val. Not. Gal vet. Rothomagum p.* 484.

» dération, & ils fervoient de Confeillers aux Ducs com-
» me aux Comtes lorfqu'ils rendoient la Juftice, & de
» Miniftres à nos Rois, à la table defquels ils mangeoient.
L'Auteur que je continue de traduire, rapporte enfuite
des endroits de notre Hiftoire, où il eft fait mention de
plufieurs de ces Sénieurs ; après quoi il dit : » Dans un
» Concile tenu à Clermont, en cinq cens trente-cinq, fous
» le bon plaifir du Roi Theodebert, il fut ordonné par
» le cinquiéme Canon : Que les Sénieurs des Francs &
» les Anciens qui fe trouveroient dans leurs Châteaux ou
» bien à la fuite de la Cour, feroient tenus à Pâques, à
» la Pentecôte & à Noël, de fe rendre chacun dans la
» Ville capitale de la Cité où il étoit domicilié, pour y
» célebrer ces Fêtes avec fon Evêque. Voilà fuivant l'apparence, ce qui a fait penfer à Monfieur de Valois, que
ces Sénieurs fuffent ce qu'on appelle des Vétérans ou des
Officiers retirés, que le Roi mandoit dans les occafions,
pour prendre leur avis. Mais il eft fenfible par tous les
autres paffages, que Monfieur de Valois rapporte, com-
me par ceux qui fe trouvent dans le Gloffaire de Mon- | Ad vocem
fieur Du Cange, que nos Sénieurs étoient des Officiers | fenior.
exerçans actuellement un emploi confidérable.

On voit par la vie de Saint Faron Evêque de Meaux,
dans le feptiéme fiecle, que nos Sénieurs avoient alors
des Supérieurs qui s'appelloient Archi-Sénieurs. Les Sénieurs ayant été multipliés par tous les évenemens qui
multiplient les Chefs fubalternes d'une Nation, ils n'auront pas pu rendre tous compte au Prince lui-même, ou
à l'Officier prépofé par lui, de la portion du gouvernement dont ils étoient chargés. Il aura donc fallu leur donner des Supérieurs, avec lefquels ils travaillaffent, & qui
travaillaffent enfuite eux-mêmes avec le Roi ou avec les

Officiers. Il est dit dans cette vie, (a) en parlant des Ambassadeurs du Roi des Saxons, que Clotaire II. à qui ces Ministres avoient parlé avec insolence, vouloit faire mourir. » Les Ministres & les Archi-Sénieurs s'opposè- » rent avec courage & avec fermeté, à l'exécution de » l'Arrêt que le Roi venoit de prononcer. Ces Archi-Sénieurs, à qui les Romains avoient donné un nom tiré de la langue Latine, sont apparemment les mêmes Officiers qui dans la Loy Salique, (b) sont désignés par le nom de *Sagbarones*, mot Franc latinisé. Le meurtrier de ces personnes-là, étoit condamné à une peine pécuniaire de trois cens sols d'or. En effet, Monsieur Eccard dans son Commentaire sur la Loy Salique, fait venir le nom de *Sagibarones* de deux mots Germains, dont l'un signifie une *affaire*, & l'autre un homme, de maniere qu'on pourroit traduire *Sagbarones*, par l'appellation de gens qui administrent les affaires.

· Une partie des Sénieurs restoit donc auprès du Roi pour lui servir de Conseil, tandis que l'autre demeuroit dans les Provinces pour gouverner les Francs, établis dans un certain district. Chacun de ces Chefs ou Gouverneurs, avoit sous lui, suivant l'ancien usage des (c) Germains, une espece de Sénat, composé de cent personnes choisies par les Citoyens de ce département. Ces *Centenaires*, dont il est parlé fréquemment dans les Loix

---

(a) Nam stipatores & Archi-Seniores Principum, hoc edictum ire ingeminando ab ore Regis auribus ut hausetunt, contradicendo pulsu vocum suarum refringere temptaverunt. *Vita Far. cap. 72. Du Ch. tom. 1. p. 569.*

(b) Si quis Sagbaronem aut Gravionem qui puer Regius fuerat occiderit,

Solidis ter centum culpabilis judicetur. *Lex. Sal. tit. 57. par. secunda.*

(c) Eliguntur in iisdem Conciliis & Principes qui jura per Pagos vicosque reddant. Centeni singulis ex Plebe comites consilium & auctoritas adsunt. *Tacitus de Mor. Germ.*

Nationnales des Barbares & dans les (*a*) Capitulaires, aidoient leur Supérieur de leur avis, & ils faisoient mettre ses Ordres en exécution. Lorsque les Francs étoient commandés pour marcher en campagne, le même Officier, qui faisoit les fonctions de Jugé durant la paix, faisoit celle de Capitaine durant la guerre, & il avoit alors sous lui, les mêmes subalternes qui servoient sous lui dans les quartiers. Ils lui étoient également subordonnés dans ses fonctions militaires, & dans ses fonctions civiles.

Nous sçavons bien qu'il y avoit des quartiers de Francs dans plusieurs Cités des Gaules. On ne sçauroit douter, par exemple, qu'il n'y en eût dans la Cité de Paris, dans celle de Rouen, & dans plusieurs autres. Par exemple, Grégoire de Tours, pour dire que le meurtre de Prétéxat, Evêque de Rouen, assassiné par ordre de la Reine Frédégonde, causa une grande douleur à tous les habitans de la Cité de Rouen, soit Francs, soit Romains, s'explique ainsi. » Tous les Citoyens de Rouen, & principalement » les Sénieurs (*b*) des Francs, établis dans la contrée, ressen- » tirent en apprenant cet évenement, une grande afflic- » tion. Mais nous ne sçavons pas si dans chacune des Cités de l'obéissance de Clovis, il y avoit des quartiers de Francs. Il est même apparent, par ce que nous avons observé concernant les conquêtes que Clovis fit sur les

---

(*a*) Si quis Centenarium Comitum noluerit.... ad prindendum adjuvare. *Capit. Chl. anni* 495. *articul.* 9.

Hoc convenit ut Tunginus vel Centenarius Mallum indicent. *Capit. anni* 798. *art.* 48.

Ut judices, Vice domini, Præpositi, Advocati, Centenarii boni &

veraces & mansueti cum Comite & populo eligantur. *Cap. ann.* 809. *art.* 22.

(*b*) Magnus tunc omnes Rhotomagenses cives & præsertim Seniores illius loci Francos mæror obsedit. *Gr. Tu. Hist. lib.* 8. *cap.* 31.

Vifigots, qu'il y avoit plufieurs Cités des Aquitaines
dans lefquelles ce Prince n'en avoit pas mis.

La Loy Salique, la Loy Ripuaire & les Capitulaires
font fouvent mention des *Ratchimbourgs*, & ils en parlent comme de Magiftrats, qui avoient beaucoup de part
à l'adminiftration de la Juftice ; mais comme on voit que
ces Ratchimbourgs étoient les mêmes que les *Scabini* ou
Echevins, & comme il eft conftant par les Capitulaires,
que les Echevins étoient des Officiers choifis par tout le
Peuple d'un diftrict, pour rendre la juftice à tous les Citoyens, de quelque Nation qu'ils fuffent, fuivant la Loy
de chacun d'eux, je ne les mettrai point au nombre des
Officiers particuliers à la Nation des Francs. Les Francs
exerçoient bien ces emplois municipaux, ainfi que les
autres Barbares, & ainfi que les Romains mêmes, mais
ce n'étoit point par la vocation des Francs feuls, c'étoit
par celle de tout le Peuple de la Cité où ils étoient domiciliés.

Les Francs avoient deux Affemblées, le *Champ de
Mars* & le *Mallus* ou *Mallum*. Sous le regne de Clovis,
& fous celui de fes prédéceffeurs, le Champ de Mars
étoit une Affemblée annuelle & générale de tous les
Francs qui obéiffoient au même Roi, & dans laquelle ils
prenoient fous la direction de leur Prince, toutes les ré-
folutions qu'il convenoit de prendre pour le bien général de la Tribu. Cette Affemblée s'appelloit le Champ
de Mars, parce qu'elle fe tenoit dans le mois de Mars.
Comme la faifon pour entrer en campagne arrive peu
de tems après, l'ardeur que les Francs emportoient du
Champ de Mars, n'avoit point le tems de fe refroidir.
Cependant les Francs ne laiffoient point d'avoir encore
après la tenuë de cette affemblée, le loifir de préparer

» ple de la Monarchie, & il s'avança jufqu'à Orleans.
» Là, il tint fon Confeil de guerre, en forme de Champ
» de May, car ce Prince eſt le premier qui ait remis au
» mois de May l'Aſſemblée qui devoit ſe tenir au mois
» de Mars. Tous les Francs & tous les Grands de l'Etat,
» lui firent là des préſens confidérables. Rien ne montre
mieux, combien l'eſſence du Champ de Mars étoit
changée, que d'y voir entrer des Officiers de toutes
les Nations ſujettes de la Monarchie. Mais comme elles
ſervoient toutes nos Rois dans les guerres ſur le même
pied que celle des Francs, il falloit que les Généraux
Nationaux fuſſent du Confeil de guerre.

Quant au *Mallus* que nous appellerons, quoiqu'un
peu abuſivement les *Aſſiſes*, elles ſe tenoient par les Officiers prépoſés à cet effet, & qui alloient de contrée en
contrée, rendant la juſtice dans tout un Canton. Quand
les Tribus des Francs habitoient encore au-delà du Rhin,
& quand chaque Tribu ne jouiſſoit que d'un petit territoire où il ne ſe trouvoit que des Citoyens de cette Nation, il n'y avoit qu'une Compagnie de Judicature, qu'une
Cour de Juſtice dans chaque Royaume. Mais lorſque la
Nation réunie en deux Tribus, ſe fut répanduë dans les
Gaules, il y eut apparemment dans chaque quartier de
Francs, une ſemblable Compagnie, qui ſe tranſportoit
ſucceſſivement dans les differens lieux de ſon diſtriɔ,
pour y rendre juſtice aux Francs, qui avoient des conteſtations avec d'autres Francs. On voit par les Capitulaires,
que cette Aſſemblée étoit ſédentaire du tems des Rois de
la ſeconde Race, & qu'elle avoit des Tribunaux fixes,
où elle rendoit la juſtice à des jours marqués.

Les Ordonnances des Rois défendent à ces (*a*) Com-

_____
(*a*) Mallus tamen neque in Eccleſia neque in atrio ejus habetur. Minus
pugnites.

pagnies de tenir leurs féances dans les Eglifes , ni fous
les porches des Eglifes , & elles enjoignent aux Comtes
de faire conftruire des bâtimens, où elles puiffent vacquer à l'abri des injures du tems , aux fonctions de leur
miniftere. Nous verrons en parlant du gouvernement général du Royaume, que dans la fuite, le Tribunal de Judicature dont nous parlons, rendit la Juftice, non-feulement dans les conteftations furvenuës entre des Francs &
des Francs , mais auffi entre des Francs & des Citoyens
des autres Nations, & que le *Mallum* devint un Tribunal ; une Chambre mi-partie ou compofée à la fois de
Francs ou d'autres Barbares, & même de Romains, afin
qu'il s'y trouvât des Juges inftruits dans toutes les Loix ,
dont la décifion des Procès pourroit dépendre.

Il y avoit encore d'autres Tribunaux inférieurs à celui
là, que le Comte ou le Gouverneur particulier d'une Cité
convoquoit, où & quand il lui plaifoit, & qui pouvoient
terminer les procès de peu d'importance , & juger pro-
vifionnellement les autres.

On fe figure communément, que durant le fixiéme
fiecle & les fiecles fuivans, tous les Francs ne faifoient
d'autre profeffion que celle des armes. C'eft même principalement fur cette fauffe idée, qu'on a bâti le fyftême
chimérique, qui fait venir l'Ordre de la Nobleffe exiftant
aujourd'hui dans le Royaume de ces Francs , & qui voudroit revêtir cet Ordre de toutes les prérogatives & de
tous les droits, qu'on trouve bon de leur attribuer, mais
dont ils ne joüirent jamais. Nous allons voir néanmoins qu'il
en étoit des Francs comme des Romains, & des autres Na-

---

vero Placita Comes five intra fuam
poteftatem vel ubi impetrare potuerit habeat. Volumus utique ut Domus à Comite in loco ubi Mallum tenere debet conftruatur ut propter calorem Solis & pluviam, publica
utilitas non remaneat. *Capit. anni* 819.
Bal. tom. 1. *pag.* 603

tions qui habitoient dans les Gaules. Tous les Citoyens
de ces Nations, faifoient bien profeffion des armes en
un fens, parce que, comme il n'y avoit pour lors qu'un
très-peu de troupes réglées, ils fe trouvoient fouvent dans
l'obligation de manier les armes. Il y en avoit même
quelques uns d'entr'eux, qui faifoient plus particulierement profeffion des armes, parce qu'ils compofoient la
Milice ordinaire des Gaules, ou celle qui étoit toujours
commandée pour marcher en campagne dès qu'il y avoit
guerre. Tels étoient parmi les Romains, ceux qui poffé-
doient encore des bénéfices militaires, & les foldats des
Légions, qui étoient paffées en quatre cens quatre-vingt
dix-fept au fervice de Clovis. Tels étoient les Francs qui
poffedoient les Terres Saliques, dont nous parlerons inceffamment. Mais fi ceux des Francs, qui étoient dans
une obligation particuliere d'aller à la guerre, ne faifoient point d'autre profeffion que celle des armes, du
moins ceux qui n'avoient d'autre obligation de fervir,
que celle qui étoit commune à tous les Citoyens, ne laiffoient pas d'éxercer d'autres profeffions, & d'en faire
leur occupation ordinaire. En un mot, il y avoit des
Francs dans tous les états & conditions de la Societé.

Dès que la Nation eut été établie dans les Gaules, &
qu'elle eut embraffé le Chriftianifme, il y eut plufieurs
Francs qui entrerent dans l'Etat Eccléfiaftique, & qui
prirent les Ordres facrés. M. de Valois, après avoir fait
l'énumération des Evêques qui fignerent les Actes du Concile tenu dans Orleans, la vingt-fixiéme année du regne
de Childebert fils de Clovis, dit qu'on reconnoît au nom
que portoient trois des Prélats qui les ont foufcrits, (a) fait
voir Lauto, Evêque de Coûtances, Lubenus, Evêque

_____

(a) E quibus Lautonem, Leubenum | nomina. Valef. Rer. Fran.
& Agericum Francos fuiffe, indicant | pag. 424.

fixiéme fiecle, n'avoient point été élus avant que d'avoir
pris les Ordres facrés, ni même peu de tems après les
avoir pris. Il eſt même apparent que les Peuples n'auront pas choifi pour leurs Evêques, les premiers Francs
qui auront pris les Ordres. Dans chaque Diocèfe, le peuple,
qui pour la plus grande partie étoit compofé de Romains,
aura voulu ſçavoir par l'expérience, avant que d'élire des
Francs pour fes Evêques, fi les perfonnes de cette Nation
étoient propres au gouvernement Eccléfiaſtique, dont
l'efprit eſt fi fort oppofé à celui du gouvernement militaire. Il aura fallu du tems aux Eccléfiaſtiques Francs de
Nation, pour faire revenir les Romains de la prévention,
dans laquelle il étoit naturel qu'ils fuſſent, contre l'adminiſtration d'un Evêque né Barbare. D'ailleurs, quoique
Leuto, Ageric, Genotigernus, Saffaracus & Medoveus,
foient les premiers Evêques Francs que nous connoiſ-
fions, il fe peut faire qu'il y en ait eu d'autres avant eux.
Si tous les Evêques des pays de la domination de Clovis,
fe fuſſent trouvés au premier Concile d'Orleans, peut-
être verrions-nous parmi les foufcriptions faites au bas de
fes Actes, la fignature de dix ou douze Evêques Francs
de Nation.

Mais dira-t-on tout ce que vous avancez, concernant
la Nation, dont étoient Genotigernus & les autres Evêques, qui ont foufcrit les Actes des Conciles Nationaux
que vous citez, & la Nation des Evêques qui ont foufcrit
les Actes des Conciles poſtérieurs dont vous avez parlé,
n'eſt point fondé fur les Actes de ces Conciles. Il n'y eſt
point dit que ces Evêques fuſſent Francs. Chacun des
Evêques qui les ont fignés, a bien ajoûté à fon nom propre, le nom du Diocèfe dont il étoit Evêque; mais il
n'y a pas joint le nom de la Nation dont il étoit forti.
Saffaracus dit bien, par exemple, dans fa foufcription, qu'il

Étoit Evêque de Paris, mais il n'y dit point qu'il fût Franc de Nation; d'où tenez-vous le secret de leur naissance?

Je réponds que leur nom propre fait suffisamment connoître qu'ils n'étoient pas Romains; & par conséquent qu'ils étoient Barbares. Tous les Ecrivains célèbres pour avoir illustré notre Histoire, supposent, & même quand la question se présente, ils soûtiennent expressément que par le nom que portoit une personne qui vivoit dans le cinquiéme siècle & dans les siecles suivans, on reconnoît si elle étoit Romaine ou Germaine de Nation. Monsieur l'Abbé Fleuri de l'Académie Françoise, juge très-souvent sur le nom seul de ceux dont il s'agit, de laquelle des deux Nation ils étoient. C'est sur le nom des Evêques qui ont souscrit les Actes des Conciles des Gaules, qu'il juge que jusqu'au huitiéme siecle, la plupart d'entr'eux, *Hist. du* ont été Romains. Mais je me contenterai de faire lire ici *Droit Fr.* *pag. 16.* ce que dit sur ce sujet là Monsieur de Valois, parce que les autres Auteurs sont de même sentiment que lui. Ce *Annal.* sçavant homme, après avoir rapporté ce qu'on lit dans *Cointiani.* *Tom. pr.* Grégoire de Tours, concernant Deuteria, l'une des fem- *p.127,* mes du Roi Theodebert, fils de Thierri I. ajoûte: (*a*) On » voit assez par le nom seul de Deuteria qu'elle étoit » Gauloise, ou comme on le disoit alors, Romaine; car on » doit sçavoir, que toutes les personnes de ce tems-là,

---

(*a*) Fuit Deuteria ut & nomine intelligitur, natione Galla aut quemadmodum tunc loquebantur Romana. Nimirum qui Græcis & Latinis nominibus tunc dicti reperiuntur in nostris historiis, scire licet hos Gallos esse. Dudum enim Gallica nomina exoleverant. Contra Franci habendi sunt, vel in parte Germaniæ Francis subjecta nati, quotquot circa ea tempora Germanis nominibus appellantur. Sic & Afri àVandalis, sic Hispani Septimaniæ à Visigothis & Provinciales ab Ostrogothis, sic Britanni ab Anglis distinguebantur. Sed postea Franci à Gallis non raro ut uxores sic nomina cognominaque Latina accepere & Gallis non nunquam sublato discrimine Francica data sunt nomina, quod semel annotasse sufficit. *Valef. Rer.* *Franc. lib. sep. pag. 391.*

» dont notre Hiſtoire fait mention , & qui portent un
» nom Grec ou Romain , étoient Gauloiſes. Les noms
» propres Gaulois avoient ceſſé depuis long-tems d'être
» en uſage. Au contraire , on doit tenir pour Franc de
» Nation , ou du moins pour Germain , les perſonnes de
» ce tems-là , qui portent des noms tirés de la langue
» Germanique. On peut même , en ſuivant ce principe,
» reconnoître les Vandales & les Romains d'Afrique,
» les Viſigots & les Romains d'Eſpagne , les Oſtrogots
» & les Romains d'Italie , enfin les Bretons inſulaires &
les Anglois. » Il eſt vrai que dans les tems poſtérieurs à
ceux dont je parle , continue Monſieur de Valois , qui
traite actuellement d'un évenement, arrivé vers le milieu
du ſixiéme ſiecle. » Des Francs, non - contens d'épouſer
des femmes Gauloiſes, prirent auſſi des noms & des
» ſurnoms Romains , & que d'un autre côté , des Ro-
» mains prirent des noms Francs. C'eſt ce qu'il ſuffira d'a-
» voir remarqué une fois.

Je dirai en paſſant, qu'on peut confirmer par le témoi-
gnagne de l'Abbréviateur , ce que Monſieur de Valois en
conſéquence de ſon principe général avance, concernant
Deuteria en particulier ; l'Abbréviateur écrit en termes
exprès, que Deuteria, (a) une des femmes de Theodebert , étoit Romaine de Nation.

En effet comme la plûpart des noms propres viennent
de quelque mot de la langue maternelle, de ceux qui
les portent , il s'enſuit qu'on connoît de quelle Nation
ſont les perſonnes que l'Hiſtoire nomme , dès qu'on
peut ſçavoir de quelle langue ſont dérivés les noms propres que l'Hiſtoire leur donne. Ainſi nous pouvons aiſément reconnoître les Romains à leur nom , tirés du Latin

(a) Theudebertus relinquens Viſigardem , Theoteriam genere Romanam
duxit uxorem. *Ep. cap. 39.*

ou du Grec , qui étoit devenu une langue très-commune
parmi eux. Quant aux noms Barbares , on les reconnoît
pour tels , soit parce qu'on sçait ce qu'ils signifient en
langue Germanique , soit à ce qu'on en voit porter de
semblables à des personnes , qu'on sçait d'ailleurs avoir
été Barbares , soit à ce qu'ils ne sont pas Romains. Je
n'en dirai point davantage sur ce sujet , dans la crainte
qu'il ne parût , si je le traitois plus au long , que j'aurois
voulu m'approprier comme une nouvelle découverte ,
une observation faite par d'autres , & suffisamment auto-
risée par le nom seul de ses Auteurs.

Au reste comme les Francs , qui prenoient le parti de
l'Etat Ecclésiastique , se faisoient couper les cheveux pour
s'habiller à la façon des Romains , ils étoient réputés avoir
quitté la Nation des Francs pour se faire de la Nation
des Romains , & par conséquent tenus pour inhabiles à
remplir aucune des dignités particulieres à la Nation des
Francs , & sur-tout à parvenir à la Royauté , où l'on ne
pouvoit point aspirer sans être de cette Nation , comme
on ne pouvoit pas prétendre à la Royauté des Visigots
qu'on ne fût Visigot , ainsi qu'il est déclaré (*a*) dans un
Canon du cinquiéme Concile de Tolede , tenu depuis
la conversion des Visigots à la Religion Catholique. Voilà
pourquoi Clovis , comme nous l'avons vû , fit couper
les cheveux à Cararic & à ses enfans , lorsqu'il voulut les
rendre incapables d'être Rois d'aucune des Tribus des
Francs. Voilà pourquoi Childebert & Clotaire donne-

(*b*) Inexpertis & novis morbis, no-
va decet invenire remedia. Qua propter quia sunt inconsideratæ quorum-
dam mentes & se minime capientes
quos nec origo ornat nec virtus deco-
rat , qui passim putant licenterque ad
Regiæ Majestatis pervenire fastigia.
Hujus rei causa nostra omnium cum
invocatione divina profertur sententia,
ut si quis talia meditatus fuerit quem
nec electio omnium præficit , nec Gothicæ Gentis nobilitas ad hunc apicem
trahit, sit consortio Catholicorum pri-
vatus& divino anathematecondemna-
tus. *Concil. Toletan. quint. Can. tertio.*

rent à fainte-Clotilde le choix de voir couper les cheveux des fils de Clodomire, dont ils vouloient ufurper le Royaume, ou de voir poignarder ces jeunes Princes. Enfin voila pourquoi faint Cloud, le troifiéme des fils de Clodomire, fut regardé comme mort civilement pour les Francs, dès qu'il fe fut fait Eccléfiaftique.

On peut bien croire que les Francs, comme compatriotes du Chef de la Monarchie, n'euffent la principale part à fes dignités, & que plufieurs d'entr'eux ne fuffent employés comme Ducs & comme Comtes. Ceux qui étoient revêtus de ces dignités, exerçoient en même tems le Pouvoir civil, & le Pouvoir militaire chacun dans fon diftrict. La féparation de ces deux Pouvoirs, que Conftantin le Grand avoit introduite dans l'Empire, ceffa dans les Gaules en même-tems que la domination des Empereurs. C'eft ce qui paroît en réfléchiffant fur différens endroits de notre Hiftoire, dont nous rapporterons quelques-uns, & où l'on voit que les Ducs qui étoient des Officiers purement militaires fous les derniers Empereurs, fe mêloient des affaires civiles fous nos premiers Rois, dont ils ne laiffoient pas de commander les armées.

Mais il fuffira pour bien établir la vérité de ce fait, que *la féparation* du Pouvoir militaire & du Pouvoir civil, avoit ceffé fous Clovis & fous fes fucceffeurs, de rapporter ici le contenu de celle des Formules de Marculphe, qui contient le modelle des provifions qui fe donnoient, foit aux Patrices, foit aux Ducs, foit aux Comtes. En premier lieu, il eft dit dans cette Formule: qu'on ne doit conferer les dignités, aufquelles l'adminiftration de la Juftice eft fpécialement attachée, qu'à des perfonnes d'une vertu & d'un courage éprouvés. Il eft enjoint en fecond lieu, au pourvû de rendre la juftice

tous les sujets de la Monarchie, conformément à la Loy,
suivant laquelle vit chacun d'entr'eux. Nous parlerons
plus au long de cette Formule, & nous en donnerons même un assez long extrait dans le Chapitre neuviéme de
ce sixiéme Livre.

Cette gestion du pouvoir civil, n'étoit point, je l'a-
voüe, particuliere aux Francs. Elle leur étoit commune
avec les autres Barbares. Mais ce qui leur étoit particulier, c'est que comme l'observe Agathias, dans un endroit de son Histoire que nous avons déja rapporté, ils
entroient dans les Sénats des Villes, & exerçoient les
fonctions des emplois Municipaux.

Nous avons eu occasion de dire plus d'une fois, que
les Barbares qui ont ruiné l'Empire Romain, n'aimoient
point le séjour des Villes. » Quand les Barbares, (a) dit
» Ammien Marcellin, se sont rendus Maîtres d'une Cité, ils
» ne s'établissent que dans son plat pays, car ils ont aversion
» pour le séjour des Villes, qu'ils regardent comme des
» buissons semés de pieges & environnés de filets. Sui-
» vant Cassiodore, (b) le nom de Barbare étoit composé
de deux mots Latins, dont l'un signifie *Barbe*, & l'autre
Campagne. On leur donne, dit notre Auteur, ce nom là,
parce qu'ils demeurent toûjours à la campagne, & qu'ils
ne veulent point habiter dans les Villes. Il est vrai que
l'étimologie de Cassiodore ne vaut rien, mais le fait dont
cet Auteur la tire, n'en est pas moins constant, puisqu'il
n'a pu écrire que ce qu'on voyoit de son tems.

(a) Civitates Barbari possidentes, territoria earum habitant, nam ipsa oppida ut circumdata retiis busta declinant. *Amm. Mar. lib. hist. 16. pag.* 60.

(b) Barbarus autem à *barba* & *turo* dictus est, quod numquam in urbe vixerit, sed semper in agro habitasse noscatur. *Cassiod. Expos. in Psal.* 113. *Tom.* 2, *pag.* 286.

Les Francs differens en cela des autres Barbares, demeuroient non-seulement dans les Villes, mais ils y exerçoient encore les emplois Municipaux. Non-seulement on voit par la Loy Salique & par la Loy Ripuaire, qu'il y avoit des *Ratchimbourgs* de la Nation des Francs, & qui administroient la Justice sous la direction des Comtes, mais que ces Ratchimbourgs, quoique Francs, puisqu'ils étoient soumis aux deux Loix des Francs s'étoient, pour ainsi dire, tellement metamorphosés en Romains, qu'ils vouloient juger les procès des Francs, non pas selon la Loy Nationale des Francs, mais selon le Droit Romain.

Cangii
Gloss. ad
vocem *Rat-chimburgi.*

» Lorsque les Ratchimbourgs, dit la Loy Salique, se-
» ront venus au Tribunal pour juger un procès entre
» deux Francs, le procès étant suffisamment instruit, le
» Demandeur les requerera de rendre leur Jugement sui-
» vant la Loy Salique. Si les Ratchimbourgs ne rendent
» point leur Sentence suivant la Loy Salique, ils seront
» condamnés à une amande de quinze sols d'or, applica-
» ble à la Partie qui aura perdu son procès.

La Loy des Ripuaires est encore plus sévere à cet égard, que la Loy des Saliens ; puisqu'elle condamne chaque Ratchimbourg en son propre & privé nom , à la même peine pécuniaire, à laquelle tous les Ratchimbourgs sont condamnés collectivement dans la Loy des Saliens. » Si
» dans un (*b*) procès, dit la Loy des Ripuaires, les Rat-
» chimbourgs refusent de prononcer suivant la Loy Na-

(*a*) Si qui Ratchimburgii Legem voluerint dicere in Mallebergo residen-
tes , cum causam inter duos discusse-
rint, debet eis qui causam requirit dicere : Dicite nobis Legem Salicam .....
Si vero Ratchimburgii non secundum

Legem judicaverint Salicam , his contra quos sententiam dederint solidos
quindecim solvant. *Leg. Sal.* Tit.
sexages.
(*b*) Si quis causam suam prosequi
& Ratchimburgii inter eos secundum

» tionale, alors la Partie à laquelle ils auront fait perdre
» le procès, dira : Je vous somme de juger conformé-
» ment à la Loy des Ripuaires. Si les Ratchimbourgs
» refusent de prononcer ainsi, & qu'il y ait preuve du
» fait, chacun d'eux sera condamné à payer quinze sols
» d'or d'amande.

On voit bien qu'il s'agit dans ces deux articles, non
pas de Juges qui auroient renvoyé un coupable absous,
condamné un innocent, déchargé un débiteur, en un
mot, prononcé contre la Justice, mais de Juges qui n'auroient pas voulu se conformer à la disposition d'une certaine Loy, en condamnant un coupable, en renvoyant
l'innocent absous, en prononçant une Sentence juste au
fond. Ces articles de la Loy des Francs, sont relatifs au
serment que faisoient nos Rois, de faire rendre bonne
justice à chacun de leurs sujets, & de la faire rendre à
chacun suivant la Loy de la Nation, dont il étoit Citoyen. Il n'est pas étonnant que des Juges qui avoient
quelque lumiere, aimassent mieux dans plusieurs cas, se
conformer en prononçant leurs Sentences aux Loix du
Droit Romain, que de suivre servilement ce qui étoit statué dans des Loix grossieres, & faites par des Législateurs
encore à demi sauvages.

On ne m'objectera point à ce que j'espere, que les
Francs ne sçachant point le Latin, ils n'étoient gueres
propres à remplir les emplois que je leur fais exercer.
On a vû que dès le regne de Childéric, & quand ils n'é-
toient encore établis que sur la lisiere des Gaules, ils en-

Legem Ripuariam dicere noluerint ; noluerint & postea convicti fuerint ; tum ille in quem sententiam contra- unus quisque eorum quindecim so- riam dixerint, dicat. Ego vos rengano lidis mulctetur. Lex. Rip. tit, quinqua- tet mihi Legem dicatis. Quod si dicere gesimo quinto.

tendoient déja généralement parlant la langue Latine.
Dès qu'ils auront été domiciliés dans le centre des Gaules, la néceſſité d'entendre la langue ordinaire du pays, aura obligé ceux qui ne ſçavoient pas encore le Latin à l'apprendre. Paris devint ſous le regne de Clovis, le ſéjour ordinaire du Roi des Francs & des principaux Citoyens de cette Nation. Si les Peres ont mal appris la langue Latine, leurs enfans nés dans les Gaules, & élevés parmi ceux des Romains, l'auront appriſe très-bien, & même ſans l'étudier.

Enfin, les Francs, comme nous l'avons fait remarquer, étoient une Nation peu nombreuſe, & lorſqu'ils ſe furent diſperſés dans les Gaules, il falloit qu'ils fuſſent dans preſque toutes les Cités, en un nombre moindre que celui des anciens habitans, dont la langue commune étoit le Latin. Or toutes les fois que deux Peuples qui parlent des langues différentes, viennent à cohabiter dans le même pays, de maniere que leurs maiſons ſoient entremêlées, le Peuple le moins nombreux apprend inſenſiblement la langue du plus nombreux. Il arrive même après quelques générations, que le Peuple le moins nombreux oublie ſa langue naturelle, pour ne parler plus que la langue du plus nombreux, à moins que le Gouvernement ne s'en mêle, & qu'il ne faſſe des efforts continués durant long-tems, pour obliger le Peuple le plus nombreux à parler la Langue de l'autre. Combien croit-on qu'il en ait coûté de ſoins & de peine aux Empereurs, pour obliger les Gaulois, qui dans leur patrie, étoient en plus grand nombre que les Romains, à parler Latin. Combien de Gaulois auront-ils été éloignés de tout, tant qu'ils ne ſçavoient pas le Latin. En quoi ſeront-ils été avancés, pendant

étoit d'ailleurs la condition des Gaules sous les Empereurs ? Elles étoient une des Provinces de l'Empire Romain. Ainsi le Latin qu'on faisoit apprendre aux Gaulois,
étoit, pour ainsi dire, la langue vulgaire de la Monarchie.
On ne pouvoit point, sans sçavoir cette langue, être Officier de l'Empire. On pouvoit, au contraire, être employé dans toutes ses Provinces, dès qu'on la sçavoit.
Ainsi les Romains seront venus à bout d'obliger les Gaulois à parler Latin. Mais les Souverains qui veulent imposer au grand nombre la nécessité de parler la langue du
petit nombre, ne réussissent pas toûjours. Quelques efforts
qu'ayent fait les Rois Normands, pour obliger l'ancien habitant de l'Angleterre à parler la langue qu'ils parloient dans
le tems qu'ils la conquirent, ces Princes n'ont pu en venir
à bout. Le Peuple conquérant a été enfin obligé à parler
la langue du Peuple conquis. Il est bien resté dans la
langue vulgaire d'Angleterre plusieurs mots François,
mais au fond, cette langue est demeurée un idiome de la
langue Germanique.

Or nous ne voyons pas que les Rois Francs, ayent jamais entrepris d'engager les Romains des Gaules à étudier
& à parler la langue naturelle des Francs, ni que ces Princes ayent jamais tenté de la rendre, pour user de cette
expression, la langue dominante de leur Monarchie. Au
contraire, nos premiers Rois se faisoient un mérite de
bien parler Latin. Fortunat, loüe le Roi Charibert, (a)
petit-fils de Clovis, de s'énoncer en Latin mieux que les

(a). Cum sis progenitus clara de gente Sicamber
    Floret in eloquio lingua Latina tuo.
  Qualis es in propria docto Sermone loquela
    Qui nos Romano vincis in eloquio.
Poet. lib. 6. car. quarto.

Romains mêmes. » Que vous devez être éloquent, dit-il
» à ce Prince ! quand vous vous exprimez dans la langue
» de vos Peres, vous qui êtes plus éloquent que nous au-
» tres Romains nous ne le sommes, quand vous vous ex-
» primez dans notre langue naturelle. Dans un autre Poëme, Fortunat loüe le Roi Chilpéric, frere de Charibert,
en s'adreſſant à lui-même, d'entendre ſans interprete les differentes langues dont ſes ſujets ſe ſervoient. Le plus grand
nombre de ces ſujets étoit Romain. Enfin tous les Actes
faits ſous la premiere Race, ſont en Latin.

Nos Rois laiſſant donc aller les choſes ſuivant leurs cours
ordinaire, il a du arriver que dans leurs Etats, la langue
du plus grand nombre, devînt au bout de quelques généra-
rations, la langue ordinaire du petit nombre. Ainſi dès la
fin du ſixiéme ſiecle, on aura généralement parlé Latin
dans quinze des dix-ſept Provinces des Gaules, parce
que les anciens habitans de ces quinze Provinces, étoient
des Gaulois devenus Romains, & parce qu'ils étoient
en plus grand nombre que les Francs & les autres Barbares, qui avoient fait des établiſſemens dans ces quinze
Provinces.

En effet, la langue qui s'y eſt formée dans la ſuite,
par le mêlange des langues differentes, que leurs habitans parloient dans le ſixiéme ſiecle & dans les trois ſiecles ſuivans, n'eſt qu'une eſpece d'idiome du Latin. Cette
nouvelle langue qui eſt notre langue Françoiſe, eſt preſque toute entiere compoſée de mots Latins. Le nombre
des mots de la langue Celtique & de langue Germanique,
qui entrent dans la langue Françoiſe, eſt très-petit. Il eſt

(a) Diſcernis varias ſub nullo interprete voces
　　　Et generum linguas unica lingua refert.
Ibid. lib. 9. cat. primo.

vrai , que parmi les quinze Provinces des Gaules , où cette langue eſt la langue vulgaire , il y en a trois, où dans une partie du pays, il ſe parle une langue differente. On parle vulgairement l'ancien Celtique ou le Bas-Breton ſur les côtes de la troiſiéme Lyonoiſe. Dans la partie Orientale de la Province Séquanoiſe, je veux dire, dans la partie de la Suiſſe, qui s'étend depuis la gauche du Rhin juſqu'à ceux des pays de la Suiſſe qui ſont de langue Françoiſe, on parle le haut Allemand, qui eſt un idiome de l'ancienne langue Germanique. Enfin , on parle Flamand , un autre idiome de la langue Germanique, dans la partie Septentrionale de la ſeconde Belgique , je veux dire, dans la Flandre Flamingante, & dans preſque tout le Duché de Brabant.

La raiſon de ces trois exceptions à la regle générale eſt connuë. Nous expliquerons ce qui concerne la troiſiéme Lyonoiſe, en parlant de l'établiſſement de la Colonie des Bretons inſulaires ſur les côtes de cette Province. Quant à la ſeconde Belgique Septentrionale, la plûpart de ſes habitans étoient Germains dès le tems des anciens Empereurs , & Charlemagne y tranſplanta encore des milliers de Saxons, dont la langue vulgaire étoit la langue Teutone. Nos Germains y faiſoient donc le plus grand nombre , & ce furent eux qui défricherent & mirent en valeur les marais de cette contrée. Pour ce qui regarde la Suiſſe, les Allemans une autre Nation Germanique avoient établi dès le cinquiéme ſiecle , comme nous l'avons dit , une puiſſante Colonie dans les pays , qui ſont entre le Rhin & le Lac de Généve. Il y a véritablement deux des dix-ſept Provinces des Gaules, où l'on parle aujourd'hui Allemand. Ce ſont les deux Germaniques. Mais comme nous l'avons obſervé dans le premier Livre de cet Ou vrage, les Peuples qui les habitoient dans le cinquiéme fiécle, & que les Francs y trouverent, étoient originairement des Germains. Il y avoit plufieurs d'entr'eux que les Empereurs y avoient tranfplantés en differens tems, & dont quelques-uns y étoient même domiciliés depuis peu. D'ailleurs ce fut dans ces deux Provinces que les Francs s'habituerent plus volontiers que dans aucune autre contrée des Gaules. Ainfi dans le fixiéme fiecle, les Germains s'y feront trouvés en plus grand nombre que les Romains, & peu à peu ils auront donné leur langue à ces derniers. La même caufe qui aura fait que dans quinze Provinces des Gaules, les Francs & les autres Germains auront appris à parler Latin ou une langue dérivée prefqu'entierement du Latin, aura fait que dans les deux autres Provinces, les Romains auront appris à parler la langue Tudefque.

Je reviens à la condition des Francs, fous Clovis & fous fes premiers fuccefleurs. Nous avons vû que quelques-uns entroient dans l'Etat Eccléfiaftique, que d'autres, qui poffedoient les Terres Saliques, étoient proprement enrôlés dans la Milice du Royaume, que d'autres rempliffoient les places les plus importantes du Gouvernement, que d'autres entroient dans les emplois Municipaux. Quant au refte des Citoyens, il vivoit, ou de fon bien, ou de fon induftrie. En effet, comme on ne voit pas qu'il y eût alors de troupes reglées compofées de Francs, la folde du Prince n'étoit point comme elle l'eft aujourd'hui, une reffource toûjours prête pour ceux qui n'ont point un patrimoine fuffifant à s'entretenir, & qui cependant ont de l'éloignement pour les profeffions lucratives. Les Terres Saliques qui fe partageoient entre tous les enfans mâles du dernier poffeffeur, n'enrichiffoient

chiſſoient (a) pas toujours ceux qui étoient appellés à ces bénéfices militaires. On prétend même qu'en
certains cas, les filles pouvoient être appellées à partager
les terres avec leurs freres. Ainſi je ne fais aucun doute,
que les Francs , ſur-tout ceux qui demeuroient dans les
Villes , n'y exerçaſſent toutes ſortes de profeſſions. Ils
ſubſiſtoient dans les Gaules, à peu près comme ils avoient
ſubſiſté dans les Bourgades de l'ancienne France ou de la
France Germanique. Cette Nation n'étoit point aſſez
malheureuſe dans les tems qu'elle habitoit encore ſur la
rive droite du Rhin, pour n'être compoſée que de Gen-
tilshommes ou de Citoyens, qui n'euſſent d'autre métier
que celui de faire la guerre. Comment auroit-elle ſubſiſté ? Il falloit donc que dès-lors, une partie des Francs
fiſſent leur principale occupation , les uns de labourer la
terre, les autres de nourrir du beſtail , & les autres des
Arts qui ſont néceſſaires dans toutes les Sociétés , même
dans celles où le luxe n'eſt pas encore connu. Les guerres & les acquiſitions de Clovis auront bien fait quitter
pour quelques années à la plûpart de nos Francs , leurs
emplois ordinaires , pour venir chercher fortune dans les
Gaules. Mais quand la guerre aura été finie, quand il n'y
aura plus eu moyen de ſubſiſter de ſa ſolde & de ſon butin, il aura fallu que tous ceux qui n'avoient point amaſſé
un fonds de bien ſuffiſant à les faire vivre ſans travailler ,
retournaſſent à leur premiere profeſſion. Du moins, leurs
enfans l'auront repriſe. Les Conquêtes de Clovis n'enri-
chirent pas tous les Francs , parce que, comme nous le
dirons plus bas, ce Prince ne fit point ce qu'avoient fait

(a) De terra vero Salica , nulla portio hæreditatis tranſit in mulierem, ſed
hoc virilis ſexus acquirit , hoc eſt filii

in ipſa hæreditate ſuccedunt. Eccard.
Leg. Sal. pag. 107.

Tome III.   X x

dans le sixiéme siecle , & qu'on peut sur le nom qu'ils portoient , juger avoir été Barbares de Nation. On trouve encore dans Frédégaire, qu'en l'année six cens vingt-trois, (*a*) un nommé Samo , Franc de Nation & du canton de Soigniez, fit une Societé avec plusieurs autres Marchands, pour aller trafiquer dans le pays des Esclavons. Tous les termes dont se sert Frédégaire, sont décisifs.

CHAPITRE SIXIE'ME.

Des Bourguignons.

ON a déja vû quelle étoit la Nation des Bourguignons, dans quelle contrée des Gaules elle s'étoit établie & comment elle passa sous la domination de nos Rois. Quoique Procope ne dise point dans l'endroit de son histoire où il raconte cet évenement , qu'un des articles de la capitulation des Bourguignons avec les Rois des Francs ait été que les Bourguignons ne seroient point incorporés dans aucun autre Peuple ; mais qu'ils demeureroient toujours en forme de Nation distincte des autres qui continueroit à vivre suivant sa Loy particuliere, on doit supofer neanmoins que cette Capitulation contînt quelque stipulation pareille. En effet les Bourguignons subsisterent en forme de Nation séparée , jusques sous les Rois de la seconde race. On a même encore les réprésentations qu'Agobart Archevêque de Lyon dans le neuviéme siecle fit à l'Empereur

---

(*a*) Anno quadragesimo regni Chlotarii homo quidam nomine Samo Natione Francus , de Pago Sennonago plures secum negotiantes adscivit ad exercendum negotium in sclavos. *Fredeg. Chr. cap.* 48.

Louis le Debonnaire contre les abus autorisés par la Loy Gombette. Nous avons déja dit plus d'une fois qu'on nommoit ainsi la Loy Nationale des Bourguignons, parce qu'elle avoit été redigée par les soins de leur Roy Gondébaud. Mais ce qui se passa du temps d'Agobard appartient à la suite de cet ouvrage.

On voit par la Loy des Ripuaires, que les Francs se réputoient valoir mieux que les Bourguignons. Tandis que cette Loy condamne le Ripuaire qui auroit tué un Franc (a) à une peine pecuniaire de deux cens sols d'or, elle ne condamne qu'à cent soixante sols d'or, le Ripuaire qui auroit tué un Bourguignon. Ils avoient part cependant comme les Francs aux principaux emplois de la Monarchie. Frédégaire dit que Vvillibadus un des Généraux (b) de l'armée que Dagobert envoya contre les Gascons en l'année six cens trente-cinq, étoit Bourguignon de nation & Patrice; on a vû un corps de Bourguignons envoyé par les Rois des Francs au secours des Ostrogots attaqués par Justinien.

On ne sçauroit parler des Bourguignons sans observer que l'usage des Duels judiciaires ou des combats singuliers ordonnés par autorité de Justice, comme un moyen propre à faire connoître par l'évenement du combat, la verité des faits qu'un accusé dénioit, usage qui durant longtemps, a été pratiqué dans la Monarchie, y avoit été

(a) *De Homicidio ingenuorum.* Si quis ingenuus hominem ingenuum Ripuarium interfecerit ducentis solidis culpabilis judicetur. *Lex Ripuar. tit. septimo.*

De diversis interfectionibus. Si quis Ripuarius advenam Francum interfecerit, ducentis solidis culpabilis judi-

cetur. Si quis Ripuarius advenam Burgundionem interfecerit centum sexaginta solidis culpabilis judicetur. *Ibid, Titulo trigesimo sexto.*

(b) Willibadus Patricius & genere Burgundionum Aigyna, ex genere Saxonum. *Fred. hist. cap. 48.*

introduit par cette Nation composée originairement de forgerons & de charpentiers. Son Roy Gondebaud a mis par écrit le premier une Loy qui établit cette maxime si long-tems funeste à l'innocence : Que le meilleur Champion est le plus honnête homme & le plus digne d'être crû. Nous rapporterons donc ici tout au long cette Loy, inique.

(a) » Ayant suffisamment reconnu que plusieurs de nos
» sujets se laissent corrompre par l'avarice ou emporter
» par leur obstination jusqu'à offrir d'attester par serment
» ce qu'ils ignorent & même jusques à faire des sermens
» contre leur conscience, nous ordonnons pour empêcher
» le cours de tant d'abus, que lorsque des Bourguignons
» seront en procès, & que le Défendeur aura juré qu'il
» ne doit point ce qu'on lui demande, ou qu'il n'a pas
» commis le délit pour lequel il est poursuivi, & qu'il
» arrivera que le Demandeur ne voulant point se tenir
» content pour cela , dira, qu'il est prêt de prouver les
» armes à la main la verité de ce qu'il avance, & que le
» Défendeur répondra la même chose, alors il leur sera
» permis de se battre l'un contre l'autre. Nous ordon-

(a) *De his qui objecta sibi negaverint & præbendum obtulerint jusjurandum.* Multos in populo nostro & pervicatione causantium & cupiditatis instinctu ita cognoscimus depravari, ut de rebus incertis sacramenta plerumque offerre non dubitent & de cognitis jugiter perjurare. Cujus sceleris consuetudinem præsenti lege submoventes decernimus, ut quotiens inter homines nostros causa surrexerit, & is qui pulsatus fuerit non deberi à se quod requiritur aut non factum quod objicitur, sacramentorum obligatione negaverit , hac ratione finem litigio eorum oportebit imponi ut si pars ejus cui oblatum fuerit jusjurandum noluerit sacramenta suscipere ; sed adversarium suum dixerit veritatis fiducia armis posse convinci, & pars diversa, non cesserit, pugnandi licentia non negetur....... Quod si testis partis ejus quæ obtulerit sacramentum in eo certamine fuerit superatus, omnes testes qui se promiserant juraturos, trecenos solidos mulctæ nomine cogantur exsolvere, &c. *Lex Burg. Titulo quadragesimo quinto.*

» nons la même chofe concernant les témoins qui feront
» produits par l'une & par l'autre Partie, étant juftes que
» ceux qui fe donnent pour fçavoir la verité foient dif-
» pofés à la foutenir avec la pointe de leur épée, &
» qu'ils ne craignent point de la défendre dans le juge-
» ment de Dieu. Si le témoin qui dépofoit pour le déman-
» deur vient à être tué, alors tous les témoins qui avoient
» dépofé la même chofe que lui, feront condamnés cha-
» cun à une peine pécuniaire de trois cens fols d'or paya-
» bles fans aucun délai. Au cas que le défendeur foit
» vaincu, il fera pris fur fes hiens à titre d'indemnité par
» le demandeur, une fomme neuf fois auffi forte que la
» fomme à laquelle le défendeur auroit été condamné s'il
» fût tombé d'accord de la verité, c'eft ce que nous vou-
» lons être ponctuellement exécuté, afin que nos Sujets
» ayent toute forte d'averfion pour le parjure. Donné à
» Lyon, le vingt-feptiéme Juin, fous le Confulat d'A-
» hienus, c'eft-à-dire, l'an de grace cinq cens un.

Le fecond Article du titre quatre-vingt deuxiéme de
la Loy Gombette, (a) ftatuë auffi, concernant ces duels
judiciaires. On y lit : » Si dans le cours d'un procès, un
» des témoins accufé d'avoir dépofé faux, combat en
» Champ-clos pour foûtenir la verité de fa dépofition,
» & s'il fuccombe dans le *Jugement de Dieu*, tous les té-
» moins qui auront dépofé la même chofe que lui, feront
» réputés convaincus de faux témoignages, & condam-
» nés à la peine de payer chacun trois cens fols d'or.

De teftibus falfa referentibus & ca-
lumniatoribus. Jubemus ut de teftibus
qui pro quacunque parte fe tulerint,
fi ad conflictum caufæ defcenderint,
& divino judicio falfus ibidem relator

pugnans occubuerit, trecentos folidos
mulctæ nomine, omnes tefte partia
ipfius ex qua parte teftis fuperatia
cogantur exfolvere. *Leg. Burg.*
octuagefimo fecundo.

On conçoit bien que ces Loix fanguinaires, ont revolté dans tous les tems les hommes qui avoient des idées faines de la juftice & de l'équité. Avitus Evêque de Vienne, & l'un des principaux fujets de Gondebaud en eut horreur, dès qu'elles furent publiées. Quoiqu'elles ne regardaffent que les Bourguignons qui n'étoient pas de la mème Nation, ni de la mème communion que ce Prélat, il fe crut néanmoins obligé à repréfenter plufieurs fois au Souverain tout ce que les anciens Grecs & les anciens Romains auroient pu lui repréfenter, & d'y joindre tout ce que fa qualité de Miniftre de Paix le mettoit en droit de dire contre cette Jurifprudence inouïe. C'eft ce que nous apprend Agobard dans le Mémoire qu'il préfenta à Louis le Débonnaire, pour lui demander l'abrogation de la Loy Gombette.

(*a*) » Un jour même, dit cet Ecrivain, que Gonde-
» baud répondit à Eccdicius Avitus, qu'il en étoit des
» combats entre des particuliers, comme des batailles
» qui fe livroient entre les Peuples, où le Dieu des Ar-
» mées faifoit triompher le Parti qui avoit la juftice de
» fon côté, le faint Evêque lui répliqua que fi ceux qui

(*a*) Quid ifte venerandus & fanctus vir fæpe dicto Gondebaldo de fupradictis certaminibus refponderit, audiat fi placet benignitas veftra. Cum de his inter utrumque fermo effet, & beatus Avitus talia reprehenderet, refpondit ei Gondebaldus. Quid eft quod inter regna & gentes & etiam inter perfonas fæpe fingulas dirimendæ præliis caufæ divino judicio emmituntur, & ei maxime parti cui juftitia competit victoria fuccedit. Ad quod beatus Avitus intulit dicens. Si divinum inquam judicium Gentes & Regna ex-

peterent, illud prius formidarent quod dicitur fcribente Pfalmifta : Diffipa Gentes quæ bella volunt & illud diligerent quod perinde dicitur. Mihi vindictam, ego retribuam dicit Dominus. An forte fine telis & gladiis caufarum motus æquitas fuperna non judicat cum fæpe ut cernimus pars aut jufte tenens aut jufta depofcens laboret in præliis & prævaleat iniquæ partis vel fuperior fortitudo, vel furtiva fubreptio. *Agob. in lib. adv. Leg. Gond. cap.* 13. *Baluz. pag.* 120.

» donnoient des batailles, avoient véritablement la
» te du Seigneur devant les yeux, ils redouteroi
» les menaces qu'il a faites si souvent contre les ho
» de sang, qu'ils n'apréhenderoient de se voir fru
» biens passagers, qu'ils prétendent acquérir ou con
» par tant de meurtres. N'arrive-t-il pas d'ailleur
» les jours dans vos duels, ajoutoit Avitus, que celui
» refuse de payer ce qu'il doit, ou qui demande ce qu
» ne lui est pas dû, y remporte l'avantage, soit parc
» qu'il est plus adroit, ou parce qu'il a plus de cour
» qu'un Adversaire, qui au fond a une meilleure
» que lui.

Mais quelque pernicieuse que soit la Morale de la Loy
Gombette, elle a fait plus de Sectateurs que les meilleu
res Loix. On sçait jusqu'où la fureur des duels en Cha
clos a été portée, & l'on voit encore que celui de nos Rois
qui le premier, ait ordonné un combat singulier, comm
une procédure juridique, a été un petit-fils de Clovis
le Roi Gontran qui avoit dans son Partage, la plus grand
portion de la partie des Gaules, où les Bourguignons
étoient établis, & que pour cela même, plusieurs de
nos Historiens qualifient de Roi de Bourgogne. Voici
à quel sujet ce Prince rendit une Ordonnance, qui eut
des suites si funestes.

Le Prince dont je parle, ayant trouvé en chassant dans
une de ses Forêts, la dépouille d'un taureau sauvage en
core toute fraiche, il voulut sçavoir qui avoit eu la har
diesse d'y tuer cet animal. Nos Rois étoient alors aussi
jaloux de la conservation de cette espece de taureaux dont
ils aimoient la chasse passionément, que les Princes
d'Allemagne le font aujourd'hui de celle des
leurs terres. L'Officier chargé de la garde du Bois

notre taureau fauvage avoit été tué, dit à Gontran, que
c'étoit Chundo, Chambellan de ce Prince, qui avoit fait
le coup. (a) Chundo arrêté fur le champ, nia le fait, &
le Roi après avoir confronté lui-même l'accufateur avec
l'accufé, prit la fatale réfolution d'ordonner que l'un &
l'autre, ils fe batteroient en Champ-clos. Mais d'autant
que Ghundo n'étoit point en état de combattre, il four-
nit un Champion qui fut fon neveu. On croiroit que l'iffuë du duel n'auroit rien décidé, parce que les deux parties fe porterent des coups fourrés, dont elles expirerent
fur la place. Cependant Gontran condamna Chundo à
être lapidé, comme convaincu du délit dont il étoit accufé. Chundo fut attaché à un pieux, & affommé à coups
de pierres. Voilà de quelle Nation les François avoient
emprunté les duels judiciaires, ordonnés tant de fois par
les Tribunaux les plus refpectables. Voilà l'occafion im-
portante, où nos Rois mirent en crédit ce funefte moyen
de terminer les procès.

Il fe peut bien faire que Gontran n'ait foumis Chundo
à l'épreuve du duel, que parce que ce fujet étoit de la
Nation des Bourguignons, & que pour cela, l'ufage dé-
teftable dont il s'agit, n'ait point été dès-lors adopté par
la Nation des Francs. Je crois même qu'il ne fut jamais
établi parmi les Francs, fous les Rois Mérovingiens, ni
même fous les premiers Rois de la feconde Race. L'introduction des duels judiciaires, parmi les Francs & parmi les autres Nations fujettes de la Monarchie, eft peut-
être un des défordres fans nombre, dont furent caufe les
revoltes des Grands, & leurs cantonnemens fous les der-

(a) Cumque uterque in præfentia
Regis intenderent & Chundo diceret
nunquam à fe hæc præfumpta quæ ob-
jiciebantur, Rex campum dijudicat...
cecideruntque ambo & mortui funt.
Greg. Turo. Hift. lib. x. cap. x.

niers Rois Carliens. En effet, on voit par les repréſentations d'Agobard à Louis le Débonnaire contre la Loy
Gombette, que ſous cet Empereur, les duels judiciaires
n'étoient point encore en uſage parmi la Nation des
Francs, puiſqu'Agobard ſuppoſe que les duels ceſſe-
roient parmi les Bourguignons, dès que le Prince les auroit obligés à vivre ſelon la Loy Salique ou la Loy
Ripuaire. (*a*) Voici ce qu'on lit à ce ſujet dans le Mémoire d'Agobard.

» S'il plaiſoit à notre ſage Empereur d'ordonner qu'à
» l'avenir, les Bourguignons vécuſſent ſelon la Loy du
» Peuple Franc, ils en deviendroient plus conſiderés, &
» notre pays ne ſeroit plus tourmenté par le fleau qui
» l'afflige. La Loy Gombette eſt cauſe tous les jours,
» que non-ſeulement les hommes qui ſont capables de
» porter les armes, mais encore que des perſonnes infir-
» mes, ſoit par le grand âge, ſoit autrement, ſont ap-
» pellées en duel & obligées à ſe battre ſouvent pour des
» ſujets frivoles. Le ſuccès de ces combats meurtriers,
» qui trahiſſent fréquemment la bonne cauſe, parce que
» le coupable en ſort vainqueur, ſcandaliſe chaque jour
» les Fideles. Enfin, la Religion ſouffre de l'opinion où
» ces combats entretiennent le Peuple : Que Dieu favo-
» riſe celui qui ôte la vie à ſon frere, & qui rend encore
» ce frere malheureux pour une éternité.

(*a*) Si autem placeret Domino noſtro ſapientiſſimo Imperatori ut eos
transferret ad Legem Francorum &
ipſi Nobiliores efficerentur, & hæc
regio à ſqualloribus miſeriarum quan-
tulumcumque ſublevaretur. Horum
enim cauſa accidit, ut non ſolum va-
lentes viribus ſed & infirmi & Senes
laceſſantur ad certamen & pugnam
etiam pro viliſſimis rebus, quibus fera-
libus certaminibus contingunt homi-
cidia injuſta & perverſi eventus judi-
ciorum non ſine amiſſione fidei '&
caritatis & pietatis dum putant Deum
illi adeſſe qui potuerit fratrem ſuum
ſuperare & in profundum miſeriarum
dejicere. *Agobar. adv. Leg. Gond. cap.*
ſept. pag. 113.

Ces combats rendoient la Loy Gombette encore plus à charge à la Société, que ne l'étoient les autres Loix, parce que dans les procès faits suivant cette Loy, on ne vouloit point recevoir les témoignages des Citoyens des autres Nations, d'autant qu'ils n'auroient point été obligés à soûtenir la vérité de leurs dépositions l'épée à la main. (*a*) Comme le dit Agobard, le témoignage de ceux qui connoissoient le mieux les Parties, n'étoit pas reçu, parce qu'ils ne vivoient point suivant la Loy des Bourguignons. Aussi est-ce une des raisons qu'il allegue pour obliger Louis le Débonnaire à l'abroger.

Ce que nous avons déja dit sur cette Loy, en parlant de sa publication, nous dispense d'en parler ici davantage.

CHAPITRE SEPTIE'ME.

Des Allemands, des Visigots, des Bavarois, des Teifales; des Saxons, & des Bretons Insulaires établis dans les Gaules.

NOus avons déja vû qu'après la bataille de Tolbiac, une partie des Allemands s'étant soumise à Clovis, ce Prince voulut bien la laisser en possession des pays qu'elle occupoit depuis plusieurs années, entre la rive gauche du Rhin & le Lac Léman; mais qu'une autre partie des Allemands s'étant refugiée dans les contrées

(*a*) Si subito contigerit alicui ex ipsis disceptatio in judiciis nullum poterit habere testem de suis carissimis sociis cum quibus simul gradiebatur eo quod non recipiatur testimonium alicujus super Gondobadum & alia similia. *Ibidem. cap. quarto pag. cent, undec.*

Y y ij

de l'obéiffance de Théodoric , ce Roi des Oftrogots en
avoit tranfplanté une portion dans les gorges des Alpes,
ouvertes du côté de l'Italie , & qu'il avoit établi l'autre
portion dans les pays qu'il tenoit entre le Danube , les
Alpes , & la Montagne Noire. Il eft très-apparent que la
partie des Allemands , qui fe foûmit à Clovis après la
bataille de Tolbiac , embraffa la Religion Chrétienne
dès ce tems - là. Les Rois Francs ont toûjours compté
pour un de leurs premiers devoirs , la converfion de leurs
fujets Payens ; & il eft dit dans le préambule de la Loy
des Allemands , (a) de la rédaction de Dagobert, que
Thierri fils de Clovis, qui avoit fait une rédaction précédente de cette Loy , y avoit ftatué fuivant les principes
de la Religion Chrétienne , concernant plufieurs chofes
qui s'y trouvoient auparavant décidées , fuivant les principes de la Religion Payenne.

Quant aux Allemands qui s'étoient donnés à Théodoric après la bataille de Tolbiac , & dont une portion fut
tranfplantée en Italie , & l'autre dans la Germanie, ils
devinrent fujets des Rois Francs fous les enfans de Clovis. La premiere de ces Colonies , doit avoir été foumife
fous le regne de Théodebert & fous celui de Théodebalde. Si l'on peut douter de la deftinée de cette premiere
Colonie , on fçait du moins pofitivement le fort de la
feconde , de celle qui avoit été tranfplantée dans la région
de la Germanie , qui eft entre la Montagne Noire , les
Alpes & le Danube. Nous avons vû qu'elle paffa
fous la domination des Rois Francs , lorfque les Oftro-

(a) Theodoricus Rex Francorum...
juffit confcribere Legem Francorum
Alemannorum & Bajuvariorum..... &
quæ erant fecundum confuetudinem

Paganorum mutavit fecundum Legem
Chriftianorum. Cap. Balu. tom. pimus
pag. 26.

gots firent à ces Princes la ceſſion dont nous avons donné l'Hiſtoire à la fin de notre cinquiéme Livre. Agathias
qui nous a fourni ce que nous y avons dit de plus curieux,
concernant ces Allemands, nous apprend auſſi qu'ils
étoient encore alors Payens, & qu'ils rendoient un culte Agat. Hiſt.
Religieux aux fleuves comme aux autres Eſtres, dont l'i-lib. 1.
dolatrie avoit fait des Dieux. Suivant les apparences, ils
ſe firent Chrétiens dès qu'ils eurent reconnu pour Souverains les Rois Francs. Ceux des Allemands dont il s'agit,
auront vêcu après cela, ſelon la Loy que Thierri avoit
déja fait rediger, pour ſervir de Code National aux premiers Allemands qui avoient paſſé ſous la domination
des Rois Francs, aux Allemands qui s'étoient ſoumis à
Clovis immédiatement après la bataille de Tolbiac.

Nous n'avons plus ce Code National des Allemands de
la rédaction faite ſous le regne de Thierri, mais nous Cap. Baluſ.
avons encore la rédaction que le Roi Dagobert en fit Tom. pr.
faire, vers l'année ſix cens trente.pag. 54.

Dans cette Loy redigée après la ſoumiſſion des Allemands
de la Germanie, il y eſt traité des Hommes de condition
libre, qui pour uſer d'une expreſſion de notre ancien
langage, donnoient *corps* & *biens* à l'Egliſe, de la peine
de ceux qui outrageroient leur Curé, & de pluſieurs autres cas pareils, ſur leſquels la Loy eſt générale & ſans aucune exception, ce qui ſuppoſe que tout le Peuple, pour
qui elle avoit été compilée, fît profeſſion de la Religion
Chrétienne.

Quoique le gros des Allemands fût établi dans le pays
affecté à l'habitation de ce Peuple, il ne laiſſoit pas d'y
en avoir néanmoins qui s'habituoient ailleurs. C'eſt ce qui
devoit arriver ſuivant le cours ordinaire des choſes, &
c'eſt auſſi ce qui arrivoit ſouvent. En effet, nous voyons

par la Loy Ripuaire, qu'il y avoit dans le pays outre que
les Ripuaires, des Francs Saliens, des Bourguignons,
des Allemands, & des Citoyens des autres Nations; il est
dit dans le titre trente-uniéme de cette Loy, lequel nous
avons déja cité. (a) » Les Francs, les Bourguignons, les
Allemands, & nos sujets d'autres Nations, qui demeu-
» reront dans le pays des Ripuaires, seront cités suivant
» la Loy de la Nation dont ils seront nés Citoyens, &
» jugés conformément à cette Loy. Il y est dit encore,
que les Ripuaires qui auroient tué un Allemand habitué
dans leur pays, seroient condamnés à une peine pécuniaire de cent soixante sols d'or. Ainsi comme on l'a observé déja, le Bourguignon pouvoit sans cesser d'être
Bourguignon, s'habituer dans le pays où étoit le domicile, ou les quartiers des Ripuaires, ou des Allemands; & il
en étoit ainsi des autres Nations. Le fils d'un Franc établi
dans le pays des Bourguignons, c'est-à-dire, dans le pays
où étoient les quartiers de cette Nation, & par conféquent les fonds de terre affectés à la subsistance de
ceux qui la composoient, demeuroit nonobstant
son nouveau domicile de la Nation des Francs, & il en
étoit réputé Citoyen, comme s'il fût né dans la Cité de
Tournay. Il en étoit alors des Francs & des autres Barbares, comme il en étoit des Citoyens Romains, qui
étoient tous de la Nation Romaine, soit qu'ils fussent nés
en Egypte, soit qu'ils fussent nés dans la Germanie. Il en
étoit des Barbares dont je parle, comme il en est aujour-

(a) Hoc autem constituimus ut infra Pagum Ripuarium tam Franci, Burgundiones, Alamanni seu de quacum-que Natione commoratus fuerit, in
judicio interpellatus sicut lex loci con-tinet ubi natus fuerit ita respondeat.

Lex Rip. tit. trigesimo primo.
Si quis Ripuarius advenam Alaman-num seu Fresionem vel Burgundio-
num aut Saxonem interfecerit, se-xaginta solidis culpabilis
Ibid. Titulo trigesimo sexto.

d'hui de Turcs. Que des deux Turcs freres, l'un s'établiſſe dans la Boſnie, & l'autre dans la Paleſtine, leurs enfans feront également de la Nation des Turcs. Ainſi que nous l'avons dit dès le commencement de ce Livre ; dans le ſixiéme ſiecle & dans les ſiecles ſuivans, ce n'étoit pas le lieu de la naiſſance qui décidoit comme il le décide communément aujourd'hui dans la Chrétienté, de quelle Nation étoit un homme. C'étoit le ſang dont il ſortoit, c'étoit ſon origine qui décidoient de ſon' état.

Nous ne parlerons point des Viſigots, parce qu'il ne paroît point clairement qu'aucun eſſain de cette Nation, ſe ſoit ſoumis à nos Rois, & qu'il ait, ainſi que le firent les Allemands & les Bourguignons, pris le parti de continuer à vivre dans les quartiers qu'il avoit ſur le territoire des Gaules, lorſque les contrées où étoient ces quartiers, paſſerent ſous la domination des Rois Francs de la premiere Race. Toutes les fois que les Francs auront conquis un pays ſur les Viſigots, les Viſigots qui habitoient dans ce pays-là, ſe ſeront retirés dans les Provinces qui demeuroient ſous l'obéiſſance du Roi de leur Nation, comme Procope obſerve qu'ils le firent quand la poſterité de Clovis conquit ſur eux pour la ſeconde fois, la partie des Gaules, qu'ils avoient repriſe après la mort de Clovis. (a) Procope dit, en parlant de cet évenement : » Les Viſigots, échapés à la fureur des armes, » abandonnerent le pays, emmenant avec eux leurs fem- » mes & leurs enfans, & ils ſe retirerent dans les Etats » de Theudis, qui déja s'étoit fait proclamer Roi. Les

____

(a) Qui cladi ſuper fuerant ex Gal- Tyrannum ſe receperunt. Proc. de lia cum uxoribus liberiſque egreſſi in Bell. Goth. lib. pr. cap. 13.
Hiſpaniam ad Theudim jam palam

Rois Vifigots, Maîtres de l'Efpagne & d'une portion des
Gaules , avoient intérêt d'acueillir ceux de leur Nation
qui fe réfugioient dans leurs Etats. Tous les Rois Barbares dont nous parlons, devoient être plus foigneux encore d'acquerir pour fujets , des hommes de leur propre
Nation, que de réunir des arpens de terre à leur domaine. On voit bien pourquoi. Si l'on trouve que dans quelques diftricts de la premiere Narbonoife , on fuivît encore dans le neuviéme fiecle la Loy Nationale des Vifigots, c'eft que la Province dont il s'agit, étoit demeurée
au pouvoir des Vifigots jufques au huitiéme fiecle qu'elle
fut conquife fur eux par nos Princes de la feconde Race,
qui n'auront pas voulu ôter à leurs nouveaux fujets, la
Loy fuivant laquelle ils vivoient depuis long-tems. En
effet , la Loy des Vifigots étoit alors devenuë dans les
pays qu'ils tenoient, la Loy des Romains mêmes.

Ainfi je ne crois point que ce foit des Vifigots , mais
bien des Romains qui habitoient le pays des Vifigots, &
que Clovis conquit fur ces derniers, qu'il faut entendre
ce qui fe trouve dans la Loy Gombette. (a) » Si quel-
» que homme libre qui aura été fait captif par les Francs
» dans le pays tenu par les Vifigots , fe réfugie dans le
» pays tenu par les Bourguignons, & qu'il veuille s'y éta-
» blir , il y pourra vivre libre fous la protection des
» Loix.

Auffi obferve-t'on que la Loy Nationale des Vifigots,
n'eft point contenuë dans la Loy *Mondaine* ou dans le
Recueil des Loix Nationales , fuivant lefquelles tous les
fujets de la Monarchie étoient gouvernés fous nos Rois

(a) Quicunque ingenuus de Gothia
captivus à Francis, in noftram regio-
nem venerit , & ibidem habitare vo- | luerit, ei licentia non negetur. Bur.
Bur. Add. fecundo. art. 3.

des deux premieres Races. Un des plus anciens Exemplaires de la Loy *Mondaine* ou du Recueil de toutes ces
Loix, eſt un Manuſcrit de la Bibliotheque de l'Egliſe
Cathedrale de Beauvais, copié dès le neuviéme ſiecle,
& qui eſt comme le premier Tome d'un autre Volume,
tranſcrit dans le même tems, & qui contient les Capitulaires. Monſieur Baluze auroit pû dire du premier de ces
deux Volumes, ce qu'il dit du ſecond, que le Chapitre
de Beauvais voulut bien à la ſollicitation de Monſieur
Hermant, l'un de ſes plus illuſtres Chanoines, prêter à
ce ſçavant homme dans le tems qu'il travailloit à donner
ſon Edition des Capitulaires de nos Rois. (*a*) » Que
» c'eſt un Manuſcrit excellent & le meilleur en ſon genre
» que l'on connoiſſe. Pour revenir à celui de nos deux
Volumes qui renferme la Loy mondaine, il contient ſeulement le Code du Droit Romain, publié par Alaric II.
Roi des Viſigots, la Loy Salique, celle des Allemands,
celle des Bavarois & celle des Ripuaires. S'il fût reſté
dans les Gaules ſoûmiſes à nos Rois Mérovingiens des
Viſigots, regis ſuivant leur Loy National redigée par
Euric, cette Loy feroit partie du Recueil dont j'ai parlé.
Cette preuve négative ne conclut rien, me dira-t'on. La
Loy des Bourguignons, bien qu'elle ne ſe trouve point
dans votre Recueil, ne laiſſe point d'avoir été en vigueur
dans la Monarchie. J'en tombe d'accord, mais cela prouve ſeulement ce qui eſt vrai, c'eſt que la Loy Gombette
avoit été abrogée avant que le Recueil dont il eſt queſtion
fût tranſcrit. Ainſi comme nous ne ſçavons pas que la

(*a*) Poſt iſta habui veterem & optimum librum Eccleſiæ Bellovacenſis
omnium quos hactenus vidi optimum
quia plura, eaque perfecta, continet
quàm cæteri, huc ad me miſſum à
Doctiſſimo viro Godefredo Hermant
ejuſdem Eccleſiæ. Canonico & Docto-
re *Bal. in Pr. par. 73.*

Loy des Vifigots ait été jamais expreſſément abrogée par
aucun de nos Rois, nous pouvons conclure de ce qu'elle
n'eſt pas inſerée dans notre Recueil , qu'elle n'a point été
une des Loix reçuës & reconnuës dans le Royaume des
Francs , ſous la premiere Race , & hors des pays de la
premiere Narbonoiſe conquis par les Princes Carliens.

Nous avons encore la Loy des Bavarois, de la rédaction de Dagobert premier, qui avoit revû la premiere
compilation de cette Loy , faite par les ſoins de Thierri ,
fils de Clovis. On a déja dit ſur l'année quatre cens qua-
tre-vingt-ſeize, que les Bavarois s'étoient ſoumis à Clovis , immédiatement après la bataille de Tolbiac , à des
conditions , en vertu deſquelles ils devoient continuer à
ſubſiſter, en forme d'une Nation diſtinĉte & ſéparée des
autres Nations , ſujettes de la Monarchie des Francs.
L'habitation ordinaire de ces Bavarois étoit ſur la droite
du Rhin , & voiſine de celle des Allemands , mais pluſieurs Citoyens de la Nation dont nous parlons préſentement, s'étoient apparemment tranſplantés en differentes
contrées de la Gaule. C'eſt ce qui paroît en liſant la Loy
Ripuaire, qui condamne celui des Ripuaires, qui auroit
tué un Bavarois établi dans leur pays , à une peine pécuniaire de cent ſoixante ſols d'or. Nous l'avons rapportée à l'occaſion des Allemands.

Nous ne parlerons point des Friſons dont il eſt fait
mention dans ce même article de la Loy des Ripuaires ,
parce que ce ne fut qu'après l'année cinq cens quarante ,
où nous avons fini notre Hiſtoire de la Monarchie , que
pluſieurs peuplades de Friſons, furent aſſujetties à ſa domination.

. Outre les Nations Barbares dont nous venons de
parler , il y avoit encore dans les Gaules une peuplade

Baluz. cap.
tom. prem.
pag. 16.

de Teifales & une peuplade de Saxons. L'une & l'autre
y étoient établies dès le tems des Empereurs Romains,
comme on l'a dit dans le premier Livre de cet Ouvrage,
& elles y subsisterent l'une & l'autre sous la même forme
long-tems après que les Gaules furent passées sous la domination de nos Rois. Nous avons vû que suivant la Notice de l'Empire, redigée sous le regne d'Honorius, les
quartiers des Teifales étoient dans le Poitou, & Grégoire
de Tours dit en parlant d'Austrapius, un Romain qui après
avoir été Duc ou Général, s'étoit fait d'Eglise, & qui
prétendoit sous le regne de Charibert, petit-fils de Clovis,
à l'Evêché de Poitiers. (a) Eustrapius s'étant mis dans la
» Cléricature, il fut fait Chorevêque ou Evêque d'une
» partie du plat pays des environs du lieu de Selles, ré-
» puté être dans le Diocèse de Poitiers. Cela lui sembloit
» un droit pour être promu à cet Evêché, lorsqu'il de-
» viendroit vacant. Mais le cas étant arrivé, on n'eut
» point d'égard aux prétentions d'Eustrapius, qui se re-
» tira à Selles, où il fut tué d'un coup de lance par les
» Teifales, qui s'étoient soulevés, & ausquels il avoit fait
» précédemment bien de la peine. Après la mort d'Eu-
» strapius, l'Eglise de Poitiers se remit en possession de
» la partie de son Diocèse, dont il avoit été Chorevè-
» que.

Le même Historien dit en parlant du bienheureux
Sénoch, un de ses contemporains : (b) » Il étoit Téifa-

(a) Tempore vero Regis Chlotarii,
Eustrapius ad Clericatum accedens
apud Sellense Castrum quod in Pictava habetur Diocesi..... Eustrapius quoque regressus ad castrum suum mota
super se Theifalorum seditione quos
sæpe gravaverat, lancea sauciatus cru-

deliter vitam finivit Diocœses verò
suas Pictava Ecclesia recepit. Gr. Tur.
Hist. lib. 4. cap. 18.
(b) Igitur beatus Senoch genere
Teifalus Pictavi Pagi quem Theifa-
liam vocant, oriundus fuit. Ibid. de
Vitis Patrum cap. 15.

Z z ij

» le de Nation , & né dans le bourg du Diocèfe de
» tiers, qu'on appelle la Teifalie. Il falloit que cette
gnée de Teifales ne fût pas encore confonduë dans
fept ou huit générations avec les anciens habitans du
où elle avoit été tranfplantée ; car quand Grégoire de
Tours écrivoit, il y avoit déja cent foixante & dix ans
au moins,.que nos Scytes habitoient dans le Diocèfe de
Poitiers. Cela montre bien que les hommes avoient alors
pour les coûtumes & pour les ufages de leurs peres, un
attachement qu'ils n'ont plus à préfent , & c'étoit cet
attachement qui empêchoit les Nations qui habitoient le
même pays , de fe confondre auffi facilement qu'elles
fe confondent aujourd'hui.

On a vû dans le premier Livre de cet Ouvrage, que
dès le tems où les Gaules étoient encore foumifes aux
Empereurs Romains , on appelloit une partie de la côte
de la feconde Lyonoife , qui eft la Normandie , le
Rivage Saxonique, à caufe des Saxons à qui l'on y avoit
donné des quartiers. On y retrouve cette Peuplade de
Saxons fous le regne de nos premiers Rois. (a) Vers
l'année cinq cens foixante & dix-huit, le Roi Chilpéric
fit marcher les Tourangeaux, les Poitevins , & les habitans de plufieurs autres Cités contre Varochius , qui vouloit fe cantonner dans la petite Bretagne. Varochius enleva par furprife le quartier des Saxons Beffins ou des
Saxons domiciliés dans la Cité de Bayeux , une des Cités
de la feconde Lyonoife ,. & qui faifoient une partie de
l'armée de Chilpéric.

(a) Dehinc Turonici , Pictavi cum aliis multis in Britanniam ex juffu Chilperici Regis abierunt contra Varochium.... Sed ille dolofe fuper Saxones Baiocaffinos ruens maximam exinde partem interfecit. Gr. Tur. Hift. lib. 5. cap: 27.

Environ douze ans après, la guerre se ralluma entre les Francs & les Bretons Insulaires, établis dans la troisiéme des Lyonoises, & de qui nous allons parler. Grégoire de Tours écrit que la Reine (*a*) Frédégonde, laquelle trahissoit son propre parti qui étoit celui des Francs, parce qu'elle haïssoit le Général qui commandoit leur armée, engagea les Saxons Bessins à marcher au secours des Bretons. Nos Saxons afin qu'on ne les reconnût point, se firent couper les cheveux aussi courts que les portoient les Bretons, qui comme les Gaulois, étoient devenus des Romains. Nos Saxons prirent encore des vêtemens semblables à l'habillement des Bretons.

Ceux de nos Ecrivains qui ont prétendu que les Bretons Insulaires fussent établis dans les Gaules, avant même l'avénement de Clovis à la Couronne, ne sont tom- En 481.bés dans cette erreur, que pour avoir confondu les Bretons avec les Armoriques des Gaules. Ils ont cru que les uns & les autres fussent le même Peuple, parce qu'ils les trouvoient durant le même siecle dans le même pays. J'ai assez bien expliqué quels étoient ces Armoriques, pour persuader que les Auteurs du cinquiéme & du sixiéme siecle n'ont jamais voulu désigner par le nom d'Armoriques les Bretons Insulaires. L'on n'a donné quelquefois le nom d'Armoriques à nos Bretons, que dans les âges postérieurs, & long-tems après qu'ils ont eu établi leur Peuplade dans une partie du Gouvernement Armorique ou du *Tractus Armoricanus*, dont il a été parlé bien au long dans la premiere partie de cet Ouvrage.

(*a*) Feredegundis enim cum audisset quod in hoc procinctu Beppolenus abiret, quia ei jam ex anteriore tempore invisus erat, Baiocassinos Saxo- nes juxta ritum Britannorum tonsos atque cultu vestimenti compositos, in solatium Varochi abire præcepit. *Ibid. lib. Hist. decim. cap. nono.*

Quant aux tems où la Peuplade des Bretons Insulaires
établi dans les Gaules, je ne crois point qu'elle y ai
établie plûtôt que l'année cinq cens treize, c'est à
quinze ans après que tout le pays rentu par la Ligue
Confédération Armorique, se fut soûmis à l'obéissance
de Clovis. Voici les raisons sur lesquelles je me fon

Suivant Béda, Ecrivain né dans la grande Bretagne
six cens soixante & douze, (*a*) ce fut l'an de l'Incar
tion quatre cens quarante-neuf, que la Nation des An
glois ou des Saxons fit sa descente dans la grande Breta
gne, où elle fut appellée pour tenir tête à d'autres Na
tions Barbares, & où elle se brouilla bientôt avec les an
ciens habitans. Dans le Chapitre suivant, ce même Au
teur dit : » Depuis que la guerre eut été allumée entre les
» Saxons & les Bretons, la fortune se déclara tantôt pour
» les anciens habitans de l'Isle, tantôt pour les Saxons.
» Enfin le succès de la guerre parut incertain jusqu'au
» blocus de Banesdown, qui se fit environ quarante-qua
» tre ans après la descente dont j'ai parlé. Ainsi ce fut
en l'année quatre cens quatre-vingt-treize, que les Sa
xons bloquerent Banesdown, (*b*) qui est une montagne
au pied de laquelle est bâtie Bath, ville Episcopale d

(*a*) Anno ab incarnatione Domini
quadragintesimo quadragesimo nono.
Tunc Anglorum sive Saxonum Gens
invitata à Rege præfato, Britanniam
advehitur. *Bed. Hist, Ecl. lib. pr. cap.*
15. *Edit. Combr. pag.* 57.

Ex eo tempore nunc hostes nunc
cives vincebant ad annum obsidionis
Badonici montis quando non minimas
iisdem hostibus strages dabant, qua
dragesimo & quarto circiter anno ad

ventus eorum in Britanniam. *In*
capite decimo sexto.

(*b*) Aquæ solis Aquæ Calidæ
Mons Badonius sive Badonicus
postea Bathonia nunc *Bath* vulgo
Banodicus Mons, *Banesbeuren* or
deno. Mons Britanniæ in Anglia
quem Bathonia est urbs Episco
sub Archiepiscopatu Cantuariensi
Lexii Ferrari edit. London pag.
& *pag.* 50.

gleterre , & fur laquelle étoient , fuivant les apparences , les principales places d'armes des Bretons & leurs meilleurs poftes.

Dès qu'on jette les yeux fur la Carte, on voit bien que tant que les Bretons tinrent Bánefdown , ils purent à la faveur des rivieres & de quelques poftes qui s'étendoient jufques à la Manche , conferver les pays de l'Angleterre, qu'on défigne par le nom de pays de Galles & par le nom des Comtés de l'Oueft. Mais dès que les Saxons fe furent rendus Maîtres de Banefdown , nos Bretons fe trouverent relegués au-delà du Golfe de Briftol , & réduits à peu près à ce qui s'eft appellé depuis le pays de Galles , ou le pays des Gaulois. Alors plufieurs de ces Bretons qui né vouloient pas vivre fous l'obéiffance des Saxons , ou qui fe trouvoient trop ferrés dans le pays auquel ils étoient réduits , auront pris le parti de fe retirer dans les Gaules , d'autant plus volontiers , qu'ils étoient eux-mêmes Gaulois d'origine.

Si Béda nous apprenoit l'année que les Saxons fe rendirent Maîtres du Boulevard de Banefdown , dont la prife fut un évenement décifif , lui qui apprend l'année qu'ils en commencerent l'attaque , nous fçaurions en quel tems les premiers Bretons Infulaires feroient venus s'établir dans le pays connu aujourd'hui fous le nom de Baffe Bretagne. Malheureufement Béda ne le dit point ; mais je crois que nous trouvons cette datte dans la Chronique de l'Abbaye du Mont faint Michel , publiée par le Pere Labbe. Le paffage des Bretons Infulaires dans les Gaules , doit fuivant l'apparence , avoir fuivi de près la réduction des poftes & des Châteaux qu'ils tenoient fur la montagne de Banefdown , au pouvoir des Saxons , & l'on voit dans

cette Chronique, (*a*) que ce fut l'année cinq cens
que les Bretons d'Outremer vinrent s'établir sur
du Gouvernement Armorique, c'est-à-dire d
appellé par cette raison, la petite Bretagne. Il
on peut voir dans les Annales du Pere le Cointe
née cinq cens vingt, plusieurs extraits de la vie de
Gildas & de l'Histoire de Béda, qui font foy que
année-là, il passa dans les Gaules un grand nomb
Bretons, qui venoient y joindre probablement e
leurs compatriotes, qui sept ans auparavant y
commencé un établissement. Enfin, Grégoire de
né fait aucune mention des Bretons établis dans les
les, il ne nomme jamais les *Britones* parmi les R
qui faisoient leur demeure dans cette grande Provi
l'Empire, lorsqu'il écrit l'Histoire des tems an
Clovis, & même celle du regne de Clovis. Il e
comme nous l'avons vû, qu'il fait mention d'un
Bretons Insulaires, qui avoient des quartiers da
sous Anthemius; mais comme nous l'avons vû, e
Corps de troupes nouvellement levé dans la gran
tagne pour le service de l'Empire. Nous avo
ce Corps étoit composé d'Habitans de la grande
gne, & non point d'Habitans des Gaules. Gr
Tours ne commence à faire mention des Bretons
d'un Peuple, pour ainsi dire, domicilié dans les. C
que lorsqu'il en est venu à l'Histoire des Succe
Clovis, sous lesquels ils s'étendirent.

Ainsi nos Bretons n'ayant cherché un a
troisiéme Lyonoise qu'après qu'elle eut pa

(*a*). Anno quingentesimo decimo tertio, venerunt Transmarini Britanni in
Armoricam, id est Minorem Britan-

niam. *Nov.* Bibl.
Pag. 349.

Tom. pr.
ann. p. 331.

mination de ce Prince, ils n'y auront été reçûs qu'à condition de se soumettre à son autorité. Quand même il seroit vraisemblable, ce qui n'est pas, que leur Colonie y eût été fondée avant la rédaction des Armoriques, à l'obéissance de ce Prince, on devroit supposer que cette Colonie auroit eu la même destinée que les anciens Habitans du territoire où elle auroit été reçuë. Il n'y a aucune preuve du contraire, & il est contre toute apparence qu'une poignée de fugitifs eût fait tête à un Prince aussi puissant que l'étoit alors Clovis, du moins, sans que l'Histoire eût fait quelque mention de cette résistance. Sur ce point là, je me réfere aux Doctes écrits publiés en differens tems, pour montrer que toute la petite Bretagne a toujours reconnu les Rois des Francs pour Seigneurs.

Quelle est la Loy suivant laquelle auront vêcu les Bretons Insulaires établis dans les Gaules ? Ils auront ainsi que les Romains de leur voisinage, vêcu selon le Droit Romain, jusques à ce que les révolutions dont nous parlerons un jour, y ayent substitué les Coûtumes.

Nous avons donc vû que le Peuple de la Monarchie se divisoit premierement en Barbares & en Romains, que les principales Nations Barbares étoient les Francs dits absolument, les Ripuaires, les Bourguignons, les Allemans & les Bavarois, qui tous avoient leur Loy particuliere suivant laquelle ils vivoient. Nous avons aussi parlé des étrangers, qui ne faisoient point un Corps considérable, & qui se trouvoient établis dans le territoire de la Monarchie, comme les Teifales, les Saxons & les Bretons Insulaires. Il semble donc, que pour suivre l'ordre de la premiere division, il nous fallût parler à présent des Romains, & leur donner un Chapitre à part. Mais ce que nous avons à en dire, est tellement lié à tout ce qu'il

convient de dire, pour donner une idée de l'Etat & Gouvernement général des Gaules, fous Clovis & fous fes
premiers Succeſſeurs, que pour éviter les redites nous
ne ferons point un Chapitre particulier, pour expoſer
quelle étoit fous ces Princes la condition des Romains
des Gaules.

CHAPITRE HUITIE'ME.

Du Gouvernement général des Gaules, fous Clovis & fous fes
premiers Succeſſeurs.

Des Evêques & de leur Pouvoir.

COmme le préjugé vulgaire eſt que Clovis, après
avoir conquis les Gaules l'épée à la main, les gou-
verna durement, & même qu'il y réduiſit les anciens habitans à une condition approchante de la ſervitude, *at-*
tribuant à ſes Francs une autorité fur le Peuple Gaulois, avec
une diſtinction formelle, telle que du Maître à l'Eſclave. Je
crois devoir commencer ce Chapitre par trois Obſervations qui préviennent le Lecteur contre ce préjugé ſans
fondement, & qui le rendent capable de ſe convaincre
lui-même en liſant les faits qui ſeront rapportés dans la
ſuite, qu'il eſt abſolument faux que nos Rois ayent réduit
les Romains des Gaules dans une eſpece d'eſclavage, &
qu'il eſt vrai au contraire, que ces Princes changerent
très-peu de choſes à la forme du Gouvernement qui avoit
eu lieu dans cette grande Province de la Monarchie Romaine ſous les derniers Empereurs.

J'obſerverai donc en premier lieu que Clovis, comme
on l'aura remarqué, n'a rien conquis dans les Gaules fur

Boulainv.
Origine &
Droits de
laNobleſſe.
pag. 24.

les Romains, en subjuguant par force les anciens Habitans du pays, si l'on en excepte la Cité de Tongres, & tout ce que Syagrius pouvoit tenir dans le voisinage. Nous ignorons même si l'inclination des Romains pour Clovis n'eut point de part à ces conquêtes. Ce fut ensuite par voye de négociation que le Prince dont il s'agit, étendit son Royaume d'abord jusques à la Seine, & puis jusques à la Loire. Or le premier article de toutes les Capitulations ou conventions qui se font dans ces changemens de Maîtres, portent que le nouveau Souverain maintiendra ses nouveaux Sujets dans la jouissance de tous leurs biens, droits, privileges & libertés. On a vû aussi, que lorsque Clovis conquit les deux Aquitaines & quelques contrées voisines de ces Provinces sur les Visigots, il étoit appellé par les Romains du pays, qui ne contribuerent pas peu au succès de ses armes.

Ainsi quand nous n'aurions plus la Lettre qu'il écrivit aux Evêques après la fin de la guerre, & que nous avons rapportée, il faudroit encore penser que ce Prince ne dégrada point les Romains de ces Provinces. Le traitement qu'il avoit fait à ces Romains, ses fils l'auront fait aux Romains des Provinces qu'ils conquirent sur les Bourguignons, & aux Habitans de celles que les Ostrogots leur remirent vers cinq cens trente-sept. L'Histoire ne rapporte rien de contraire. Elle ne dit en nul endroit que ces Romains ayent fait aucun effort, qu'ils ayent fait aucune démarche, pour ne point passer sous la domination de Maîtres, qui réduisoient les Gaulois en servitude. Il y a plus, Grégoire de Tours dit positivement que toutes les Gaules souhaitoient sous le regne de Clovis, d'être au pouvoir des Francs.

Ma seconde observation, c'est que Clovis lorsqu'Ana-

A a a ij

ftafe lui confera la dignité de Conful, étoit déja Maître de prefque tous les pays qu'il poffedoit quand il mourut. L'Empereur des Romains d'Orient, auroit-il revêtu de fon autorité un Prince qui eût perfécuté les Romains? Juftinien lorfqu'il tranfporta aux enfans de Clovis, fous les droits de l'Empire fur les Gaules, n'eût-il pas exigé d'eux en leur faifant cette ceffion, de laiffer jouir les Romains de cette grande Province, de leur état & condition s'ils y euffent été troublés. Le filence de Procope à ce fujet, devroit feul nous perfuader que Juftinien, content du traitement que les Francs faifoient aux Romains des Gaules, ne ftipula rien quant à ce point-là. J'alleguerai encore un autre préjugé. Nous avons plufieurs Lettres écrites par les Rois Mérovingiens aux Empereurs de Conftantinople, & l'on peut juger par ces Lettres du contenu des dépêches, aufquelles elles fervoient de Réponfe. Or l'on n'y voit point que les Romains d'Orient fe foient jamais plaints du traitement que les Francs faifoient aux Romains d'Occident. Théodebert dans la Lettre où il juftifie la Mémoire de Clovis contre les reproches de Juftinien, ne dit rien d'où l'on puiffe inférer que Juftinien eût accufé Clovis ni fes fucceffeurs, d'avoir manqué aux conventions qu'ils avoient faites avec les Romains des Gaules.

On a vû dans le premier Livre de cet Ouvrage, que les Gaulois, pour plaire aux Romains, & que les Romains pour fe concilier les Gaulois, avoient fuppofé que l'un & l'autre Peuple euffent la même origine, & qu'ils defcendiffent également des anciens Troyens. Les Francs dès qu'i s furent établis dans les Gaules, témoignerent qu'ils avbient les mêmes vûes qu'avoient euës les Romains. Les Francs voulurent auffi defcendre des Habitans d'Ifion, & par conséquent avoir une origine commune avec celle de tous les Habitans de cette Province, dont les uns descendoient des Romains qui s'y étoient établis, & dont les autres descendoient des anciens Gaulois.

L'Abbréviateur qu'on croit avec fondement avoir été Frédégaire Franc de Nation, & qui a vécu environ soixante ans après Grégoire de Tours, écrit : (a) » Les Auteurs qui ont parlé des anciens Rois des Francs, disent que ces Princes descendoient des Habitans de » Troye, qui comme Virgile le raconte, fut prise sous » le regne de Priam, par un stratagême d'Ulisse. Les » Troyens qui s'échaperent alors, eurent d'abord Friga » pour Roi. Les sujets de ce Prince se partagerent en-» fuite en deux Peuplades. Une de ces Peuplades s'éta-» blit dans la Macédoine. L'autre qui demeura toûjours » sous la conduite de Friga, alla s'établir sur les bords » du Danube. Cette derniere Colonie fut encore sub-» divisée en deux Peuplades. Une de ces Peuplades » dont Francion étoit Roi, prit à cause de lui le nom » de Francs, & traversant toute la Germanie & menant » avec elle les femmes & ses enfans, elle vint s'établir » sur la rive droite du Rhin.

L'Auteur des Cestes qui paroît aussi avoir été Franc de Nation, & qui a écrit sous les derniers Rois de la

(a) Virgilii Poetæ narrat Historia : Priamum primum habuisse Regem cum Troja fraude Ulixis caperetur, exindeque fuisse egressos, postea Frigam habuisse Regem bifaria divisione, partem eorum Macedoniam fuisse adgressam, alios cum Friga vocatos Frigios Asiam pervagantes in littore Danuvii fluminis & maris Oceani confedisse. Denuo bifaria divisione, Europam media ex ipsis pars, cum Francione eorum Rege ingressa fuit, qui Europam pervagantes cum uxoribus & liberis Rheni ripam occuparunt...... Et per Francionem vocati sunt Franci. Hist. Franc. Epit. cap. 2.

premiere Race, (*a*) dit : Qu'après la prife de Troye ; une partie de fes Habitans fut s'établir fous la conduite d'Enée en Italie , mais que douze milles Troyens qui avoient à leur tête Priam & Antenor , fe fauverent fur des vaiffeaux, qui les porterent jufqu'aux Palus Méotides, où ils firent un établiffement, qui par fucceffion de tems, devint très-confidérable. Notre Auteur parle enfuite des fervices qu'ils rendirent à l'Empereur Valentinien, qui leur donna le nom de Francs ; & puis il ajoute que les Francs s'étant brouillés avec cet Empereur qui envoya contr'eux une armée formidable , ils prirent le parti d'abandonner leur patrie, pour venir s'établir fur le Bas-Rhin & dans le canton de la Germanie , que nous appellons dans cet Ouvrage, l'ancienne France.

Je fçais bien que cette Fable ne mérite aucune croyance. Auffi ne la rapportai-je point comme la véritable Hiftoire de l'origine des Francs, mais uniquement, comme une preuve que les Francs étoient bien-aifes que les Romains des Gaules les regardaffent plutôt comme des parens ignorés long-tems, que comme des étrangers. Quoique les gens d'efprit puiffent penfer de ces Fables , qui donnent à deux Peuples une origine commune , elles ne laiffent pas d'avoir leur effet ? Croit-on que l'opinion qui fait des Irlandois une Peuplade fortie d'Efpagne, n'ait pas un peu contribué au grand attachement qu'ils ont eu

(*a*) Principium Francorum gentis & originem vel Regum gefta proferamus. Eft itaque in Afia oppidum Trojanorum ubi eft Civitas quæ Ilium dicitur, ubi regnavit Rex Æneas. Gens illa fortis & valida , viri bellatores atque rebelles nimis..... Alii autem de Principibus ejus Priamus & Antenor cum aliis viris de exercitu Trojanorum duodecim millia fugerunt cum navibus , qui introeuntes ripas Tanais fluminis per Mœotidas paludes navigaverunt & pervenerunt ad terminos finitimos Pannoniarum...... Illi quoque egreffi à Sicambria venerunt in extremis partibus Rheni fluminis in Germaniarum oppidis, illicque inhabitaverunt. *Gefta Franc. cap. 1. & 2.*

dans le feiziéme & dans le dix-feptiéme fiecle pour les Efpagnols. D'ailleurs, les Francs en affeétant de publier dans les Gaules durant le fixiéme fiecle & les fiecles fui-vans, qu'ils avoient la même origine que les anciens ha-bitans du pays, ne difoient rien qui fût plus contre la vraifemblance que ce qu'y avoient débité autrefois les Romains, & ce qu'y avoient débité depuis les Vifigots. Ces derniers avoient publié dans leurs quartiers, qu'ils defcendoient de Mars auffi bien que Romulus, & qu'ainfi les Vifigots & les Romains devoient vivre en freres, puif-que les uns & les autres ils étoient fortis d'une tige com-mune. Théodoric II. Roi de cette Nation, & qui vouloit gagner l'inclination des Romains, répondit quand Avitus qui n'étoit encore que Maître de l'une & de l'autre mili-ce, & qui fut bientôt après Empereur, vint lui deman-der de s'engager de nouveau à l'obfervation des ancien-nes conventions & des Traités fubfiftans. (*a*) » Rome, » je jure par ton nom refpeétable & par le Dieu de Mars, » dont les Romains & les Vifigots defcendent également, » que mon intention eft de maintenir la paix. Les Francs n'auront fait que fuivre l'exemple des Vifigots, mais cela prouve toûjours qu'ils étoient attentifs à fe concilier par toutes fortes de voyes l'affeétion des anciens Habitans des Gaules, & que leur maxime n'étoit pas de les op-primer.

En 455.

L'idée générale qu'on doit fe faire de l'Etat des Gau-les fous Clovis, & fous le regne de fes fils & de fes pe-

(*a*) Teftor Roma tuum nobis venerabile nomen
Et focium de Marte genus, vel quidquid ab ævo
(Nil te mundus habet melius, nil ipfa Senatu)
Me pacem fervare tibi
Sid. Paneg. Aviti. pr. verf. 501.

tits-fils, c'eſt qu'au premier coup d'œil, cet état paſſé
ſoit à peu près le même qu'il avoit été ſous Honorius &
ſous Valentinien troiſiéme. Le plus notable changement
qu'on pût remarquer dans cette grande Province de l'Empire, où l'on étoit accoutumé depuis long-tems à voir
des troupes Barbares en poſſeſſion de quartiers ſtables
& des Officiers Barbares dans tous les emplois militaires,
c'étoit d'y voir un Prince étranger, exercer les fonctions
non-ſeulement du Maître de la Milice, mais encore celles de Préfet du Prétoire, ceux de ſa Nation entrer dans
les emplois civils, & le même Officier exercer à la fois
un emploi civil & un emploi militaire. Quant au reſte,
la face du pays étoit la même. Les Evêques gouvernoient
leurs Diocèſes avec la même autorité qu'ils avoient euë
avant que les Francs fuſſent les Maîtres des Gaules. Tous
les Romains continuoient à vivre ſuivant le Droit Romain. On y voyoit les mêmes Officiers qu'auparavant
dans chaque Cité. On y levoit les mêmes impoſitions ;
on y donnoit les mêmes ſpectacles ; en un mot les mœurs
& les uſages y étoient les mêmes que dans les tems où
l'on obéiſſoit aux Souverains de Rome. Commençons
par les Eccléſiaſtiques.

L'Egliſe des Gaules recevoit de nos premiers Rois encore plus de protection & de faveur qu'elle n'en avoit
reçu des Empereurs Romains. Les Rois Mérovingiens
les uns par pieté, les autres pour ſe conformer aux maximes que Clovis qui avoit eu tant d'obligation aux Evêques devoit avoir laiſſées dans ſa famille, ſe montroient
zelés pour la propagation de la foy & pour les intérêts de
l'Egliſe. L'Hiſtoire parle en pluſieurs endroits du ſoin
que ces Princes prenoient pour la converſion des Peuples qu'ils ſoumettoient à leur Couronne, & nous avons
                                            encore

encore une Ordonnance faite par Childebert I. en cinq cens cinquante-quatre, pour abolir dans ſes Etats les reſtes de l'idolatrie. Quoiqu'il y eût déja long-tems généralement parlant, que les anciens Habitans des Gaules fuſſent convertis; il y reſtoit encore quelques Payens, & il paroît même que pluſieurs des nouveaux Chrétiens, conſervoient du reſpect pour les Simulacres que leurs peres avoient adorés, & que les Evêques ne pouvoient obtenir de ces ouailles indociles, qu'elles ôtaſſent ces idoles des places honorables où elles avoient été miſes, pour y être l'objet d'un culte Religieux. Ce fut à ce ſujet que Childebert publia ſa Conſtitution, dans laquelle il ordonna d'ôter inceſſamment toutes (*a*) les idoles placées dans les maiſons, ainſi que dans les champs, & de lès briſer ou de les remettre entre les mains des Evêques, enjoignant à ſes Officiers de ſe ſaiſir des contrevenants, à moins qu'ils ne donnaſſent caution de ſe repréſenter à ſon Tribunal, pour y recevoir de ſa propre bouche leur ſentence, qui ſeroit telle qu'il jugeroit à propos de la rendre. Si l'on voit dans la vie des Saints, qui ont vêcu dans le ſixiéme ſiecle & même dans le ſeptiéme, qu'il ſe trouvoit encore alors parmi les Gaulois, & des Payens & des Chrétiens leſquels idolâtroient, c'eſt que les Loix n'ont pas tout leur effet en un jour. D'ailleurs rien n'empêche de croire que ces idolâtres fuſſent des Barbares nouvellement établis dans les Gaules. Tels étoient, ſuivant l'apparence, les Payens que ſaint Eloy Evêque de

---

(*a*) Præcipientes ut quicunque admonitus de agro ſuo ubicunque fuerint ſimulachra conſtructa vel idola dæmoni dicata, ab hominibus, factum non ſtatim abjecerint, vel ſacerdotibus hæc deſtruentibus præbue-rint, datis Fideijuſſoribus non aliter diſcedant niſi in noſtris obtutibus præſententur. Qualiter in ſacrilegis Dei injuria vindicetur, noſtrum eſt pertractandum. *Baluz. Cap. Tom. prim. pag. 5.*

Tome III. Bbb

Noyon & de Tournay, convertit dans le dernier des Diocèses.

Quoique nos Rois fussent en possession de juger en la forme qu'il leur plaisoit, les plus grands de l'Etat, on voit cependant qu'ils laissoient juger les Evêques, même ceux qui étoient coupables du crime de Lèze Majesté par leurs Juges naturels, c'est-à-dire, par les Conciles. Ce fut devant des Conciles que les Rois poursuivirent Prétextat, Evêque de Rouen, aussi-bien que Salonius Evêque d'Ambrun, & Sagittaire Evêque de Gap, lorsqu'ils voulurent faire faire le procès à ces Prélats pour crime de Lèze Majesté. (a) Grégoire de Tours dit, que Chilpéric ayant appris que Prétextat formoit un parti contre lui, il le manda à la Cour, & que l'ayant trouvé coupable, il l'envoya dans un lieu sûr, en attendant que le Concile par lequel il vouloit le faire juger fût assemblé. Notre Historien raconte même fort au long ce qui se passa dans ce Concile qui fut tenu à Paris, & devant lequel Chilpéric fit le personnage d'accusateur. Dans un autre endroit, Grégoire de Tours dit, que le Concile qui fit le procès à Salonius Evêque d'Ambrun, & à Sagittaire Evêque de Gap, les déposa uniquement, parce qu'outre les autres crimes dont ils étoient atteints & qui pouvoient être expiés par une pénitence, ils étoient encore convaincus du crime de Lèze Majesté. Ce fut donc parce que ces deux (b) Prélats étoient coupables de ce crime, qui ne pou-

En 579.

(a) His ita gestis audiens Chilpericus quod Prætextatus Rhotomagensis Episcopus contra utilitatem suam populis munera daret, eum ad se accersiri præcepit. Quo discusso repperit cum eodem res Brunechildis Reginæ commendatas, ipsisque ablatis eum in exi-lo usque ad sacerdotalem audientiam retineri præcepit. Gr. Tur., Hist. lib. 5. cap. 19. & suiv..

(b) Objiciunt eis crimina & non solum de adulteriis, verum etiam de homicidiis accusantur. Sed hæc per pœnitentiam purgari censentes Epis.

voit point être expié par une pénitence canonique, qu'ils furent dégradés par jugement du Concile. Je ne sçais pourquoi un de nos Historiens de France des plus modernes, affecte en rapportant ce passage de Grégoire de Tours, d'ommettre la circonstance : Que les Evêques trouvant Salonius & Sagittarius convaincus du crime de Lèze-Majesté, jugerent qu'il n'étoit pas en leur pouvoir d'adoucir la peine des coupables, en les condamnant seulement à quelques années de pénitence.

Voici encore un exemple du respect que les Rois Mérovingiens, qui gouvernoient leurs sujets si despotiquement, avoient néanmoins pour les Canons. (a) C'est Grégoire de Tours qu'on va lire. » Promotus qui
» avoit été fait Evêque de Château-Dun à la requisition
» de Sigebert, mais qui avoit été destitué après la mort
» de ce Prince, & réduit aux fonctions de simple Prê-
» tre, parce que son prétendu Diocèse n'étoit réellement
» qu'une portion du Diocèse de Chartres, vint trouver le
» Roi Gontran, pour supplier ce Prince de le faire rétablir.
» Neanmoins sur les représentations de Papolus Evêque
» de Chartres, qui soûtenoit les Droits de sa Crosse,
» Promotus fut débouté de sa demande, & tout ce qu'il
» pût obtenir, ce fut d'être réintegré dans la jouissance

copi, illud est additumquod essent rei Majestatis & patriæ proditores. Qua de causa ab Episcopatu discincti. Ibid. capite vigesimo octavo.

(a) Promotus vero qui in Dunensi Castro ordinante Sigiberto Rege Episcopus fuerat institutus & post mortem Regis amotus fuerat eo quod Castrum illud esset Diocæsis Carnotenæ contra quem ita judicium latum fuerat ut Presbyteri tantum officio fungeretur, accessit ad Regem deprecans ut ordinationem Episcopatus in ante dicto Castro reciperet. Sed obsistente Pappolo Carnotenæ urbis Episcopo, ac dicente quia Diocæsis mea est, ostendente præsertim judicio Episcoporum, nihil aliud potuit obtinere cum Rege, nisi ea quæ sub ipsius Castri termino propria habebat reciperet. Gr. Tur. Hist. lib. 7. cap. 17.

». de quelques biens, ſitués dans le voiſinage de Château-
», Dun, & qui lui appartenoient en propre. Il y a encore
d'autres exemples d'érections de nouveaux ſieges, ſou-
haitées par les Rois, & empêchées par l'Evêque inte-
reſſé.

Nous ne parlerons point des Conciles qui s'aſſem-
bloient ſouvent ſous les Rois Mérovingiens, ni de la
diſcipline Eccléſiaſtique qui s'obſervoit alors. C'eſt une
matiere que le Pere Sirmond, le Pere le Cointe, & pluſieurs autres ſemblent avoir épuiſée. D'ailleurs, elle n'eſt
point de notre ſujet. Ainſi nous nous contenterons de
rapporter ce qu'on ſçait concernant le pouvoir & la
conſidération que les Eccléſiaſtiques avoient alors dans
le monde. Nous ne parlerons point d'eux en tant que
Miniſtres de la Religion, mais en tant que Citoyens qui
tenoient un grand rang dans l'Etat.

Comme la plûpart des Evêques des Gaules ont été
juſqu'au huitiéme ſiecle Romains de Nation, ainſi que
nous l'avons déja dit, les Auteurs qui prétendent que les
Francs euſſent réduit les anciens Habitans des Gaules en
un état approchant de la ſervitude; prétendent en même
tems, que les Evêques ayent eu très-peu de crédit dans les
affaires Politiques ſous les Rois Mérovingiens, & que
ce n'ait été que ſous le regne des Rois Carlovingiens, que
ces Prélats ayent commencé d'avoir une grande part aux
affaires temporelles.

En effet, ſuppoſé que ces Prélats euſſent aſſez de faveur, pour obtenir que le Prince qui opprimoit leur Nation, paſſât par-deſſus les raiſons Politiques qu'il auroit
euës de ne point permettre leur élection, ils devoient
avoir en même-tems aſſez de conſidération pour rendre
meilleure la condition de leurs freres & de leurs neveux.

Ainſi ces Auteurs ne pouvant pas nier que les Evêques des Gaules n'ayent été Romains pour la plûpart juſques au huitiéme ſiecle, ils ont pris le parti de dire que ce n'avoit été que ſous la ſeconde Race, que les Evêques des Gaules avoient eu un grand crédit dans le Royaume, & que l'Epiſcopat devoit la ſplendeur temporelle où il étoit dans le neuviéme ſiecle à la dévotion des Rois Carlovingiens, qui les premiers avoient appellés nos Prélats à la geſtion des affaires du monde. Rien n'eſt plus faux que ce ſyſtême hiſtorique.

Jamais les Evêques n'ont été plus puiſſans & plus accrédités dans les Gaules qu'ils l'ont été ſous les Rois Mérovingiens. On a vû les ſervices que les Evêques contemporains de Clovis rendirent à ce Prince, & quelle reconnoiſſance il leur en témoigna. D'ailleurs comment auroit-il été poſſible que les Evêques n'euſſent point eu de part au Gouvernement, quand ils avoient autant d'autorité dans leurs Diocèſes qu'on voit par les Canons du Concile d'Orleans & de pluſieurs autres qu'ils en avoient alors, & quand les Rois avoient très-peu de places fortes, & encore moins de troupes reglées. Nos Evêques avoient une Juriſdiction abſoluë ſur le Clergé ſéculier & régulier de leurs Diocèſes, ils y étoient les diſpenſateurs des biens des Egliſes déja richement dotées. Ils y étoient les Maîtres de livrer ou de proteger les criminels & les eſclaves qui s'étoient refugiés dans les aziles des Temples du Seigneur, ils étoient les Protecteurs nés des veuves & des orphelins, ainſi que des Serfs affranchis en face d'Egliſe, dont ils héritoient même au préjudice du Fiſc : Celui qu'ils avoient excommunié, ne pouvoit plus exercer aucun emploi de ceux que le Prince conféroit, & il étoit. Leſ Ri̅mar. Tit. 58.

fi bien regardé comme mort civilement, (*a*) que fes héritiers fe mettoient en poffeffion de fes biens , ainfi que
s'il eût été mort naturellement : enfin , quand nos Prélats
avoient droit en vertu de la Conftitution de Clotaire I. (*b*)
d'obliger en l'abfence du Roi les Juges qui avoient rendu
une Sentence injufte à la reformer. Je ne dis fur ce fujet,
qu'une partie de ce que je pourrois dire , parce que n'en
difant point davantage, je ne laiffe pas d'en dire affez.
D'ailleurs , il me faudroit répeter plufieurs chofes , que
j'ai déja écrites en d'autres endroits de cet ouvrage.

Auffi l'Hiftoire de nos premiers Rois eft-elle remplie
de faits , qui montrent les égards & l'extrême confidération qu'ils avoient pour les Evêques leurs fujets. J'en rapporterai quelques exemples. (*c*) Gontran , dit Grégoire
» de Tours , étant entré en conteftation avec Chilpéric,
» il fit affembler à Paris les Evêques de fes Etats , afin
» qu'ils fuffent arbitres entre le Roi fon frere & lui. Mais
» le Ciel qui vouloit les punir de leurs péchés , par le
» fleau de la guerre civile , permit qu'ils ne déféraffent
» point alors au jugement de ces Prélats. En un autre endroit, (*d*) notre Hiftorien écrit , en parlant de la paix

(*a*) Qui vero Epifcopum fuum noluerit audire & excommunicatus fuerit
perennem condamnationé apud Deum
fuftineat & infuper de Palatio noftro
fit omninò extraneus , & omnes facul-
tates fuas parentibus legitimis amittat
qui noluit facerdotis fui medicamenta
fuftinere. *Decr. Child. fecundi. art.* 2.
Bal. Cap. Tom. 1. *pag.* 17.

(*b*) Si judex aliquem contra Legem
injufte damnaverit in abfentia noftra,
ab Epifcopis caftigetur ut quod perpe-
re judicavit verfatim melius difquifi-
tione habita , emendare procuret. *Cap.*

Baluz. Tom. 1. *pag.* 8.

(*c*) Cum autem intentio inter Regem Gunthramnum & Chilpericum
verteretur , Gunthramnus Rex apud
Parifios omnes Epifcopos regni fui
congregavit ut inter utrofque quod
veritas haberet edicerent. Sed ut bellum civile in majore pernicitate crefce-
ret , eos audire peccatis facientibus di-
ftulerunt. *Gr. Tur. Hift. lib.* 4. *cap.* 48.

(*d*) Id inter eos mediantibus facerdo-
tibus & Proceribus convenit. *Ibid. lib.*
9. *cap.* 21.

que le Roi Gontran fit avec Childebert son neveu. Voilà
» ce qui fut conclu entre ces Princes par l'entremise des
» Evêques, & des autres Grands du Royaume. Enfin,
comme on le verra encore dans la suite, il n'est gueres
fait mention d'aucune assemblée de Notables, convoquée
par les Rois Mérovingiens, qu'on ne voye les Evêques y
prendre séance. Nos Rois avoient tant de confiance
dans la vertu & dans la capacité de ces Prélats, qu'ils les
faisoient intervenir, même dans la discussion des affaires
les plus éloignées de leur profession. (*a*) Quand Gontran voulut juger lui-même les Généraux d'une armée
qu'il avoit envoyée faire la guerre aux Visigots, & qui
étoient accusés de n'avoir été malheureux que par leur
faute, il nomma des Evêques parmi ceux qu'il choisit
pour *assesseurs*, c'est-à-dire, pour l'assister dans l'éxamen
du procès. Enfin quand le Roi (*b*) Dagobert I. eut une
contestation avec son pere Clotaire, concernant l'étenduë
des Etats qu'il prétendoit lui avoir été cedés par son pere;
les Evêques furent du nombre des arbitres nommés pour
la terminer.

Pour tout dire en un mot, les Evêques faisoient une
si grande figure dans la Monarchie sous les Rois Petits-
Fils de Clovis que ces Rois eux-mêmes leur portoient
envie en quelque sorte. Au rapport de Gregoire de Tours,
(*c*) il échapoit souvent à Chilpéric I. de s'écrier. » Nô-

(*a*) Postea verò convocatis Episcopis
& majoribus natu Laicorum, Duces
discutere cæpit. *Ibid. lib.* 8. *cap.* 30.

(*b*) Tandem à Pontificibus vel sa-
pientissimis viris proceribus, pater
pacificatur cum filio. *Gesta Dagoberti
Regis cap.* 5.

(*c*) Aiebat enim plerumque; ecce
pauper remansit Fiscus noster. Ecce di-

vitiæ nostræ ad Ecclesias sunt transla-
tæ. Nulli penitus nisi soli Episcopi
regnant. Periit honos noster & transla-
tus est ad Episcopos Civitatum. Hæc
aiens assidue testamenta, quæ in Ecclesias conscripta erant, plerumque
disrupit. *Greg. Tur. Hist. lib. sexto cap.
quadragesimo sexto.*

» tre Fifc a été appauvri pour enrichir les Eglifes, il
» n'y a plus dans les Gaules de veritables Souverains,
» que les Evêques. La dignité Royale s'avilit & ce font
» les Evêques qui regnent réellement chacun dans fon
Diocéfe. Auffi ce Prince, ajoûte l'Hiftorien, mettoit-
il ordinairement le canif dans les Teftamens favora-
bles aux Eglifes, & laceroit-il ces Actes, lorfqu'ils lui
étoient prefentés paur être confirmés.

Ce que Chilpéric regardoit comme un renverfement
de l'Ordre, paroît avoir été le falut des Gaules, & l'u-
nique caufe de la confervation de la Monarchie, durant
les défordres & les guerres civiles qui les affligerent
fous les derniers Rois de la premiere Race, & fous les
derniers Rois de la feconde. La Monarchie eût été ren-
verfée de fond en comble dans ces temps d'affliction,
fi l'Eglife Gallicane n'avoit point eu l'autorité & les richeffes que Chilpéric lui envioit. Mais la puiffance
que les Ecclefiaftiques avoient dans ces temps-là, mit
ceux d'entr'eux qui avoient de la vertu, en état de s'op--
pofer avec fruit à ces hommes de fang, dont les Gaules étoient remplies alors, & qui cherchoient fans ceffe
à faire augmenter les défordres & à multiplier les guerres civiles, pour ufurper dans quelque canton de pays
l'autorité du Prince, & s'y approprier enfuite le bien
du peuple. Les bons Ecclefiaftiques empêcherent ces
cantonnemens dans plufieurs endroits & ils y conferverent affez de droits & affez de domaines à la Couronne
pour mettre les Princes qui la porterent dans la fuite,
en fituation de recouvrer avec le temps, du moins ùne
grande partie des joyaux dont elle avoit été dépoüillée.
C'eft ainfi qu'un mur folide, qui fe rencontre dans un
édifice mal conftruit, lui fert comme d'étaye & que par

La résistance, il donne aux Architectes le loisir de faire faire à ce bâtiment des réparations, à l'aide desquelles il dure encore plusieurs siecles.

CHAPITRE NEUVIEME.

Que sous la domination des Rois Mérovingiens, les Romains des Gaules vivoient selon le Droit Romain, & que chacun d'eux y étoit demeuré en possession de son Etat. Des inconveniens de la premiere Constitution du Royaume des Francs.

UNe des meilleures preuves qu'on puisse alléguer pour faire voir que le Souverain qui s'est rendu Maître d'un Pays, n'y a point dégradé les anciens Habitans, c'est de montrer qu'il les a laissés vivre suivant la Loi de leurs Ancêtres, qu'il a laissé subsister parmi eux la difference entre les états & les conditions, laquelle avoit lieu avant qu'ils fussent sous son obéissance ; & nous allons voir que les Rois Mérovingiens ont laissé vivre les Romains des Gaules suivant leurs anciennes Loix & suivant les usages de leurs Peres; & les Romains des Gaules ont continué d'être divisés en trois ordres sous le Regne de la premiere Race, ainsi qu'ils l'étoient auparavant.

Le privilége de se gouverner sous un nouveau Souverain suivant des Loix qu'il n'a point faites & qui sont plus anciennes dans le Pays que sa domination, est si considérable, que les Villes Grecques à qui les Romains l'avoient accordé, en faisoient mention dans la Légende des Monnoyes qu'elles frappoient: elles s'y glorifient de leur *Autonomie.* C'est le nom qu'on don-

noit en grec au privilege dont il eſt ici queſtion. Or les Ordonnances des Rois des deux premieres Races font foi que
leurs ſujets de la Nation Romaine vivoient ſuivant le
Droit Romain; & cette verité eſt encore confirmée par
pluſieurs faits atteſtés dans des Auteurs contemporains.

En rapportant differens articles des Loix Nationales des Habitans des Gaules, qui font foi que chaque
Nation y étoit jugée ſuivant le Code qui lui étoit propre, & le ſerment par lequel nos Rois promettoient
à leur inauguration, que la juſtice ſeroit renduë à chaque
Nation ſuivant ſa Loi particuliere, nous avons prouvé déja que la juſtice devoit être renduë aux Romains
qui étoient une de ces Nations, ſuivant le Droit Romain. Mais outre cette preuve générale, nous en avons
de plus particulieres.

Vers l'année cinq cens ſoixante, Clotaire Premier,
qui après avoir réuni à ſon Partage les Partages de
ſes freres, étoit Souverain de toute la Monarchie Françoiſe, publia un Edit que nous avons encore, pour
maintenir dans ſon Royaume la juſtice, & pour y entretenir le bon ordre entre les differentes Nations
qui l'habitoient. Il eſt dit dans le préambule de cette Ordonnance. (a) *Clotaire Roi des Francs, à tous nos Officiers.*
» Rien n'étant plus convenable à nos bonnes inten-
» tions, que de pourvoir en même temps aux beſoins
» des anciens habitans de nos Provinces, & à ceux
» de toutes les Nations dont nous ſommes Souve-

(a) *Clodacharius Rex Francorum, omnibus agentibus.* Uſus eſt clementiæ principalis, neceſſitatem Provincia-lium, vel ſubjectorum ſibi omnium Populorum provida ſollicitus mente tractare; & quæ pro quiete eorum juſte ſunt obſervanda, indicta in Ti-tulis Conſtitutione conſcribere. *Chlot, Regis Conſtitutio generalis. Bal. Capit, Tom. I. pag. 7.*

» râme, que de publier à cet effet un Edit qui con-
» tienne fous differens titres les Reglemens néceffaires
» pour affûrer la tranquillité de chacun de nos Sujets.
» Nous avons ordonné & nous ordonnons par ces Pre-
» fentes, &c.

On a déja remarqué que le terme de *Provinciales*
qui fe trouve ici dans l'Edit de Clotaire, étoit le terme propre par lequel les Empereurs défignoient les Romains habitans dans les Provinces de la Monarchie.
Voilà pourquoi nous l'avons rendu rélativement aux
Barbares nouvellement établis dans les Gaules par le
terme d'*Anciens Habitans*.

Dans le quatriéme Article de cet Edit, il eft ftatué expreffément; (*a*) » Toutes les conteftations que
» les Romains auront les uns avec les autres, feront dé-
» cidées fuivant le Droit Romain. Enfin le dernier Article de cette Ordonnance porte. (*b*) » Tous nos Juges
» auront foin de garder & de faire garder la prefente
» conftitution Ils ne rendront aucune Sentence, & fous
» quelque prétexte que ce foit, ils n'ordonneront rien
» qui donne atteinte à ce qu'elle ftatuë concernant le
» Droit Romain, ni qui foit contraire aux ufages pra-
» tiqués depuis longtemps parmi ceux de nos autres Su-
» jets qui vivent fuivant leurs anciennes Loix natio-
» nales.

(*a*) Inter Romanos negotia caufarum Romanis legibus præcipimus ter-
minari. *Ibid. art.* 4.
(*b*) Provideat ergo ftrenuitas univer-
forum Judicum ut præceptionem hanc
fub omni obfervatione cuftodiant nec
quicquam aliud agere, aut judicare
quam ut hæc præceptio fecundum Legum Romanarum feriem continet, vel
fecus quam quarumdem gentium populus juxta antiqui juris conftitutio-
nem olim vixiffe dinofcitur, fub aliqua temeritate præfumant. *Ibid. art.*
decimo tertio & *Not. Baluz. pag.* 986.
tom. 2.

Ccc ij

Un des ouvrages les plus précieux de ceux qui ont été composés sous la première Race & qui sont venus jusqu'à nous, c'est le Recueil des Formules pour les Actes Juridiques, alors en usage, & qui été compilé par Marculphe Auteur qui vivoit dans le septiéme siécle, & qu'on croit avec fondement avoir été un des Officiers de la Chancellerie de Rois Mérovingiens. On trouve dans ce Recueil des modeles de tous les instrumens qui se rédigeoient alors pour être les monumens autentiques & durables des affranchissemens, des mariages, des donations, des collations d'employ;en un mot de tous les Actes & Contrats, qui se font dans la societé civile. Si plusieurs de ces Formules sont dressées suivant les Loix Nationales des Barbares établis dans les Gaules, il y en a d'autres qui sont dressées suivant le Droit Romain. On voit dans plusieurs de ces modeles qu'ils sont faits *ut Lex Romana edocet*, que le pacte dont ils sont le monument, est contracté conformément au Droit Romain. *Te secundùm legem Romanorum sponsatam.*

Il est dit dans la dixiéme Formule du livre second, & qui est le modele de l'Acte par lequel un Ayeul appelle à sa succession ses petits-fils, enfans de sa fille prédécedée. (*a*) » La Loy Romaine veut que toutes les dispositions que fait un Pere concernant ses enfans & ses petits-enfans soient accomplies; c'est pourquoi, &c.

Dans la dix-septiéme Formule du même livre, laquelle contient le modele d'un Acte où l'on rédigeroit à la fois le Testament de deux personnes differentes, on lit,

---

(*a*) *Epistola cum in loco filiorum Nepotes instituuntur ab avo.....* Quidquid filiis vel nepotibus de facultate Pater cognoscitur. ordinasse , voluntatem ejus in omnibus Lex Romana constringit adimplere idcoque in Dei nomine, &c. *Baluz. tom. 2. p. 411.*

(*a*) » En *un tel lieu*, *une telle année*, *fous le Regne d'un tel*,
» *& un tel jour*. Moi *un tel* & ma femme *une telle* fains
» d'efprit & joüiffans d'une entiere raifon, nous avons,
» réflechiffans fur les accidens de la vie, fait nôtre Tef-
» tament que nous avons dicté *à un tel* Notaire, afin que
» lorfqu'après nôtre trépas, le jour fera venu où fuivant
« la Loy Romaine, cet Acte de nôtre derniere volon-
» té devra être ouvert & enregiftré &c. Mais comme le Recueil de Marculphe enrichi de fçavantes ob-
fervations eft entre les mains de tout le monde, j'y
renvoyerai le lecteur, après avoir rapporté néanmoins
l'extrait d'une autre Formule qui confirme fi expreffément tout ce que nous avons avancé déja, que je ne puis
me difpenfer de le donner encore ici; elle eft le modele
des provifions que le Prince donnoit aux Patrices, aux
Ducs & aux Comtes, qui comme nous l'avons obfervé déja, en rapportant un endroit de la Formule dont
nous allons donner encore ici un extrait, exerçoient à
la fois fous Clovis & fous fes fucceffeurs, les fonctions
d'Officier Militaire & celles de Magiftrat; au lieu que
fous les Empereurs Chrétiens, elles étoient exercées par
des Officiers différens. Il eft donc énoncé dans le préambule de cette Formule, qu'il ne faut confier les dignités
(*b*) aufquelles l'adminiftration de la juftice eft attachée

Voyez la Note de Jerôme Bignon fur cette Formule.

(*a*) Regnante in perpetuo Domino noftro Jefu-Chrifto *loco illo*, *anno illo*, Regnante *illo* Rege, fub die *illo*, ego *ille* & conjux mea *illa* fana mente integroque confilio, metuentes cafus humanæ fragilitatis, teftamentum noftrum condidimus quem *illi* Notario fcribendum commifimus, ut quomodò dies legitimus poft tranfitum noftrum advenerit, recognitis figillis, incifo lino ut Romanæ Legis decrevit autoritas. *Ibid.* pag. 415.

(b) *Charta de Ducatu*, *Patriciatu vel Comitatu*. Nec facile convenit cuilibet judiciariam committere dignitatem, nifi prius fides & ftrenuitas videatur effe probata. Ergo dum fidem & utilitatem tuam videmur habere compertam, ideo tibi actionem *Ducatus*, *Comitatus*, *vel Patriciatus* in pago *illo* quem

fpecialement, qu'à des perfonnages d'une capacité &
d'un courage éprouvés ; après quoi le Collateur s'adreſ-
fant au pourvû, il lui dit : » Ayant donc une fuffifante
» connoiſſance de vos grandes & bonnes qualités, nous
» vous avons pourvû de l'employ *de Duc*, de celui *de*
» *Patrice* ou *de Comte* dans *un tel diſtrict*, à condition que
» vous nous garderez une fidélité inviolable, que vous
» maintiendrez en paix par votre bonne conduite, les
» Francs, les Romains, les Bourguignons & les fujets
» Citoyens de toutes les autres Nations qui compo-
» fent le Peuple de vôtre diſtrict, & que vous rendrez la
» juſtice à chacun d'eux fuivant la Loi & les Coûtumes
» de la Nation dont il fe trouvera être.

On a encore outre les Formules de Marculphe plufieurs autres Formules des Actes tels qu'ils fe dreſſoient
dans notre Monarchie fous les Rois Mérovingiens, re-
cueillies par les Sçavans du dernier fiecle, & qui font
rédigées fuivant le Droit Romain. On en trouve un grand
nombre dans le fecond volume des Capitulaires de Monfieur Baluze, & dans les ouvrages de Dom Jean Mabillon. Dom Thierri Ruinart en a fait réimprimer quelques-unes à la fin de fon édition des œuvres de Grégoire de Tours, & l'on y voit que ceux qui parlent dans
ces Formules, difent fouvent qu'ils font telle & telle
difpofition fuivant le Droit Romain.

(*a*) Enfin les Capitulaires des Rois de la feconde Ra-

---

tuus anteceſſor ufque adhuc videtur e-
giſſe tibi ad agendum regendumque
commifimus, ita ut femper erga re-
gimino noſtro fidem in libatam cuſtodias & omnis Populus ibidem com-
morantes ; tum Franci, Romani, Burgundiones, quam reliquasNationes fub
tuo regimine & gubernatione degant

& moderentur, & eos recto tramite
fecundum Legem & confuetudinem
eorum regas, viduis & pupillis. *Ibid.*
pag. 380. *For. octav. Martul. lib.* 1.

(*a*) Ut juxta Legem Romanam hæc
corrigantur. *Cap. Bal. tom.* 1. *pag.*
1202.

ce renvoyent en plusieurs cas à la Loy Romaine.

Rapportons présentement quelques faits qui se trouvent dans notre histoire, & qui montrent que sous les Rois Mérovingiens, les Romains des Gaules, vivoient suivant le Droit Romain, quoiqu'après ce qu'on vient de lire, une pareille preuve soit surabondante, Grégoire de Tours dit en parlant de la mort de saint Nizier Evêque de Lyon, décedé en cinq cens soixante & treize, (*a*) » dès que le tems, au bout duquel la Loy Romaine or-
» donne que l'Acte qui contient la derniere volonté
» d'un défunt, soit rendu public, se fût écoulé, le Tes-
» tament de notre Prélat fut porté au lieu où se ren-
» doit la justice, & remis au Magistrat qui l'ouvrit &
» qui le lut devant un grand nombre d'assistans.

(*b*) On trouve ce qui suit dans l'histoire de Dagobert I. écrite par un Auteur contemporain de ce Prince.
» La treiziéme année du Regne de Dagobert, Sandré-
» gesilus qui exerçoit en Aquitaine l'emploi de Duc,
» fut tué par des assassins. J'ai déja dit dans le sixiéme
» chapitre de mon Histoire, que Dagobert dans le temps
» qu'il étoit encore fort jeune, avoit conçu tant d'indi-
» gnation du mépris que Sandrégesilus lui laissoit apperce-
» voir, que ce Prince l'avoit fait battre à coups de,

(*a*) Post dies autem quo Lex Romana sancivit ut defuncti cujuspiam voluntas publicè relegatur, hujus Antistitis Testamentum in Foro delatum, turbis circonstantibus à Judice referatum recitatumque est. *De vitis Patrum cap.* 5.

(*b*) Anno decimo tertio regni sui, cum Sandregesilus Dux Aquitanorum à quibusdam hominibus interfectus est..... De quo supra mentionem fecimus quod propter contemptum sui eum flagellis affici & barbæ tonsione deturpari in sua infantia Dagobertus jusserit, & ob hoc patrem metuens sanctorum Martyrum tutelam expetierit. Cum haberet ipse Sandregesilus filios in Palatio educatos qui cum facillimè possent, mortem patris evindicare noluerant. Proptereà secundum Legem Romanam à regni proceribus redarguti, omnes possessiones paternas perdiderunt. Cumque ea omnia ad Regalem Fiscum fuissent relata. &c. *Gesta Dagoberti cap.* 35. *Du Chesne tom.* 1.

» foüet, & qu'il lui avoit fait couper la barbe. J'ai mê-
» me raconté que Dagobert pour fe dérober au reffen-
» timent du Roi Clotaire fon pere, qui avoit beaucoup
» d'affection pour Sandrégefilus, s'étoit réfugié dans l'E-
» glife de faint Denis. Ainfi les enfans du mort qui étoient
» élevés à la Cour de Dagobert ne crurent point devoir
» fe donner beaucoup de peine pour venger la mort
» de leur pere, ce qu'il ne leur auroit pas été difficile
» de faire. Mais à quelque tems de-là, ils furent cités
» en juftice & pourfuivis pour caufe de cette négligen-
» ce. Les Grands de l'Etat fe déclarerent leurs Parties,
» & ils les firent condamner fuivant le Droit Romain à
» être dépouillés de la fucceffion de leur Pere qui fut
» confifquée au profit du Roy.

Je pourrois alleguer bien d'autres exemples, mais je
me contenterai de dire, que nous avons encore un Tef-
tament fait fuivant les Loix Romaines par un Citoyen
Romain fujet des Rois Merovingiens. C'eft celui d'Aredius & de Placidia dicté l'onziéme année du Regne de
Sigebert petit-fils de Clovis, & que Dom Thierri Ruinart a fait imprimer dans fon édition des œuvres de Grégoire de Tours, (a) après l'avoir tranfcrit fur l'original
qui fe conferve encore dans les Archives de l'Eglife de
faint Martin de Tours, à laquelle il eft fait des legs confidérables par cet Acte.

Quel étoit, demandera-t'on, le corps du Droit Romain qu'on fuivoit dans les Gaules fous le regne de Clo-

---

(a) Sub die pridie Kal. Nov. anno undecimo regni Domini noftri Sigi-berti Regis, ego Aredius Presbiter & Placidia fana mente..... Quod Tefta-mentum noftrum fi cafu jure civili aut Prætorio aut cujuflibet Legis Novellæ conftitutione ; vel veteris valere non poterit, ad vicem codicillorum & om-nium fcripturarum quæ firmitati con-fiftunt valere jubemus, &c. Oper. Gr. Tur. Ed. Ruinartii, pag. 1308.

vis & fous celui de fes premiers fucceſſeurs ? Certainement ce n'étoit point le Digeſte & le Code de Juſtinien. L'autorité des Empereurs n'étoit plus reſpeċtée dans
les Gaules, quand ce Prince publia ſa rédaċtion du Droit
Romain, qui dans tous les pays où ce Droit a force de
Loy aujourd'hui, ainſi que dans ceux où il n'eſt pour ainſi
dire que conſulté, eſt regardé comme la rédaċtion du
Droit Romain la plus autentique. Ce n'a été que ſous
la troiſiéme Race que la rédaċtion de Juſtinien a été connuë dans les Gaules, & qu'on l'y a ſubſtituée à celles
dont on s'y étoit ſervi dans les tems anterieurs & qui
n'étoient point auſſi parfaites. Quelle étoit donc la rédaction des Loix Romaines laquelle pouvoit être en uſage
dans les Gaules ſous les Rois Mérovingiens ?

Lorſque Clovis ſe rendit maître de la Partie des Gaules renfermée entre la Loire, l'Océan & le Rhin, les Ha-
hitans de ces Provinces avoient pour Tables de leur Loy,
le Codè que Theodoſe le jeune Empereur des Romains
d'Orient avoit publié en quatre cens trente-cinq & qui
avoit été reçu dans le Partage d'Occident. Mais lorſque
Clovis ſoûmit à ſon obéiſſance celles des Provinces des
Gaules dont il chaſſa les Viſigots, il y trouva en uſage
le Code d'Anian, ou le Code du Droit Romain qu'Alaric II. avoit en cinq cens cinq fait rédiger par les plus
notables Juriſconſultes de ſes Etats, pour ſervir à ſes ſujets Romains de Nation. Ainſi je crois que du tems de
Clovis & de ſes ſucceſſeurs, on ſe ſera ſervi du Code
d'Alaric dans les Provinces de la Monarchie Françoiſe,
qui étoient ſous l'obéiſſance d'Alaric II. lorſqu'il publia
ce Code, & que dans les autres Provinces de la Monarchie, dans celles qui ſont au Nord de la Loire, on aura

Tome III. Ddd

continué à se servir du Code Théodosien. Il est certain
du moins que dans le sixiéme siecle & même dans le huitiéme, le Code de Théodose étoit encore en vigueur
dans une grande partie des Gaules; voici cequ'on trouve dans Grégoire de Tours au sujet d'Andarchius, qui
avoit fait une très-grande fortune sous le regne de Sigebert petit-fils de Clovis. (*a*) » Avant que de parler d'An-
» darchius, je dois dire un mot de sa condition & de sa
» fortune. On prétend qu'il avoit été Esclave du Séna-
» teur Felix, & qu'ayant été pour lors destiné à servir
» dans les emplois domestiques, on l'eût fait élever au-
» près de son Maître encore enfant, & qu'on l'eût fait
» étudier avec lui. Quoiqu'il en soit, Andarchius avoit
» bien profité de l'éducation qu'on lui avoit donnée. Il
» avoit une profonde connoissance de la science des nom-
» bres. Il sçavoit les Poëtes & il entendoit très-bien tous
» les livres du Code Theodosien.

(*b*) Monsieur Baluze rapporte encore une ancienne
Formule dressée sous nos Rois, comme on le voit parce qu'il y est fait mention du *Mallum*, & la personne
qui parle dans cette Formule pour énoncer qu'elle entend agir suivant le Droit Romain, dit qu'elle entend
agir conformémentà celles des Sanctions, de la Loy *Mondaine* qui sont contenuës dans le Code Théodosien.

Est-il arrivé dans la suite que le Code d'Alaric ait été
comme plus commode par bien des raisons, substitué dans
quelques Provinces situées à la droite de la Loire, au
Code Théodosien? Est-ce pour cela que le Code d'Ala-

(*a*) Nam de operibus Virgilii, Legis
Theodosianæ libris artequæ calculi, ad
plene eruditus est. *Gr. Tur. Hist. lib.* 4.
cap. 47.

(*b*) Ut Lex Mundana Theodosio corpore arbitrata decernit. *Cap. Baluz.
tom.* 2. *pag.* 566.

ric fe trouve compris au nombre des différens Codes dont la Loy *Mondaine* étoit compofée, & cela dans des exemplaires de la Loy *Mondaine* écrits fous la feconde Race, & à ce qu'il paroît deftinée à l'ufage de Cités qui ne furent jamais fous la domination des Vifigots. C'eft ce que j'ignore ; peut-être le Code d'Alaric tenoit-il lieu d'une interprétation propre à fervir de glofe au Code Théodofien en quelques occafions.

La premiere réflexion qu'on puiffe faire après avoir lû, & même en lifant ce que nous venons d'écrire, concernant la condition des Sujets dans le Royaume des Francs, c'eft de penfer que fa premiere conformation étoit très-vicieufe. Sans parler des autres inconvéniens, la diverfité des Codes, fuivant lefquels il falloit rendre la juftice, en devoit bien embarraffer & retarder l'adminiftration. J'en tombe d'accord, & je crois même que cette multiplicité des Codes, n'étoit pas un moindre fleau pour la Societé, que l'eft aujourd'hui la diverfité des Coûtumes, qui ont force de Loy dans plufieurs Provinces du Royaume de France. On ne fera point furpris de cet aveu, puifque j'ai fait profeffion par-tout de n'être point du nombre des Auteurs qui fe préviennent tellement en faveur de l'Ordre Politique établi dans les Etats, dont ils donnent des relations ou dont ils écrivent l'Hiftoire, qu'ils admirent & qu'ils veulent faire admirer la Conftitution de ces Etats-là comme un chef-d'œuvre de la prudence humaine. J'avouë donc que le premier plan de la Monarchie Françoife a été très-vicieux, & que pour l'intérêt du Souverain & pour le bien des Peuples, il auroit dû être difpofé tout autrement. J'avouërai encore, que fi quelque chofe peut furprendre un homme qui réflechit fur l'Hiftoire des Rois Mérovingiens, ce n'eft point que leur

Monarchie foit devenuë fujette environ cent cinqua
ans après fa fondation à des troubles prefque continu
& s'il eft permis d'ufer ici de cette figure, qu'elle ait
fenti toutes les infirmités de la vieilleffe, précifém
quand elle étoit dans fon âge viril, dans l'âge où fuiv
le progrès ordinaire que font les Monarchies naiffant
elle devoit fe trouver en fa plus grande vigueur. Ce
m'étonne donc, c'eft que le Corps de notre Monarc
étant auffi mal conformé qu'il l'étoit, il ait pû réfifte
tous fes maux. En effet, la multiplicité des Loix Nati
nales n'étoit pas le feul ni même le plus grand défaut
fe trouvât dans la Conftitution de la Monarchie Fran
fe. Pour ne point parler des autres, la divifibilité de
Couronne étoit un vice de conformation bien plus gr
encore que la multiplicité des Codes, fuivant lefquel
falloit rendre la juftice. Clovis, fes premiers fucceffe
& leurs Confeils, auront bien apperçu tous fes défauts,
en auront vû les conféquences, & ils auront voulu y
porter du remede, mais il leur aura été impoffible de
corriger. Par exemple, lorfque Clovis mourut, il ét
établi depuis fi long-tems parmi les Francs, que tous
fils du Roi mort, devoient partager entr'eux fes Eta
que ce Prince n'avoit encore ofé, lorfqu'il mourut, fa
les difpofitions néceffaires pour rendre fa couronne in
vifible.

Ainfi les Fondateurs de notre Monarchie n'ont pa
fait ce que la prudence politique demandoit qu'ils fiffe
mais ce qui leur étoit poffible de faire. Ces Princes,
exemple, afin de réunir plûtot à leur Couronne une Pr
vince qui alloit leur échaper, s'ils manquoient à profi
de la conjoncture préfente, ou bien pour fe faire recc
noître plus aifément par une Tribu ou par une Nation

pouvoit fe donner à un autre Souverain, auront été obligés d'accorder à cette Province, à cette Tribu, de pouvoir continuer à vivre felon leur Loy & leurs Coûtumes.

Voilà ce qui aura donné lieu d'abord à la multiplicité des Codes dans la Monarchie. Dès qu'une fois cet ufage y aura été autorifé, il aura fallu que dans la même Cité on rendît la juftice, non feulement fuivant deux Loix differentes, mais fuivant trois, fuivant quatre, & même fuivant cinq Loix differentes. Le nombre des Codes fe multiplioit à mefure qu'il furvenoit dans cette Cité quelqu'effain d'une Nation, autre que celles qui déja y habitoient. Il aura donc été néceffaire d'y adminiftrer la juftice, fuivant le Droit Romain, fuivant la Loy Gombette, fuivant la Loy Salique, fuivant la Loy Ripuaire, fuivant la Loy des Saxons, & fuivant celles des Bavarois, parce que l'ufage d'y rendre la juftice à chacun fuivant le Code de fa Nation, étoit devenu une Loy effentielle du Droit public de la Monarchie, & parce que fucceffivement, il fera furvenu dans la Cité dont je parle, quelqu'effain de tous ces Peuples.

Enfin, Clovis qu'on peut regarder comme le premier Fondateur de la Monarchie Françoife, étant mort à quarante-cinq ans, il n'a pas eu le loifir de corriger les défauts de fa Monarchie. Quand on a lu l'Hiftoire de fes fucceffeurs, on n'eft point tenté de demander, pourquoi ils ne les ont pas corrigés. Outre qu'ils n'avoient point cette autorité qu'a toûjours un premier Fondateur ou Inftituteur de toute Societé, ils ne furent jamais affés unis, pour former de concert un projet femblable, & ce projet ne pouvoit gueres s'exécuter par aucun d'eux en particulier.

Après tout , cette diverfité de Codes pouvoit bien se tarder la juftice , mais elle n'étoit point un obftacle tel qu'il dût empêcher qu'elle ne fût renduë à la fin. En premier lieu , les procedures tant en matiere Civile qu'en matiere Criminelle , fe faifoient alors bien plus fommairement qu'aujourd'hui. C'étoient les parties qui défendoient leur droits elles-mêmes, & il paroît encore qu'avant Charlemagne, (*a*) les Juges ne délivroient point par écrit les Sentences qu'ils avoient renduës.

En fecond lieu, les inconveniens qui pouvoient naître de la multitude des Codes , ne fe faifoient pas fentir dans les procès entre les perfonnes d'une même Nation , & fuivant l'apparence , ces fortes de procès faifoient le plus grand nombre des caufes que les Juges euffent à décider. Quant aux procès entre perfonnes de diverfes Nations, le Demandeur devoit , fuivant le Droit naturel , pourfuivre fes prétentions , fuivant la Loy à laquelle fa partie étoit foumife, & devant le Tribunal dont elle étoit jufticiable. Bientôt même, comme on a pû le remarquer, & comme je l'expoferai inceffamment , il y eut des Tribunaux mi-partis ou compofés de Juges de differentes Nations, & qui prévenoient tout conflit de Jurifdiction , parce qu'ils étoient des Tribunaux compétens , pour juger tous les particuliers de quelque Nation qu'ils fuffent.

En troifiéme lieu, il y avoit dans chaque Cité un Officier , dont l'autorité s'étendoit également fur tous

---

(*a*) Carolus congregavit Duces , Comites & reliquum Populum Chriftianum..... Ut Judices per fcriptum judicarent. *Chr. Moiff. Du Chef. tom. 3. pag.* 144.

(*b*) Ut nemo in placitis proportionate ufum habeat... Sed unufquifque pro fua caufa ... bina rationem reddat... 802. art. nono.

Tribunaux Nationaux, & qui pouvoient en cas de conflit de Jurifdiction, ou décider l'affaire par lui-même, ou la renvoyer devant le Tribunal compétent. C'eft ce qui paroît en lifant la Formule des Provifions des Ducs, des Patrices & des Comtes nommés par nos Rois, pour gouverner dans un certain département ou fimplement dans une Cité. Il eft dit dans cette Formule dont nous avons déja fait mention plus d'une fois : Vous nous gar-
» derez une fidélité inviolable, & vous maintiendrez en
» paix par votre bonne conduite, les Francs, les Romains,
» les Bourguignons & les Citoyens de toutes les autres
» Nations, qui compofent le Peuple de votre diftrict,
» & vous rendrez juftice à chacun d'eux, fuivant les
» Loix & la Coûtume de la Nation, dont il fe trouvera
» être.

Enfin le Thrône du Roi étoit un Tribunal toûjours ouvert à ceux qui vouloient demander juftice au Prince, ce qui devoit bien abréger les procès les plus épineux. Nos Rois exerçoient en perfonne les fonctions de premiers Magiftrats de leur Monarchie. Non feulement, ils jugeoient eux-mêmes les Francs, c'eft ce que nous avons vû, mais ils jugeoient encore les Romains leurs Sujets. Il y a plufieurs exemples de pareils jugemens dans cet ouvrage;néanmoins j'en infererai deux ici.La famille *Injuriofa* étoit une des familles de Tours. Il en fortit même dans le fixiéme fiecle un Evêque de cette ville, duquel il eft dit dans l'Hiftoire Eccléfiaftique des Francs, qu'il étoit né libre, quoiqu'il fût du dernier ou troifiéme Ordre de Citoyen. Dans cette même Hiftoire, il eft rapporté qu'un autre Injuriofus auffi Citoyen de Tours, & qui avoit été Vicaire ou Lieutenant d'un Comte de cette Cité, fut accufé d'avoir affaffiné un Juif. Nous raconterons les cir-

Gr. Tur. Hift. lib. ❧ cap 31.

conftances de ce meurtre, quand nous aurons à parl[...]
la maniere dont fe faifoit fous les fucceffeurs de Clov[...]
l'impofition & la levée des deniers Royaux. (*a*) Or[...]
fut à comparoître devant la perfonne du Roi Childeb[...]
qu'Injuriofus fut cité, & il comparut le jour auqu[...]
avoit été affigné, dans le Palais où ce Prince fe trouv[...]
actuellement, mais les accufateurs ne s'étant point pr[...]
fentés ni ce jour-là ni les deux jours fuivans, pour fourn[...]
leurs preuves, l'accufé fut renvoyé abfous.

(*b*) Andarchius prétendant qu'Urfus lui eût promis [...]
fille, ce qu'Urfus nioit d'avoir promis; la caufe fut port[...]
devant le Roi. On voit fuffifamment par le nom que po[...]
toient l'une & l'autre Partie, qu'elles étoient de la N[...]
tion Romaine.

Eft-il poffible, dira-t'on encore, que le Franc obli[...]
plaider contre un Romain devant un Tribunal Rom[...]
ou que le Romain qui pourfuivoit un Franc devant [...]
Tribunal Franc, trouvaffent de la neutralité dans ces Tr[...]
bunaux?

Je crois que les liaifons qui font entre les Citoye[...]
ne même Nation, lorfqu'elle habite pefle mefle a[...]
d'autres Nations, auront fouvent fait prévariqu[...]
Tribunaux Nationaux, mais auffi que fouvent le[...]
tes & les autres Officiers fupérieurs, dont l'auto[...]
tendoit fur les Citoyens de toutes les Nations domi[...]
dans une Cité, auront réuffi à l'empêcher. D'ailleurs, [...]

(*a*) Sed nec hoc his adquiefcentibus, placitum in Regis Childeberti præfentia pofuerunt..... Injuriofus tamen ad placitum in confpectu Regis Childeberti advenit & per triduum ufque ad occafum folis obfervavit. Sed cum hi non veniffent, neque de hac caufa ab ullo interpellatus fuiffet, red[...] pria. *Gr. Tur. Hift. lib. 7.* [...] *tertio.*

(*b*) Andarchius expetit[...] præfentiam Regis acced[...] *Hift. lib. 4. cap. 41.*

Sçait bien qu'alors l'administration de la justice étoit une fonction municipale commune à tous les Citoyens , qui s'en acquittoient chacun à leur tour. On n'avoit point encore imaginé d'ériger en Charges perpétuelles , l'emploi de rendre la justice, & d'exclure de la fonction de la rendre , tous les Citoyens qui ne seroient pas revêtus de quelqu'une de ces Charges , non plus que d'interdire aux Juges toute autre profession que celle de juger. Ainsi nos Juges n'avoient point d'intérêts à faire durer les procès.

L'usage étoit encore parmi les Romains lorsque notre Monarchie fut établie, que l'Officier du Prince qui présidoit (a) à un Tribunal, choisit par lui-même, ses Assesseurs ou ceux qui devoient juger avec lui. Les Barbares auront suivi , selon l'apparence, cet usage si simple & si naturel. Ainsi comme le Comte avoit également inspection sur tous les Tribunaux Nationaux, comme il y présidoit, soit par lui-même, soit par son Vicaire, il aura pû dans tous les tems, introduire quelque Juge Franc dans les Tribunaux Romains, lorsqu'on y devoit juger la cause d'un Franc, & il aura pû de même introduire des Juges Romains dans le *Mallum*, lorsqu'on y devoit juger la cause d'un Romain. Voilà ce qui se sera passé dans les tems qui ont suivi immédiatement celui de l'établissement des Nations Barbares dans les Gaules. On y aura pratiqué dans ces premiers tems à peu près ce qui se pratique encore aujourd'hui en Angleterre , dans le jugement d'un procès criminel fait à un étranger. On lui accorde que la moitié de Jurés ou de ceux de ses Juges , qui doivent le déclarer innocent ou coupable du fait dont il est accusé, soit, de personnes de sa propre Nation.

(a) Det operam Judex ut Prætorium suum ipse componat. *Codex Theod.* lib. pr. tit. decimo.

L'utilité de cet usage ayant été reconnue, elle aura donné lieu à l'établissement des Tribunaux mi - partis, dont nous avons déja dit quelque chose, & dans lesquels il paroît, en lisant les passages que nous avons rapportés, qu'on rendoit la justice suivant des Codes differens, afin que la justice fût rendue à chaque sujet, conformément à sa propre Loy. Les Chambres mi-parties ont toûjours eu la réputation de rendre la justice encore plus légalement que les autres Tribunaux. En quel tems nos Rois ont-ils établi ces Tribunaux, composés de Romains & de Barbares de differentes Nations ? Je l'ignore, & même je ne nierois pas qu'ils ne fussent presqu'aussi anciens, du moins dans plusieurs Cités, que leur réunion à notre Monarchie.

Nous avons déja observé plusieurs fois, que dans les cas où les monumens littéraires de nos Antiquités ne nous apprennent point assez distinctement ce qui se pratiquoit en certaine occasion dans la Monarchie Françoise, la raison vouloit que nous jugeassions de l'usage, qui s'y observoit en ce cas-là, par l'usage observé dans les Royaumes, que les Gots & les autres Barbares avoient établis durant le cinquiéme siecle, sur le territoire de l'Empire d'Occident. Or nous allons voir que la précaution que Théodoric, Roi des Ostrogots, avoit prise pour empêcher que dans les procès, entre personnes de differentes Nations, les Parties eussent à souffrir de la prédilection des Juges pour leur propre Nation, revient à peu près à l'expédient dont nous avons imaginé qu'on pouvoit se servir alors dans le Royaume des Francs. Voici le contenu de la Formule des Lettres que ce Prince adressoit aux Romains d'une de ses Provinces, lorsqu'il y envoyoit un Ostrogot, pour y administrer la justice aux Ostrogots qui s'y trouvoient établis.

(*a*) " Etant informé que par un effet de la Providen-
" ce plusieurs Ostrogots se trouvent domiciliez dans vô-
" tre district, nous avons cru nécessaire d'y envoyer *un tel*
" en qualité de Comte. C'est un sujet dont le bon carac-
" tere nous est connu & qui conformément à nos Edits,
" prononcera sommairement sur toutes les contestations
" qui surviendront entre un Ostrogot & un Ostrogot.
" Quant à celles qui pourront naître entre un Ostrogot
" & un Romain, il ne les décidera qu'en prenant pour
" second Juge un Romain homme sage & prudent. Quant
" aux procès où les deux Parties seront des Romains, ces
" procès seront terminez à l'ordinaire par les Officiers
" Romains que nous avons départis dans nos Provinces.
" Ainsi chacun joüira de ses droits & priviléges, & les
" Tribunaux, bien que composez de Juges de Nations
" differentes, suivront unanimement, en rendant leurs Sen-
" tences, les maximes de la justice. Il nous a paru que
" c'étoit-là le moyen le plus certain de faire vivre les
" Ostrogots & les Romains en bonne intelligence.

On se doute bien que comme le Comte Ostrogot prenoit des Ostrogots pour Assesseur, lorsque son Tribunal
devenoit une Chambre mi-partie, de même le Romain
que le Comte avoit choisi pour second Juge, se faisoit
assister par des Assesseurs Romains, les successeurs de

(*a*) Cum Deo juvante sciamus Gothos vobiscum habitare per mixtos,
ne qua inter consortes ut assolet in-
disciplinatio nasceretur, necessarium
duximus *illum* sublimem virum nobis
hactenus bonis moribus comprobatum
ad vos Comitem destinare qui secundum Edicta nostra inter duos Gothos
lites debeat amputare. Si quod etiam
fortasse inter Gothum & Romanum
fuerit negotium; adhibito sibi pru-
dente Romano certamen possit æqua-
bili ratione discingere. Inter duos autem Romanos, Romani audiant quos
per Provincias dirigimus cognitores ut
unicuique sua jura serventur, & sub
diversitate Judicum una Justicia com-
plectatur universos, & divinitate pro-
pitia dulci otio perfruantur. *Cassiod.*
Var. lib. 6. form. trigesima.

Eee ij

Theodoric obferverent la maxime de gouvernement que ce Prince avoit fuivie. Voici ce qu'écrit Athalaric concernant le fujet dont il s'agit , dans une lettre adreffée à Gildas, un Oftrogot qui exerçoit à Syracufe l'emploi de Comte.

(*a*) » On vous accufe de vouloir contraindre deux » Romains qui font en procès l'un contre l'autre à s'en » tenir à vôtre décifion. Si le fait eft vrai, n'entreprenez » plus rien de femblable , & ne vous rendez pas cou- » pable par un défir inconfidéré de rendre la juftice. Ne » troublez point les Magiftrats ordinaires dans les fonc- » tions de leur miniftere , & vous contentant de prêter » main-forte à la Juftice, laiffez plaider les Romains de- » vant. les Tribunaux Romains. Pourquoi nos Rois n'au- roient-ils pas eu à cœur de faire rendre une bonne & brie- ve juftice à leurs fujets , autant que l'avoit le Theodo- ric dont nous parlons ? Pourquoi n'auroient-ils pas auffi- bien que lui, donné de tems en tems de ces exemples rigou- reux qui retiennent les Juges dans leur devoir bien plus efficacement que des Edits, des Déclarations & toutes les Loix poffibles. * Le continuateur de la Cronique d'Ale- xandrie qui doit être né à la fin du fixiéme fiecle , rapporte que Juvenilia, une Dame Romaine , qui de- puis trois ans étoit en procès avec Formus , un Patricien, préfenta à Roi des Oftrogots une Requête par laquelle .... de faire enfin juges fon procès. Theo- .... les Juges , & dès qu'il leur eut

Cron. A- lex. pag. 327.

Sua ordinariis fuarum adminiftratio- num poteftas illibata fervetur. Vos au- ....defendire. Romanos finite Lo- ....poce litigare. Caffiod. Var. lib. ....

enjoint de le terminer promptement, ils le jugerent en deux jours. Aussi-tôt que Theodoric fut instruit du fait, il fit couper la tête à ces Juges iniques, pour avoir fait durer trois ans un procès qu'ils pouvoient finir en si peu de tems. Nos Rois n'étoient pas plus familiarisés que Theodoric avec l'iniquité d'un délai de justice affecté.

Je tomberai d'accord, autant qu'on le voudra, que nos Rois & leurs Officiers ne pouvoient point empêcher toutes les prévarications qui se commettoient à l'abri de la diversité des Codes en vigueur dans la Monarchie. Comme le dit Hincmar,(a) » lorsque le Comte croit se rendre le » maître d'une affaire, en la faisant juger suivant le Droit » Romain, il veut qu'elle soit jugée suivant ce Droit-là. » Ne trouve-t-il pas son compte à la faire juger suivant » le Droit Romain, il prétend qu'elle doive être jugée » suivant les Capitulaires ? Il arrive souvent de là qu'on » élude la disposition du Droit Romain par les Capitu- » laires, & celle des Capitulaires, par le Droit Romain. Comme les Capitulaires étoient des Loix faites par nos Rois qui étoient les Chefs suprêmes de toutes les Na- tions qui composoient le Peuple de leur Monarchie, ils devoient avoir une autorité supérieure à celle de toutes les Loix Nationales, lorsqu'ils se trouvoient en opposi- tion avec elles. Ces Loix devoient plier devant les Capi- tulaires émanés immédiatement du Pouvoir législatif, comme nos Coûtumes plient aujourd'hui devant les Edits de nos Rois.

Ainsi je dirai volontiers, comme le disoit Agobard dans

(a) Quando sperant lucrari aliquid Comites ad Legem Romanam se con- vertunt, quando verò per Legem non æstimant acquirere ad Capitula confu- giunt sicque interdum sit ut nec Lex nec Capitula observentur, sed pro ni- hilo habeantur. Hincmar. de pæss. Re- gum cap. 15.

ſes repreſentations à Louis le Débonnaire contre la Loy des Bourguignons; » qu'il eût bien mieux valu (a) que » les ſujets de la Monarchie Françoiſe n'euſſent jamais » eu qu'un Roi, & qu'ils euſſent tous vêcu ſelon la mê- » me Loy, parce qu'alors il y auroit eu plus d'union » entre eux, & qu'ils auroient trouvé plus d'équité dans » leurs concitoyens.

Il ne nous convient pas trop néanmoins de traiter d'hommes encore à demi-ſauvages, les Princes qui ont ſouffert que cette pluralité de Codes differens entre eux, fût en uſage dans le même diſtrict. N'à-t-on pas vû regner en France dans le tems qu'elle étoit déja très-polie, un abus à-peu-près pareil à celui de ſouffrir dans le même Royau-me des Nations diſtinctes dont chacune doit être jugée ſui-vant ſon Code particulier? J'entends parler ici de l'uſage général introduit dans la Monarchie ſous les Rois de la troiſiéme Race, & ſuivant lequel les criminels n'étoient point juſticiables du Juge du lieu où ils avoient commis leur délit, mais du Juge du lieu de leur domicile. Par exem-ple, il falloit renvoyer le Bourgeois d'Orleans qui avoit commis un aſſaſſinat à Reims, pardevant le Baillif d'Or-leans. Que les perſonnes qui connoiſſent par experience quels ſont les inconveniensqui ne font que retarder le cours de la juſtice, & quels ſont ceux qui empêchent qu'elle ne puiſſe ètre rendue, décident ſi l'obligation de traduire les criminels devant le Juge de leur domicile, ne devoit pas retarder plus longtems la punition des coupa-bles,& même empêcher enfin qu'elle ne fût faite par cette diverſité des Codes de laquelle il eſt ici queſtion.

(a) Ut Franci ſub Rege uno, una omnes tenerentur Lege. Id enim vali-turum profecto multum ad concor- | diam civium Dei ... loſum ...

que le Juge du lieu où un délit avoit été commis par un
homme domicilié ailleurs, fît de grandes diligences pour
s'affûrer de la perfonne du coupable & pour ne point laiffer périr les preuves, quand ce n'étoit point à lui de juger
le coupable ? Quels frais ne falloit-il pas faire pour le
tranfport de l'accufé & pour le voyage des témoins ? Malgré tous ces inconveniens & plufieurs autres qu'il eft aifé
d'imaginer, l'ufage qui vouloit que les criminels fuffent
jufticiables du Tribunal auquel leur domicile reffortiffoit
a fubfifté en France jufques fous le regne de Charles IX.
L'habitude qui fait regarder les abus les plus groffiers comme des ufages tolerables & qu'il feroit même dangereux
de changer, avoit tellement prévenu les François en faveur de l'ufage de renvoyer les accufés devant le Juge
du lieu de leur domicile, que le Chancelier de l'Hôpital
n'ofât l'attaquer qu'avec ménagement. Il fe contenta donc
d'abord d'engager le Roi Charles IX. à ftatuer : Que   Ord. de
fi le délinquant étoit pris au lieu du délit, fon procès   Rouffillon
feroit fait & jugé en la Jurifdiction où le délit auroit été   art. 19.
commis, fans que le Juge fût tenu de le renvoyer à une
autre Jurifdiction dont l'accufé prifonnier fe prétendroit
domicilié. Ce ne fut que trois ans après, que Charles
IX. acheva de fupprimer l'ufage abufif dont nous parlons, en ftatuant dans l'Ordonnance de Moulins : que
la connoiffance des délits appartiendroit au Juge du lieu
où ils auroient été commis, nonobftant que le coupable   Art. 35.
n'eût été pris en flagrant délit, & en reglant que le Juge
du domicile du délinquant feroit tenu, lorfqu'il en feroit
requis, de renvoyer le délinquant au lieu du délit.

CHAPITRE DIXIE'ME.

La division des Romains des Gaules en trois Ordres a subsisté sous nos Rois. Que les Romains avoient part à tous les Emplois de la Monarchie, & qu'ils s'allioient par mariage avec les Francs.

DE's le premier livre de cet ouvrage, on a vû que dans les Gaules, ainsi que dans les autres Provinces de l'Empire, les Citoyens Romains Laïques étoient divisés en trois Classes ou Ordres, & que cette division avoit lieu dans toutes les Cités. On a vû encore que le premier Ordre renfermoit toutes les familles dont le sang donnoit à ceux qui en étoient sortis, le droit d'être faits Sénateurs de la Cité aussi-tôt qu'ils avoient atteint un certain âge : Que le second Ordre étoit composé de ceux qui possedoient dans le district de la Cité des biens fonds qui leur appartenoient en toute proprieté & qui n'exerçoient que des professions honorables, & même que c'étoit pour cela que les Empereurs donnoient souvent le titre *d'honorables* aux Citoyens de ce second Ordre, dont les uns s'appelloient *Curiales ou Gens des Curies*, parce qu'ils avoient voix active & passive dans la collation des emplois municipaux de la Cité, & les autres s'appelloient *Possessores ou Possesseurs*. Enfin on a vû que le troisiéme Ordre étoit composé d'affranchis ou de fils d'affranchis, qui ne s'étoient point encore élevés au-dessus de la condition de leurs peres. Les uns étoient membres des Colléges ou des Communautés d'Artisans établis dans chaque Cité, & les autres fais soient valoir la portion de terre que le Maître qui les avoit
affranchis

affranchis leur avoir abandonnée, moyennant une redevance annuelle.

Il eft fait mention de ces trois Ordres dans ceux des livres de l'hiftoire de Grégoire de Tours, où il raconte ce qui s'eft paffé dans les Gaules fous les Rois fucceffeurs de Clovis, & il y en eft fait mention comme d'Ordres fubfiftans actuellement. Dans le Catalogue des Evêques de Tours que cet Ecrivai nnous donne à la fin du dernier livre de fon Hiftoire, il eft dit qu'Ommatius qui fut élevé fur le Siege de cette Métropole, environ douze ans après la mort de Clovis, étoit un Senateur de la Cité d'Auvergne. Il y eft dit que Francilio qui fut élu quelques années après, étoit auffi Senateur, & qu'Injuriofus fucceffeur de Francilio étoit du dernier Ordre des Citoyens, mais que cependant il étoit né libre. Eufronius l'un des fucceffeurs d'Injuriofus étoit fuivant ce même Hiftorien, des familles qu'on appelloit Senatoriales.

Il y a dans Grégoire de Tours une infinité d'endroits fur tout ceux où il eft parlé de la mort d'un Evêque & de la nomination de fon fucceffeur, qui font foi qu'il y avoit encore de fon tems des Senateurs dans les Gaules, & que les Rois des Francs n'y avoient rien changé à la diftribution des Romains en trois Ordres politiques, laquelle ils trouverent établie dans cette grande Province de l'Empire, lorfqu'ils s'y rendirent les Maîtres ; mais je m'abftiendrai de les rapporter ici, parce que j'en ai allegué déja un grand nombre, & parce qu'il fuffiroit pour

---

(a) Duodecimus Ommatius de Senatoribus, Civibusque Arvernis valde dives in prædiis.... Quartus decimus Francilio de Senatoribus ordinatus Epifcopus.... Quintum decimus Injurio- | fus civis Turonicus de inferioribus quidem populi, ingenuus tamen.... Octavus decimus Eufronius ex genere illo quod fupenus Senatorium nuncupavimus. Gr. Tur. Hift. lib. 10. cap. 31.

prouver ma thefe, de rapporter le titre de la Loy Salique où il eft ftatué fur la peine pecuniaire à laquelle, doit
être condamné le Franc d'une condition libre qui auroit
tué un Romain de condition libre. L'inégalité de la fomme à laquelle eft condamné le meurtrier, fuivant que le
Romain qu'il avoit tué, étoit d'un Ordre ou d'un autre,
feroit feule fuffifante pour perfuader que dans tous les
tems où fe font faites les differentes rédactions de cette
Loy, les Romains des Gaules étoient encore divifés en
differens Ordres, ainfi qu'ils l'étoient fous les derniers
Empereurs. Voici donc ce qui fe trouve à ce fujet dans
la Loy Salique de la rédaction de Charlemagne. (a) Ce
Code aprés avoir ftatué dans le trente-fixiéme titre concernant le meurtre des Efclaves, ftatue dans le quarante-
troifiéme fur le meurtre des perfonnes de condition libre.
Le premier article condamne à deux cens fols d'or le
meurtrier d'un Franc, & il eft dit dans trois autres articles contigus:

» Le Franc qui aura tué un Romain de condition à pou-
» voir manger à la table du Roi, payera une amende de
» trois cens fols d'or.

» Le Franc qui aura tué un Romain de l'Ordre des Pof-
» feffeurs, c'eft-à-dire qui poffede en toute proprieté des
» fonds dans le canton où eft fon domicile, payera cent
» fols d'or d'amende.

(a) *Titul trigefimo feptimo, de Homi-*
cidiis feruorum vel ancillarum. Si quis.
Titulo quadragefimo tertio de homicidiis
Ingenuorum..... Si quis Romanum hominem convivam regis occiderit duodecim mille denariis qui faciunt folidos trecentos culpabilis judicetur. Si
Romanus homo poffeffor, id eft qui
res in pago ubi commanet proprias
poffidet, occifus fuerit, is qui eum
occidiffe convincitur, quatuor mille
denariis qui faciunt folidos centum
culpabilis judicetur. Si quis Romanum
tributarium occiderit, mille octingen-
tis denariis qui faciunt folidos quadraginta quinque, culpabilis judicetur.
Balnz. Cap. tom. 1. pag. 310.

» Celui qui aura tué un Romain qui tient d'autruï &
» moyennant une redevance, les terres qu'il cultive, paye-
» ra quarante-cinq ſols d'or d'amende.

Les mêmes diſpoſitions concernans les differentes peines
pécuniaires dont étoit tenu le Franc qui avoit tué un Romain, ſuivant la condition dont étoit le Romain mort, ᴇᴄᴄᴀʀ. ʟᴇ-
ſe trouvent dans la Loy Salique de la rédaction faite par ᵍᵉʳ ſᴀʟ. ᴘ.
ordre des Rois fils.de Clovis. Nous avons rapporté ci- ²⁸.
deſſus l'endroit de cette Loy où il eſt ſtatué ainſi.

Il eſt vrai que le Romain dont le meurtre eſt puni
par une peine pécuniaire de trois cens´ſols d'or , n'eſt
point déſigné par le titre de Senateur dans la Loy Salique , mais la proportion qui eſt entre l'amende que doit
payer ſon meurtrier & les amendes que doivent payer
ceux qui auroient tué un Romain du ſecond Ordre ou
de l'Ordre des Poſſeſſeurs , & l'amende que doivent payer
ceux qui auroient tué un Romain du troiſiéme Ordre ,
montre ſuffiſamment que c'eſt l'homicide d'un Romain
du premier Ordre ou de l'Ordre Senatorial que cette
Loy condamne à une peine pécuniaire de trois cens ſols
d'or. D'ailleurs l'expreſſion de *Convive du Roi* par laquelle
la Loy Salique déſigne le Romain dont le meurtrier ſera
condamné à trois·cens ſols d'or d'amende ,convient très-
bien à un Romain du premier Ordre qui pouvoit·man-
ger avec le Roi, quand ceux des deux Ordres inferieurs
ne pouvoient point être admis à cet honneur, les Francs
auront déſigné d'abord un Romain du premier Ordre ,
par ce qui les frappoit le plus , & cette déſignation une
fois établie, l'expreſſion de *Convive du Roi* , pour dire
une perſonne d'un certain grade,ſera devenue l'expreſſion
uſitée.

Qu'il fallut dans les tems dont je parle être d'un cer-

tain rang pour être ce qu'on appelloit *Convive du Roi*
on n'en fçauroit douter. (*a*) Fortunat ayant dit que Condo avoit été fait Tribun, & qu'il avoit enfuite fervi comme Comte fous le prédéceffeur de Sigebert, il ajoûte
que le Roi Sigebert pour récompenfer Condo de fes nouveaux services, l'avoit fait monter à un grade qui le rendoit Convive du Roi. Enfin quelques fuffent ces Romains
Convives du Roi, il eft certain qu'ils compofoient un Ordre fupérieur non feulement aux deux autres Ordres des
Citoyens Romains, mais auffi aux Citoyens-mêmes de
la Nation des Francs, puifque le Franc qui avoit tué un
autre Franc n'étoit condamné qu'à une peine pécuniaire
de deux cens fols d'or, au lieu que le Franc qui avoit
tué un de ces Romains Convives du Roi, étoit condamné à payer trois cens fols d'or.

Il ne faut point croire que la Loy Salique n'inflige dans
ce dernier cas une peine fi grave, que parce qu'elle ftatue dans cet article fur la peine du meurtrier d'un Officier public actuellement en charge, & par conféquent
que c'eft à l'emploi dont le Romain Convive du Roi fe
trouvoit revêtu & non point à la prééminence de
l'Ordre dont il étoit, que cette Loy a eu égard. Ce n'eft
point dans le titre quarante-troifiéme qu'on explique ici,
que la Loy Salique ftatue fur les peines dûës au meurtre
d'une perfonne actuellement en charge, mais bien dans
le titre cinquante-fixiéme qui eft divifé en quatre articles,

(*a*) Nunc etiam placido Sigeberi Regis amore.
    Sunt data fervitus libera dona tuis.
Juffit & egregios inter refidere potentes
    Convivam reddens proficiente gradu.
Fortun. lib. fept. Carmine 16.

(*a*) dont le premier condamne le meurtrier d'un Comte à une peine pécuniaire de fix cens fols d'or, & le fecond, condamne celui qüi auroit tué un Officier d'un rang inferieur à trois cens fols d'or.

Non-feulement les Rois Mérovingiens laiffoient le Romain des Gaules en poffeffion de fon état, mais ils lui conféroient encore fouvent les emplois.les plus importans de la Monarchie, & ils lui permettoient de s'allier par mariage avec les Francs.

Les monumens litteraires du fixiéme & du feptiéme fiecles font fi remplis de faits qui prouvent la premiere de ces deux propofitions, que je n'aurois point fongé à en raffembler ici quelques-uns, fi la hardieffe avec laquelle des Ecrivains de parti ont avancé depuis peu, que les Francs avoient réduit les Romains des Gaules dans une condition approchante de la fervitude, n'étoit point capable d'en impofer à ceux qui n'ont pas lû l'Hiftoire de nos premiers Rois dans les Auteurs contemporains.

Clovis lui-même s'eft fervi de Romains dans fes affaires les plus importantes. Nous avons vû quelle étoit fa confiance pour Aurelien que l'Abbréviateur dit pofitivement avoit été Romain de Nation, (*b*) & de quelle importance étoit l'emploi de Commandant dans le Canton de Mélun quand ce Prince le lui confera. Saint Mélaine Evêque de Rennes.devint aprés la foumiffion des Armoriques au pouvoir de Clovis, fon Confeiller. On voit

---

(a) *De eo qui Grafionem occiderit.* Titul. 56. Si quis Grafionem occiderit viginti quatuor mille denariis qui faciunt folidos fex centos, culpabilis judicetur. Si quis Sagibaronem qui puer Regis fuerat, occiderit, duodecim mille denariis qui faciunt folidos trecentos culpabilis judicetur. *Baluz. Capit. tom.* I. *pag.* 518.

(b) Chlodoveus Aurelianum quemdam ex Romanis, ingenio quo poterat ad Chrotechildem prævidendam direxit. *Hift. Fran. Epit. cap. decimo octavo.*

par le nom des Evêques qui ont fiegé fous le regne de
fes fuccefieurs, & par le nom des Généraux & des Miniftres de ces Princes, que la plûpart de ces Généraux
& de ces Miniftres étoient Romains de Nation. Il y a même plus. Les Auteurs contemporains difent pofitivement
quelquefois que ces Généraux, que ces Miniftres étoient·
Romains. Par exemple, Grégoire de Tours parle dans

Gr. Tur.
Hift. lib. 4.
cap. 47. &
lib.6.cap.4.

plufieurs endroits de fon biftoire d'un Lupus qui vivoit
de fon tems, & qui fous le regne de Sigebert Petit-Fils
de Clovis étoit déja parvenu à l'emploi de Duc de la
Champagne de Reims. Or nous voyons par un Poëme
que Fortunat, contemporain de Grégoire de Tours,
adreffè au Duc Lupus, que ce Lupus étoit Romain de
Nation. (a) » Le Duc Lupus, dit notre Poëte, efface la
» fplendeur des hommes les plus célebres. Rempli des
» fentimens Romains, qu'il tient du fang dont il eft forti,
» rempliégalement bien les fonétions de Général & celles
» de Magiftrat. On pouvoit être l'un & l'autre fous nos
» Rois.

Frédégaire trouvant à propos de nous apprendre de
quelle Nation étoit chacun des Généraux de l'armée que
le Roi Dagobert I. envoya contre les Gafcons vers l'année
fix cens trente cinq, (b) dit, que tels & tels étoient Francs,
qu'un tel étoit Bourguignon, & que Crammelenus étoit
Romain de Nation. Dès qu'il y avoit dans les armées de

(a) Antiqui proceres & nomina celfa priorum
    Cedant cuncta Lupi munere victa Ducis.
'Antiquos animos Romanæ ftirpis adeptus,
    Bella moves armis, jura quiete regis.
Fort. lib. fepti. Car. 7.

(b) Anno decimo quarto Regni Da- | larent...... Dagobertus...... exercitum
goberti cùm Vafcones fortiter rebel- | promovere jubet ftatuens ei caput no-

nos Rois des Généraux Romains, on ne fçauroit douter
qu'il n'y eût auſſi bien des Officiers & bien des Soldats,
& même des Corps entiers de cette Nation. Qu'on ſe
ſouvienne de ce que dit Procope , dans le paſſage où il
parle de la réduction des Armoriques à l'obéiſſance de
Clovis. On y voit que Clovis prit à ſon ſervice les troupes Romaines , qui gardoient la Loire contre les Viſigots , & que lorſque notre Hiſtorien écrivoit , c'eſt-à-dire , après le milieu du ſixiéme ſiecle , ces troupes étoient
encore armées & diſciplinées à la Romaine. En un mot,
qu'elles étoient encore de véritables Légions. En effet,
Grégoire de Tours fait mention dans pluſieurs endroits
de ſes ouvrages de Tribuns , qui vivoient de ſon tems,
(a) & l'on fçait que ce nom eſt de la Milice Romaine, &
non pas de la Milice des Barbares. Notre Hiſtorien dit,
en parlant d'un crime commis de ſon tems , qu'un certain
Medardus, qui étoit Tribun en fut ſoupçonné. Ce même
Auteur dit dans la Préface de ſon ſecond Livre des Miracles de ſaint Martin, (b) qu'après avoir employé ſon premier Livre à écrire les merveilles que l'Apôtre des Gaules avoit opérées dans les tems précédens , il va raconter
celles qui arrivoient journellement au tombeau de ce
Saint. Il rapporte enſuite dans l'onziéme Chapitre de ſon

miné Chadoindum...:. qui cum decem
ducibus cum exercitibus , id eſt Arimbertus , Almagarius , Leudebertus ,
Vandalmarus , Valdericus , Ermenus,
Barontus Chairaardus ex genere Francorum, Crammelenus è genere Romano, willilbaldus Patricius è genere
Burgundionum. *Fred. Chron. cap. ſep-
tuageſimo octavo.*

(a) Loquebantur tunc multi hominum Medardum Tribunum in hoc

ſcelere mixtum fuiſſe. *Gr. Tur. Hiſt.
lib. 7. cap. 23.*

(b) Quoniam præſcriptis virtutibus
ſancti Martini quas vidimus vel à fidelibus viris de ante acto tempore reperire potuimus.... libellum primum
expliciuimus, narrare etiam eo cupi-
mus quæ noſtro tempore agi miramur.
Greg. Tur. in praf. lib. 2. S. Martini.

Conjux Anieni Tribuni , nomine
Mummola. *Ibid. cap. undecimo.*

fecond Livre, que Mummola femme du Tribun An
qui avoit perdu l'ufage d'un pied, le recouvra miraci
fement par l'interceffion de faint Martin.

(a) Dans un autre endroit de fes ouvrages, Gr
de Tours parle d'un miracle qui fe fit au Tombeau
Germain Évêque d'Auxerre, dans la perfonne du Ti
Nunninus, qui étoit parti d'Auvergne pour venir pay
la Reine Theodechilde quelqu'argent, provenant de
venus de cette Province, fur laquelle fon pere Th
lui avoit apparemment affigné fa dote. On a vû
avoit cette Cité dans fon partage. Fortunat parle auf
Tribunat dans le Poëme que nous venons de citer, à
cafion du fens que pouvoit avoir l'expreffion de Con
du Roi. Il y dit à Condo le Héros du Poëme. » \
» êtes parvenu en montant de grade en grade, aux pl
» les plus éminentes. Votre premier avancement fut
» le Roi Thierri vous récompenfât comme Tribun
» fortir d'un combat qu'il avoit gagné. Son fils The
» bert vous confera enfuite l'emploi de Comte.

Il falloit bien qu'il y eût encore dans les Gaules
Tribuns fous les Rois Mérovingiens, puifqu'il y av
core, dans les Cités, des Romains qui portoient le titi

Vid. Notas
Rui ad cap
16. lib. 4.
Hift. Gr.
Tur.

(a) Tempore autem Theudechildæ Reginæ Nunninus quidam Tribunus ex Arveno, de Francia poft reddita | Reginæ tributa revertens, dorenfem urbeni. Gr. Tur. Conf. cap. 41.

(b) A parvo incipiens exifti femper in altum;
perque gradus omnes culmina celfa tenes.
Theodoricus ovans ornavit honore Tribunum
Surgendi aufpicium jam fuit inde tuum.
Theodebertus enim Comitivæ præmia ceffit
Auxit & obfequiis cingula, digna tuis.
Fortun. lib. 7. Carm. 16.

Maître de la Milice ou de *Magifter Militum*. Le Pere Mabillon a donné dans le quatriéme Tome des Annales de l'Ordre de faint Benoît, la Formule d'une Conftitution de dote faite à Angers, fuivant l'ufage du lieu, la quatriéme année du regne de Childebert, (*u*) & eet acte fait mention d'un Maître de la Milice comme d'un des Officiers de la Cité. Suivant toutes les apparences, ces Maîtres de la Milice, n'étoient que les Commandants.de la Milice Romaine de chaque Cité, car l'emploi de Généraliffime des Gaules étoit réuni à la Couronne, & nous verrons dans un Chapitre compofé exprès, que chaque Cité des Gaules, avoit fous les Rois Francs fa Milice, compofée de fes anciens Habitans, ainfi qu'elle l'avoit fous les Empereurs Romains. Mais cela prouve toûjours que les Francs n'en avoient point ufé avec les Romains des Gaules, comme un Conquérant en ufe avec une Nation qu'il a fubjuguée & qu'il opprime. Il ne lui laiffe pas le maniement des armes.

Rapportons encore quelques paffages des Aut urs du fixiéme & du feptiéme fiecle, où il eft fait mention des Romains, pourvus par nos Rois des plus grandes dignités de l'Etat, & employés par eux dans les affaires les plus importantes.

On fçait que le Patriciat étoit dans les pays qui avoient compofé le Royaume des Bourguignons, & qui avoient été unis en cinq cens trente-quatre au Royaume des Francs, la plus grande dignité après la Royale, foit que nos Rois

---

(*a*) Hic eft Teftamentum quarto regnum Domini noftri Childeberti Regis quod fecit miffus ille Cheftantus cum juxta confuetudinem Andicavis Civitate refideret in foro ibique vir magnificas ille profecutor dixit; Rogo te vir laudabilis *ill. Defenfor, ill. curator, ill. Magifter Milizum. Greg. Tur. oper. Ed. Ruinartii. pag. 1330.*

ayant trouvé, lorſqu'ils ſoûmirent ce pays-là, que le premier Officier du Prince s'y nommoit alors Patrice, ils euſſent continué à donner ce nom là à celui lequel y devoit
commander ſous eux, ſoit que nos Rois ayant trouvé
la qualité de Patrice comme réunie au diadême des Bour-
gnons, parce que les derniers Rois de cette Nation l'a-
voient eue, & d'un autre côté ne voulant plus la porter
lorſqu'ils furent devenus Souverains abſolus des Gaules,
en vertu de la ceſſion de Juſtinien, ils l'euſſent donnée à leur
premier Officier dans les Provinces dont il s'agit, afin que
les Peuples accoûtumés à obéir à des Patrices, lui obéiſ-
ſent par habitude ; il eſt toûjours certain que ce premier
Officier s'appelloit Patrice. Quoiqu'il en ait été, il eſt fait
mention dans un ſeul Chapitre de Grégoire de Tours, de
trois Romains, faits Patrices par le Roi Gontran, qui
avoit la Bourgogne dans ſon partage, Celſus, Amatus, &
Eunius Mummolus. (a) Les noms des deux premiers ſuffi-
roient pour montrer qu'ils étoient Romains, mais nous ſçavons auſſi d'ailleurs, que Celſus étoit de cette Nation. Nous
avons encore l'Epitaphe de Silvia, mere de ce Celſus, &
il eſt dit dans cette Epitaphe, que Silvia, (b) qui comptoit

(a) Eunius quoque cognomento
Mummolus, à Rege Guntchramno
Patriciatum promeruit de cujus militiæ origine altius quædam repetenda
putavi. Hic etenim Peonio patre or-
tus, Antiſiodorenſis Urbis incola fuit.

Peonius vero hujus Municipis Comi-
tatum regebat. Greg. Tur. Hiſt. lib. 4.
cap. 43.
　Igitur prorumpentibus Longobardis
in Gallias, Amatus Patricius qui nuper
Celſi ſucceſſor extiterat. Ibidem.

(b) Conſulibus atavis pollens hic Silvia corpus
　Terrenum liquit, cælica regna petens....
Natorum ſplendore potens ſub ſulta vigore
　Gaudebat partu ſe reparaſſe patres....
Unde ſacerdotii claro dotatus honore
　Et Celſum meruit videre Patricium.
D u Cheſ. tom. 1. pag. 516.

des Conſuls au nombré de ſes ancêtres, avoit vû l'un de ſes fils Evêque, & Celſus qui étoit l'autre, revêtu de la dignité de Patrice. Quant à Eunius Mummolus, voici le paſſage de l'Hiſtoire Eccléſiaſtique des Francs qui le regarde, & qui ſeul contient pluſieurs preuves de l'admiſſion des Romains, aux principaux emplois de notre Monarchie ; » Eunius, dont le ſurnom étoit Mummolus, fut » fait Patrice par le Roi Gontran. Je me crois obligé de » dire ici quelque choſe concernant l'origine & les pre-» miers Emplois de ce Mummolus. Il étoit fils de Peonius » Citoyen d'Auxerre, & qui faiſoit les fonctions de Com-• te dans cette Cité.

Quand Grégoire de Tours parle de l'Ambaſſade que Childebert le fils du Roi Sigebert avoit envoyée à l'Empereur Maurice, il dit, (a) que des trois Ambaſſadeurs qui la compoſoient, Grippo étoit Franc de Nation, que l'autre qui s'appelloit Bodegeſilus, étoit fils de Mummolenus de la Cité de Soiſſons, & que le troiſiéme qui ſe nommoit Evantius, étoit fils de Dinamius, de la Cité d'Arles. Nous verrons dans le Chapitre concernant la conſervation des Milices des Gaules ſous les Rois Mérovingiens, que lorſque Grégoire de Tours dit abſolument qu'un homme étoit Citoyen d'Arles, de Soiſſons, où de telle autre Cité qu'on voudra, notre Hiſtorien entend dire, que cet homme-là étoit des anciens Habitans de la Cité dont il s'agit, & par conſéquent Romain.

Frédégaire qui étoit Franc de Nation, dit poſitivement

(a) Grippo autem ab Imperatore Mauritio rediens, hæc nuntiavit quod anno ſuperiore cum adepto navigio' cum ſociis ſuis Africæ portum adtigiſſet.... Erant tunc ut diximus Lega-tis Bodegiſilus filius Mummoleni Sueſſionenſis, & Evantius filius Dinamii Arelatenſis & hic Grippo genere Francus. *Greg. Tur. Hiſt. lib. 10. cap. 2.*

Ggg ij

dans plufieurs endroits de fes Croniques, que les Officiers principaux, dont il a occafion de parler, étoient Romains de Nation. (*a*) » Protadius, écrit-il, qui étoit Romain d'o- » rigine, & pour qui la Cour avoit beaucoup de vénéra- » tion, fut fait Patrice à la recommandation de Brune- » haut. Frédégaire nous apprend un peu plus bas, que Protadius fut élevé à la dignité de Maire du Palais, dont l'autorité devoit s'étendre fur tout un Partage. » L'année » fuivante, dit encore ce même Auteur, (*b*) Claudius, Ro- » main de Nation, fut fait Maire du Palais par le Roi ». Thierri le jeune..

Ce n'eft point parce qu'il paroiffoit extraordinaire à Frédégaire, que des Romains fuffent élevés à de fi gran- des dignités, qu'il marque de quelle Nation étoient Clau- dius & les autres. C'eft uniquement parce qu'il a jugé con- venable de dire, de quelle Nation étoient ceux dont il racontoit l'avancement. La preuve de ce que je foûtiens, c'eft qu'il en ufe de la même maniere, lorfqu'il parle de l'avancement des Francs. (*c*) En rapportant que Colenus avoit été fait Patrice par Thierri le jeune, il obferve que Colenus étoit Franc de Nation. Frédégaire remarque qu'- Erpont étoit de la même Nation, quand il dit qu'Epont avoit été fait Duc ou Commandant de la Bourgogne Transjuranne.

Je pourrois encore rapporter une infinité d'autres.

(*a*) Cum jam Protadius genere Ro- manus vehementer ab omnibus in Pa- latio veneraretur.... Patricius ordinatur inftigatione Brunechildis. Anno deci- mo Theodorici Protadius Major Do- mus fubftituitur. *Fred. Chron. cap.* 24. & 27. *ad ann.* 604. & 605,.

(*b*) Anno undecimo regni Theodo-

rici Major Domus fubrogatur, Clau- dius genere Romanus. *Ibid. cap.* 28.

(*c*) Anno quarto regni Theuderici Colenus Francus Praticius ordinatur. *Ibid. cap.* 18. .

Herponem Ducem genere Francum in Pago ultra Iurano inftituit. *Ibid. cap.* 43..

exemples, pour prouver que les Romains ne furent jamais exclus fous les Rois Mérovingiens des plus grandes dignités de la Monarchie. Mais je me contenterai d'apuier ceux que j'ai rapportés par un raisonnement. Les Romains, comme on l'a vû plus d'une fois, aimoient mieux être sous la domination des Francs que sous celle des Bourguignons & des Gots. Il faut donc que les Romains ne fussent point traités plus mal par les Francs, que ces Romains l'étoient par les Bourguignons & par les Gots. Or les Bourguignons & les Gots, n'ont jamais exclu les Romains des emplois les plus importans.

On a vû qu'Arédius & plusieurs autres Ministres du Roi Gondebaud étoient Romains. (a) Ce Prince dans le préambule de la Loy Nationale des Bourguignons, s'addresse à tous ses Officiers tant Bourguignons que Romains. Il est dit dans un autre endroit de cette Loy : » Nous entendons que tous les Comtes tant Bourguignons » que Romains observent la justice.

Quant aux Gots nous avons vû déja que les Visigots faisoient servir à la guerre leurs sujets Romains de Nation, qu'ils les employoient dans les affaires d'Etat, & voici ce que dit un Ambassadeur des Ostrogots concernant la maniere dont ils vivoient avec les Romains d'Italie. On ne sera point fâché de trouver ici tout le passage, quoiqu'on en ait déja vû des extraits. » Aprés nous

---

(a) *Vir Gloriosimus Gundebaldus Rex Burgundionum.* Cum de Parentum...... Sciant itaque Optimates, Comites, Consiliarii Domestici & Majores Domus nostræ, Cancellarii & tam Burgundiones quam Romani Civitatum vel Pagorum Comites, vel judices deputati etiam militantes. *In proem. Legis Burgund.*

Illud specialiter præcipientes ut omnes Comites tam Burgundionum quam Romanorum, in omnibus judiciis justitiam teneant. *Lex. Bur. add. secundo art.* 10.

» être rendu les Maîtres de l'Italie , (*a*) en la dé-
» livrant du Tyran Odoacer nous n'avons pas eu
» moins d'attention qu'en avoient les Céfars à y faire
» obferver les Loix & à y conferver l'ancienne forme
» du gouvernement. Théodoric & fes fuccefleurs n'ont
» fait d'autres Ordonnances que celles qu'il convenoit de
» publier, afin de maintenir en vigueur les Loix établies.
» Pour ce qui regarde la Religion, nous n'y avons point
» touché, & nous avons laiffé à cet égard aux Romains une
» fi grande liberté que jufques ici aucun d'entr'eux ne s'eft
» fait de notre Communion. On n'a point même inquieté
» ceux des Oftrogots qui ont embraffé la Religion Catho-
» lique Nous avons toûjours porté un fi grand refpeçt aux
» Eglifes des Romains, qu'aucun de ceux qui s'y font re-
» fugiés, n'en a été tiré par force. Il y a plus, nous avons
» laiffé aux Romains tous les emplois civils où aucun
» Oftrogot n'eft entré. Que celui qui peut nous con-
» vaincre de menfonge s'éleve contre nous, & qu'il nous
» en accufe en face. Ce que j'avance eft fi vrai, que nous
» avons bien voulu que les Romains d'Italie reçuffent
» de l'Empereur des Romains d'Orient le Confulat qui
» par nos foins étoit demeuré annexé au Partage d'Oc-

(*a*) Hoc igitur paçto Italiæ regnum adepti Leges ac regiminis formam non minori ftudio quâ qui vis Imperatorum veterum confervavimus neque ulla profus Theodorici alius væ cujufpiam Gothorum Regis Lex fcripta exftat vel infcripta. Quod ad divinum cultum fidemque attinet , Romanis ex integro fic res effe voluimus ut Italorum nemo religionem nec volens nec coaçtus ad hanc diem mutaverit , neque ad Gothos qui in illorum facra tranfierunt ullo fit modo animadverfum. Immo vero honorem fummum templis Romanorum impendimus. Quifquis enim falutem fuam eorum cuiquam aliquando commific , ei vim nullus mortalium attulit. Præterea , civiles omnes magiftratus geffere ipfi, neque illos cum Gothorum quopiam communicarum. Quæ fi quis falfo à nobis diçta putat , nos palam confutet. Accedit hoc quod Romanis per Gothos femper licuit , Confulatum quot annis ab Orientis Imperatoribus accipere. *Proc. de Bell. Goth. lib. 2. cap. 6.*

cident. En effet nous avons vû que les Juges de la Nation des Oſtrogots, leſquels Théodoric envoyoit dans les Provinces, ne devoient y prendre connoiſſance que des procés des Oſtrogots, & tout au plus des procés de ceux des Romains qui plaidoient contre un Oſtrogot.

Comme nous avons encore un Edit celebre de Théodoric Roi des Oſtrogots fait pour être obſervé par tous ſes ſujets de quelque Nation qu'ils fuſſent, & qui contient plus de cent articles, j'ai cru devoir entendre Procope, comme je l'ai entendu dans l'endroit, où il ſemble dire abſolument que ce Prince & ſes ſucceſſeurs n'avoient point fait de Loix. Je fais ici une réflexion. C'eſt qu'à me voir prouver ſi methodiquement que nos premiers Rois n'ont jamais exclu les Romains des Gaules, leurs ſujets des principales dignités de la Monarchie, il ſembleroit que les Auters modernes qui ont avancé que ces Princes avoient réduit ces Romains dans un état approchant de la ſervitude, euſſent rapporté quelque Loy autentique par laquelle Clovis, ou l'un de ſes ſucceſſeurs, auroit dégradé nos Romains, en les rendant par rapport aux Francs de la même condition qu'étoient les Ilotes par rapport aux Citoyens de Lacédomone, ou que ſont aujourd'hui les Grecs ſujets du Grand Seigneur par rapport aux Turcs, & que de mon côté je ſerois à la peine de prouver par les faits que cette Loy ſeroit demeurée ſans execution. On croiroit du moins que j'aurois à réfuter des Auteurs qui allegueroient pluſieurs exemples de Romains exclus des grandes dignités de la Monarchie, parce qu'ils étoient Romains, ou tout au moins, que j'aurois à répondre à des Ecrivains ſi célébres pour avoir compoſé ſur les Antiquités Françoiſes pluſieurs ouvrages eſtimés du Public, que leur ſentiment formeroit ſeul

un préjugé qui ne pourroit être détruit que par les raifons les plus folides.

Il n'y a rien de tout cela. On n'a jamais vû aucune
Loy qui exclut les Romains des grands emplois de la
Monarchie, ni qui les réduifit à un état approchant de
la fervitude. Jamais aucun Auteur ancien n'a fait mention d'une pareille Loy, les Ecrivains qui ont eu la hardieffe de fuppofer qu'elle ait exifté, le fuppofent gratuitement.

En fecond lieu, ces Auteurs n'alleguent aucun fait
dont on puiffe induire l'éxiftence de cette Loy générale.
Ils ne prouvent par aucun exemple qu'elle ait jamais
été.

En troifiéme lieu, les Ecrivains dont je parle n'ont jamais eu la réputation d'être fçavans dans nos Antiquités.
Au contraire les Auteurs les plus illuftres par ce genre
d'érudition, font du fentiment de Dom Thierri Ruinart,
qui dans la Préface qu'il a mife à la tête de fon édition des œuvres de Grégoire de Tours, a écrit : (*a*)
« Lorfque les anciens Habitans des Gaules, ou pour par-
» ler le langage de ces tems-là, lorfque les Romains &
» les Francs eurent été affociés de maniere que les deux
» Nations ne faifoient plus qu'un feul Peuple, le Peu-
» ple de la Monarchie fe trouva compofé en premier
» lieu des perfonnes forties des Maifons illuftres & de

(*a*) Cùm vero Franci fimul cum veteribus Gallis feu ut tunc loquebantur
Romanis, in unum Populum coalue-
runt, homines alios ex Nobiliffimis &
Senatoriis ut habet Gregorius familiis
exortos invenio, alios fervitute man-
cipatos, alios ingenuos, alios vero fer-
vitutis jugo Dominorum fuorum beneficio omnino vel ex parte abfolutos.

Qui ex veteribus Gallis aut opibus
præftabant aut erant ex antiquis familiis orti, dignitates etiam præcipuas
ficut veteres Franci obtinuerunt, facti,
que funt Comites & Duces, quos adeo
paffim legimus hic vocibus defignatos,
Francos aut Romanos genere. *Ruin. in
Praf. op. Greg. fcth. duodecima.*

celles

DE LA MONARCHIE FRANÇOISE. 425

» celles que Grégoire de Tours appelle Maisons Sena-
» toriales; en second lieu, de Citoyens nés libres; en
» troisiéme lieu, de personnes affranchies par leurs Maî-
» tres à differentes conditions, & en quatriéme lieu, de
» véritables esclaves. Ceux d'entre les Romains qui
» avoient de la naissance ou qui étoient riches, parve-
» noient aux principales dignités de la Monarchie, ainsi
» que les Francs descendus de ceux qui étoient venus
» d'au-delà du Rhin. L'histoire de Grégoire de Tours
» fait foi que dans les tems dont elle parle, plusieurs
» de ces Romains furent faits Comtes & même Ducs.

Aussi ne réfutons nous sérieusement l'opinion contraire,
que parce qu'elle flatte assés là vanité de plusieurs personnes pour s'accréditer, toute fausse qu'elle est, c'est en
dire assés quant à present. Montrons que nos Romains
s'allioient tous les jours par mariage avec les Francs. Ce
sera une nouvelle preuve que les Francs ne les traitoient
point, comme on traite des serfs.

Il est vrai qu'il y a eu des Barbares du nombre de ceux
qui dans le cinquiéme siecle s'établirent sur le territoire
de l'Empire Romain, qui long-tems y ont habité sans
vouloir s'allier par des mariages avec les Romains. Par
exemple, il a été deffendu durant plusieurs générations
aux Visigots d'épouser des Romaines & aux filles des Visigots de se marier avec des Romains. Nous avons une
preuve sans réplique de ces prohibitions dans la Loy
faite pendant le septiéme siecle pour les révoquer insen-
siblement en introduisant l'usage des dispenses. Cette
Loy qu'on connoît être du Roi Rescivindus monté sur
le Trône, suivant Luitprand en six cens cinquante-trois,
& cela parce que le Monagrance du nom de Rescivin-

Tome III.   Hhh

riage dont il est content & à en contracter un pour lequel il n'a pas d'inclination, fassent valoir toutes les raisons de nullité qu'on peut alléguer contre le premier mariage.

Lorsque l'Evêque Sagitarius (*a*) avançoit que les fils que le Roi Gontran avoit eu de sa femme Austregilde, n'étoient point capables de succeder à la Couronne, il ne se fondoit pas. sur ce qu'Austregilde qui, lorsque ce Prince l'épousa, étoit esclave de Magnarius ou de Magnacharius, les manuscrits ortographient différemment ce nom propre, devoit être réputée de la Nation Romaine dont étoit son Maître, mais bien sur ce qu'elle avoit été esclave. (*b*) On juge, c'est une réflexion que je fais en passant, par ce qu'ajoûte Grégoire de Tours; *Sagittarius se trompoit ne sçachant point que tous les fils des Rois sont capables de succeder à la Couronne, nonobstant la condition de leur mere*, que le monde étoit persuadé que l'honneur que faisoit le Souverain aux Esclaves qu'il daignoit épouser, les affranchissoit de plein droit.

Venons à la Loy des Ripuaires, qui comme nous l'avons déja observé, étoit moins favorable aux Romains en général que. la Loy Salique. Il est vrai qu'elle condamne, ou pour mieux dire, qu'elle improuve le mariage des Romains avec les Ripuaires. Il y est dit à ce sujet: (*c*) " Si un homme affranchi en face. d'Eglise, si un Ro-

Ruin. Gr.
Tur.p.220.

(*a*) Declamare de Rege plurima cœpit & dicere quod filii ejus regnum capere non possent, eo quod mater eorum ex familia Magnacharii quondam adscita Regis Thorum adulsset. *Gr.Tur. Hist. lib.* 5. *cap* 21.

(*b*) Ignorans quod prætermissis nunc generibus fæminarum, Regis vocantur liberi qui de Regibus fuerint procrea-

ti. *Ibidem*.

(*c*) Si autem Ecclesiasticus, Romanus vel Regius homo, ingenuam Ripuariam acceperit, aut si Romana, vel Regia vel Tabularia ingenuum Ripuarium in matrimonium acceperit, generatio eorum semper ad inferiora declinetur. *Titul.* 53. *art. undecimo.*

» main ou fi un affranchi de la dépendance du Domaine
» du Roi, époufe une Ripuaire née libre, ou fi un Ri-
» puaire né libre époufe, foit une Romaine, foit une af-
» franchie dépendante du Domaine du Roi, foit une
» femme affranchie en face d'Eglife, les enfans qui naî-
» tront de ces fortes de mariage, feront de la condition
» de celui des deux *conjoints*, dont l'état fera le moindre.
Ainfi le fils du Ripuaire qui avoit époufé une Romaine,
& qui naturellement devoit jouir de l'état de Ripuaire,
étoit réduit à l'état de Romain par cette Loy. Elle n'ordonne rien de plus, foit à fon préjudice, foit au préjudice
de fon pere. Mais qui fçait fi par Romain, il ne faut point
entendre ici, non pas les Romains unis avec les Ripuaires
& domiciliés parmi eux, mais les Romains qui n'avoient
point cet avantage, & qui étoient comme étrangers par
rapport aux Ripuaires. En un mot, les Romains que la
Loy Ripuaire qualifie *Advena Romani*.

Mais quelqu'ayent été l'objet & le motif de cette Sanction particuliere, l'efprit de la Loy des Ripuaires eft fi
peu oppofé aux mariages entre les perfonnes des deux
Nations, que cette Loy n'impofe aucune forte de peine
à la fille d'un Ripuaire, laquelle auroit époufé un Romain.
Elle ne ftatuë autre chofe à cet égard, fi ce n'eft que les
enfans nés d'un pareil mariage, feroient Romains, c'eft-
à-dire, de la condition dont ils devoient être, fuivant la
Loy naturelle. La Loy des Ripuaires eft néanmoins très-
févere contre les filles de condition libre, qui contracte-
roient les mariages, qu'elle regarde comme de véritables
méfalliances. Tels font les mariages qu'une fille née libre
pouvoit contracter avec de certains affranchis ou avec
des efclaves. La Loy condamne les enfans nés de quelques-uns de ces mariages à l'efclavage. Les filles qui au-

roient contracté quelques autres de ces mariages, sont condamnées elles-mêmes à devenir serves. Voici une des dispositions du Code Ripuaire fait à ce sujet, & qui paroît digne d'être rapportée (a) Si une fille Ripuaire & née libre a suivi un esclave de sa propre Nation, & que ses parens veuillent empêcher que la Loy par laquelle cette fille est condamnée à l'esclavage ne soit exécutée, la susdite fille & le Serf seront traduits devant le Roi ou devant le Comte. Alors le Roi ou le Comte présentera une épée & une quenouille à la fille. Si la fille ôte l'épée, il faudra qu'elle tue avec cette épée le Serf qui l'aura séduite. Si la fille opte la quenouille, qu'elle demeure esclave. Cette Loy, l'on n'en sçauroit douter, étoit très-propre à retenir les Serfs Ripuaires dans les bornes, du respect qu'ils devoient aux filles des Citoyens de la Nation, mais d'un autre côté, elle assuroit à l'un des coupables, le moyen de se justifier par le meurtre de son complice. Enfin, ce que la Loy Ripuaire statuë, concernant les mariages de ses Citoyens avec les Romains, est une preuve que souvent il se contractoit de pareils mariages.

Après tout ce qui vient d'être exposé, je crois devoir me contenter de rapporter deux exemples de mariages, contractés entre des Romains & des Francs. Il est dit dans la vie de saint Rigobert, Archevêque de Reims, & né

(a) Quod si ingenua Ripuaria servum Ripuarium secuta fuerit & parentes ejus contradicere hoc voluerint, offeratur & à Rege seu Comite spata & Cunucula. Quod si spatam acceperit servum interficiat. Si autem cunuculam in servitio perseveret. Lex. Rip.

tit. 58. art. 18.
(b) Traxit ille originem ex spectabili prosapia in regione quam Ribuariorum vocant, patre Constantino matre à Francorum genere. Vita S. Rigoberti. Du Ch. tom. 1. pag. 788.

vers le milieu du septieme siecle, qu'il étoit d'une famille considérable du Canton des Gaules, connu sous le nom du pays des Ripuaires, & qu'il étoit fils de Conſtantinus, & d'une fille de la Nation des Francs. Si l'Auteur de la vie de saint Rigobert se contente de marquer la Nation dont étoit la mere de ce Prélat, c'eſt qu'il croit avoir dit aſſez intelligiblement, que le pere de notre Saint étoit Romain, en diſant qu'il s'appelloit *Conſtantinus*. Saint Médard, né dans le Vermandois, & mort Evêque de Noyon sous le regne de Clotaire I. étoit fils de Nectardus, (*a*) de la Nation des Francs, & de Protagia, de la Nation des Romains. Ces mariages étoient en uſage, même avant que Clovis se fut rendu Maître des Gaules.

Enfin Procope écrit dans l'endroit de son Hiſtoire de la guerre Gothique, où il raconte comment se fit l'union des Francs avec les Armoriques, & que nous avons rapporté dans le troiſiéme Chapitre du quatriéme Livre de cet ouvrage, que cette union fût faite aux conditions que les Francs avoient propoſées, & qu'une de ces conditions étoit, que les deux Peuples, pour rendre leur confédération plus étroite, s'allieroient enſemble par des mariages. Les Francs, qui s'incorporerent à la Tribu des Saliens, qui avoit fait le Traité dont nous venons de parler, se seront conformés à sa diſpoſition. Si l'on trouve dans la Loy des Ripuaires, quelque eſpece de peine impoſée au Franc qui épouſoit une Romaine, c'eſt que les Ripuaires n'ayant point été incorporés à la Tribu des Saliens, ils auront eu la liberté de ſtatuer à cet égard, ce qu'il leur convenoit de ſtatuer.

────────────────

(*a*) ... ... | ... ... nomine Nectar- | ... ... genere non | ... ... mater vero Ro- | (*a*) ... ... Romani | mans nomine Protagia, abſolutis ... | ... ſervitute Natalibus. *Vita Medar.* | *per Fort. ſpicileg. tom. 1. pag.* 70.

D'un autre côté, les Visigots ont été long-tem
vouloir s'allier par mariage avec les Romains des
les, c'est que les Gots venoient de la Pannonie, e
lorsqu'ils s'établirent en deça des Alpes & au-delà d
renées, ils n'étoient pas familiarisés de longue main
les Romains de ces contrées-là. Mais les Nations G
niques du nombre desquelles étoient les Francs, n'a
jamais eu de répugnance à s'allier par des mariages
les Romains de la partie des Gaules, où elles s'hai
rent, parce qu'elles avoient eu de grandes relations
eux, même avant qu'elles passassent le Rhin, pour
occuper cette partie des Gaules. En effet, nous v
en lisant la Loy des Bourguignons, qui étoient une
Nation Germanique qu'ils pouvoient dès les pre
tems de leur établissement dans les Gaules, époul
Romaines, & donner leurs filles à des Romains.

Il y est dit dans le douziéme titre qui conce
crime de *Rapt.* » La fille Romaine qui sans en avo
» tenu le consentement de ses parens, ou bien à le
» çu, épousera un Bourguignon, sera deshéritée. S
cette Loy il étoit donc permis aux filles Romain
pouser impunément des Bourguignons, pourvû
les se mariassent de l'aveu de leurs parens,
conséquent il étoit, dans ce cas là, permis au
guignons de les épouser. Il suffiroit de cet artic
ce qu'on ne trouve dans la Loy Gombette aucune
tion qui deffende des mariages entre des person
deux Nations, pour conclure avec fondement qu

(a) *De raptu puellarum.* Romana vero | conjugio consociaverit,
puella si sine parentum suorum volun- | parentum facultate no
tate aut conscientia se Burgundionis | *Lex. Burg. Tit. duod. arti*

approuvoit. Je crois néanmoins que mon lecteur ne sera point fâché de trouver encore ici une autre Sanction de cette Loy tirée du titre où il est statué sur la satisfaction dûe aux veuves & aux filles Bourguignones qui se plaindroient en Justice d'avoir été séduites, parce qu'il y est supposé qu'elles demandassent alors que leur séducteur, soit qu'il fût Romain, soit qu'il fût Bourguignon seroit tenu de réparer leur honneur en les épousant. (*a*) Voici le premier article de ce titre. » Si la fille d'un » Bourguignon né libre a, tandis qu'elle est encore fille, » un commerce criminel avec un Barbare, ou bien avec » un Romain, & qu'elle se plaigne ensuite en Justice d'a- » voir été séduite, après qu'elle aura dûment prouvé son » accusation, son séducteur lui payera quinze sols d'or de » dommages & interêts, & il sera mis hors de Cour. » Quant à la fille, elle demeurera chargée de l'infamie » qu'encourent celles qui manquent à leur honneur.

Le second article de ce même titre montre bien que j'ai eu raison de supposer que la fille, qui se plaignoit, demandât que son séducteur fût tenu de l'épouser. Il y est dit: (*b*) » Quant à la veuve qui volontairement aura » eu un commerce criminel avec quelqu'un, & qui in- » tentera dans la suite une action contre lui, on ne lui

(*a*) *De adulteriis puellarum & vidua- rum.* Si qua Burgundionis ingenui filia priusquam marito tradatur cuicunque seu Barbaro, seu Romano occulte se adulterii fœditate conjunxerit & post modum ad quærimoniam facti procesferit & sic objecta claruerint, is qui in ejus corruptione fuerit accusatus, & ut dictum est certa probatione convictus, inlatis quindecim solidis nullam calumniam patiatur. Illa vero facinoris sei deshonestata flagitio, amissi pu-

doris sustinebit infamiam. *Ibid. Tit.* 44. *art. prim.*

(*b*) Quod si mulier vidua cuicunque se non invita sed libidine victa sponte miscuerit & in vocem accusantis eruperit, nec statutum percipiet numerum solidorum, nec eum qui se tali dedecore sociaverit conjugio ipsius reclamante eo, jubemus addici: Quia justum est ut actuum suorum vilitate confusa nec matrimonio sit digna vel præmio. *Ibid. art.* 2.

» adjugera aucuns dommages & interêts, & fi celui au-
» quel elle fe fera abandonnée , refufe de l'époufer ,
» nous deffendons de l'y contraindre, attendu que par
» fa conduite, elle fe feroit renduë indigne d'avoir ni
» un mari, ni des dommages & interêts.

Enfin nous avons vû que dans les cas d'homicide , la
Loy Gombette traitoit avec parité les Bourguignons & les
Romains, ordonnant la même peine contre le meurtrier du
Romain que contre le meurtrier du Bourguignon. Ainfi
tout nous oblige à croire que la Loi Gombette n'empêchoit
pas ces deux Nations de s'allier enfemble par des mariages.

Dans la fuite de cet ouvrage nous confirmerons encore tout ce que nous venons d'avancer par une obfervation. C'eft que dans toute l'étendue du Royaume de
France, tel qu'il étoit fous le regne de Hugues Capet ,
il a toujours été permis aux hommes de quelque condition qu'ils fuffent , d'époufer impunément & fans que
leur pofterité en fût dégradée en aucune maniere , des
filles d'une condition inférieure à la leur, pourvû néanmoins qu'elles fuffent nées libres. Je ferai voir que même depuis les tems où les Loix ont mis dans ce Royaume
là plufieurs differences entre les Citoyens nés dans certaines familles & les Citoyens nés dans d'autres familles , depuis que les Citoyens laïques y ont été divifés en deux ordres, fçavoir l'état de la Nobleffe & l'état commun, ou le
tiers état; il n'a jamais été défendu aux Citoyens du premier
de ces deux Ordres, d'époufer des filles du fecond, foit par
une prohibition expreffe , foit par des Reglemens qui auroient contenu une prohibition indirecte en excluant les
enfans nés de ces alliances inégales , de certains emplois ,
honneurs , bénéfices & dignités étans à la collation de
leurs Concitoyens , ou à celle de nos Rois.

Auſſi voyons-nous que toutes les preuves que quelques Compagnies, de qui les Reglemens ont été faits ſous les premiers Rois de la troiſiéme Race, éxigent encore aujourd'hui des Récipiendaires qui ſe préſentent pour y entrer, conſiſtent uniquement à faire paroître qu'on eſt né d'une mere libre, & même depuis que preſque tous les ſerfs ont été affranchis, le Récipiendaire en eſt cru à ſon ſimple ſerment ; il en eſt quitte pour affirmer en diſant, *juro quod ſum ex ventre libero.* Tel eſt l'uſage de pluſieurs Egliſes des pays compris dans les limites du Royaume de France tel que Hugues Capet le poſſedoit.

Quant aux dignités affectées à la Nobleſſe & inſtituées depuis que ce n'eſt plus la profeſſion qui décide de l'Ordre dont eſt un Citoyen, mais bien le ſang dont il eſt ſorti, nos Rois n'ont pas voulu qu'on éxigeat du Novice ou du Récipiendaire aucune preuve du côté des meres. S'il ſe trouve aujourd'hui dans la Monarchie des Corps, des Compagnies & des Societés, où l'on n'eſt admis qu'en prouvant, qu'on eſt iſſu de mere & d'ayeules nobles, c'eſt par trois raiſons.

En premier lieu, les ſucceſſeurs de Hugues Capet ont réuni au Royaume qu'il avoit poſſedé, pluſieurs pays démembrés de la Monarchie Françoiſe à la fin du regne de la ſeconde Race, & qui durant le tems écoulé entre leur démembrement & leur réunion, avoient été ſoumis à l'Empire d'Allemagne où l'eſprit des Loix Saxonnes, a toujours prévalu ; parce que pluſieurs des premiers Chefs de cette Monarchie ont été Saxons de Nation. Il s'eſt donc trouvé dans les pays dont je parle, lorſqu'ils ont été réunis au Royaume de France, pluſieurs coutumes & uſages contraires à ceux qui s'y obſervoient avant

le démembrement, & nos Rois ont bien voulu laisser
subsister ces nouveautés.

En second lieu, ces Princes ont souffert que depuis
deux siecles on ait introduit des usages contraires aux
anciens usages de la Monarchie en differentes contrées
de leur obéïssance.

En troisiéme lieu, nos Rois ont eu la bonté de permettre, que des Ordres ou Societés dont le Chef-lieu,
est hors du Royaume, y établissent des maisons, que
dans la réception des Novices on y suivit des Loix faites
en un pays étranger, & qu'on y observât même les nouveaux Statuts que ces Ordres ont ajoûté depuis cent
quatre-vingt ans aux anciens, soit pour obliger les Novices à faire preuve de trois dégrés de Noblesse paternelle & maternelle, au lieu qu'il suffisoit dans les premiers tems qu'ils fissent preuve d'un degré, soit pour
les astreindre à faire ces preuves par Actes & ne plus
permettre qu'ils fussent admis à les faire par témoins,
ainsi qu'elles se faisoient précédemment.

On doit regarder comme une de ces Loix étrangeres
dont nos Rois ont bien voulu permettre l'execution dans
leurs Etats, l'Article de la Pragmatique de Bourges (*)
dans lequel il est ordonné que, pour joüir du Privilége
qu'on accorde aux Nobles de pouvoir, après trois ans
d'étude dans une Université, y être faits gradués, quoique les non-Nobles n'y puissent être faits gradués, qu'a-
près cinq ans d'étude, il faudra être issu d'un pere &
d'une mere Nobles. En effet cet Article de la Pragmati-

(*) Qui dicantur Graduati & vere
ordi... Vel in utroque aut in altero ju-
xium Baccalaureique per triennium si
Nobiles ex utroque parente, & ex an- | tiquo genere, alias autem per quin-
quennium confimiliter in aliqua Uni-
versitate privilegia studii ac studia
suum fecerint. Prag. Titul.

que Sanction ne fût jamais rédigé par les Officiers du Roi instruits des Loix & des Coutumes de la Monarchie. Ainsi que la plûpart des autres Articles de la Pragmatique, (*a*) il a été tiré mot pour mot des Décrets du Concile de Basle. D'ailleurs le point de cet Article qui regardé les meres ne s'observe pas. Ce que je vais écrire servira encore de nouvelle preuve à ce que je viens de dire concernant l'état & condition des Romains des Gaules sous nos Rois Mérovingiens.

CHAPITRE ONZIE'ME.

Du Gouvernement particulier de chaque Cité, sous le regne de Clovis & sous le regne de ses premiers Successeurs. Que chaque Cité avoit conservé son Sénat, & que ces Sénats avoient été maintenus dans leurs principaux Droits. Que chaque Cité avoit aussi conservé sa Milice.

NOus avons suffisamment expliqué dans les Chapitres précedens que les Rois Mérovingiens étoient à la fois Chef Souverain ou Roi de chacune des Nations Barbares qui habitoient dans les Gaules, comme Princes des Romains de cette grande Province, & qu'ils exerçoient en leur propre nom sur ces Romains la même autorité que le Préfet du Prétoire & le Maître de la Milice exerçoient sur eux au nom de l'Empereur dans les tems précedens. Nous avons aussi rapporté que nos

(a) *Sequuntur qualificationes & ordo | que patente, & ex antiquo genere, in conferendis beneficiis.... Vel in utro- | alias autem per quinquennium. Conque vel altero Juriem Baccalaureis, | cil. Basil. Trig. prima. qui non tenentur si Nobiles ex Patre |*

Rois envoyoient dans chaque Cité pour son principal
Officier un Comte ; ainſi c'étoit à ce Comte que devoient
répondre tous les Supérieurs locaux, s'il eſt permis d'employer cette expreſſion pour déſigner les Officiers & le
Magiſtrat qui étoit le Chef, ou le Supérieur des Romains du lieu & le Chef ou le Supérieur de chaque Eſſain de Barbares établi dans le territoire de la Cité, &
cela de quelque Nation que ces Barbares puſſent être.
L'autorité du Comté émanoit directement du Roi, &
tous les Sujets du Roi quels qu'ils fuſſent, devoient par
conſéquent la reconnoître.

C'étoit donc au Comte de chaque Cité que les Ma-
giſtrats Municipaux des Romains, ainſi que leurs Officiers Militaires devoient s'addreſſer dans les affaires importantes. C'étoit au Comte que les Sénieurs des Francs &
les autres Chefs des Eſſains de Barbares, devoient recou-
rir. C'étoit lui qui dans les occaſions leur intimoit les
ordres du Roi, & qui avoit ſoin que la juſtice fût rendue & les revenus du Prince payés. C'étoit encore lui
qui commandoit dans les occaſions les troupes que ſon
diſtrict fourniſſoit pour ſervir à la guerre, & qui par
conſéquent ordonnoit aux Barbares comme aux Romains,
de prendre les armes & de marcher. Le pouvoir civil,
comme on l'a déja remarqué, n'étoit point ſéparé du pouvoir militaire ſous les Rois Mérovingiens, ainſi qu'il l'a-
voit été ſous les Empereurs ſucceſſeurs de Conſtan-
tin le Grand.

Nous avons déja obſervé que la diviſion des Gaules
en dix-ſept Provinces, n'avoit point eu de lieu ſous nos
Rois, du moins par rapport au plus grand nombre de
ces Provinces. Ainſi l'on voit bien que les Comtes devoient répondre directement au Roi, & qu'en campagne

ils devoient commander la milice de leur diſtrict immédiatement ſous lui ou ſous le Général qu'il avoit nommé. Il faut cependant en excepter ceux dont les Cités
ſe trouvoient enclavées dans les eſpéces de Gouvernemens que nos Rois érigeoient de tems en tems , en
mettant pluſieurs Cités ſous les ordres d'un ſeul Officier.
Celui à qui l'on confioit ces Gouvernemens , dont la durée a d'abord, ainſi que les bornes, été purement arbi-
traire , & qui avoit pluſieurs Comtes ſous ſes ordres ,
s'appelloit du même nom qu'on donnoit dans le bas Empire à ceux qui commandoient dans un *Tractus* ou Gouvernement Militaire , & il ſe nommoit Duc. (a) Par
exemple ſous le regne des petits-fils de Clovis on forma de la Touraine & du Poitou un de ces Gouvernemens, dont Ennodius fut fait Duc. Mais comme je viens
de le dire , il ne paroît point que ces Gouvernemens
ayent jamais fait un département ſtable , ni pour uſer de
cette expreſſion, *une Province permanente* , ainſi que le faiſoient les Gouvernemens de même genre, que les Empereurs Romains avoient érigés dans les Gaules, & qui s'appelloient *Tractus*. Il arrivoit donc que quelquefois un
Comte eut un Duc pour ſupérieur , & quelquefois qu'il
n'y eut perſonne entre le Comte & le Prince , auquel
cas le Comte recevoit immédiatement les Ordres du
Roi, & s'adreſſoit directement au Souverain.

Voilà pourquoi Frédégaire , parlant d'une armée nombreuſe , que le Roi Dagobert I. fit marcher contre les Gaſ-
cons, dit après avoir fait l'énumération des Ducs qui l'a-
voient jointe avec les troupes de leur département : (b)

(a) Turonicis vero atque Pictavis Ennodius Dux datus eſt. *Gr. Tur. Hiſt. lib. 8. cap.* 26.

(b) Qui cum Duces decem cum exer- citibus, id eſt Arimbertus.... Exceptis Comitibus plurimis qui ducem ſuper ſe non habebant, in Vaſconiam cum exer- citus perrexiſſent. *Fred. Chr. cap.* 78.

» Qu'il s'y trouvoit encore plufieurs Comtes, qui fous
» leurs propres aufpices, y avoient amené les Milices
» de leurs Cités, parce qu'ils n'avoient point un Duc au-
» deffus d'eux.

Quoique les Rois conféraffent les emplois de Comte
fuivant leur bon plaifir, ils avoient néanmoins quelquefois la complaifance de laiffer le choix de cet Officier au
Peuple de la Cité, même qu'il devoit gouverner. (a) Grégoire de Tours rapporte comme un évenement affez ordinaire, que fon Diocèfe fe plaignant du gouvernement
de Leudaftés, le Roi Chilpéric donna commiffion à Anfoaldus de s'y rendre, pour mettre ordre au fujet de ces
plaintes. Anfoaldus, ajoûte l'Hiftorien, vint à **Tours** le
jour de faint Martin, & il défera au Peuple **& à nous** le
choix d'un nouveau Comte. En conféquence de cette
grace, Eunomius fut revêtu de l'emploi de Comte. Cela
ne fent point l'efclavage.

Nous avons vû, en parlant de l'Etat des **Gaules** fous
les Empereurs, qu'il y avoit dans chaque Cité un Sénat,
qui en étoit comme l'ame, & qui dans ce diftrict, avoit
la même autorité & le même crédit que le Sénat de **Ro-**
me avoit dans Rome fous le bas Empire. Ainfi dans chaque Cité, le Sénat, comme nous l'avons dit, étoit du
moins, confulté par les Officiers du Prince, fur les matieres importantes, comme étoient l'impofition des fub-
fides extraordinaires. C'étoit encore lui, qui fous la direction des Officiers du Prince, rendoit ou faifoit rendre la juftice aux Citoyens, & qui prêtoit la main à ceux

(a) Audiens autem Chilpericus omnia mala quæ Leudaftes faciebat Ecclefiis Turonicis, & omni Populo, An-
foaldum illuc dirigit qui veniens ad
feftivitatem fancti Martini, data nobis
& Populo optione, Eunomius in Co-
mitatum erigitur. *Greg. Tur.*
lib. 5. cap. 48.

qui

qui faiſoient le recouvrement des deniers publics.

Que ces Sénats ayent ſubſiſté ſous les Rois Mérovingiens, on n'en ſçauroit douter. On vient de lire dans le
neuviéme Chapitre de ce Livre, & on avoit lû déja dans
d'autres endroits, pluſieurs paſſages de Grégoire de Tours,
où il donne la qualité de Sénateur de la Cité d'Auvergne
ou d'une autre, à des hommes qu'il a pu voir, & dont
quelques-uns devoient être nés comme il l'étoit lui-même depuis la mort de Clovis.

Il paroît que quelques-uns de ces Sénats ont ſubſiſté
non-ſeulement ſous les deux premieres Races, mais encore ſous la troiſiéme, & que c'eſt à leur durée, que pluſieurs villes ont dû l'avantage de jouir toujours du Droit
de Commune, quoiqu'elles fuſſent enclavées dans les Domaines des grands Feudataires de la Couronne. C'eſt parce que ces villes avoient conſervé leur Sénat, & que leur
Sénat avoit conſervé la portion d'autorité, dont il jouiſſoit
dès le tems des Empereurs Romains, qu'on trouve que
ſous les Rois de la troiſiéme Race, les villes dont j'entens
parler, étoient déja en poſſeſſion du Droit de Commune
d'un tems immémorial. En effet, on voit que certainement
elles en jouiſſoient ſous ces Princes, ſans voir néanmoins
qu'elles l'euſſent jamais obtenu d'aucun Roi de la troiſiéme Race. C'eſt ce qu'il faut expoſer plus au long; & pour
l'expliquer mieux, je ne feindrai point d'anticiper ſur
l'Hiſtoire des ſiecles poſtérieurs au ſixiéme & au ſeptiéme.
On ne ſçauroit, & j'ai déja plus d'une fois allegué cette
excuſe, éclaircir avec le peu de ſecours, qu'il eſt poſſible
d'avoir, ce qui s'eſt paſſé dans ces deux ſiecles-là, ſans s'aider quelquefois de lumieres, tirées de ce qui s'eſt paſſé
dans les ſiecles poſtérieurs.

Un des évenemens les plus mémorables de l'Hiſtoire

de notre Monarchie, eſt celui qui arriva ſous les derniers Rois de la ſeconde Race, & ſous Hugues Capet, Auteur de la troiſiéme ; ce fut alors que les Ducs & les Comtes, abuſans de la foibleſſe du gouvernement, convertirent dans pluſieurs contrées leurs commiſſions, qui n'étoient qu'à tems, en des dignités héréditaires, & ſe firent Seigneurs proprietaires des pays, dont l'adminiſtration leur avoit été confiée par le Souverain. Non-ſeulement, ces nouveaux Seigneurs s'emparerent des Droits du Prince, mais ils uſurperent encore les Droits du Peuple, qu'ils dépouillerent en beaucoup d'endroits de ſes libertés & de ſes privileges. Ils oſerent même abolir dans leurs diſtricts les anciennes Loix, pour y ſubſtituer des Loix dictées par le caprice, & dont pluſieurs articles auſſi odieux qu'ils ſont bizarres, montrent bien qu'elles ne ſçauroient avoir été reçues que par force. Les Tribunaux anciens eurent le même ſort que les anciennes Loix. Nos uſurpateurs ſe réſerverent à eux-mêmes, ou du moins, ils ne voulurent confier qu'à des Officiers qu'ils inſtaloient ou qu'ils deſtituoient à leur bon plaiſir, l'adminiſtration de la juſtice. Enfin, ils ſe mirent ſur le pied d'impoſer à leur gré les taxes, tant perſonnelles que réelles. Ce fut alors que les Gaules devinrent véritablement un pays de Conquête.

Les ſucceſſeurs de Hugues Capet perſuadés avec raiſon que le meilleur moyen de venir à bout, de rétablir la Couronne dans les droits qu'elle avoit perdus, étoit de mettre le Peuple en état de recouvrer les ſiens, accorderent aux Villes qui étoient capables de les faire valoir, des Chartres de Commune qui leur donnoient le droit d'avoir une eſpece de Sénat ou une aſſemblée compoſée des principaux Citoyens nommés & choiſis par leurs Concitoyens, qui veillât aux interêts communs, levât les revenus publics, rendît ou fît rendre la justice à ses compatriotes, & qui tint encore sur pied une Milice reglée où tous les Habitans seroient enrôlés. C'étoit proprement rendre aux Villes, qui du tems des Empereurs Romains avoient été Capitales de Cité, & qui avoient eû le malheur de devenir des Villes Seigneuriales, le droit d'avoir un Sénat & des Curies. C'étoit l'octroyer à celles d'un Ordre inferieur & qui ne l'avoient pas du tems des Empereurs ; à celles que Grégoire de Tours a désigné par le nom de *Castrum*.

Les Seigneurs s'opposerent bien en plusieurs lieux à l'érection des Communes ; mais il ne laissa point de s'en établir un assés grand nombre sous le regne de Louis le Gros & sous celui de Philippe Auguste. En quelques contrées les Seigneurs ne voulurent acquiescer à l'établissement des Communes qu'après qu'il eût été fait. En d'autres les Seigneurs consentirent à l'érection des Communes en consequence de transactions faites avec leurs sujets, ou pour parler plus exactement, avec les sujets du Roi qui demeuroient dans l'étenduë de leurs fiefs, & ces transactions laissoient ordinairement les *Communiers* justiciables du Seigneur territorial en plusieurs cas. Qui ne sçait les suites heureuses de l'établissement des Communes?

Or comme je l'ai déja dit, on trouve dès le douziéme siecle plusieurs Villes du Royaume de France, comme Toulouse, Reims & Boulogne, ainsi que plusieurs autres, en possession des droits de Commune & sur tout du droit d'avoir une Justice Municipale, tant en matiere criminelle qu'en matiere civile, sans que d'un autre côté on les voye écrites sur aucune liste des Villes à qui les Rois de la troisiéme Race avoient soit octroyé, soit rendu le droit de Commune, sans qu'on voye la Chartre par laquelle ces Princes leur auroient accordé ce droit comme un droit nouveau.

Il y a plus. Quelques-unes des Chartres de Commune accordées par les premiers Rois de la troisiéme Race, sont plûtôt une confirmation qu'une collation des droits de Commune. Il est évident par l'énoncé de ces Chartres que les Villes ausquelles les Princes les accordent, étoient en pleine possession de ces droits lors de l'obtention des Chartres dont il s'agit, & qu'elles en jouissoient de tems immémorial, c'est-à-dire dès le tems des Empereurs, où elles étoient Capitales de Diocése. La Chartre accordée en l'année onze cens quatre-vingt-sept par Philippe Auguste à la Commune de Tournai, dit dans son préambule, (a) qu'elle est accordée aux Citoyens de Tournai, afin qu'ils jouissent tranquillement de leur ancien état & qu'ils puissent continuer à vivre suivant les Loix, usages & coutumes qu'ils avoient déja. Il n'est pas même dit dans cette Chartre où l'administration de la justice est laissée entre les mains des Officiers Municipaux : Que les impétrans tinssent des Rois prédecesseurs de Philippe Auguste, les droits dans lesquels Philippe Auguste les confirme. On peut faire la même observation (a) sur la Chartre de Commune octroyée à la

(a) Noverint itaque universi præsentes pariter ac futuri quoniam Burgensibus nostris Tornacensibus pacis institutionem & Communiam dedimus & concessimus ad eosdem usus & consuetudines quas dicti Burgenses tenuërunt ante institutionem Communiæ. Hæ autem sunt consuetudines. Spicil. Tom. 3. pag. 551.

(b) Ludovicus Domini Regis Francorum primogenitus &c. Noverint universi præsentes pariter ac futuri quod jura & consuetudines Civium Atrebatensium perpetu incouchie manere decrevimus. Videlicet, &c. pag. 572.

Ville Capitale de la Cité d'Arras par le Roi Louis VIII. fils de Philippe Augufte. Elle ne fait que confirmer cette Cité dans les droits de Commune, qui s'y trouvent déduits affés au long, fans marquer en aucune façon que la Cité d'Arras tint ces droits d'un des Rois prédeceffeurs de Louis VIII.

Ne doit-on pas inférer de-là que Reims & les autres Villes dont la condition a été la même que celle de Reims, ne jouiffoient dès le douziéme fiecle des droits dont il eft ici queftion, que parce qu'elles en étoient déja en poffeffion lors de l'avenement de Hugues Capet à la Couronne, & qu'alors elles n'en étoient en poffeffion que parce que fous la premiere & fous la feconde Race, elles avoient toujours été gouvernées par un Sénat, qui par fucceffion de tems s'étoit chargé des fonctions dont les Curies étoient tenues fous la domination des Empereurs.

Je conclus donc que toutes les Villes dont je viens de parler, tenoient le droit d'avoir un Sénat, & une juftice Municipale, des Empereurs mêmes, & que plus puiffantes ou plus heureufes que les autres; elles avoient fçû s'y maintenir dans le tems-où la plus grande partie du Royaume devint la proye des Officiers du Prince. Comme ces Capitales étoient le lieu de la réfidence de l'Evêque & des Sénateurs, elles auront eu toutes des moyens de fe deffendre contre les ufurpateurs, qu'une petite Ville n'avoit point, & quelques-unes d'elles fe feront fervies de ces moyens avec fuccès. Les unes fe feront maintenues dans tous leurs droits contre le Comte. Les autres lui auront abandonné le plat-pays, à condition qu'elles conferveroient néanmoins leur autorité, fur la portion de leur territoire voifine de leurs murailles qui depuis aura été appellée la Banlieue.

pereurs Romains avoient été Capitales de Cité, ont été troublées dans le droit d'avoir une Justice Municipale, elles ont mis en fait dans les Tribunaux qu'elles étoient en possession de ce droit avant l'établissement de la Monarchie Françoise dans les Gaules, & qu'elles le tenoient des successeurs d'Auguste & de Tibére.

L'année mil cinq cens soixante & six, le Roi Charles IX. ordonna par l'Edit de Moulins : Que tout Corps de Ville, ou pour parler le langage du sixiéme siecle, que tous les Senats qui rendoient encore la justice en matiere civile & en matiere criminelle, ne la rendroient plus qu'en matiere criminelle. Il est dit dans l'article soixante & onziéme de cette Ordonnance : » Pour donner quelqu'or-
» dre à la Police, & pourvoir aux plaintes qui sur ce
» nous ont été faites, nous avons ordonné que les Mai-
» res, Echevins, Consuls, Capitouls & Administrateurs
» des Corps de Ville qui ont eu ci-devant, ou bien ont
» présentement exercice des causes civiles & criminelles
» & de la Police, continueront seulement ci-après l'exer-
» cice du criminel & de la Police, à quoi leur enjoi-
» gnons vacquer incessamment, sans pouvoir dorénavant
» s'entremettre de la connoissance civile des instances
» entre les Parties, laquelle leur avons interdite & dé-
» fendue.

Depuis le regne de Louis XII. jusques en mil cinq cens soixante & six, le nombre des Juges Royaux s'étoit accru excessivement en France, soit par la multiplication des Officiers dans les anciens Tribunaux, soit par la création des Sieges Présidiaux dans chaque Bailliage, soit par l'érection de nouveaux Bailliages. Mais quelqu'ait été le veritable motif de la disposition contenue dans l'Edit de Moulins & dont il s'agit ici, il suffira de dire que cet

» fois dans les Capitulaires de Charlemagne.

Ce fçavant homme rapporte enfuite plufieurs preuves convainquantes, pour montrer que dans tous les tems l'Echevinage de Reims avoit adminiftré la juftice à fes habitans, non feulement en matiere criminelle, mais auffi en matiere civile, & entr'autres il produit un témoignage rendu en faveur de fa caufe dès le douziéme fiecle & rendu par une perfonne défintereffée. Ce témoignage mérite bien d'être rapporté.

Jean de Salisbury qui avoit fuivi en France faint Thomas de Cantorbery, fut fpectateur de plufieurs mouvemens qui arriverent dans Reims, à l'occafion des démêlés que l'Archevêque Henri Fils du Roi Louis le Gros, y eut alors avec les Citoyens concernant leurs franchifes & leur Jurifdiction Municipale. Or cet Anglois dit dans une lettre écrite à l'Evêque de Poitiers pour l'informer de tous ces démêlés & de leurs fuites: (*a*) » Les Citoyens » de Reims fe font d'abord humiliés devant leur Arche- » vêque, & même ils prétendent qu'ils avoient pris la » réfolution de porter dans fes coffres deux mille livres » pefant d'argent, à condition qu'il n'entreprît point fur » leurs droits, & qu'il les laiffât en poffeffion d'avoir une » Juftice telle qu'ils l'avoient dès le tems de faint Remi » l'Apôtre des Francs. Il eft vrai que le texte de Jean de Salisbury dit *Legem* & non pas *Juftitiam*. Mais comme Loifeau l'obferve, *Loy fignifie Juftice en nos Coûtumes.*

Des Seig. ch. 16. arti 47.

Auffi le Parlement de Paris a-t-il jugé plufieurs fois que la Ville de Reims étoit bien fondée dans fes préten-

---

(*a*) Et primo quidem ei humilitatem exhibuerunt parati duo millia librarum ficut multi teftantur, conferre in ærarium ejus, dum modo eos jure tractaret & Legibus vivere pateretur quibus Civitas continuo ufa eft à temporibus fancti Remigii Francorum Apoftoli.

quartiers étoient dans le voiſinage des lieux, où s'allu-
moit la querelle, feront reſtés neutres. Ils auront attendu
les bras croiſés, que le Gouvernement la terminât. En
quelques occaſions les Francs auront épouſé la querelle
du Romain leur compatriote , & par un malheur qui
ne leur arrivoit que trop fouvent, ils ſe feront battus les
uns contre les autres. Peut - être , même, que la Nation
des Francs qui n'étoit pas bien nombreuſe , & qui cependant avoit à tenir en ſujettion un pays fort étendu ,
& dont les Habitans font naturellement belliqueux , ne
voyoit pas avec beaucoup de peine les Romains prendre les armes contre les Romains. Leurs diſſentions &
leurs querelles faiſoient ſa ſûreté. Les faits que nous raconterons dans le Chapitre ſuivant , & qui ne font pas
les ſeuls que nous pourrions rapporter , prouveront ſuffiſamment tout ce que nous venons d'avancer.

» rent point pierre fur pierre dans tous les lieux où ils
» camperent. Cette guerre auroit eu de plus longues fui-
» tes , fi le Comte de la Cité de Chartres & le Comte de
» la Cité d'Orleans ne fe fuffent pas entremis , & s'ils
» n'euffent fait convenir les deux Partis , premierement
» d'une ceffation d'armes durable jufqu'à ce qu'on eût
» prononcé fur les prétentions réciproques , & feconde-
» ment d'un compromis qui obligeoit celui des deux Par-
» tis qui feroit jugé avoir eu le tort , à indemnifer l'autre
» du ravage fait dans fon territoire. C'eft ainfi que finit la
» guerre.

On obfervera qu'il faut que ces voyes de fait, ne fuffent point reputées alors ce qu'elles feroient reputées aujourd'hui , je veux dire une infraction de la paix publique
& un crime d'Etat , puifque le compromis ne portoit pas
que ce feroit celui qui avoit commis les premieres hofti-
lités , qui donneroit fatisfaction au lézé , mais bien celui
qui feroit trouvé avoir une mauvaife caufe. Il pouvoit arriver que par la Sentence du Roi, oupar le Jugement arbitral
des Comtes , il fut ftatué qu'au fond c'étoit la Cité d'Orleans & le Canton de Blois qui avoient raifon , & qu'ainfi
ils reçuffent une fatisfaction de ceux qui avoient fouffert
les premieres violences.

Il paroît en lifant avec réflexion l'Hiftoire de ce qui
s'eft paffé dans les Gaules , fous les Empereurs Romains
& fous les Rois Mérovingiens, quechaque Cité y croyoit
avoir le Droit des armes contre les autres Cités en cas de
déni de Juftice. Cette opinion pouvoit être fondée fur
ce que Rome ne leur avoit point impofé le joug à titre
de Maître , mais à titre d'Allié. Les termes d'*Amicitia* &
de *Fœdus*, dont Rome fe fervoit en parlant de la fujettion
de plufieurs Cités des Gaules , auront fait croire à ces Ci-

de Poitiers. Gontran frere de Chilpéric, & qui avoit des prétentions sur Poitiers, se mit en devoir de s'en rendre le Maître. Il donna donc à Sicarius & à Villacarius, la commission de s'en saisir. Ce dernier étoit Comte d'Orleans, & lorsqu'il reçût sa commission, il venoit de soûmettre la Touraine à Gontran. (a) Sicarius & Villacarius se mirent en campagne avec les Tourangeaux, pour entrer dans le Poitou d'un côté, tandis que les Milices de la Cité de Bourges y entreroient d'un autre. Cette expédition finit par une convention, dans laquelle la Cité de Poitiers s'engageoit à reconnoître Gontran pour Roi, au cas que l'Assemblée qui s'alloit tenir pour accorder ce Prince avec Childebert son neveu, décidât que le Poitou devoit appartenir à Gontran.

On voit dans Grégoire de Tours plusieurs autres exemples de Cités, qui ont porté la guerre dans une autre Cité, & dont les Milices commettoient autant de désordres qu'en auroient pû commettre des Barbares fraîchement arrivés des rivages de la mer Baltique.

Il paroît même en lisant avec réflexion, l'Histoire de notre Monarchie, que ce furent les guerres civiles, allumées, il est vrai, presque toûjours par les Rois Francs, mais dont les Romains portoient eux-mêmes le flambeau dans les Cités voisines de la leur, qui changerent dans les Gaules les bâtimens en masures, les champs labourés en forêts, les prairies en marécages, & qui réduisirent enfin cette contrée si florissante encore sous le regne de Clo-

---

(a) Sicharius vero cum Villacario Aurelianensi Comite qui tunc Turones acceperat exercitum contra Pictavos commovit ut scilicet ab una parte Turonici ab alia Biturici, commoti cuncta vastarent. Qui cum ad terminum propinquassent ac cremare coepissent, &c. Gr. Tur. Hist. lib. 7. cap. 13.

» de la Cité de Bourges envoya quelques-uns de ses Offi-
» ciers dans une métairie de son diſtrict, & qui étoit du
» domaine de ſaint Martin, pour contraindre ceux qui
» demeuroient dans cette maiſon & qui étoient dans le
» cas de l'Ordonnance, à payer l'amende. L'Intendant de
» la Métairie s'y oppoſa, diſant que ces perſonnes ne de-
» voient point payer l'amende, parce qu'elles apparte-
» noient à S. Martin, & qu'il n'étoit pas d'uſage qu'elles
» marchaſſent en des cas pareils à celui où l'on s'étoit
trouvé. En effet elles ne payerent pas l'amende ordinaire. Il
n'y a point d'apparence que ces perſonnes qui appartenoient à ſaint Martin, c'eſt-à-dire qui faiſoient valoir les
fonds d'une Métairie appartenante à l'Egliſe de ſaint
Martin, fuſſent des Barbares.

Après la mort de Chilpéric aſſaſſiné à Chelles par un
inconnu, Ebérulfus l'un des Officiers du Palais fut accuſé par la Reine Frédegonde d'avoir fait tuer le Roi ſon
mari. Ebérulfus ſe refugia dans l'Egliſe de ſaint Martin
de Tours. On ſçait que nos Rois avoient alors un
ſi grand reſpect pour ces aziles qu'ils n'attentoient
rien de plus contre celui qui s'y étoit réfugié, que d'en
faire garder toutes les iſſues pour l'empêcher de s'é-
vader. Quand nos Rois avoient pris cette précaution,
ils attendoient que l'ennui réduisît le fugitif à faire pour
ſe ſauver des tentatives qui le livraſſent à ceux qui l'obſervoient, ou que l'Evêque le remît entre les mains de
leurs Officiers. Les Milices du Canton de Blois & celles
de la Cité d'Orleans furent donc commandées pour monter alternativement la garde à toutes les avenues de
l'enceinte de l'Egliſe de ſaint Martin qui n'étoit point
encloſe pour lors dans les murs de la Ville de Tours.

(*a*)Quand la Milice de Blois avoit monté la garde durant quinze jours, elle étoit relevée par celle d'Orleans qui à son tour étoit relevée par la Milice de Blois au bout d'un pareil terme. Mais ce qui peut servir encore de preuve à ce que nous avons dit concernant la maniere dont les Cités voisines vivoient ensemble, nos Milices traitoient la Touraine en pays de conquête. Les Soldats y prenoient le bétail & les chevaux qu'ils pouvoient attraper, & ils en emmenoient avec eux un bon nombre, toutes les fois qu'ils retournoient dans leur pays.

Pour peu qu'on soit versé dans le style de Grégoire de Tours on connoît bien que lorsqu'il dit absolument, *les Chartrains*, *les Orleannois*, ou *les Parisiens*, c'est des Romains de ces Cités qu'il entend parler, & non point des Francs qui pouvoient s'y être habitués. En premier lieu toutes les circonstances des évenemens dont il s'agit dans ces occasions-là, montrent que c'est des Romains, que c'est de ceux des Habitans d'une Cité, lesquels on désignoit déja par un surnom tiré du nom de leur Cité plusieurs siecles avant qu'il y eût des Barbares établis dans les Gaules, que notre Historien entend faire mention. En second lieu Grégoire de Tours regardoit si bien les surnoms tirés du nom d'une Cité comme affectés aux seuls Romains, qu'il n'a jamais désigné, par ces surnoms employés absolument, les Barbares établis dans les Cités des Gaules. Quoique les Teifales, par exemple, fussent établis dans la Cité de Poitiers dès le tems d'Honorius, cependant

(*a*) Quod cum comperisset Eberulfus, Basilicam sancti Martini cujus res sæpe pervaserat expetivit. Tunc data occasione ut custodiretur Aurelianenses atque Blesenses vicissim ad has excubias veniebant, impletisque quindecim diebus cum multa præda remeabantur adducentes pecora, & jumenta, vel quodcunque diripere potuissent. *Gr. Tur. Hist. lib. 7. cap. 21.*

dant, comme on l'a vû dans le septiéme chapitre de ce livre, notre Hiftorien, en parlant d'évenemens arrivés plus de cent cinquante ans après la mort de cet Empereur, les nomme encore Teifales & non pas Poitevins. Ce n'a été que fous les derniers Rois de la feconde Race que les Barbares établis dans les Gaules, ont ceffé d'être défignés par le nom propre de leur Nation & que confondus avec l'ancien Habitant, ils ont commencé à porter comme lui un furnom tiré du nom du pays où ils demeuroient; rapportons quelques endroits de notre Hiftorien qui prouvent encore ce que je viens d'expofer.

Lorfque Grégoire de Tours eft obligé à défigner la Peuplade de Barbares établie dans une Cité particuliere en fe fervant du furnom tiré du nom propre de cette Cité, il fe donne bien de garde de donner à cette Peuplade un pareil furnom employé abfolument. Il joint à ce furnom le nom propre de la Nation dont étoit la Peuplade particuliere de laquelle il entend parler.

Quand le Roi Chilpéric petit-fils de Clovis fit la guerre aux Bretons Infulaires établis dans les Gaules, il y avoit déja près de deux fiecles que la Colonie des Saxons qui étoit établie dans le Diocéfe de Bayeux, y habitoit. Cependant lorfque Grégoire de Tours rapporte que nos Saxons eurent part à cette guerre, il joint au nom de leur pays le nom de leur Nation. (*a*) Il ne les appelle point les Beffins abfolument, mais les *Saxons Beffins*. Il a foin de les défigner encore de la même maniere dans d'autres endroits de fes ouvrages.

(*a*) Sed Vuarochus dolofe per noctem fuper Saxones Baiocaffinos ruens maximam exinde partem interfecit. *Greg. Tur. Hift. lib. 5. cap. 27.*

Baiocaffinos Saxones juxta ritum Britannorum tonfos, in folatium Vuarochi abire præcepit. *Ibid. lib. 10. cap. 9.*

Lorſque Grégoire de Tours veut parler de la Peuplade de Francs établie dans la Cité de Tournai, il ne la déſigne point par l'appellation d'Habitans du Tournaiſis employée abſolument. (a) Il la nomme les *Francs Tournaiſiens*.

Enfin cet Auteur oppoſe lui-même dans pluſieurs endroits de ſes ouvrages, le ſurnom d'Auvergnac, celui d'Orleanois, bref les ſurnoms tirés du nom des Cités des Gaules au nom de Franc, & cela en parlant d'évenemens arrivés plus d'un ſiecle après que les Francs ſe furent établis dans les Gaules. Notre Hiſtorien ſuppoſe ſenſiblement qu'en diſant qu'un tel étoit Auvergnac, Orleanois, ou Pariſien, il ait donné à entendre ſuffiſamment, que ce tel étoit de la Nation Romaine. Sans cela il n'y auroit eu aucune juſteſſe à oppoſer *Auvergnac à Franc*, dit abſolument & ſans faire aucune mention de la Cité dont ce Franc étoit. Rapportons quelques exemples.

Lib. 9. ep. 1.& 17.

La famille *Firmina* étoit une des plus illuſtres de l'Auvergne, même avant que cette Cité fût ſoumiſe à la domination des Francs. Nous avons pluſieurs lettres adreſſées à un Firminus par Sidonius Apollinaris qui le traite de ſon fils. Suivant toutes les apparences un autre Firminus qui exerçoit l'emploi de Comte en Auvergne, ſous le regne de Clotaire I. & qui fut deſtitué par Chramme fils de ce Prince, étoit de cette famille. Il eſt auſſi probable que ce Firminus eſt le même qu'on retrouve Comte d'Auvergne ſous le regne de Sigebert fils de Clotaire I. Chramne s'étoit rendu ſi odieux, qu'on peut bien croire que dès qu'il ne fut plus, les Officiers qu'il avoit dépo-

Greg. Tur. hiſt. lib. 4. cap. 13.

(a) Inter Tornacenſes quoque Francos magna diſceptatio orta eſt. *Ibid. cap.* 27.

fés : n'eurent point de peine à fe faire rétablir. Ainfi je crois que ce Comte Firminus eft le même Comte Firminus que Sigebert envoya en Ambaffade à Conftantinople. Quoi qu'il en ait été, le nom feul de cet Ambaffadeur fuffiroit pour montrer qu'il étoit Romain de Nation. Or Grégoire de Tours dit, en parlant de cette Ambaffade. (*a*) » Enfin Sigebert envoya deux Ambaffadeurs à » l'Empereur Juftin, Varinarius Franc de Nation & Firminus Auvergnac. L'Abbréviateur dit la même chofe, en qualifiant néanmoins Firminus de Comte. Ainfi voilà *Auvergnac* dit abfolument, oppofé à *Franc* dans le texte de Grégoire de Tours.

Cet Hiftorien parlant d'une autre Ambaffade, de celle que Childebert, fils du Roi Sigebert, envoya vers l'Empereur Maurice, dit, qu'elle étoit compofée de trois Miniftres, & il raconte que des trois Ambaffadeurs l'un étoit, qu'on me permette ces expreffions, *Soiffonnois*, l'autre *Arlefien*, & le troifiéme *Franc*. (*b*) Voici fes paroles. » Les » trois Ambaffadeurs fe trouvoient alors dans ce lieu-là. » L'un étoit Bodégifile fils de Mummolenus de Soif» fons, l'autre Evantius fils de Dynamus d'Arles, & le » troifiéme Grippo Franc de Nation.

Je conclus donc que toutes les fois que Grégoire de Tours fait mention d'une Milice qu'il défigne par un furnom dérivé du nom d'une des Cités des Gaules, il entend parler d'une Milice compofée des anciens Habi-

---

(*a*) Denique Sigebertus Rex Legatos ad Juftinum Imperatorem mifit Warinarium Francum , & Firminum Arvernum. *Gr. Tur. Hift. lib. 4. cap. 39.* Ad quem Juftinum Sigebertus Legatos Varinarium Francum & Firminum Comitem direxit, qui pace cum Imperatore facta. *Hift. Gr. T. Epitome cap. 64.*

(*b*) Erant enim ibi tunc, ut diximus, Legati. Bodegifilus filius Mummoleni Sueffionici, & Evantius filius Dynamii Arelatenfis, & hic Grippo genere Francus. *Gr. Tur. Hift. lib. 10. cap. 2.*

úne portion de fes terres & qu'ils l'approprierent à leur Nation, de maniere que cette portion de terre en prit le nom de terre Salique. Je tombe d'accord que fous les Rois de la premiere & de la feconde Race & même fous les premiers Rois de la troifiéme , c'eft-à-dire tant que la diftinction des Nations qui compofoient le Peuple de la Monarchie, n'a point été pleinement anéantie ; il y a eu dans le Royaume des efpeces de fiefs qui s'appelloient Terres Saliques, & qui étoient affectés fpécialement à la Nation des Francs , mais je nie que ces terres fuffent des terres dont nos Rois avoient dépoüillé par force les particuliers des Provinces qui s'étoient foumifes à la domination de ces Princes. Je regarde l'opinion ordinaire comme une des erreurs nées de la fuppofition que nos Rois avoient conquis les Gaules fur les Romains , & qu'ils en avoient réduits les Habitans dans un état approchant de la fervitude. Tâchons donc à démêler ce qu'il y a de vrai d'avec ce qu'il y a de faux dans l'idée qu'on a communément des Terres Saliques.

On ne fçauroit douter que prefque tous les Francs ne fe foient tranfplantés dans les Gaules fous le regne de Clovis, & fous celui de fes quatre premiers fucceffeurs. L'amour du bien être , naturel à tous les hommes, vouloit qu'ils en ufaffent ainfi. Dès que cette aimable contrée eut paffé fous le pouvoir de Rois de leur Nation, fon fejour étoit pour bien des raifons, dont il a été parlé dès le premier livre de cet ouvrage, plus agréable que celui de l'ancienne France. D'ailleurs les hommes les plus belliqueux fe laffent à la fin de vivre toûjours au milieu des allarmes, & pour ainfi dire, d'être toûjours en faction. C'étoit néanmoins la deftinée des Francs, tandis qu'ils habitoient au-delà du Rhin. Comme l'ancienne France avoit

N nn ij

peu de profondeur, comme elle n'étoit point remparée
par ses rivieres qui la traversoient sans la couvrir, ni mise
à l'abri par des Villes fortifiées, un essain de Barbares
venu de fort loin, pouvoit en dévançant le bruit de sa
marche, pénetrer jusques dans le centre du pays, & sur-
prendre ses Habitans, les uns à la charuë & les autres
dans leur maison. On n'étoit point exposé dans les Gaules autant que dans la Germanie à ces sortes de surprises;
d'autant que les Gaules étoient couvertes par le Rhin,
& remplies de Villes & de lieux fortifiés. On y vivoit plus
tranquillement, parce qu'on n'y craignoit, que lorsqu'il
y avoit réellement à craindre. Il n'étoit presque pas possible, depuis que tout le pays eut été soumis aux Francs,
qu'on y fût attaqué à l'imprévû. Aussi l'Histoire nous ap-
prend-t'elle que dès les dernieres années de Clovis, l'ancienne France étoit déja tellement dénuée d'habitans qui
pussent la défendre, que les Turingiens s'emparerent
dès-lors d'une partie de ce pays, & que peu d'années après
les Frisons vinrent occuper la contrée qui est au Nord de
l'embouchure du Rhin, abandonnée aussi par les Francs.

Il est encore vrai que Clovis & ses successeurs outre les
autres récompenses qu'ils distribuerent aux Francs, au ont
conferé à plusieurs d'entr'eux une certaine portion de terres à condition de les servir à la guerre, & qu'elles furent nommées les Terres Saliques. C'est le nom que donne à ces possessions la Loy Salique redigée sous le regne
de Thierri fils de Clovis, & d'ailleurs ce qu'elle statue
concernant ces sortes de terres, en ordonnant qu'elles ne
pourroient (u) jamais passer à une femme, montre assez

(a) De Terra vero Salica nulla portio hæreditatis transit in mulierem,
sed hoc virilis sexus acquirit, hoc est
filii in ipsa hæreditate succedant
Pactus Legis Sal. Eccard. pag. 107.

qu'elles étoient des bénéfices militaires, des biens chargés d'obligations qu'une femme ne pouvoit pas remplir
Nous l'avons déja dit dans le Chapitre de ce Livre, où
nous avons traité de la Loy de succession. Enfin ces terres Saliques étoient à plusieurs égards, de même nature
que nos fiefs nobles, & suivant toutes les apparences, elles en sont la premiere origine. On a même quelquefois
donné le nom de terres Saliques à nos fiefs. Bodin qui
écrivoit dans le seiziéme siecle, dit : » *Et n'y a pas*
long-tems qu'en un testament ancien d'un Gentilhomme de
Guienne produit en procès au Parlement de Bordeaux, le pere
divise à ses enfans la terre Salique que vous interprétent les fiefs.

Bodin. Re-
publ. liv. 6.
chap. 5.

Il n'y a rien de plus vrai que tout ce qui vient d'être
exposé, mais cela ne prouve point que Clovis ait ôté aux
Romains une partie de leurs terres, pour en composer
les terres Saliques, dont il vouloit gratifier les Francs Saliens. Le contraire me paroît même très-vrai semblable
par deux raisons. La premiere, est que Clovis a pu donner des terres Saliques à ses Francs, sans enlever aux Romains des Gaules une partie de leurs fonds. La seconde,
est que les monumens littéraires de nos Antiquités ne
disent, ni ne supposent en aucun endroit, que Clovis ou
quelqu'un, soit de ses prédécesseurs, soit de ses successeurs, ait ôté aux Romains une partie de leurs fonds pour
les repartir entre les Francs, & que ce silence seul montre qu'aucun de nos Princes n'a commis une pareille violence. Traitons ces deux points un peu plus au long.

Je commencerai ce que j'ai à dire sur le premier point
par deux observations. La premiere, est que nous avons
déja fait voir, en parlant de l'avénement de Clovis à la
Couronne, que la Tribu des Saliens, l'une des plus considérables de la Nation des Francs, ne faisoit gueres que

trois·mille combattans. Suppofé donc que les fix ou fept autres Tribus des Francs , l'Hiftoire ne nous fait point entrevoir qu'il y en eut davantage, fuffent auffi nombreufes que celles des Saliens , la Nation entiere n'aura pas fait plus de vingt-quatre ou vingt-cinq mille combattans, comme il l'a été remarqué dans l'endroit de notre ouvrage qui vient d'être cité : voilà l'idée que le préambule de la Loy Salique nous donne de la quantité d'hommes qui fe trouvoient dans la Nation des Francs, lorfqu'il les loue d'avoir fait de grands exploits, bien qu'ils fuffent en très-petit nombre. Ma feconde obfervation roulera fur ce que Clovis lorfqu'il mourut, avoit réduit fous fon obéiffance les deux Provinces Germaniques & les deux Provinces Belgiques , pays où il devoit y avoir des bénéfices militaires en plus grand nombre que dans aucun autre Canton de l'Empire Romain. Dès le premier Livre de cet ouvrage , le Lecteur a vû que ces bénéfices militaires , dont Alexandre Severe avoit été l'un des premiers Fondateurs, confiftoient comme les Timars, que le Grand Seigneur donne encore aujourd'hui à une partie de fes Soldats , pour leur tenir lieu de paye, dans une certaine quantité d'arpens de terre, dont le Prince accordoit la jouiffance à un foldat, à condition de porter les armes pour fon fervice toutes les fois qu'il en feroit befoin , & que ces bénéfices militaires paffoient aux enfans du gratifié, pourvû qu'ils fiffent profeffion des armes. Or comme les deux Provinces Germaniques & les deux Provinces Belgiques étoient les plus expofées de l'Empire, à caufe du voifinage des Germains , les Romains y avoient tenu dans tous les tems, plus de troupes à proportion que par-tout ailleurs. Il eft donc très-probable qu'il y avoit auffi plus de bénéfices militaires que par-tout ailleurs, proportion gardée. Ainsi Clovis aura fait de ces bénéfices militaires des terres Saliques, parce que, lorsqu'ils seront venus à vacquer, il les aura conferés à des Francs sous les mêmes conditions qu'ils étoient auparavant conferés à des Romains.

. En effet, on voit en comparant la disposition faite par Alexandre Sevére, concernant les bénéfices militaires & celle que la Loy des Francs fait concernant les terres Saliques, que ces deux possessions étoient des biens de même nature, assujettis aux mêmes charges, & dont consequemment les femmes étoient également exclues. Clovis aura encore converti en terres Saliques d'autres fonds qui n'étoient pas des bénéfices militaires, mais qui se seront trouvés être à sa disposition, parce qu'ils avoient été du Domaine des Empereurs, ou parce qu'ils seront devenus des biens dévolus au Prince, à titre de desherence, de confiscation ou autre. Les dévastations & les guerres qui se firent dans les Gaules durant le cinquiéme siecle & le sixiéme, doivent y avoir fait vacquer une infinité d'arpens de terre au profit du Souverain.

On ne sçauroit faire la question où les Francs prirent ce qui leur étoit nécessaire pour mettre en valeur les terres Saliques, ni en inferer que pour faire valoir les bénéfices militaires & autres fonds que le Prince leur donnoit quand il en vacquoit à sa disposition, nos Francs ayent pris du moins aux anciens habitans des Gaules, une partie de leurs esclaves & de leur bétail. On sçait bien que dans ces tems-là, vendre ou donner une métairie, ce n'étoit pas seulement vendre ou donner une certaine quantité d'arpens de terre & quelques bâtimens : c'étoit encore disposer en faveur du gratifié ou de l'acquereur, du bétail, & même des esclaves qui mettoient ces terres en valeur. C'eſt ce qu'on obſerve en liſant les Chartres & donations, faites ſous la premiere Race & ſous la ſeconde.

Enfin, on ne lit dans aucun Auteur ancien, que Clovis ait donné une portion de terre Salique à chacun des Francs qui l'avoient ſuivi. Ainſi pluſieurs d'entr'eux peuvent bien avoir été récompenſés par des bienfaits d'un autre genre.

J'ajouterai pour confirmer ce qui vient d'être dit, concernant l'origine des terres Saliques, qu'elles ſe trouvent déſignées par l'appellation de *Bénéfice*, non ſeulement ſous les Rois de la premiere Race, mais auſſi ſous les Rois de la ſeconde. On lit dans la vie de ſainte Godeberte, qu'on reconoît à ſon nom pour être ſortie de la Nation des Francs, & qui fleuriſſoit ſous le regne de Clotaire II. (*a*) » Godeberte étoit née de pa-
» rens Chrétiens, domiciliés dans un Canton de la Cité
» d'Amiens. Ils l'éleverent auprès d'eux. Dès qu'elle fut
» nubile, elle fut recherchée par pluſieurs perſonnes de
» conſidération, parce qu'elle étoit d'une naiſſance illu-
» ſtre, mais ſes parens n'oſoient la marier ſans le con-
» ſentement du Roi, d'autant qu'ils tenoient de lui un
» *bénéfice militaire*. Apparemment qu'ils n'avoient pas de
garçon, & que ſouhaitant de faire paſſer ce bénéfice à
leur gendre, ils vouloient en prendre un qui fût aſſez
agréable au Roi, pour obtenir de lui la grace néceſſaire
à l'execution de leur projet.

(*a*) Nata eſt Godeberta virgo ex parentibus Chriſtianis in Pago Ambianenſi. Porro à parentibus educata cum ad nubiles perveniſſet annos, permulti nobiles eam ex nobilibus nobiliter natam ſibi ſponſam expetebant. Parentes autem ejus cum eſſent Regis beneficiarii, non audebant inconſulto Rege eam cuique in matrimonium collocare. Cum autem apud Regem Chlotharium hæc res ageretur, *De Godeberta*, pag. 671.

' Il est parlé dans une infinité d'endroits des Capitulaires
des Rois de la seconde Race de ces bénéfices militaires
à la collation du Roi : (*a*) » Si quelqu'un de nos vassaux
» manque à livrer à la Justice le voleur qu'il aura en son
» pouvoir, qu'il perde son bénéfice & qu'il soit dégradé »
dit un Capitulaire fait par Charlemagne en sept cens soixante & dix - neuf. Dans un autre Capitulaire du même
Prince, fait l'année huit cens six, il est porté : » Nous Articulo 7.
» aurions appris que plusieurs Comtes (*b*) & d'autres
» personnes qui tiennent des bénéfices de nous, chan-
» gent en biens propres à eux, les biens dont ils ont la
» jouissance, & qu'ils se servent des esclaves attachés à
» nos bénéfices, pour faire valoir leurs héritages particu-
» liers qui en sont voisins. Enfin, dans le dix-neuviéme
article du même Capitulaire, le bénéfice est opposé à
l'Alleu, de la même maniere que les terres Saliques le
sont à l'Alleu dans l'article des Loix Saliques, qui concerne la succession à la Couronne : Si quelqu'un, » dit
Charlemagne, en statuant sur ce qu'il vouloit être fait en
tems de famine, (*c*) » a du bled à vendre, soit qu'il l'ait
» recueilli sur les terres de son bénéfice, soit sur ses terres
» Allodiales ou les fonds qu'il tient en toute proprieté,
» &c. (*d*) Aussi lorsqu'il s'agissoit de mettre sur pied une
armée, tous ceux qui tenoient de ces bénéfices militaires,

(a) *Qualiter de Latronibus facien-*
dum sit......... Similiter & Vassi nostri si
hoc non adimpleverint, beneficium
& honorem perdant. *Baluz. Cap. tom.*
1. pag. 197.

(*b*) Auditum habemus qualiter &
Comites & alii homines qui nostra
Beneficia habere videntur, comparant
sibi proprietates de ipso nostro bene-

ficio & curtes nostræ remanent deser-
tæ. *Ibid. pag. 453.*

(*c*) Et si Deo donante super se & super familiam suam aut in beneficio,
aut in Alode annonam habuerit & ve-
nundare voluerit. *Ibid. pag. 456.*

(*d*) In primis, quicunque Beneficia
habere videntur, omnes in hostem ve-
niant. *Capit. ann. 807. art. 1. & 2.*

étoient-ils mandés, au-lieu qu'on ne faisoit chaque campagne marcher qu'un certain nombre des autres, lesquels
qui, comme on le voit dans les Capitulaires, ne dévoient
aller à la guerre que tous les trois ans.

Enfin, il est dit dans un autre article des Capitulaires
relatifs, à un de ceux que nous avons rapportés ci-deffus.
(*a*) » Celui qui employera à faire valoir les fonds qui
» lui appartiennent en propre, le bétail & les esclaves
» destinés à faire valoir son bénéfice, & qui ne les y
» renvoyera point dans l'année qu'il en aura été sommé,
» soit par son Comte, soit par notre Commissaire dépu-
» té, il perdra son bénéfice. Ainsi le nom de bénéfice re-
donné en plusieurs occasions aux terres Saliques, peut nous
croire encore plus facilement, qu'elles n'étoient autre
chose que les bénéfices militaires institués par les Empereurs, & d'autres bénéfices fondés à l'*instar* des premiers.

Nous avons dit en second lieu, que les monumens littéraires de nos Antiquités, ne disoient rien d'où l'on pût
induire que les Francs, lorsqu'ils s'établirent dans les Gaules, s'y fussent approprié aucune partie des terres, possé-
dées par les particuliers anciens Habitans du pays, par les
Romains. En effet, il n'est point dit un mot dans la Loy
Salique, dans la Loy Ripuaire ni dans les Capitulaires,
qui suppose que les Francs eussent commis une pareille
injustice. Si jamais elle avoit été faite, il y auroit eu dans
les trois Codes que je viens de citer, plusieurs fonctions
relatives à cette appropriation, de la moitié ou des deux
tiers des terres aux Francs, ainsi qu'il y a dans la Loy que

(*a*) Quicunque beneficium suum occasione proprii desertum habuerit &
intra annum postquam à Comite vel
à Misso nostro ei notum factum fuerit, illud emendatum non
ipsum beneficium amit-
seg. lib. 4. *art.* 38.

Bourguignons & dans la Loy des Visigots, plusieurs articles relatifs à la moitié, & aux deux tiers de terres des Romains que les Bourguignons & les Visigots s'étoient appropriées.

Grégoire de Tours qui auroit eu tant d'occasion de parler de la *spoliation* des Romains, ne dit rien dont on puisse inferer qu'elle ait jamais eu lieu. Enfin on n'en trouve aucun vestige dans les Auteurs qui ont écrit dans le tems des deux premieres Races, & qui compris les Agiographes qui auroient eu à parler aussi-bien que les Historiens prophanes de la *spoliation* des Romains des Gaules faite par les Francs, se trouvent être en un assez grand nombre. On peut donc conclure de ce qu'ils ne disent point que les Francs ayent dépouillé les Romains des Gaules d'une partie de leurs biens fonds, que les Francs n'ont jamais commis cette injustice là. On peut le conclure avec d'autant plus de confiance, que ces mêmes Ecrivains ont été très-soigneux de nous informer de la conduite de celles des Nations Barbares, qui après s'être établies sur le territoire de l'Empire Romain, s'y approprierent dans les pays où ils se cantonnerent une partie des terres des particuliers anciens Habitans.

Les Vandales, il est vrai, s'approprierent en Afrique une partie des terres des Romains, mais Procope ne nous le laisse point ignorer. » Dès que Genséric fut le Maître
» de la Province d'Afrique, dit cet Historien, il donna à
» ses deux fils Honoric & Genzo, les meilleures métai-
» ries du pays, celles qui jusques alors avoient appartenu
» aux principaux Citoyens, & il les leur donna avec tous
» les esclaves & tous les meubles des anciens proprie-
» taires. Ensuite il ôta une grande partie des meilleurs
» fonds aux Romains, pour la répartir entre les Van-

» dales, & ces terres s'appellent encore aujourd'hui, les
» Parts ou les Portions Vandaliques. Tout ce qu'on peut
» dire, (*a*) c'eſt qu'on n'ôta point la liberté aux poſſeſ-
» ſeurs dépouillés, & il leur fut permis de ſe retirer où ils
» jugeroient à propos, & de chercher une nouvelle de-
» meure. Genſéric affranchit encore les terres qu'il don-
» na, ſoit à ſes fils, ſoit aux Vandales, de toutes les rede-
» vances dont elles étoient tenues envers l'Etat ; & au
» contraire, il mit de ſi grandes impoſitions ſur les terres
» médiocres, qu'il avoit laiſſées aux Romains d'Afrique,
» que ce qu'ils y pouvoient recueillir, ſuffiſoit à peine
» pour acquitter les charges publiques.

Nous dirons des Oſtrogots tout ce que nous venons de
dire des Vandales. (*b*) » Sous le regne d'Auguſtule, c'eſt

En 475.

(*a*) Agros cæteros plurimos ſane & optimos ademit Afris ac Vandalis diviſit, unde Vandalorum ſortes etiam nunc dicuntur. Redactis ad ſummam inopiam prædiorum dominis, retenta libertate, integrum erat quo luberet concedere. Quoſcumque Giſericus fundos filiis ſuis ac Vandalis aſſignaverat, immunes omnino omnes eſſe juſſit. Quidquid ſoli non admodum frugibus commodum judicavit, id priſtinis poſſeſſoribus reliquit tantis vectigalibus obrutum, ut ſua quamvis prædia obtinerent, inde tamen ad eos nihil rediret. *Procop. de bello Vandalico, lib. 1. cap. 5.*

(*b*) Imperium vero Oreſtes Auguſtuli pater ſingularis prudentiæ vir adminiſtrabat. Aliquot ante Romani Scirros, Alanos & alias quaſdam Gentes Gothicas in ſocietatem adſciverant, ex quo illas ab Alarico, Attilaque clades acceperant quas in ſuperioribus libris deſcripſi. Sed quantum fortunæ & dignitatis addebant Barbaræ mili-

tiæ, tantum Romanæ detrahebant; ſubque honeſto fœderis nomine ab extraneis tyrannice opprimebantur. Horum certe impudentia eo evenit, ut poſt alia multa ab invitis expreſſa, demum agros omnes Italiæ inter ſe dividere voluerint & cum tertiam eorum partem ab Oreſte exigerent, abnuerunt eum illico vita ſpoliarunt. Inter ipſos erat quidem Odoacer nomine Protector Cæſarianus qui tunc ſi illorum opera Principatum conſequeretur, ſe voti compotes facturum recepit. Qua via, arrepta tyrannide Imperatori præterea nihil mali intulit; vivere privatum ſinens, tertiaque agrorum parte conceſſa Barbaris, eos ſibi devinxit penitus, & tyrannidem per decem annos firmavit.... Nulla vero injuria ſubditos affecit Theodoricus neque ulli qui talia admiſiſſet indulſit, niſi quod partem agrorum quam Odoacer factioni ſuæ conceſſerat, inter ſe Gothi diviſerunt. *Procop. de bell. Goth. lib. 1. cap. 1.*

» Procope qui parle encore, l'Empire étoit gouverné par
» Orestés, pere d'Augustule & personnage d'une rare pru-
» dence. Quelque tems auparavant les Romains conster-
» nés des avantages qu'avoient remportés sur leurs trou-
» pes Nationales, celles d'Alaric & puis celles d'Attila,
» avoient pris à leur service des corps d'Alains, de Scirres
» & de quelques peuples de la Nation Gothique. Cette
» espece de confédération faisoit beaucoup d'honneur aux
» troupes Barbares, mais elle devint bientôt funeste aux
» Romains, à qui leurs nouvelles Milices mirent pour
» ainsi-dire, le pied sur la gorge. Elles en vinrent, après
» avoir obtenu plusieurs demandes déraisonnables, jusques
» à prétendre d'avoir des terres dans l'enceinte de l'Italie,
» & elles oserent proposer à Orestés de leur y donner
» le troisiéme arpent. Orestés rejetta bien des proposi-
» tions si exhorbitantes, mais son refus lui coûta la vie
» que nos Barbares lui ôterent. Un de leurs Chefs qui
» s'appelloit Odoacer & qui commandoit la garde étran-
» gere de l'Empereur, promit alors à ses compagnons,
» de les mettre en possession du tiers des terres de l'Ita-
» lie, s'ils vouloient le reconnoître pour leur Roi. Ils le
» reconnurent en cette qualité, & lui de son côté, il leur
» tint parole. Après avoir déposé Augustule qu'il voulut
» bien laisser vivre, il mit les Barbares qui s'étoient atta-
» chés à lui en possession du tiers des terres d'Italie. Ce
» fut ainsi qu'Odoacer s'empara de l'autorité souveraine,
» & qu'il s'y maintint durant dix années. Procope après
avoir rapporté de quelle maniere au bout de ce tems-
là, Théodoric Roi des Ostrogots vainquit & fit tuer Odoacer, ajoûte. » Théodoric ne fit aucun tort aux Romains
» d'Italie, & même il ne permit point qu'il leur en fût
» fait. La seule chose dont ils eurent à se plaindre, fut

» que ce Prince, au lieu de leur reſtituer le tiers de leurs
» terres qu'Odoacer avoit réparti entre les factieux qui
» l'avoient fait Souverain d'Italie, le partagea entre les
» Oſtrogots qui s'étoient attachés à ſa fortune.

Les lettres de Caſſiodore parlent de ce *tiers* en une infinité d'endroits. Nous en avons déja rapporté pluſieurs
& nous en rapporterons encore d'autres, lorſqu'il s'agi
de montrer qu'à l'exception des Vandales, les Barb
payoient les redevances dont les terres qui leur avoꞮ
été accordées à quelque titre que ce fût, étoient tenues
envers l'Etat, ainſi & de la même maniere que les Romains qui les avoient poſſedées avant eux.

Enfin nous trouvons dans le célebre Edit de Théodoric un article rélatif à ce tiers des terres d'Italie ôté aux
Romains & concedé aux Oſtrogots. Voici ſa teneur. (a)
» Qu'aucun Romain ne nous demande ce qui ne peut
» appartenir qu'à un Oſtrogot, & qu'aucun Oſtrogot ne
» nous demande ce qui ne peut appartenir qu'à un Ro-
» main. Que celui qui oſeroit obtenir de nous par ſur-
» priſe un bien qui ne peut lui appartenir, ſçache qu'il
» en ſera dépoüillé ſi-tôt que la verité ſera venue à no-
» tre connoiſſance, & qu'il ſera même obligé à la reſti-
» tution des fruits qu'il en aura perçus. Au ſurplus nous
» voulons que les Ordonnances que nous avons préce-
» demment faites ſur cette matiere, demeurent en leur
» pleine force & vigueur. On peut juger du contenu
de ces Ordonnances que nous n'avons plus, par ce qui
eſt ſtatué dans la Loy Nationale des Viſigots, concer-

_____

(a) Nemo aut Romanus aut Barbarus rem petat alienam, quam ſi per
ſubreptionem impetraverit, non va-
kbit & eam non dubitet ſe cum fruc-
tibus redditurum : Salvo eo quod ſu,
per hac parte ſuperiora noſtra Edict,
jus ſanciunt. *Edict. Theodorici art.* 34

nant les terres ôtées aux Romains pour être appropriées
à des *Hôtes* Barbares.

» Qu'en aucune maniere, il ne soit donné atteinte au
» partage des terres & des bois ou forêts, fait entre
» les Romains & les Visigots, & qu'on s'en tienne à ce
» partage dans toutes les contestations où l'une des Par-
» ties en produira les preuves. Nul Romain ne pourra
» donc rien prétendre dans les deux tiers des terres affectés
» aux Visigots, ni le Visigot ne pourra rien posseder dans le
» tiers laissé aux Romains, à moins que quelques biens
» faisant partie de ce tiers étant venus à notre disposition
» nous ne jugions à propos d'en faire don à un Visigot.
» Que la posterité même ne touche point à ce par-
» tage fait par les ancêtres des Citoyens de l'une & de
» l'autre Nation qui vivent aujourd'hui, & cela dans
» le tems que les Visigots s'établirent dans les Gaules
» & qu'ils y devinrent les voisins des anciens Habitans.

Les Bourguignons n'avoient point traité les Romains
des Gaules avec autant de dureté que l'avoient fait les
Visigots. Nous l'avons déja dit dans les premiers livres de cet ouvrage; au lieu que les Visigots s'étoient
approprié les deux tiers des terres appartenantes au particulier dans les Cités qu'ils avoient occupées; les Bourguignons s'étoient contentés de s'en approprier la moitié.

On ne sçauroit être gueres mieux instruits que nous
le sommes de la maniere dont la Nation des Bourgui-

(*a*) Divisio inter Gothum & Romanum facta de possessione terrarum sive
Silvarum nulla ratione turbetur, si tamen probetur celebrata divisio. Nec
de duabus partibus Gothi Romanus
aliquid sibi præsumat aut vindicet, nec
de Tertia Romani Gothus sibi audeat
usurpare, nisi quod de nostra forsitan
ei fuerit largitate donatum. Sed quod
à parentibus & vicinis divisum sit,
posteritas immutare non tentet. *Lex*
Vis. lib. 10. *tit.* 2. *art.* 1.

à l'égard des Romains du pays où des quartiers. La Cronique de Marius Aventi... nous apprend que ce fut l'année de Jesus-Christ cinquante-six que les Commissaires des Bour... firent conjointement avec les Senateurs de cha... le partage des terres entre les deux Nations. La Loy Gombette fait foi que ce partage se fit par égales portions, (*b*) & même que le Romain ne fut obligé par l'accord fait à ce sujet, qu'à donner son troisiéme esclave. Les Bourguignons avoient d'ailleurs assés d'esclaves à cause des captifs qu'ils avoient faits. Un article d'addition faite à leur Loy vers l'année cinq cens dix confirme ce qu'on vient de lire, & autorise l'interprétation que nous venons de donner à quelques-uns de ses termes un peu équivoques. (*c*) » Les Bourguignons qui se sont transplantés dans ces contrées ne demanderont plus rien au Romain au-delà de ce que la nécessité les a contraints de lui ôter, & satisfaits de la moitié des terres, ils le laisseront joüir de l'autre moitié, & ils ne lui enleveront plus aucun de ses esclaves. «

Nous sçavons même que les *Parts & Portions* que chaque Bourguignon avoit eues pour son lot ou pour son contingent, lors du partage général, étoit une espéce de terre Salique ou de Bénéfice Militaire, dont le possesseur ne

(*a*) *Sabinne & Varone Coss.* Eo anno Burgundiones partem Galliæ occupaverunt terrasque cum Gallis Senatoribus diviserunt. *Mar. Av. Chr. ad ann.*

(*b*) Licet eodem tempore quo populus noster Mancipiorum tertiam & duas terrarum partes accepit. *Lex Burg. Tit.* 54.

(*c*) De Romanis vero hoc ordinamus ut non amplius à Burgundionibus qui infra venerunt requiratur quam ad præsens necessitas fuerit medietas terræ. Alia vero medietas cum integritate Mancipiorum à Romanis teneatur nec exinde ullam violentiam patiatur. *Lex Bur. Add.* 2. *Art.* 11.

pouvoit

pouvoit difpofer que du confentement du Prince. (*a*.)
Le premier article de la Loy Gombette, après avoir déclaré qu'un pere peut laiffer les biens qu'il poffede en
toute proprieté,à qui il lui plaît , ajoûte : Nous exceptons
» des biens dont un pere peut difpofer à fa mort, les
» terres de fa *Part & Portion*, qui demeureront toujours
» foumifes à la difpofition faite par la Loy publiée à ce
» fujet. Cette Loy ou l'Edit fait au fujet de ce partage,
& que malheureufement nous n'avons plus, ftatuoit apparemment que ces *Parts & Portions* ne pourroient paffer qu'aux héritiers du défunt capables de porter les armes, & contenoit les obligations dont leurs poffeffeurs
étoient tenus en cas de guerre. (*b*) Il n'étoit pas même
permis aux Bourguignons par la Loy Gombette de difpofer entre vifs des terres de leurs *Parts* ou *Portions* en faveur
d'un étranger. Ils ne pouvoient les aliéner qu'en faveur d'un
Romain, qui eût déja des fonds à lui dans le canton, ou
bien en faveur d'un Bourguignon, qui, déja eût à lui une
Part ou *Portion*, c'eft-à-dire, un établiffement dans le pays.
Il y avoit même plus, la Loy Gombette, qui, comme nous
l'avons rapporté fur l'année cinq cens, étoit beaucoup
plus favorable aux Romains que l'ancienne Loy des Bourguignons, ordonnoit que lorfqu'un Bourguignon ven-
droit fa Part & Portion, le Romain fon Hôte, c'eft-à-
dire, le Romain qui avoit été proprietaire de ce fond là,

(*a*) De communi facultate & de fuo labore cuique donare liceat , abfque terra titulo *fortis* adquifita , de qua prioris Legis ordo fervabitur. *Lex Burg. Tit.* 1. *art.* 1.

(*b*) Quia cognovimus Burgundiones *fortes* fuas nimia facilitate diftrahere, hac præfenti Lege credimus ftatuen-

dum ; ut nulli vendere terram fuam liceat nifi illi qui alio loco fortem aut poffeffionem habet.... In comparando quam Burgundio venalem habet nu lus extraneus Romano hofpiti præfe-ratur, nec extraneo per quodlibet argumentum liceat comparare. *Lex Burgund. tit.* 84.

avant.le partage de l'année quatre cens cinquante-fix, feroit préferé à tous autres dans cette acquifition. Pour parler fuivant nos ufages, ce Romain pouvoit retirer le fond
dont il eft queftion fur tout autre acquereur. Tout étranger étoit exclus de l'acquifition de ces Parts & Portions.
On voit par là que les petits fiefs ont été venaux, du moins
fous condition, dès le tems de leur premiere origine. Il
eft vrai cependant, qu'il y avoit une nature de biens,
dont les Bourgüignons ne pouvoient pas difpofer même
entre-vifs. C'étoit les terres qu'ils tenoient de la pure libéralité de leurs Rois. (a) Elles devoient paffer fuivant la
Loy, aux défcendans des gratifiés, afin qu'elles fuffent
un monument durable de la magnificence de ces Princes.

De tout ce qui vient d'être expofé, je conclus que
l'Hiftoire & les Loix des Francs ne difant rien d'où l'on
puiffe inférer que les Francs ayent ôté au particulier des
Provinces des Gaules, où ils s'établirent, une partie de
fes fonds pour en former leurs terres Saliques, il s'enfuit
que les Francs ne l'ont point ôtée ; & s'il eft permis d'u-
fer d'une pareille expreffion, que *cette abftinence* du bien
d'autrui étoit l'un des motifs qui faifoient fouhaiter aux
Romains de cette vafte & riche contrée, de paffér fous
la domination de nos Rois.

(a) Illud etiam huic Legi adjungi
placuit ut fi quis de populo noftro à
parentibus noftris munificentiæ caufa
aliquid percepiffe dignofcitur, id quod
ei conlatum eft etiam ex noftra largitate ut filiis fuis relinquat præfenti
Conftitutione præftamus. &c. *Titul.*
1. *art.* 3.

CHAPITRE QUATORZIEME.

*Que les revenus de Clovis & des autres Rois Mérovingiens
étoient les mêmes que ceux que les Empereurs avoient dans les
Gaules lorsqu'ils en étoient les Souverains. Du produit des terres Domaniales & du Tribut public. Que les Francs étoient
assujettis à cette imposition.*

NOus avons dit dans le Chapitre onziéme du premier Livre de cet ouvrage, que le revenu dont les
Empereurs Romains jouissoient dans les Gaules, étoit
composé de quatre branches principales ; sçavoir du
produit des terres, dont l'Etat ou la République étoit le
proprietaire ; du produit du Tribut public ou du subside
ordinaire, payable généralement parlant par tous les Citoyens, à raison de leurs biens ; état & facultés, du produit
des Douanes & Péages établis en plusieurs lieux, & enfin des dons gratuits ou reputés tels, que les sujets faisoient quelquefois au Prince. Nous avons même exposé un peu au long dans ce Chapitre-là & dans les
Chapitres suivans, quelle étoit la maniere de lever tous
ces revenus, afin qu'à la faveur des circonstances, que
cette déduction nous donnoit lieu de rapporter, il nous
fût plus aisé de justifier dans la suite, que nos Rois lorsqu'ils ont été les Maîtres des Gaules, ont joui précisément des quatre branches de revenu, dont les Empereurs
y jouissoient précédemment. C'est ce qu'il s'agit à présent de montrer, en ramassant ce qu'on trouve à ce sujet
dans les monumens littéraires de la Monarchie.

S'il n'est point dit expressément & distinctement dans

ces monumens, que nos Rois ont eu dans les Ga
mêmes revenus dont y jouiſſoient avant eux les
reurs Romains, c'eſt qu'il a paru inutile à ceux
ont écrits, d'y faire mention d'une choſe, que
monde voyoit auſſi bien qu'eux, & qui d'ailleur
dans l'ordre commun. En effet, lorſqu'une P
change de Maître, le nouveau poſſeſſeur y entr
tôt en jouiſſance de tous les revenus, qui apparte
précédemment au Souverain dépoſſedé. C'eſt
ordinaire, & même les Hiſtoriens qui ſe plaiſent
à charger leurs narrations de détails & de circonſt
ne daignent point faire mention de cet incident. I
poſent avec fondement qu'avoir dit, par exempl
Louis XIV. conquit en mil ſix cens quatre-vingt-e
le Duché de Luxembourg ſur le Roi d'Eſpagne C
I L c'eſt avoir dit ſuffiſamment, que le Roi très-
rien s'y mit en poſſeſſion de tous les Domaines,
& Revenus, dont le Roi Catholique y jouiſſoit a
conquête.

On devroit donc ſuppoſer, quand bien même c
auroit pas de preuves, que lorſque Clovis & ſes S
ſeurs ſe rendoient Maîtres d'une Province des G
ils s'y mettoient auſſi-tôt en poſſeſſion de tous le
& droits appartenans au Souverain. Nous avons v
n'y eut point alors dans les Gaules, un anéanti
d'Etat, ni un bouleverſement de la Société. Com
particuliers y reſterent en poſſeſſion de leurs dr
Sceptre y demeura auſſi en poſſeſſion des ſiens, qu
eût changé de main. La nouveauté qu'il y eut, c'a
ces Droits & ces Revenus devinrent les Droit
Revenus des Rois des Francs, au-lieu qu'auparav
étoient ceux des Empereurs Romains. Parlons d

duit de la premiere branche de ces revenus. Tous les fonds de terre qui appartenoient aux Empereurs, devinrent le Corps du Domaine de nos Rois. On lit dans Grégoire de Tours, que le Roi Charibert, petit-fils de Clovis, prêtant l'oreille à des flateurs qui lui insinuoient que la Métairie de Nazelles, dont l'Eglise de (a) S. Martin de Tours jouissoit depuis long-tems, étoit du Domaine, il l'y réunit, & qu'il y établit un Haras. Ce Prince s'obstina même à garder Nazelles comme un bien de la Couronne, nonobstant les évenemens miraculeux qui chaque jour y arrivoient. Ce ne fut qu'après la mort de Charibert, que cette Métairie fut restituée à saint Martin par le Roi Sigebert, devenu Maître de la Touraine.

Si le corps de Domaine que nos Rois possedoient dans cette Cité, n'eût été formé que lorsque Clovis s'en rendit maître vers l'année cinq cens huit, il n'auroit pas été incertain sous le regne de Charibert qui parvint à la Couronne en cinq cens soixante, si Nazelles étoit où s'il n'étoit pas du Domaine Royal. Le fait eût été notoire, & supofé qu'il eût été bien averé que Nazelles n'étoit pas du Domaine, Charibert ne l'eût pas usurpé sur l'Eglise de Saint Martin pour laquelle nos Rois Merovingiens avoient le même respect qu'avoient les Juifs pour le Temple de Salomon. Gregoire de Tours ne dit pas même que Nazelles ne fût point du Domaine. Il se contente d'alleguer que l'Eglise de Saint Martin étoit en possession de ce

---

(a) Ingreffum est auribus Charibetti Regis locum quemdam quam Bafilica fancti Martini diuturno tempore retinebat, Fifci fui juribus redhiberi. Loco autem illi Navicellis nomen prifca vetuftas indiderat. Qui accepto iniquo confilio, pueros velociter mifit qui reiculam illam in fuo dominio fubjugarent... adveniente autem gloriofiffimo Sigeberto Rege in ejus regnum, hoc dominio fancti Martini reftituit. Gr. Tur. de Mir. S. Martini lib. 1. cap. vig. none.

lieu là depuis plusieurs années, ce qui montre que réellement il y avoit lieu de douter dans cette affaire. Je conclus donc que le corps de Domaine dont il étoit incertain vers l'année cinq cens soixante , si Nazelles, faisoit
partie ou non , devoit avoir été formé dans des tems fort
éloignez , & par conséquent qu'il n'étoit autre que le
corps du Domaine des Empereurs Romains. Les Rois Visigots se l'étoient approprié en Touraine aussi bien que dans
les autres Provinces dont ils s'étoient emparez, & Clovis
lorsqu'il les eut conquises sur Alaric second, s'y sera mis en
possession des biens que ces Princes s'étoient appropriez.
Les Rois des Francs , dit Dominici Avocat au Parlement
de Toulouse dans son livre de la prerogative de l'Alleu (a) » ont eu de grands Domaines dans les Provinces de
» notre voisinage , & ces Domaines venoient probable-
» ment de celui des Rois Visigots sur lesquels ils les a-
» voient conquises. C'est ce qu'on peut voir par le Testa-
» ment de Saint Remi , & par l'acte de la donation que fit
» le Roi Chilperic de deux métairies assises dans le terri-
» toire de Cahors.

L'histoire des Rois Merovingiens est remplie de preuves qui font voir que ces Princes possedoient en proprieté une infinité de fonds de terre , & qu'ils étoient, comme
on le dit , des particuliers , *de grands Terriens*. Voilà ce qui
leur a donné le moyen d'enrichir tant d'Eglises , & de
fonder tant de Monasteres dans un temps où il falloit assigner aux Religieux des revenus un peu plus solides, que
ne le sont des loyers de maisons ou des rentes constituées.

(a) Reges enim in his Provinciis
multas possessiones habuisse ex antiquo ut puto Regum Gothorum Pa-
trimonio , satis probatur ex Testa-
mento sancti Remigii. Hoc ipsum
confirmat Donatio facta à Chilperico
duarum possessionum in Pago Catur-
censi. *M. Anton. Dominici de Præ.
Allod. cap. 8. art. 8.*

à prix d'argent. On sçait encore par l'histoire & par les
Capitulaires que ces Princes faisoient valoir les terres de
leur Domaine par des Intendans , & par cette espece d'és-
claves qu'on appelloit les serfs *Fiscalins*, parce qu'ils appartenoient au Fisc. Il y a même dans les Capitulaires , tant
d'Ordonnances faites à ce sujet, qu'il suffit d'avoir ouvert
le livre pour en avoir lû quelques-unes. Ainsi je ne les rapporterai point. Je ne rapporterai pas meme plusieurs
endroits de Gregoire de Tours ou des Auteurs qui ont é-
crit peu de temps après lui , & qui montreroient que le
Fisc des Rois Merovingiens avoit tous les droits que le
Fisc des Empereurs avoit eu , & qu'il s'approprioit les
biens des criminels & les biens abandonnez, parce que
j'ai déja fait lire en parlant d'autres sujets , un grand nombre de passages qui prouvent suffisamment cette verité.

Quand nous avons traité des revenus de l'Empire Romain dans les Gaules , nous avons vû que la premiere
branche de ce revenu , laquelle provenoit du produit des
terres dont la proprieté appartenoit à l'Etat , avoit outre
le rameau dont il vient d'être parlé , deux autres rameaux,
sçavoi. un droit qui se levoit sur le gros & le menu bétail
qu'on menoit pâturer dans les bois , prez & terres, dont le
fond apartenoit en propre à l'Etat , & un autre droit qui se
levoit sur ce qu'on tiroit des mines & carrieres. Nous allons trouver nos Rois Mérovingiens en possession de ces
deux droits là.

Grégoire de Tours après avoir raconté plusieurs miracles
arrivez à Brioude au tombeau du martir saint Julien dans
le temps que Thierri le fils du grand Clovis regnoit sur
l'Auvergne , ajoute ce qui suit, » Il y eut alors un Diacre
» qui après avoir abandonné les fonctions de son état ,
» étoit entré au service de ceux qui faisoient le recouvre-

» ment des revenus du Prince , & qui abusoit tellement
» de la commission qu'ils lui avoient donnée , qu'il s'étoit
» rendu odieux par ses vexations à tous les pays circon-
» voisins. Il arriva que s'étant transporté dans la monta-
» gne pour y lever le droit du Fisc sur les troupeaux qui
» suivant la coutume y étoient allez paître durant l'été ,
» il y fut puni de ses malversations.

Quant aux droits que nos Rois levoient sur le produit des
mines qui se fouilloient en vertu des concessions que le
Souverain avoit faites, voici ce qu'on lit dans la vie de Dagobert premier , (b) » outre les autres presens que le Roi
» Dagobert fit à l'Eglise de saint Denys en France, il lui
» donna encore pour l'entretien de sa couverture la quanti-
» té de 8000. livres de plomb à prendre tous les deux ans
» sur le produit du droit de marque qu'il levoit en nature
» sur ce metail. Ce Prince ordonna même que cette quan-
» tité de plomb seroit voiturée jusqu'à l'Eglise de saint
» Denys par des corvées dont il chargea aussi bien les me-
» tairies Royales que celles dont il avoit déjà fait present
» aux saints Martyrs, & que dans cette Eglise le plomb se-
» roit delivré aux agents des Réligieux qui la desservoient.

La seconde branche du revenu dont les Empereurs
jouissoient dans les Gaules , consistoit dans le tribut public,

(a) Fuit etiam quidam Diaconus qui relictam Ecclesiam Fisco se publico junxit , acceptaque à Patronis potesta-te tanta perpetrabat scelera , ut vix posset à vicinis sustineri. Accidit au-tem quadam vice ut saltus montenses ubi ad æstivandum oves abierant cir-cumiret atque pascuaria quæ Fisco de-bebantur inquireret. Gr. Tur. de Glor. Mart. lib. 1. cap. 17.

(b) Denique eodem tempore plum-bum quod ei ex metallo censitum in secundo semper anno solvebatur, li-bras octo mille ad cooperiendam eam-dem supra dictorum Martyrum Ec-clesiam, ut tam per Regales quam per easdem villas quas ipse eidem sancto loco contulerat, in allo semper anno adducerentur & gentibus vel thesau-rariis ipsius venerandi Monasterii tra-deretur. Vita Dagob. cap. 41. Du Ch. tom. 1. pag. 585.

ou dans ce fubfide qui comprenoit la taxe par arpent & la Capitation que payoient tous les citoyens à proportion de leurs biens & facultez,& conformément à un cadaftre qui contenoit la cotte-part à laquelle chaque particulier d'une Cité devoit être impofé par proportion aux fommes que le Prince vouloit y être levées.C'eft ce que nous avons expofé plus amplement dans le premier livre de cet ouvrage où nous avons encore expliqué que ces cadaftres fe dreffoient en confequence des defcriptions de chaque Cité qui fe renoúvelloient de tems en tems , & qui contenoient le nombre de fes citoyens avec l'état des biens & des revenus d'un chacun. Les Rois Merovingiens qui vouloient fe rendre agréables aux Romains leurs fujets , conferverent à cet égard l'ancien ufage. La maxime qui ordonne aux Souverains dont la Monarchie eft fondée depuis peu, de faire reffembler autant qu'il eft poffible , le nouveau gouvernement à l'ancien, n'eft jamais plus utile, que lorfqu'on la fuit dans la levée des deniers neceffaires à la dépenfe de l'Etat.

Je fçai bien que les Vandales qui envahirent la Province d'Afrique, au milieu du cinquiéme fiécle , en uferent bien autrement , pour en faire un Etat nouveau , & pour y être plus abfolument les maîtres de la fortune des Romains qu'ils avoient affujettis , ils jetterent au feu les cadaftres qu'ils y trouverent. Voici (a) ce que nous apprend à ce fujet Procope en parlant de ce que fit Juftinien pour rétablir l'ordre ancien dans cette Province,après qu'il l'eût

(a) Et quoniam vectigalia jam in litteris & Codicibus Rationariis reperiri non poterant prout olim præfcripta fuerant à Romanis , quippe illa fupprefferat , ipfo regni fui initio Gifericus & omnino fuftulerat: Tryphonem atque Euftatium Auguftus mifit , cuique Tributum defcripturos , proportione fervata. Procop. de Bell. Vand. lib. 1. cap. 8.

réunie à l'Empire Romain. » D'autant qu'on ne pouvoit
» plus trouver le cadastre dressé par les Officiers des Em-
» pereurs d'Occident tandis qu'ils étoient encore les maî-
» tres en Afrique, parce que Genséric avoit entierement
» supprimé les regiftres publics peu de tems après sa con-
» quête, Justinien y envoya Tryphon & Euftatius avec
» commiffion d'y faire une nouvelle description des fonds
» & heritages, ainfi qu'un nouveau recensement general,
» & avec ordre d'affeoir les impofitions en consequence.
Mais tous les Barbares n'ont pas traité les Romains des Provinces où ils se cantonnerent auffi durement que nos Vandales les trafterent. Les Viligots & les Bourguignons ne
jetterent point au feu les cadaftres dreffez par l'autorité
des Empereurs ; & nous sçavons pofitivement par plufieurs endroits des lettres de Caffiodore qui seront rap-
portez dans la suite, que les Oftrogots n'en avoient pas
ufé ainfi en Italie. Quant à nos Francs, nous avons outre
le prejugé general qui leur eft favorable, des preuves
qu'en cela ils se conduifirent comme les Oftrogots, &
qu'ils leverent les revenus publics dans les Gaules conformément aux anciens cadaftres ou Canons. Il paroît même
que c'étoit en se conformant à l'esprit du gouvernement
qui regnoit dans les Gaules du tems qu'elles étoient sous
les Empereurs que les Rois Merovingiens faifoient faire
lorfqu'ils vouloient augmenter leur revenu de nouvelles
descriptions relatives aux precedentes. La plus celebre

Greg. Tur.
Hift. l. 5.
c. 35. Ibid.
l. 9. cap. 30.

de ces dernieres a été celle que fit faire Clotaire premier
apparemment lorfqu'il eut réuni les partages de fes trois
freres au fien, & qu'il fut ainfi devenu souverain de toute
la Monarchie Francoife. Rapportons les paffages qui
font mention de cette matiere.

Grégoire de Tours dit en parlant d'un des fils & des

successours de ce Clotaire : « Le Roi Chilpéric ordonna
» que dans tous les Etats, il fût dressé une nouvelle de-
» scription, & que les taxes y fussent ensuite imposées sur
» un pied bien plus haut que celui sur lequel on s'étoit
» réglé dans les descriptions précedentes. Cela fut cause
» que plusieurs de ses sujets, abandonnerent leurs biens
» pour se retirer dans les autres Partages, aimant mieux
» y vivre dans la condition d'étrangers, que d'être expo-
» sés en demeurant dans la Cité dont ils étoient Citoyens,
» à des contraintes dures & inévitables. En effet, suivant le
» pied sur lequel on s'étoit réglé en asseoyant les taxes en
» conséquence de la nouvelle description, celui qui posse-
» doit une vigne en toute proprieté, se trouvoit taxé à un
» tonneau de vin par arpent, & il étoit comme impossible
» que les contribuables acquitassent les charges mises sur
» les terres d'une autre nature. D'ailleurs, ce qui étoit de-
» mandé à raison de chaque esclave qu'on avoit, étoit
» excessif. Aussi les Habitans du Limousin, réduits au
» desespoir par ces impositions exhorbitantes, ayant été
» assemblés le premier jour de Mars par un Officier des
» Finances, nommé Marcus, qui avoit pris la commis-
» sion d'établir le nouveau Cadastre dans leur pays, vou-
» lurent le mettre en pieces, ce qu'ils auroient fait, si l'E-

(a) Chilpericus vero Rex Descrip-
tiones novas & graves in omni regno
suo fieri jussit. Qua de causa multi re-
linquentes Civitates suas vel possessiones proprias alia regna petierunt satius
ducentes alibi peregrinari, quam tali
periculo subjacere. Statutum enim fuerat ut possessor de propria terra unam
amphoram vini per Aripennem red-
deret. Sed & aliæ functiones inflige-
bantur multæ tam de reliquis terris
quam de mancipiis, quod impleri
non poterat. Lemovicinus quoque Po-
pulus cum se cerneret tali fasce gravari, congregatus in Kalendis Martiis
Marcum Referendarium qui hoc age-
re ausus fuerat, interficere voluit, &
fecisset nisi eum Episcopus Ferreolus
discrimine liberasset : Arreptisque libris Descriptionum, incendio multi-
tudo conjuncta concremavit. Gr. Tur.
Hist. 5. cap. vig. nono.

Q qq ij

» vêque Ferreolus ne l'eût fait sauver. Cependant on ne
» put empêcher le peuple de se saisir des Registres de la
» nouvelle Description, & de les brûler.

Chilpéric fit punir sévérement les mutins, & même il
fit traiter cruellement quelques Eccléfiastiques, accusés
d'avoir été les boutefeux de la fédition, mais les malheurs,
qui pour lors arriverent coup fur coup dans fa famille,
l'engagerent enfin à annuler le nouveau Cadaftre, & à
remettre en vigueur le Cadaftre précédent. Il avoit été
attaqué lui-même d'une infirmité dangereufe, & à peine
en avoit-il été guéri, que fes deux fils étoient tombés
malades, & avoient été réduits à l'extrémité. Tant d'accidens firent donc rentrer en elle-même Frédégonde, la mere
de ces Princes. » Ce font les gémiffemens des orphelins,
» (a) dit-elle au Roi fon mari, qui foûlevent le ciel contre
» nous, & qui attirent fa colere fur nos enfans. Ce font
» les larmes des veuves qui tuent ces Princes. Ils vont
» mourir ! pour qui donc amaffer des richeffes ? N'y avoit-
» il pas avant cette nouvelle Description, affez de den-
» rées dans nos greniers ou dans nos celliers, & affez
» d'argent & de pierreries dans notre Tréfor ? Croyez-
» moi, jettons au feu tous ces regiftres odieux, & re-
» nonçons au deffein d'augmenter les revenus de notre
» Fifc. Contentons-nous de lever fur nos fujets les mê-

(a) Fredegundis pœnitens fero ait ad Regem. Diu nos male agentes pietas divina fuftentat.... Ecce jam perdidimus filios, ecce jam eos lacrimæ pauperum, lamenta viduarum, fufpiria orphanorum interimunt...... Nunc fi placet incendamus omnes defcriptiones iniquas, fufficiatque Fifco noftro quod fuffecit Regi Patrique Clotharii Hæc effata Regina pugnis verberans caput juffit omnes libros exhi-

beri qui de Civitatibus fuis per Marcum Referendarium venerant, projectifque in ignem, iterum ad Regem converfa : Quid tu inquis metuis ? Fac quod vides à me fieri : & fi filios natos perdimus, vel pœnam perpetuam evadamus. Tunc Rex compunctus corde tradidit omnes iftos Defcriptionum igni, conflagrantibus illis mifit qui futuras prohiberet Defcriptiones. Ibidem cap. trig.

» mes impositions que Clotaire notre Pere & notre Roi
» levoit sur eux. Aussi-tôt Frédégonde se fit apporter ceux
» des cahiers de la nouvelle Description, qui conte-
» noient les Cadastres des Cités, dont le revenu lui avoit
» été assigné pour en jouir par elle-même, & qui avoient
» été dressez par Marcus le Réferendaire. La Reine après
» les avoir jettez au feu, exhorta encore son mari à suivre
» un si bel exemple, pour mériter en premier lieu le salut
» de leurs ames, & pour obtenir, s'il se pouvoit, la gué-
» rison de leurs enfans. Chilpéric se laissa toucher. Il brûla
les cahiers du nouveau Cadastre, qui étoient déja arrêtez,
& il ordonna qu'on eût à discontinuer le travail commencé, dans les lieux où il n'étoit pas encore fini.

Comme les Empereurs faisoient faire quelquefois de
nouvelles Descriptions, non point dans l'idée d'augmenter leurs revenus, mais dans la vûe de bien connoître
l'état préfent, ou de leur Monarchie en général, ou de
quelque Province particuliere, afin d'asseoir ensuite le
Tribut public avec équité, les Rois Mérovingiens faisoient aussi dresser quelquefois de nouvelles Descriptions
uniquement dans la vûe de procurer le bien de leurs sujets. (a) Sur la requisition de Maroveus Evêque de Poi-
» tiers, le Roi Childebert le jeune y envoya Florentius
» Maire du Palais, & Romulfus l'un des Comtes du Pa-
» lais, avec commission d'y faire à la Description, sui-
» vant laquelle le Tribut avoit été payé sous le regne de
» Sigebert son pere, tous les changemens qu'il convien-
» droit d'y faire, à cause des mutations survenues dans le.

(a) Childebertus vero rex Descrip-
tores in Pictavos invitante Maroveo
Episcopo jussit abire, id est Florentia-
num Majorem Domus Regiæ & Ro-
mulfum Palatii sui Comitem ut scilicet Populus Censum quem tempore
Patris reddiderat, facta ratione innova-
turæ reddere deberet. Multi enim ex

» pays depuis qu'elle avoit été dreſſée. En effet, depuis
» ce tems-là, pluſieurs Chefs de famille qui portoient
» une grande partie du Tribut public, étoient décedez,
» & leur cotte-part ſe trouvoit être retombée ſur des
» veuves, ſur des orphelins, & ſur d'autres perſonnes
» qui avoient beſoin d'être ſoulagées. Les Commiſſaires
» après avoir examiné ſur les lieux l'état des choſes,
» ſoulagerent les pauvres, & ils repartirent les ſommes
» auſquelles ſe montoient les diminutions faites à ces
» cotte-parts ſur les contribuables, qui ſuivant les regles
» de la juſtice, devoient être aſſujettis au payement de
» ces ſommes.

Nous verrons ce que les mêmes Commiſſaires firent
en Touraine, où ils ſe rendirent au ſortir du Poitou,
quand nous parlerons de ceux qui étoient exempts ou
qui ſe prétendoient exempts du Tribut public.

Le Prince dont nous venons de parler, je veux dire
Childebert le fils du Roi Sigebert, fit apparemment
dans tous ſes Etats, la même réformation du Cadaſtre,
que nous venons de lui voir faire dans le Limouſin & dans
la Touraine. C'eſt ce qu'il me paroît naturel d'inferer d'un
paſſage de Grégoire de Tours que je vais rapporter. Cet
Hiſtorien, après avoir parlé d'une exemption du Tribut
public, accordée à quelques Eccleſiaſtiques par ce Prince, & dont nous ferons mention en ſon lieu, ajoûte : » (a)
» Le Ciel porta encore Childebert à faire une autre bon-
» ne œuvre. Pluſieurs de ceux qui s'étoient trouvez char-

his defuncti fuerant & ob hoc viduis
orphaniſque ac debilibus perſonis Tributi pondus infederat. Quod hi diſcu-
tientes per ordinem, relaxantes pauperes ac infirmos, illos quos juſtitiæ conditio Tributarios dabat Cenſu publi-

co ſubdiderunt. Et ſic Turonos ſunt
delati. *Gr. Tur. Hiſt. lib. 9. cap. 30.*
(a) Multum enim jam Exactores hujus Tributi ſpoliati erant eo quod per
longum tempus & ſuccedentium ge-
nerationes & diviſis in multas partes

» gez de la recepte du Tribut public, avoient été ruinez,
» à cause de la difficulté du recouvrement. Elle prove-
» noit principalement de ce que par succession de tems,
» & par les divisions & subdivisions qui s'étoient faites en-
» tre les cohéritiers d'un contribuable, les possessions sur
» lesquelles chaque cotte-part avoit été assise lors de la
» confection du dernier Cadastre, se trouvoient parta-
» gées en de si petites portions, que pour toucher une
» seule cotte-part, il falloit actionner un grand nombre
» de personnes, qui souvent encore renvoyoient le Col-
» lecteur de l'une à l'autre. Childebert rémédia au
» désordre que nous venons d'exposer, en asseoyant si
» judicieusement l'imposition, que personne n'avoit plus
» aucun prétexte de differer le payement de sa taxe, &
» que celui qui étoit chargé du recouvrement, sçavoit
» précisément à quel contribuable il devoit demander
» chaque cotte-part.

Sous les Empereurs Romains, c'étoit le Comte de
chaque Cité qui se trouvoit chargé de faire faire le recouvrement des deniers du Tribut public, & qui devoit à un jour marqué en faire porter les deniers dans
la caisse du Prince. Sous les Rois Mérovingiens, c'étoit
le même Officier qui étoit chargé des mêmes soins. Si à
l'échéance du quartier, le Comte n'avoit pas encore ramassé toute la somme qu'il devoit porter dans les Coffres
du Prince, il falloit que le Comte avançât le reste ; &
s'il n'avoit pas d'argent à lui, qu'il en empruntât pour
remplir une obligation, à laquelle il n'auroit pas manqué
impunément.

ipsis possessionibus colligi vix poterat hoc Tributum quod hic Deo inspirante ita præcepit emendari, ut quod super hæc Fisco deberentur, nec Exacto-
rem damna percuterent, nec cultorem tarditas aliqua de officio revocaret. *Ibid. lib.* 10. *cap.* 7.

(*a*) On lit dans Grégoire de Tours, au fujet d'un évé-
venement , où Macco Comte de Poitiers , eut la plus
grande part, que ce Macco fe rendoit à la Cour, où fuivant l'ufage, il étoit obligé d'aller pour y porter les revenus du Fifc.

On lit encore ce qui fuit dans le même Auteur. (*b*) » En
» cette année là vint à Tours un Juif nommé Armentarius
» fuivi d'un autre homme de fa religion, & accompagné
» de deux Chrétiens. Le motif de fon voyage étoit le def-
» fein de fe faire payer par Eunomius qui fortoit de l'em-
» ploi de Comte de la Cité & par Injuriofus qui avoit été
» Lieutenant d'Eunomius , la fomme portée dans une
» obligation paffée en leur nom, & qu'ils lui avoient don-
» née pour argent comptant en faifant le payement du tri-
» but public. Les debiteurs répondirent à la premiere fom-
» mation qui leur fut faite , qu'ils étoient prêts à payer le
» capital & les interêts. Nous ne rapportons pas ici la fuite
de cette avanture , parce qu'elle ne regarde point la matiere dont nous traitons. Quant au Juif, j'ai déja obfervé
dans le premier livre de cet ouvrage qu'ils étoient en grand
nombre dans les Gaules. Sous les derniers Empereurs
comme fous nos premiers Rois & qu'ils y exerçoient le
même commerce qu'ils ont toujours fait dans tous les
lieux où l'on les a foufferts & qu'ils exercent encore dans
ceux où l'on les tolere. Ils y prêtoient à ufure. Pour Eunomius nous avons eu déja occafion de dire que c'étoit un

---

(*a*) Ennte autem Comite ut debitum
Fifco fervitium folito deberet conferre. Gr. *Tur. Hift. lib.* 10. *cap.* 20.

(*b*) Præfenti quoque anno Armentarius Judæus cum uno Sectæ fuæ fa-
tellite & duobus Chriftianis ad exi-
gendas cautiones quas ei propter Tri-

buta publica Injuriofus Ex vicario, Ex
comite verò Eunomius depofuerunt,
Turonis advenit , interpellatifque viris , promiffionem accepit de redden-
do fœnore cum ufuris. *Ibid. lib.* 7. *cap.*
23.

Romain

Romain qui à la recommandation de l'Evêque & du peuple de Tours avoit été fait Comte de cette Cité. Nous avons dit aussi qu'il y avoit à Tours une famille *Injuriosa* dont étoit un des Evêques prédecesseurs de notre Historien.

Enfin c'étoit si bien le Comte, qui étoit chargé du recouvrement du Tribut public, que lorsque la contestation qui étoit entre les Rois & la Cité de Tours qui se pretendoit exempte de cette imposition, comme nous allons le dire tout à l'heure, eut été terminée par la donation que le Roi fit du produit de cette imposition au tombeau de saint Martin, l'Evêque de Tours fut mis en possession du droit de nommer & d'installer les Comtes, comme étant celui qui avoit le plus d'intérêt à la gestion de ces Officiers, & celui avec lequel ils auroient désormais à compter. Voici ce qu'on lit à ce sujet dans la vie de S. Eloy, écrite par S. Ouen Evêque de Rouen, & contemporain de S. Eloy. » Ce fut à la sollicitation du serviteur de Dieu, » que le Roi Dagobert donna par une Chartre autentique » à l'Eglise, dont S. Martin avoit été Evêque, tou. le » Cens, ou tout le produit du Tribut public, qui appar- » tenoit au Fisc dans l'étendue de la Cité de Tours. De- » puis ce tems-là, l'Eglise de Tours est en possession de » tout le produit de l'imposition, & même c'est l'Evêque' » qui nomme les Comtes de cette Cité, & qui leur donne » des provisions.

(*a*) Magnum præterea beneficium eidem Ecclesiæ apud Regem obtinuit. Nam pro reverentia sancti Confessoris Martini Eligio rogante, Dagobertus Rex illi Ecclesiæ Censum omnem qui Fisco solvebatur ex toto condonavit, scriptoque confirmavit. Atque ab eo tempore omne jus Fiscalis Census Ecclesia sibi vindicat & usque in præsens in eadem urbe per Pontificis litteras Comes constituitur. *Vit. sancti Eligii* *Du Chesne tom.* 1. *pag.* 630.

Aucune perſonne n'étoit exempte par ſon état de payer le Tribut public pour les biens qu'elle poſſédoit, & l'Egliſe même n'avoit pas le droit d'affranchir de ce Tribut les fonds dont elle étoit proprietaire. Il n'y avoit que ceux à qui le Prince avoit par un Privilege particulier, accordé une exemption ſpéciale, qui ne fuſſent point tenus d'acquitter le *Cenſus*. En effet, le ſixiéme Canon du Concile aſſemblé dans Orléans, l'année cinq cens onze, parle de l'exemption du Tribut public, que Clovis avoit octroyée à pluſieurs fonds de terres, & autres biens que ce Prince avoit donnés à l'Egliſe, comme d'une ſeconde grace, comme d'un ſecond préſent qu'il lui avoit fait. Il eſt ſenſible par la maniere dont le Canon allegué s'explique ſur cette exemption qu'elle n'étoit point de droit, & qu'un Prince pouvoit donner un fonds à une Egliſe, ſans que pour cela, l'Egliſe qui jouiſſoit de ce fonds, fut diſpenſée de payer la cotte-part du Tribut public dont il étoit chargé, » Quant aux redevances & aux » biens fonds, dit notre Canon (*a*), que le Roi notre » Seigneur a donnés aux Egliſes, en leur accordant en- » core l'exemption du Tribut public, pour ces fonds & » pour les Eccléſiaſtiques qui en jouiroient.

Nous avons une Lettre (*b*) écrite au Roi Théodebert, fils de Thierri I. par une aſſemblée du Clergé tenue à Au-

---

(*a*) De obligationibus vel agris quos Dominus noſter Rex Eccleſiæ ſuo munere conferre dignatus eſt , ipſorum agrorum & Clericorum immunitate conceſſa. *Con. Aur. 1. Can.* 6.

(*b*) Ut tam Rectores Eccleſiarum quam univerſi Clerici atque etiam ſæculares ſub regni veſtri conditione manentes necnon ad Domnorum Regum Patruum veſtrorum Dominium pertinentes , de quo in ſorte veſtra eſt extrancos, de quo proprium habere ſemper viſi ſunt non permittatis exigere ; ut ſecurus quicunque proprium ſuam poſſidens , debita Tributa diſſolvat Domino in cujus ſorte poſſeſſio ſua pervenit.. *Oper. Gr. Tur.* pag. 1334.

vergne, & dans laquelle cette assemblée lui demande de laisser jouir les Recteurs des Eglises, & les autres Ecclésiastiques domiciliés dans les Partages du Roi Childebert & du Roi Clotaire, des biens que ces Ecclésiastiques possédoient dans l'étendue de son Partage, en payant au Fisc les impositions dont ces biens étoient chargés, afin dit encore notre Lettre, que chacun jouisse sans trouble des biens qui lui appartiennent, en payant le Tribut au Prince, dans le Royaume de qui les fonds se trouvent.

Une des maximes des Jurisconsultes, est que rien ne prouve mieux l'existence d'une Loy, que les dispenses qu'en prennent ceux qui s'y trouvent soumis. Or, notre Histoire fait mention en plusieurs endroits de l'exemption du Tribut public, accordée par les Rois Mérovingiens à des Ecclésiastiques. Par exemple, Grégoire de Tours dit, (*a*) que le Roi Théodebert remit en entier aux Eglises d'Auvergne, le Tribut qu'elles étoient tenues de payer au profit du Fisc.

Il paroît même que ces exemptions ne duroient que pendant la vie du Prince qui les avoit accordées, & que la redevance dont chaque arpent de terre étoit tenu envers l'Etat, étoit un patrimoine si sacré, qu'un Roi n'eut point le pouvoir de l'aliener. Il pouvoit bien le remettre pour quelque tems, mais non pas l'éteindre, & en priver la Couronne pour toûjours. En effet, nous voyons que les Eglises d'Auvergne, cinquante ans après que Théodebert les eut affranchies du payement du Tribut public, en obtinrent une nouvelle exemption du Roi Childebert

_____

(*a*) Omne Tributum quod Fisco suo ab Ecclesiis in Arverno sitis pendebatur, clementer indulsit. *Gr. Tur. Hist. lib. 3. cap. 25.*

le jeune. (*a*) » Le Roi Childebert, dit Grégoire de Tours,
» exempta du Tribut public par une pieuse magnificen-
» ce, les Monasteres & les Eglises d'Auvergne, compre-
» nant dans cette grace les Clercs qui les desservoient, &
» même tous ceux qui étoient spécialement attachés au
» service de ces Temples.

Il est vrai que les Habitans de la Cité de Tours se disoient exempts du Tribut public, je ne sçais sur quel fondement, mais comme j'ai déja eu occasion de le dire, ce
privilege leur étoit contesté par nos Rois. Ce ne fut pas
même en déclarant la Cité de Tours, exempte du subside
ordinaire, que Dagobert I. fit cesser cette contestation.
Ce fut en donnant, comme on vient de le voir, le produit de cette imposition à l'Eglise de Tours, avec qui ce
seroit désormais à ses Diocésains de s'accommoder. Voici
un passage de Grégoire de Tours, qui concerne la contestation dont nous venons de parler, & dans lequel il
s'agit d'un incident survenu, environ quarante ans avant
que Dagobert l'eût terminée. Ce passage est un peu long,
mais il contient tant de circonstances propres à confirmer
ce que nous avons à prouver, que j'ai jugé à propos de
le rapporter en entier, après avoir averti que l'évenement dont il s'y agit, arriva quand notre Auteur étoit déja
Evêque de Tours, & à l'occasion de la nouvelle description que Childebert le jeune faisoit faire dans ses Etats,
c'est-à-dire, vers l'an cinq cens quatre-vingt-dix.

» Florentianus Maire du Palais, & Romulfus un des
» Comtes du Palais, à qui le Roi Childebert le jeune avoit

(*a*) Apud Arvernos vero.... In supra
dicta vero urbe Childebertus Rex omne Tributum tam Ecclesiis quam Mo-
nasteriis vel reliquis Clericis qui ad

Ecclesiam pertinere videbantur, ea
quicunque officium Ecclesiæ proba-
bant, larga pietate concessit. *lib.*
10. *cap.* 6. & 7.

» donné la commission de faire une nouvelle description,
» se rendirent à Tours après avoir dressé l'état des biens
» de la Cité de Poitiers. (a) Dès qu'ils furent à Tours,
» ils s'y mirent en devoir d'imposer le subside ordinaire
» sur le Peuple, en disant que leur intention n'étoit pas
» de lever une somme plus forte que celle qu'il paroissoit
» par les Registres dont ils étoient saisis, avoir été impo-
» sée sous les Rois précédens. Je m'opposai à l'execu-
» tion de leur entreprise, alléguant qu'il étoit bien vrai
» qu'on avoit fait sous le regne de Clotaire fils de Clovis,
» une description de la Cité de Tours, & même que les
» Cahiers de ce Cadastre avoient été envoyés au Roi,
» mais qu'il étoit vrai aussi que ce Prince par respect
» pour la mémoire de S. Martin les avoit jettés au feu.
» J'ajoutai qu'après la mort de ce Prince, le Peuple de
» Tours, en prêtant serment au Roi Charibert, avoit reçu
» de son côté un autre serment que ce Prince lui avoit
» fait, & par lequel il avoit promis de laisser jouir les
» Tourangeaux de tous les privileges & franchises, dont ils
» avoient joui sous Clotaire, & de ne publier jamais au-
» cun Edit Bursal dans leur patrie. J'ajoutai encore que

(a) Florentianus & Romulus descrip-
tores... Et sic Turonis sunt delati. Sed
eum Populis Tributariam functionem
infligere vellent dicentes quia librum
haberent præ manibus qualiter sub
anteriorum Regum tempore dissolvis-
sent, respondimus nos dicentes. De-
scriptam urbem Turonicam Clotacharii Regis tempore, manifestum est,
librique illi ad præsentiam Regis abierunt, sed compuncto per timorem
sancti Martini antistitis Rege, incensi
sunt. Post mortem vero Clotacharii

Regis, Chariberto Regi Populus hic
sacramentum dedit, similiter etiam
& ille cum juramento promisit ut leges consuetudinesque novas Populo
non infligeret, sed in illo quo quondam sub Patris dominatione statu vi-
xerant, in ipso hic eos deinceps retineret neque ullam novam ordinationem
se inflicturum super eos quod pertine-
ret ad spolium respondit. Gaiso vero
Comes, &c. Gr. Tur. Hist. lib. 9. cap.
30.

» Gaſo, qui pour lors exerçoit l'emploi de Comte dans
» mon Diocèſe, ayant recouvré une copie des Cahiers
» dont je viens de parler, il s'étoit mis en devoir de lever
» le Tribut, & que ſur les oppoſitions formées par Eu-
» fronius mon prédéceſſeur, il s'étoit rendu à la Cour,
» pour faire voir au Roi Charibert cette copie, mais que
» ce Prince qui ne vouloit bleſſer en rien le reſpect dû à
» ſaint Martin, l'avoit brûlée, comme Clotaire en avoit
» brûlé l'original, & qu'il avoit donné ordre de faire pré-
» ſent à l'Egliſe de l'Apôtre de la Gaule, des deniers qui
» avoient été déja perçus, en proteſtant outre cela,
» qu'il ne ſouffriroit jamais qu'aucune perſonne de la Cité
» de Tours fût impoſée au Tribut public, à quelque titre
» que ce pût être. Après la mort de Charibert, conti-
» nuai-je, nous avons été ſous l'obéiſſance de Sigebert ſon
» frere, qui n'a point introduit le ſubſide ordinaire dans
» notre pays. Depuis quatorze ans que Sigebert eſt mort,
» & que nous ſommes ſous la domination de Childebert
» ſon fils, on ne nous a rien demandé à titre du Tribut
» public. Nous n'avons pas eu ſujet de nous plaindre.
» Vous êtes aujourd'hui les dépoſitaires de l'autorité
» Royale, dis-je aux Commiſſaires, & comme tels,
» vous avez le pouvoir d'établir ici le ſubſide ordinaire,
» ou de nous laiſſer jouir de notre immunité: Mais ſongez
» combien l'injuſtice que vous commettriez, en allant
» contre la teneur du ſerment du Prince qui vous em-
» ploye, ſeroit criante. Quand j'eûs ceſſé de parler, les
» Commiſſaires répondirent en me montrant les Regi-
» tres qu'ils tenoient à la main : (·) Voyez ces Cahiers,

(a) Ecce librum præ manibus habemus in quo Cenſus huic Populo eſt in-
ſlictus. Et ego aio, liber hic à Regis

Theſauro non eſt delatus [...]
[...] comuluit [...]
rum [...]

» **Les Habitans** de la Touraine n'y font-ils pas employés
» au nombre de ceux qui doivent le Tribut public ? &
» n'y font-ils pas cottifés comme tels ? Ces rôles repar-
» tis - je , ne viennent pas du Tréfor Royal des Char-
» tres , & jamais ils ne furent mis à execution. Il eft
» bien vrai que les Cahiers originaux , où mon Dio-
» cèfe étoit cottifé , furent envoyés au Roi Clotaire ,
» dans le tems qu'il fit faire fa defcription, mais ce Prin-
» ce les fit jetter au feu , fans vouloir qu'on s'en fervît.
» Charibert a traité de même la copie que Gaifo lui
» en donna. Les Cahiers que vous repréfentez , ne font
» donc qu'une feconde copie confervée à mauvaife in-
» tention, par quelque méchant Citoyen qui vous l'a li-
» vrée , & que Dieu punira de la perverfité de fon natu-
» rel. Dans le tems même de notre conférence, le fils
» d'Audinus, celui là même qui avoit mis entre les mains
» des Commiffaires, cette feconde copie dont je parle,
» fut attaqué d'une fievre fi violente , qu'il mourut le
» troifiéme jour de fa maladie. Au fortir de la conféren-
» ce, j'envoyai à la Cour un Exprès chargé d'une Let-
» tre , dans laquelle je fuppliois le Roi Childebert de
» faire fçavoir fa volonté fur le point qui étoit en que-
» ftion entre fes Commiffaires & moi. La réponfe ne
» tarda point à venir. Peu de jours après avoir expedié
» mon Courier , il me fut mis entre les mains un ordre
» du Roi, qui faifoit prohibition à fes Officiers, de faire

vium in cujufque domo refervatus eft. Judicabit enim Deus fuper eos qui pro fpoliis civium noftrorum·, hunc poft tanti temporis tranfactum fpatium protulerunt. Dum autem hæc agerentur , Audini filius qui librum ipfum protulerat ipfa die à febre correptus die tertio expiravit. Poft hæc nostranf- mifimus nuntios ad Regem ut quid de hac caufa juberet mandata remitteret. Sed protinus Epiftolam cum auctoritate miferunt , ne Populus Turonicus pro reverentia fancti Martini defcriberetur. Quibus relectis ftatim viri qui ad hæc miffi fuerant ad triam funt regreffi. *Ilidem.*

» état de la Cité, dont faint Martin avoit été Evêques
» dans les rôles de l'impofition du Tribut public. ; Et ces
» Officiers fe retirerent dès que je leur eus montré le Di-
» plome du Prince. Nous avons déja raconté qu'environ
quarante ans après l'évenement dont on vient de lire le
récit, Dagobert I. termina toutes conteftations, concernant l'exemption du Tribut public prétendue par la Cité
de Tours, en faifant don du produit du Tribut public
dans la Cité de Tours, à l'Eglife de Tours.

On voit par les Lettres de Caffiodore, que les Oftrogots, nonobftant tous les égards qu'ils affectoient d'avoir
pour les Eglifes des Catholiques, ne laiffoient pas de
lever le fubfide ordinaire, fur tous les biens qui appartenoient à celles d'Italie. (a) Il eft ftatué dans une de ces
Lettres écrite au nom de Théodoric, que les biens qui
appartenoient à une certaine Eglife, dans le tems que fon
exemption lui avoit été octroyée, ne feroient pas fujets
aux taxes ordinaires, ni aux *fuper indictions*, mais que les
biens qu'elle avoit acquis depuis cette exemption, feroient tenus de les payer fur le même pied qu'ils étoient
payés par le poffeffeur, de qui cette Eglife les avoit
eus.

Il fe préfente ici une queftion affez curieufe, & même
de quelqu'importance dans l'explication de notre Droit
public. Les Francs payoient-ils fous le regne des enfans
de Clovis, le fubfide ordinaire, ou ne le payoient-ils
pas ? J'avoue que l'opinion commune eft qu'ils ne le

(a) *Faufto Præfecto Prætorii Theode-*
ricus Rex.... Unde quia religiofi ftudii
reverentia commonemur, &c. Ea vero quæ à tempore beneficii ad Eccle-
fiam veftram ab aliquibus eft tranflata

poffeffio, commune cum univerfis
poffeffionibus onus folutionis agnof-
cat, & illius fubjaceat functioni, cujus
nacta eft jura dominii. *Caf....*
Ep. 26.

payoient point, & qu'ils étoient même exempts de toutes charges, à l'exception de celle de porter les armes pour le service du Roi, lorsqu'ils étoient commandés? Combien de droits imaginaires n'a-t'on pas même fondés sur cette exemption prétendue? Cependant je crois que sous la premiere ni sous la seconde Race, les Francs n'ont pas été plus exempts que les Romains mêmes du subside ordinaire. Je crois que les Francs étoient tous assujettis au payement du Tribut public, ainsi qu'ils l'étoient certainement, comme on le verra dans le Chapitre suivant, au payement des Droits de Douane, de Péage, & des autres Droits de pareille nature, qui se levoient alors dans les Gaules. Si quelques Francs étoient exemptés de payer aucune de ces impositions, ce n'étoit pas en vertu de leur état, ce n'étoit point en vertu d'une immunité accordée à la Nation des Francs en général, c'étoit en vertu d'un Privilege particulier, accordé à leurs personnes. Entrons en matiere.

Il faudroit, pour montrer que nos Francs eussent été exempts du subside ordinaire, le faire voir par des preuves bien positives. Cette prétendue exemption Nationale ne s'accorde gueres avec ce que nous sçavons positivement sur les usages & sur les Coûtumes du sixieme & du septiéme siecle, & avec ce que nous venons de voir.

En premier lieu, l'usage des Romains n'étoit pas lorsque le Prince avoit remis à quelqu'un la cotte-part qu'il devoit payer, de rejetter la cotte-part de l'exempté sur les autres contribuables, ainsi qu'il se pratique aujourd'hui dans plusieurs Etats. L'usage des Romains étoit, que le Prince passât en recette, le produit de cette cotte-part. Supposé par exemple, que la Communauté dont

Lucius étoit membre, dût payer cent sols d'or, desquels Lucius fût tenu de contribuer la dixiéme partie, & que l'Empereur remît à Lucius sa cotte-part, alors l'Empereur prenoit en payement les dix sols d'or, dont il avoit déchargé Lucius & la Communauté, dont Lucius étoit membre, n'étoit plus tenue que de quatre-vingt-dix sols d'or. On voit dans les Lettres de Cassiodore plusieurs preuves de cet usage, que les Ostrogots avoient conservé en Italie. Théodoric mande à la Curie de Trente, en lui écrivant sur l'exemption qu'il avoit accordée à un Prêtre nommé Butilianus. (a) » Nous avons exempté par ces » Présentes Butilianus, de payer au Fisc aucune redevan- » ce ; mais comme notre intention est, que la libéralité » qu'il nous plaît d'exercer, soit faite à nos dépens & » non pas aux dépens de nos bons sujets, nous déduirons » sur ce que vous nous devez, pour les bois & tailles » dont jouit votre Cité, autant de sols d'or, qu'il se trou- » vera que nous en aurons remis à Butilianus.

La nécessité où se mettoit le Prince, de donner une indemnité toutes les fois qu'il accordoit une exemption, devoit être cause qu'il en accordât très-peu. Aussi voyons-nous dans les Lettres de Cassiodore, que de son tems le Sénat de Rome étoit ainsi que les autres Ordres de Citoyens, soumis aux impositions qui se levoient sous le nom de subside ordinaire. Théodoric dit dans une Lettre

(a) Et ideo præsenti autoritate cognoscite pro forte quam Butiliano Presbytero nostra autoritate contulimus, nullam persolvere debere Fiscalis calculi functionem, sed in ea præstatione quantum se solidi comprehendunt, de Tertiarum illationibus vobis novis tis esse relaxandos. Nec in[...] quam volumus quod alteri [...] manitate remisimus, ne quod [...] nefas est, bene meriti mu[...] centis contingat esse dis[...] fiod. Var. lib. 2. Ep. [...]

adreffée à cet augufte Corps : (a) » Il nous apparoît par
» l'état des payemens faits entre les mains de nos Offi-
» ciers, pour le premier terme du Tributpublic, & lequel
» a été envoyé des Provinces au Préfet du Prétoire d'Ita-
» lie, que les Sénateurs n'ont encore fait payer fur les
» lieux où ils ont du bien qu'une petite partie des rede-
» vances, dont ces biens font tenus. Théodoric ordonne
enfuite à ceux qui compofent ce Corps, de faire porter
inceffamment dans les coffres du Fifc, ce qui reftoit
de dû.

Les Oftrogots qui étoient alors en Italie ce que les
Francs étoient dans les Gaules, payoient leur cotte-part
du fubfide ordinaire, même à raifon des bénéfices Militaires dont ils jouiffoient, & ils le payoient entre les
mains des Officiers prépofés pour en faire le recouvrement.
C'eft ce qui paroît en lifant une Lettre de Théodoric à
Saturninus, & à Verbafius deux Sénateurs chargés de cette
commiffion. (b) » Notre intention n'eft pas de fouffrir
» que les revenus publics foient arriérés, en fouffrant
» que les contribuables reculent le payement du Tribut,

(b) *Senatui Urbis Roma Theodoricus Rex.* Dicit fe Provincialium judicum relatione ad Præfectum Prætorio dire-
cta comperiffe, fic primæ vectigalium illationis tempus elapfiffe, ut nihil aut parum à Senatoriis domibus conftet illatum, atque ideo tenus oppreffos quos decuerat fublevari. Quare monet fenatum fic omnia æqualiter ordinet, ut quidquid unaquaque Domus Se-
natoria profitetur deftinatis Procura-
toribus per Provincias, trina illatio-
ne perfolvat. *Caff. Epift.* 24. *lib.* 2. *E-
iufdem Garetii.*

(b) Fifci volumus legale cuftodire compendium, quia noftra Clementia rebus propriis videtur effe contenta....
Et ideo vobis præfenti juffione præci-
pimus ut Adrianæ CivitatisCurialium infinuatione fufcepta, quicunque Go-
thorumFifcum detrectat implere, eum ad æquitatem redhibitione arctetis, ne tenuis de proprio cogatur exolvere quod conftat idoneos indebite retine-
re. Hac fcilicet ratione fervata ut fi quis contumaciæ vitio maluerit juffa noftra tardare, cum mulcta reddat etiam quæ debuit non compulfus offerre. *Caffiod. Variar. lib.* 1. *Ep.* 19.

» & nous aurons d'autant plus de fermeté à maintenir
» l'ancien ufage, que nous n'avons jamais demandé que
» ce qui nous appartenoit & fe trouvoit échu. C'eft pour-
» quoi nous vous enjoignons qu'après avoir pris les in-
» formations convenables des Citoyens d'Adria , vous
» contraigniez inceffamment ceux des Oftrogots , qui
» font en demeure , à payer tout ce qu'ils doivent encore
» au Fifc, afin qu'ils ne foient pas réduits à prendre un
» jour fur leur fubfiftance la plus néceffaire , de quoi
» faire un payement, dont ils font également en obli-
» gation & en état de s'acquitter. Si par obftination, quel-
» qu'un d'eux differe de fe conformer à nos ordres, qu'ou-
» tre fa taxe, il paye encore une amende, pour avoir at-
» tendu les contraintes.

Voici la fubftance d'une autre Lettre du Roi des Oftrogots, écrite à Gafilas un des *Saio* ou des *Sénieurs*, de
ceux de la Nation des Oftrogots, qui s'étoient établis
dans la Tofcane & dans quelques Provinces voifines. (a)
» Nous vous enjoignons de contraindre les Oftrogots
» établis dans la Marche d'Anconne & dans l'une & l'au-
» tre Tofcane à payer ce qu'ils doivent au Fifc, & vous
» vous fervirez des voies les plus efficaces pour les y
» forcer. C'eft pourquoi vous ferez faifir & annoter les
» métairies de ceux qui au mépris de nos ordres , négli-
» geroient de remplir leur devoir. Vous ferez mettre en
» fuite fur ces métairies les affiches ordinaires , & vous

(a) Atque id præfenti tibi autoritate
delegamus ut Gothi five per Picenum
five per Thufcias utrafque refidentes ,
re imminente cogantur debitas exfolvere functiones.... Si quis ergo juffa
noftra agrofti fpiritu refupinatus abje-
cerit , cafas ejus appofitis titulis Fifci
noftri juribus vindicabis , ut qui jufta
noluit parva folvere, rationabiliter videatur maxima perdidiffe. Qui enim
ad Fifcum debent celerius effe, debent
quam qui capiunt commoda ....
Ibid. lib. 4. Ep. 14.

» les ferez vendre au profit de notre Fisc, aux plus offrans
» & derniers encherisseurs. Tout le monde apprendra par
» de tels exemples, que celui qui refuse de payer une lé-
» gere somme dont il est débiteur, mérite d'être puni par
» des pertes considérables. Qui doit acquiter plus volon-
» tiers les droits du Fisc, que ceux qui en tirent des gra-
» tifications ?

Le Roi Athalaric, en écrivant à Gildas, qui-exerçoit
l'emploi de Comte à Syracuse, pour lui enjoindre de
faire cesser la levée de quelques nouvelles impositions,
finit sa Lettre en disant: (a) » Il ne nous reste plus qu'à
» vous ordonner d'avertir votre Province, que notre in-
» tention est que ceux à qui nous avons conferé des bé-
» néfices militaires, un Roi & un Roi Arien n'en confe-
» roit point d'autres, soient exacts à nous témoigner leur
» reconnoissance, en payant leurs redevances de si bonne
» grace, qu'ils paroissent nous offrir comme à un Bien-
» faicteur, ce qu'ils nous doivent comme à leur Sou-
» verain.

Les Visigots établis en Espagne & dans les Gaules, y
étoient assujettis au payement du Tribut public, ainsi que
les Ostrogots l'étoient en Italie. C'est ce qui paroît en
lisant deux des anciens articles de la Loy Nationale des
Visigots que nous allons rapporter, & qui se commentent
réciproquement l'un l'autre. Il est dit dans le premier de
ces deux articles: (b) » Tout particulier à qui la jouissance
» d'un fond aura été abandonnée, à condition d'acquiter la
» redevance dont le fond est chargé dans le Canon ou le

(a) Nunc quod restat, vos Provinciales convenit admonere ut quibus
beneficia dedimus eorum devotio-
nem per omnia sentiamus, ut quod

debetur Principi, grato animo videatur exsolvi. Cass. var. lib. nono.
(b) Terras quæ ad placitum Cano-
nis datæ sunt quicunque suscepit ipse

» Cadaſtre, jouira paiſiblement de ce fond, en payant la
» redevance à l'acquit de celui qui eſt inſcrit ſus le Canon
» comme le proprietaire de ce bien là, & moyennant le
» ſuſdit payement, notre proprietaire demeurera déchar-
» gé de la redevance. Mais comme le payement de cette
» redevance ne doit pas être interrompu, s'il arrive que
» le particulier à qui un fond aura été donné, à condi-
» tion d'acquitter la cotte-part du Tribut dûe par ſe fond
» là, manque à payer ponctuellement chaque année cette
» cotte-part, qu'alors le proprietaire du fond ſe preſente
» afin de répondre pour le ſuſdit fond, & s'il manque à
» le faire, ſon bénéfice ſera reputé n'avoir point acquité
» les charges dont il eſt tenu ſuivant le Canon, & il ſera
» confiſqué comme étant dans ce cas là. Il eſt clair par
cette Loy, que les bénéfices militaires des Viſigots étoient
compris & taxés dans le Canon. Il eſt ſtatué par la Seconde des Loix que nous avons promis de rapporter (a)
» Dans chaque Cité, les Juges & autres Officiers ſeront
» déguerpir les Viſigots qui ſeront trouvés détenir des ter-
» res, leſquelles ſuivant le partage général convenu entre
» les deux Nations, doivent faire partie du tiers des toutes
» les terres qui a été laiſſé aux Romains, & les ſuſdits Ju-
» ges & Officiers remettront inceſſamment les Romains
» en poſſeſſion des fonds, dont les Viſigots auront été
» dépoſſedés, à condition toutefois que les Romains ainſi

poſſideat & Canonem ſingulis annis
exſolvat Domino qui fuerit defunctus,
quia placitum non oportet interrum-
pi : quod ſi Canonem conſtitutum
ſingulis annis implere neglexerit, ter-
rasDominus pro jure ſuo defendat quia
aliter ſua culpa béneficium quod fuerat conſecutus amittat, quia placitum
non impleſſe convincitur. Lex Viſig.

lib. dec. titul. prim. lege ultima.

(a) Judices ſingularum civitatum
Villici atque præpoſiti; tertiam Romanorum ab illis qui occupata
auferant & Romanis ſua
ſine aliqua dilatione reſti
bil fiſco debeat depe
decima ſexta.

» réintégrés, payeront au Fisc la même redevance que
» payoient les Visigots qu'on aura dépouillés. Il faut que
depuis le partage général, il eût été fait un nouveau Cadaftre plus fort que n'étoit pas l'ancien, & que le Législateur craignit que les Romains qu'on rétabliroit dans les
fonds usurpés sur eux, prétendissent n'acquitter les redevances des fonds qu'on leur rendroit, que sur le pied de
l'ancien Cadastre, c'est-à-dire, sur le pied qui avoit lieu
lorsqu'ils avoient été chassés injustement de leurs possef-
sions. La précaution que prend la Loy que nous venons
de rapporter, obvioit aux inconvéniens qui pouvoient
naître d'une prétention pareille.

Nous avons vû dans le Livre précédent, que lorsque
les Bourguignons reconnurent pour Rois les enfans de
Clovis, ils s'obligerent de payer à ces Princes une redevance pour les terres qu'ils possedoient, c'est-à-dire, pour
la moitié des terres qu'ils avoient ôtée à l'ancien Habitant
des Provinces des Gaules où ils s'étoient établis. Cependant, c'étoit à titre onéreux, c'étoit à condition de marcher
lorsqu'ils seroient commandés, que les Bourguignons tenoient leurs terres. Les Parts & Portions Bourguignones
étoient un bien de même nature, que les terres Saliques
quant au service dont leur possesseur étoit tenu. En un
mot, toutes les Nations dont je viens de parler, n'avoient
fait autre chose en laissant les fonds destinés à l'entretien
de leur Milice, chargés de la redevance dont ils étoient
tenus envers l'Etat, conformément au Cadastre de l'Empire, que suivre l'usage qu'elles avoient trouvé établi
dans les Provinces où elles s'étoient cantonnées. Nous
avons rapporté dans le premier Livre de cet ouvrage,
une Loy faite par les Empereurs Romains, vers le milieu
du cinquième siecle, laquelle fait foi que les bénéfices

Cod. Juft.
LXI.tit.74.
Leg. 5.

Militaires étoient sujets au subside ordinaire.

Je conclus donc de tout ce qui vient d'être exposé, qu'il est contre la vraisemblance que les Rois Mérovingiens ayent exempté les terres Saliques, & les autres biens ou revenus des Francs, de payer le Tribut public, & la chose paroît même incroyable, quand on fait réflexion que ces Princes, qui enrichissoient les Eglises avec tant de libéralité, ne les avoient point affranchies de ce Tribut. On a vû que suivant la Loy générale, elles y étoient soumises, & que si quelques-unes en étoient exemptes, si quelque portion du bien des autres étoit dispensée de cette charge, c'étoit par un privilege spécial. Ainsi, comme je l'ai déja dit, pour montrer que tous les Francs ayent été exempts du subside ordinaire en vertu d'un privilege National, il faudroit apporter des preuves positives, & telles qu'elles pussent faire disparoître le préjugé aussi légitime que celui qu'on défend ici. Mais loin qu'on trouve ou dans les Loix faites par les Souverains de la premiere Race, & par ceux de la seconde, ou dans l'Histoire, rien qui établisse cette prétendue exemption des Francs, on trouve & dans ces Loix & dans l'Histoire, plusieurs faits qui montrent qu'ils ont été assujettis au payement du Tribut public, ainsi que les autres sujets de la Monarchie, durant tout le tems que la distinction des Nations y a subsisté. Voyons d'abord ce qu'on peut trouver dans les loix à ce sujet.

Il est vrai que dans les loix & Capitulaires des Rois de la premiere race on ne voit rien qui prouve que du tems de ces Princes, les Francs ayent été ou qu'ils n'ayent pas été assujettis au payement du subside ordinaire; mais en lisant les Capitulaires des Rois de la seconde Race, on voit que nos Francs ont été assujettis à cette imposition

sition. Or, comme on n'a jamais reproché aux Rois de la seconde Race d'avoir dégradé les Francs, comme au contraire, plusieurs d'entr'eux ont été très-jaloux de l'honneur de cette Nation, dont ils se faisoient un mérite d'être, on doit inferer que les Rois de la seconde Race n'ont fait payer aux Francs le subside ordinaire, que parce que les Francs l'avoient payé sous les Rois de la premiere Race.

. En parlant du Tribut public dans le premier Livre de cet ouvrage, j'ai exposé qu'il consistoit premierement, en une taxe mise sur le contribuable, à raison des fonds dont il étoit possesseur, & secondement en une autre taxe mise sur lui, à raison de son état de Citoyen, laquelle se nommoit Capitation. Si les Francs devoient être exempts de quelque taxe, c'étoit de la seconde qui étoit une imposition personnelle. Les impositions personnelles ont toûjours été, s'il est permis de parler ainsi, plus roturieres que les impositions réelles. Or il est dit dans le vingt-huitiéme article de l'Edit, fait à Pistes par Charles le Chauve : « Les Francs non exempts, & qui » sont tenus de payer un cens au Roi, tant pour leur Ca-» pitation que pour leurs Possessions, ne pourront point » *donner corps & biens* aux Eglises, ni se rendre Serfs de » qui que ce soit, sans en avoir auparavant obtenu la » permission du Prince, afin que l'Etat ne soit point privé » du secours qu'ils lui doivent. Il est évident que dans cette Loy, Charles le Chauve entend parler des Francs de Nation, car après avoir statué sur les contrevenants à

(*a*) Ut illi Franci qui censum de suo capite vel de suis rebus ad partem Regiam debent sine nostra licentia ad casam Dei vel ad alterius cu-|juscunque servitium se non tradant, ut Respublica quod de illis habere debet non perdat. *Baluss. cap. Tom. secundo, p. 187.*

eïen Cadastre. Voici le fecond paffage de notre Hiftorien. Après avoir rapporté que Frédégonde fe réfugia
dans l'Eglife de Paris quand le Roi Chilpéric fon mari
eut été affaffiné, l'Auteur ajoute : (*a*) » Elle avoit auprès
» d'elle un Juge nommé Audoënus, qui avant qu'elle fut
» veuve, avoit été fon complice dans plus d'un crime.
» C'étoit lui, qui de concert avec Mummolus, l'un des
» principaux Officiers des Finances, avoit obligé plu-
» fieurs Francs, qui fous le regne du Roi Childebert I,
» avoient été affranchis du Tribut public, à payer ce Tri-
» but. Il eft vrai qu'ils s'en vengerent dès que Chilpéric
eut les yeux fermez, & qu'ils pillerent fi bien tous les effets de Parthenius, qu'il ne lui en refta que ce qu'il avoit
fur lui.

En 584

Mort en
584

Comme rien ne prouve mieux l'exiftence d'une Loy
qu'on n'a plus entre les mains, que des exceptions faites
certainement à cette Loy, il me femble que ce paffage
loin de prouver que les Francs ne fuffent pas fujets à payer
le fubfide ordinaire, montre au contraire, que la Loy générale les y affujetiffoient. En effet, l'indignation des
Francs qui en vouloient à Audoënus & à Mummolus,
ne venoit pas fuivant la narration de Grégoire de Tours,
de ce que nos deux Romains euffent exigé des Francs en
général le fubfide ordinaire ou le Tribut public, mais
bien de ce qu'il avoit exigé ce Tribut de quelques Francs
privilegiés, de ceux que le Roi Childebert avoit affranchis du payement de l'impofition dont il s'agit.

(*a*) Habebat fecum tunc temporis
Audoënium judicem qui ei tempore
Regis in multis confenferat malis. Ipfe
enim cum Mummolo Præfecto multos
de Francis quitempore Childeberti Regis ingenuifuerant, publico Tributo
fubegit. Qui poft mortem Regis ab
ipfis fpoliatus & denudatus eft, ut nihil
ei præterquod fuper fe auferre potuit,
remaneret. *Greg. tur. Hift. lib. 7 cap.
nigefimo quinto.*

Au reste, j'ai un bon garant quand je traduits ici *Ingenuus* par *affranchi* en prenant ce dernier mot dans son acception la plus générale, quoiqu'*Ingenuus* signifie dans son acception ordinaire, un homme qui a toûjours été libre. Ce garant, est Grégoire de Tours lui-même, qui prend sensiblement le mot *Ingenuus* dans la signification d'affranchi, dans la signification d'un homme à qui l'on a ôté quelque joug. (*a*) Notre Historien fait dire à l'esclave que Frédégonde avoit gagné, pour lui faire tuer Prétextat Evêque de Rouen: Que la Reine pour l'engager à commettre ce meurtre lui avoit donné cent sols d'or, & qu'elle lui avoit promis de les rendre sa femme & lui *Ingenui*. On voit bien que cela signifie seulement, que la Reine avoit promis de les affranchir. Toute la puissance de Frédégonde ne pouvoit pas faire, que ces esclaves ne fussent point nés esclaves, & qu'ils fussent nés libres. J'avouerai tant que l'on voudra, que le mot *Ingenuus* est employé très-abusivement par Grégoire de Tours. Mais on sçait que ni lui, ni ses contemporains n'ont pas employé toûjours les mots suivant leur acception propre. Il nous suffit qu'on ne puisse pas douter que cet Historien n'ait employé le terme d'*Ingenuus* dans le sens où nous avons vû qu'il s'en étoit servi.

(*a*) Adprehensum puerum cædi jussit vehementer. Qui cum eum in supplicio posuisset omnem rem evidenter aperuit dixitque : A Regina Fredegonda centum solidos accepi... insuper & promissum habui ut ingenuus fierem, sicut & uxor mea. *Gr. Tur. Hist. lib.* 4. *cap. quadragesimo primo.*

CHAPITRE QUINZIEME.

Des Droits de Douane & de Péage qui se levoient au profit des Rois Mérovingiens. De la quatrième branche de leur revenu. De quelques usages établis dans les Gaules par les Romains, & qui ont subsisté sous les Rois des deux premieres Races.

LE Lecteur se souviendra bien que la troisiéme Branche du revenu des Empereurs Romains, consistoit dans le produit des Droits de Douane & de Péage, qui se percevoient à l'abord des denrées ou des marchandises en certains lieux, ou à leur passage sur certains chemins & sur certaines rivieres. Nous avons même rapporté ce qu'on pouvoit sçavoir concernant le pied sur lequel ces Droits étoient levés, & la maniere d'en faire le recouvrement. On va voir que ces impositions ont subsisté sous les Rois Mérovingiens, & même sous les Rois Carliens, & que leur produit faisoit une des branches du revenu de ces Princes.

On connoît par le contenu dans la charte d'exemption de tous Droits de Douane & de Péage, octroyée par Charles le Chauve à l'Abbaye de saint Maur des Fossez près de Paris, (a) que ces Droits consistoient en plusieurs sortes d'impositions differentes, dont l'une s'appel-

(a) Cunctis fidelibus nostris præsentibus & futuris, jubemus ut ubi Missi prædicti Abbatis & successorum ejus infra ditionem regni nostri negotiandi causa directi fuerint, nemo Teloneum nec quod vulgo dicitur Ripaticum, neque Rotaticum nec Pontaticum vel Portaticum; vel Menaticum atque Cispitaticum, nec non & salutaticum, aut ullum censum, vel ullum pecursum aut nullam redhibitionem ab illis exactare aut accipere præsumant. *Balus. cap.* tom. 2. pag. 1453.

» & de Péage, que dans les lieux où il y en a eu du tems
» de nos prédécesseurs. Les Droits qu'on y levera, seront
» les mêmes qu'on y levoit de leur tems, & il n'y aura
» que les effets qui devoient dès lors ces Droits, qui fe-
» ront tenus de les acquitter.

Il est dit dans la vie du Roi Dagobert I. (a) » Il assigna
» encore pour l'entretien du luminaire de l'Eglise, où
» repose le corps de saint Denys, une rente de cent sols
» d'or, à prendre sur le produit de la Douane de Mar-
» seille. Dagobert enjoignit même à ses Officiers résidants
» en cette ville, d'y employer chaque année cette som-
» me en huiles, en prenant au prix du Roi celles qui sui-
» vant les Registres de l'Etape, devoient être vendues
» les premieres. Enfin, pour rendre sa libéralité comple-
» te, ce Prince ordonna que les Agents de l'Abbaye de
» S. Denys, qui seroient chargés de la conduite des huiles
» dont nous parlons, pourroient chaque année faire sortir
» de Marseille sans payer aucun Droit, six chariots char-
» gés de cette denrée; & que ces six chariots passeroient
» francs de tous Droits & Péages au Bureau de Valence,
» au Bureau de Lyon, & à tous ceux qui se trouveroient
» sur la route qu'ils tiendroient, pour se rendre à saint
» Denys.

Il a plû à quelques Ecrivains ennemis déclarés de l'E-

___

(a) Nam & de proprio Teloneo quod ei annis singulis ex Massilia solvebatur, centum solidos in luminaribus ejusdem Ecclesiæ eo tenore concessit, ut oleum exinde Actores Regii secundum quod Ordo cataboli esset quasi ad opus Regis studiose emerent & sic demum Missis ipsius loci annuatim traderent. Præceptumque taliter exinde firmare stu-duit ut tam in ipsa Massilia quam Valentia, Fossas & Lugdunum vel quocunque per reliqua loca transitus erat, omne Teloneum de sex plaustris quibus hoc videbatur deferri, usquequo ad hanc Basilicam peraccederent, omnimodis esset indultum. *De Gestis Dagoberti septi-cimo octavo.*

ent préfent de notre Monarchie, d'avancer que les Francs
étoient exempts de payer les Droits dont il eft ici queftion, ainfi qu'ils l'étoient du Tribut public. Mais comme
ces Écrivains n'alleguent d'autres preuves de ce qu'ils
avancent, que des Loix générales en faveur de la Nation
des Francs, lefquelles n'éxifterent jamais que dans leur
imagination égarée, on ne feroit point obligé à les croire,
quand bien même on n'auroit aucune preuve du contraire. Pourquoi les Francs auroient-ils été mieux traités que
les Eglifes qui avoient cependant befoin d'une exemption fpéciale, pour être difpenfées de payer les Droits
dont il s'agit? Peut-on quand on a quelqu'idée de l'efprit
qui régnoit dans le fixiéme fiecle & dans les fiecles fui-
vants, croire que des Laïques ayent joui d'aucune immunité ou franchife dont les Eglifes ne jouiffoient pas?

Mais outre les preuves pofitives que nous avons déja
rapportées, nous avons dans les Capitulaires plufieurs articles faits, pour exempter en certains cas tout Citoyen
de payer aucun Droit de Douane & Péage; & dans ces
articles, il n'eft fait aucune mention du privilege National
des Francs, quoiqu'il dût naturellement y en être parlé.
Dans un Capitulaire fait fous Pépin, & redigé par conféquent quand la premiere Race ne faifoit que défaillir,
il eft dit : (1) » Il ne fera levé aucun Péage, ni fur les cha-
» riots vuides ni fur les denrées, que ceux à qui elles ap-
» partiennent feront voiturer d'un lieu à l'autre pour leur
» confommation, & non point pour en faire commerce,
» non plus que fur les bêtes de fomme quelque part qu'on

(a) De Teloneis vero fic ordinamus, ut nullus de victualio & carris
quæ abfque negotio funt, Teloneum
prætendat. De fauma fimiliter abi-
cumque vadunt. De peregrinis fimiliter conftituimus ut quando propter Deum Romam vel alicubi vadunt, fic ordinamus ut ipfos per nullam occafionem nullum Telonei m
illis collatis. *Capit. ann.* 755. *art.* 26.

loit Droit de Bureau, l'autre, Droit de Rivage, l'autre ;
Droit fur le Charroi, l'autre, Droit des Ponts, Droit fur
les Bêtes ou fur les Efclaves emmenés & fur les chofes
tranfportées ; une autre impofition fe nommoit Droit
d'Heureux abord. Or, il n'y a point d'apparence
que tous ces Droits euffent été établis fous la feconde ni
même fous la premiere Race. Tant d'impofitions differentes fur les mêmes chofes, ne paroiffent pas l'ouvrage
d'une Nation Barbare. Il y a bien plus d'apparence qu'elles ayent été mifes à differentes reprifes & fous differentes dénominations dès le tems des Empereurs, dans les
occafions où il aura fallu faire quelque nouveau fond
pour fuppléer aux anciens épuifés, foit par les befoins
de l'Etat, foit par les prodigalités du Prince. Ce qui arrive journellement dans les Etats qui fubfiftent aujour-
d'hui, a dû arriver dans l'Empire Romain.

Lorfque les premiers Droits fur les denrées & mar-
chandifes ont été une fois établis, s'il furvient un befoin
qui oblige le gouvernement à les furcharger, il n'aug-
mente pas ordinairement l'ancien Droit. Le Peuple en
feroit trop mortifié, parce qu'il n'efpereroit pas de voir
fupprimer cette augmentation. Ainfi pour le confoler,
on impofe cette augmentation fous un nouveau nom,
que le hafard feul lui donne la plûpart du tems, & l'on
promet au Peuple que le Droit mis fous le nouveau nom,
fera éteint dès que les conjonctures qui font caufe qu'on
l'impofe, feront paffées. Mais ces conjonctures étant paffées, il furvient quelquefois au gouvernement d'autres
affaires, qui non-feulement ne lui permettent pas d'ôter
ce fecond Droit, mais qui l'obligent encore à en impofer
un troifiéme & un quatriéme qu'on déguife de la même
maniere qu'on avoit déguifé le fecond. C'eft ainfi que

les Droits sur les denrées & marchandises se multiplient & s'accumulent de façon, que dans la même Pancarte, on trouve la même denrée chargée de cinq ou six Droits differens. C'est en vain que les Citoyens éclairés, proposent de tems en tems de simplifier les Droits, & de les réduire à un Droit aussi fort lui seul, que tous les autres ensemble. Il est vrai que le gouvernement ne perdroit rien par cette opération, & que le Peuple y gagneroit l'avantage de n'être plus exposé à toutes les véxations que la multiplicité des Droits donne lieu de lui faire. Mais un désordre qui tourne au profit des personnes en crédit, trouve toûjours des défenseurs. Comme il n'y a point, peut-être, trois Etats parmi ceux qui composent aujourd'hui la Societé des Nations où l'abus de la multiplicité de Droits sur la même marchandise ou denrée n'ait lieu, on peut croire, quand bien même on n'en auroit pas d'autres preuves, qu'il a regné dans l'Empire Romain, & que tous les Droits differens dont la Chartre de Charles le Chauve fait mention, ou dont elle déclare entendre faire mention, avoient été établis dans le tems que les Gaules étoient soumises à cet Empire.

En effet, nous voyons que même dès le tems des Rois de la premiere Race, les Bureaux de Douane & de Péage étoient en si grand nombre dans les Gaules, que le Peuple s'y plaignoit beaucoup de la maniere dont les Droits qu'il falloit payer à l'Etat, étoient exigés. Clotaire II. ordonne par un Edit qu'il publia dans Paris en l'année six cens quinze, sur les représentations du Concile qui s'y trouvoit assemblé. (a) » Il n'y aura des Bureaux de Douane

(a) De telonee ut per ea loca debeat exigi vel de speciebus ipsis de quibus præcedentium principum tempore est exactum. Cap. Balus. tom. pri. pag. 23.

bert, afin qu'ils puffent comparoître devant lui. Ils convinrent bien l'un & l'autre dans leur interrogatoire d'a-
voir fçu le projet de Septimina , mais ils nierent d'y être
entrés , & même ils foûtinrent qu'ils avoient fait ce qu'ils
avoient pû pour l'en détourner. Cependant Childebert
après avoir condamné Septimina & Droctulfus à des peines afflictives , ne laiffa pas de déclarer Sunegefilus (a) &
Gallomagnus , privés de tous les biens qu'ils tenoient de la
Couronne & de les exiler. Le Roi Gontran qui intervint
en leur faveur, leur fit bien remettre la peine de l'exil, mais
il ne put venir à bout de leur faire rendre ce qui avoit
été confifqué. Comme le marque Grégoire de Tours , ils
ne garderent que ceux de leurs biens qui leur appartenoient en pleine proprieté. On voit auffi dans une infinité d'endroits de notre Hiftoire , que les dons gratuits
ou réputés tels, étoient en ufage fous les Rois des deux
premieres Races. L'Auteur (b) de la vie d'Auftregifilus,
Evêque de Bourges , & qui vivoit fous le regne de Thierri
II. dit : que ce Saint fit difpenfer par le Prince les Citoyens
de cette Ville , de payer une fomme qu'ils ne devoient
pas , & qu'on vouloit cependant qu'ils donnaffent. On a
vû dans le cinquiéme Chapitre de ce Livre , que le Roi
Pépin ayant affemblé un Champ de Mars à Orleans , il y
reçut des plus Grands de l'Etat, des préfens confidérables.

L'ufage étoit même que les Religieufes fiffent de tems
en tems des préfens à nos Rois. L'article fixiéme du Concile tenu en fept cens cinquante - cinq par les foins de

(a) Nefas eft enim vel crimino-
fos ab Ecclefia eductos punire.....
At vero Sunegefilus & Gallomagnus privati a rebus quas a Fifco me-
ruerant. .... quibus nihil eft reli-
ctum nifi quod proprium habere videbantur. Greg. Turon. lib. 9. cap. 38.

(b) Accidit autem ut ex Palatio
Theodorici Regis ipfo Rege permit-
tente ad Urbem Bituricenfem acce-
deret Guernerius ... ab ex Urbe Regis nomine pecuniam quam dare non
confueffet exacturus. Du Chefne
Tom. pri. pag. 553.

Pepin, ordonne aux Religieuses de ne point sortir de leur Monastere, & il y est dit entr'autres choses : (a) » Que » dorefnavant les Religieuses feroient présenter au Roi » par leurs Agens, les dons qu'elles voudroient lui faire.

Enfin on vit dans le sixiéme siecle, l'entier accomplissement de la prédiction que saint Remi avoit faite à Clovis, quand il le disposoit à recevoir le Baptême ; Hincmar dit que ce saint Evêque (b) prédit alors au nom de Dieu à Clovis, que ses enfans lui succederoient, & qu'ils seroient revêtus de toute l'autorité & de tous les Droits que les Empereurs Romains avoient eus dans les Gaules.

Parlons à présent de quelques usages établis dans ce pays, tandis qu'il étoit assujetti à ces Princes, & qui continuerent d'avoir lieu sous les Rois Mérovingiens.

Nous avons dit dans le premier Livre de cet Ouvrage, que les Romains avoient établi dans les Gaules, ainsi que dans les autres Provinces de l'Empire, des Maisons de Poste, placées de distance en distance sur les grandes routes, afin de fournir des chevaux frais à ceux qui couroient pour le service du Prince, & qui avoient son ordre pour y en prendre. La vie de S. Paul de Leon, fait foi que Childebert avoit sur la route de Paris en Bretagne, de semblables maisons, puisqu'il ordonna qu'on y reçût chaque jour ce Saint, qui étoit parti des extrémités de la Province pour venir le trouver. (c) On voit par Grégoire de Tours,

---

(a) Et qualia munera ad Palatium dare voluerint, per Missos suos ea dirigant. Syn. Vern. Arti. sexto. Baluf. cap. Tom. pri. pag. 172.

(b) Cumque jam sanctus vir eos de talibus sufficienter instruxisset, prophetico repletus Spiritu, cuncta quæ eis vel semini eorum eventura erant prædixit, qualiter scilicet successuraeorum posteritas Regnum esset nobilissime propagatura atque gubernatura & sanctam Ecclesiam sublimatura, omnique Romana dignitate Regnoque potitura. Vita. S. Remigii per Hincmarum.

(c) Childebertus.. singulis vero diebus cum honorifice mandavit suscipere per Regias sedes, quousque suam Dioecesim intraret. Vita S. Paul. Leon. Ex Bi. Flo. 10 p. 241.

que la Poſte Impériale ſubſiſtoit encore de ſon tems. Cet Hiſtorien après avoir raconté de quelle maniere le jeune Childebert fut informé du complot que Rauchingus tramoit contre lui, & après avoir dit que ce Prince le manda, ajoute: (*a*) » Rauchingus s'étant rendu à la Cour, le Roi » avant que de lui donner audience, dépêcha des per- » ſonnes affidées, auſquelles il remit les ordres néceſſaires » pour prendre des chevaux dans les Maiſons de Poſte, » & il les envoya dans tous les lieux où Rauchingus » avoit des effets, afin qu'elles les y fiſſent ſaiſir.

La Poſte Romaine a même ſubſiſté dans les Gaules ſous les Rois de la ſeconde Race. Les Empereurs Romains dans les differens réglemens faits pour les Poſtes, appellent *Veredi* les chevaux nourris dans les écuries des Maiſons de Poſte, & ils nomment *Paraveredi* les chevaux que les Habitans des campagnes voiſines étoient obligés à fournir pour le ſervice des couriers, ſoit lorſqu'il n'y avoit point aſſez de chevaux dans une de ces maiſons, ſoit lorſque les couriers prenoient des chemins de traverſe en quittant une grande route, pour gagner une autre grande route. Or il eſt fait mention de l'une & de l'autre eſpece de chevaux de Poſte dans les Capitulaires. Par exemple, il ſe trouve dans l'Edit publié par Charles le Chauve en huit cens ſoixante & quatre, un article qui défend (*b*) aux Commandans des Cités, d'enlever aux Francs demeurans dans le plat pays, aucuns de leurs effets, & ſur-tout, de

---

(*a*) Cum Rauchingus affuiſſet priuſquam eum Rex juſſiſſet ſuo adſtare conſpectui, datis litteris & pueris deſtinatis cum evectione publica qui res ejus per loca ſingula deberent capere, juſſit eum in cubiculum intromitti, *Gr. Tur. Hiſt. lib. nono ca-* *pite nono.*

(*b*) Nullus per violentiam Pagenſibus Francis ſuas res aut caballos tollat, ut Hoſtem facere & debitos Paraveredos ſecundum antiquam conſuetudinem nobis exſolvere poſſint. *Balnſ, capitul. tom. ſecundo pag. 18.*

prendre leurs chevaux, & cela afin que nos Francs euſſent toûjours le moyen de ſe rendre à l'armée lorſqu'ils y ſeroient mandés , & qu'ils fuſſent auſſi en état d'aider les Maiſons de Poſte , des chevaux qu'ils étoient tenus de fournir pour le ſervice , ſuivant l'ancien uſage.

En faiſant le détail des Manufactures & autres Maiſons que les Empereurs entretenoient dans les Gaules , nous avons dit, que les Gynécées étoient des Edifices publics , où le Prince nourriſſoit un grand nombre de femmes, qu'on y faiſoit travailler pour ſon profit à des ouvrages convenables à leur ſexe. On ſçait auſſi que le travail de tourner la meule d'un moulin à bras, étoit une des peines afflictives en uſage chez les Romains. Grégoire de Tours dit en parlant d'un évenement arrivé ſous Childebert le jeune, (‧) Septimina fut releguée dans une métairie pour y être employée à moudre la farine deſtinée à la nourriture d'un Gynecée. Elle étoit Romaine & convaincue d'une conjuration contre ce Prince.

Nous avons vû que dès que les Rois Francs furent les Maîtres d'Arles, ils y donnerent au Peuple le ſpectacle de cette eſpece de Tournois, que les Romains appelloient *Les jeux à la Troyenne* , & qu'ils affecterent d'y préſider , ainſi que les Préfets du Prétoire des Gaules y préſidoient auparavant, & on lit dans Grégoire de Tours;(*b*) que le Roi Chilpéric fit bâtir ou réparer un Cirque à Paris & un autre à Soiſſons , & qu'il y donnnoit au Peuple

---

(*a*) Septimina vero ... in Marilegium villam deducitur, ut ſcilicet trahens molam his quæ in Gynecæo poſitæ erant per dies ſingulos, farinas ad victus neceſſarias præpararet. *Greg. Tur. Hiſt. lib. nono. cap. tri_*

geſimo octavo*:

(*b*) Apud Sueſſiones & Pariſios circos ædificare præcepit, eoque Populiſs ſpectaculum præbens. *Ibid. lib. quinto cap. decimo octavo.*

les fpectacles ordinaires du Cirque, c'eft-à-dire des courfes de tout genre & de toute efpece.

Les Romains avoient introduit dans les Gaules l'ufage de conftruire des bâtimens faits exprès pour s'y baigner commodément durant toutes les faifons. On voit par ceux de ces Edifices qui fubfiftent encore, foit en Italie, foit ailleurs, qu'il y avoit des lieux deftinés à faire chauffer l'eau, d'autres à fe réffuyer, enfin que la conftruction d'un bain devoit couter beaucoup. Grégoire de Tours nous apprend qu'il y avoit de ces Edifices, même dans des Couvents de Religieufes, bâtis depuis que les Francs étoient les Maîtres dans les Gaules. Il dit en parlant d'un évenement arrivé de fon tems : » Andarchius prit le bain » dans de l'eau chaude, il s'enyvra, & il (*a*) fe mit dans » le lit. Une des caufes qu'alleguoient celles des Religieufes de fainte Croix de Poitiers, qui s'étoient fauvées du Couvent, c'eft qu'on n'y vivoit point affez régülierement, & fur-tout, qu'on ne s'y comportoit pas dans le bain avec affez de modeftie. On fçait que cette Abbaye eft de la fondation de Radegonde, fille de Berthier, l'un des Rois des Turingiens, & femme du Roi Clotaire I. Grégoire de Tours lui-même étoit fervi comme les Romains de confidération avoient coutume de fe faire fervir. Tout le monde a entendu dire qu'un de leur ufage particulier étoit de tenir toujours auprès de leur perfonne, des Domeftiques qu'ils appelloient *Notaires*, & dont l'emploi étoit de mettre par écrit les ordres que donnoit leur maî-

---

(*a*) Abluitur hic aquis calidis, inebriatur vino & fe collocat fuper ftratum. *Ibid. lib. Hift. quart. cap.* 41. Adjicientes etiam quod diverfæ earum in balneo lavarentur incongrue.

Ibid. lib. dec. cap. decimo ferm. Radegundis quoque ad Deum converfa mutata vefte. Monafterium intra Pictavenfem Urbem conftruxit. *Ibid. lib. nonn cap. fexto.*

tre, & généralement tout ce dont il leur enjoignoit de tenir *une Note*, afin qu'il pût avoir recours dans l'occasion, à cette espece de papier Journal. Or voici ce qu'on trouve dans notre Historien, au sujet d'un miracle que Dieu opera sur Bodillon, par l'intercession de saint Martin. » (*a*) Bodillon l'un de mes Notaires, étoit tellement in-
» commodé d'un mal d'estomac, qui lui affligeoit éga-
» lement l'esprit & le corps, qu'il ne pouvoit plus rediger
» ce qu'il entendoit, ni même écrire qu'à grand'peine ce
» qu'on lui dictoit mot à mot.

Il ne paroît point que les guerres qui s'étoient faites dans les Gaules, sous le regne de Clovis & sous celui de ses enfans, eussent fort appauvri le pays. Les amendes portées dans la Loy Salique & dans la Loy Ripuaire, supposent que ceux qui pouvoient y être condamnés, fussent assez riches. Les peines pécuniaires de deux cens sols d'or n'y sont pas rares, & il s'y en trouve encore de plus fortes. Plusieurs faits contenus dans nos anciens Auteurs, font encore voir que les Gaules n'étoient gueres moins opulentes sous nos premiers Rois qu'elles l'avoient été sous les Empereurs. Grégoire de Tours en racontant un accident arrivé sous le regne des petits-fils de Clovis, au sujet du mariage qu'Andarchius vouloit faire en épousant la fille d'Ursus, dit qu'Andarchius prétendoit (*b*) qu'il y eut un engagement entre Ursus & lui pour faire ce mariage, & même que le dédit fût de seize mille sols d'or.

Ces sols d'or me font ressouvenir de rapporter ici ce

(*a*) Bodillo unus ex Notariis nostris cum stomachi lassitudine animo turbatus erat, ita ut nec scribere juxta consuetudinem valeret, nec excipere & quæ ei dictabantur vix poterat recensere. *De Miracul. S. Martini*,

lib. quar. cap. decimo.
(*b*) Alioquin mihi liceat res ejus possidere donec sexdecim millibus solidorum acceptis, me ab hac causa removeam. *Gr. Tur. Hist. lib. 4. cap. quadrag. septimo.*

CHAPITRE SEIZIE'ME.

De l'autorité avec laquelle Clovis & les Rois ses fils & ses pe-
tits-fils ont gouverné.

COmme les Rois Mérovingiens avoient sur les Romains des Gaules, les mêmes Droits que l'Empereur avoit précédemment sur ces mêmes Romains, on
ne sçauroit douter que nos Princes n'eussent un Pouvoir
très-étendu sur cette portion de leur Peuple. L'autorité des
derniers Empereurs Romains, étoit comme Despotique,
& nous l'avons remarqué déja plus d'une fois. Il semble
que l'autorité du Roi ne dût pas être aussi grande sur les
Francs, qui faisoient une autre partie du Peuple de la
Monarchie, parce qu'ils étoient Germains d'origine, &
sortis par conséquent d'un pays où le pouvoir des Souverains étoit limité. On voit néanmoins par notre Histoire, que les successeurs de Clovis n'avoient gueres moins
de pouvoir sur les Francs que sur les Romains. A plus
forte raison ces Princes régnoient-ils de même sur les
Bourguignons, sur les Allemands, & sur les autres Barbares, qu'ils avoient obligés les armes à la main de se soûmettre à leur domination.

Dès que la Monarchie Françoise eut été établie, nos
Rois eurent une infinité de graces à donner. Quel appas
pour obliger ceux qui les vouloient obtenir à se soûmettre aux volontés du Prince ! D'ailleurs, les Francs & les
autres Barbares répandus dans les Gaules, y devoient être par tout en plus petit nombre que les Romains, qui étoient armés aussi-bien que ces Barbares,

& qui avoient intérêt, que tout Habitant du Royaume fût aussi soumis qu'eux à une autorité à laquelle ils obéissoient en tout. La condition des Romains auroit été trop du s'ils eussent vécu avec des voisins qui n'eussent point été tenus d'obéir aussi promptement qu'eux aux volontés du Prince, & qui n'eussent point été aussi soumis qu'eux à la justice du Souverain. Il seroit inutile d'expliquer plus au long, combien la portion du Peuple sur laquelle un Prince regne despotiquement, a intérêt que le Prince ait sur tous les autres sujets, le même pouvoir qu'il a sur elle. Cet intérêt est sensible. Les Francs épars dans les Gaules, & non plus rassemblés dans un petit canton, comme ils l'étoient lorsqu'ils habitoient encore la Germanie, auront donc été obligés à obéir au Souverain, avec autant de soumission que les Romains au milieu desquels ils vivoient. Une chose aura encore contribué beaucoup à faciliter aux successeurs de Clovis, l'entreprise de se faire obéir exactement par les Francs. C'étoit l'usage établi dès le tems qu'ils habitoient encore dans la Germanie, & suivant lequel le Roi jugeoit seul en matiere civile & en matiere criminelle, comme on voit que Clovis le fit quand il punit le Franc, qui avoit donné un coup de sa hache d'armes sur le vase d'argent que saint Remi reclamoit? Qui peut empêcher un Prince d'augmenter son autorité sur une partie de ses sujets, quand il est seul leur Juge, & quand ils attendent leur fortune de ses bienfaits, sur-tout dans les commencemens d'une nouvelle Monarchie, & lorsque ces sujets tirés de leur ancienne patrie, se trouvent être transplantés au milieu d'autres sujets accoutumés depuis long-tems à une entiere soumission.

Je ne rapporterai donc que deux preuves de l'autorité

à se repentir de ce qu'il avoit fait, ne se reprocha rien sur la forme de ce jugement. (*a*) Ce qu'il regrettoit, c'étoit d'avoir condamné à mort par un premier mouvement & pour un sujet bien leger, un homme fort attaché à sa personne & très-capable de bien servir son souverain, ce qui montre bien de quelle maniere Gontran avoit jugé Chundo.

Rauchingus étoit Franc de Nation, puisqu'il se prétendoit Fils de Clotaire premier, & il étoit employé en qualité de Duc par Childebert le jeune. (*b*) Cependant lorsque ce Prince le fit mourir comme coupable d'un crime de Leze-Majesté au premier chef, ce fut sans aucune forme de Procès. Childebert ayant averé le fait par des informations qui lui paroissoient apparemment suffisantes, il manda Rauchingus, l'interrogea dans sa Chambre, & il le congedia. Au sortir de ce lieu Rauchingus fut saisi par ceux qui avoient reçû l'ordre de l'exécuter, & qui le firent mourir. Bref, il fut exécuté à peu près comme Messieurs de Guise le furent à Blois en mil cinq cens quatre-vingt huit. Fredegaire dit en parlant de cet évenement. » Dans ce temps-là Rauchingus, » Gontran-Boson, Ursion & Bertefredus qui étoient des » plus grands Seigneurs des Etats de Childebert ayant » conjuré contre sa personne, furent mis à mort par or-

---

(*a*) Multum se ex hoc deinceps Rex pœnitens ut sic eum ira præcipitem reddidisset, ut pro parvulæ causæ noxa fidelem sibique necessarium virum, tam celeriter interemisset. *Greg. Tur. Hist. lib. decimo cap. decimo.*

(*b*) At ille diligenter inquirens quæ ei nuntiata fuerant, veraque esse cognoscens, arcessiri Reuchingum jussit... Et ex ipsis divitiis valde superbus.

in tantum ut jam interitus sui tempore, Chlotacharii Regis filium se fateretur. *Ibid lib. nono. cap. nono.*

Ipso quoque tempore Rauchingus & Boso-Guntchrannus, Ursio & Bertifredus Optimates Childeberti Regis eo quod tractaverint eum interficere, ipso Rege ordinante interfecti sunt. *Fredeg. Chron. cap. octavo.*

la Loy des Bavarois fur lequel nous raifonnons ici, fe trouve énoncé diftinctement dans les Capitulaires des Rois de la feconde Race, que l'on fçait bien avoir été des Loix faites pour être obfervées par tous les fujets de la Monarchie. Il eft dit dans l'article trois cens foixante & fept du cinquiéme livre des Capitulaires. » Celui » qui aura tué un homme par ordre du Roi ou par l'or- » dre du Duc qui commande dans la Province, ne pourra » point être recherché pour ce fait-la, ni condamné à au- » cune forte d'amende, parce que la Loy & l'ordre du » fouverain feront reputez avoir fait le meurtre, d'autant » plus que celui qui l'aura perpetré ne pouvoit pas fe dif- » penfer de leur obéir. Ainfi l'homicide & toute fa pofte- » rité, feront fous la protection fpeciale du Roi & fous » celle de fes fucceffeurs qui le garantiront envers tous » & contre tous. Que s'il arrive qu'en haine du fufdit » homicide, le meurtrier, ou quelqu'un des fiens fouf- » fre quelque mal, ou foit tué, qu'alors le coupable foit » condamné à une peine pecuniaire deux fois auffi forte » que celle qu'il payeroit s'il avoit offenfé ou tué une autre » perfonne de même condition que le fufdit meurtrier. Non feulement ces Loix affurent l'impunité à celui qui avoit tué un autre homme, en vertu d'une commiffion expreffe du Prince ou de fon premier Repréfentant ; mais il paroît encore que ceux à qui une pareille commiffion étoit adreffée, ne puffent point refufer de s'en charger

---

(b) Siquis juffione Regis vel Ducis illius qui ipfam Provinciam regit hominem occiderit, non requiratur ei, nec propterea faidofus fit quia lex & juffio Dominica occidit eum & ipfe non potuit contradicere. Princeps vero & fucceffores ejus defendant eum & totam progeniem ejus, ne ob hoc pereat & malum patiatur. Quod fi propterea ipfe aut ejus progenies aliquid mali paffi fuerint aut occifi, dupliciter componatur. *Capit. lib. quinto capit.* 367.

sans se rendre coupables du crime de désobéissance. On a vu dès le premier livre de cet Ouvrage, que les Empereurs condamnoient souvent à mort sans prendre l'avis d'aucun Juge & qu'ils faisoient exécuter leurs arrêts par les Prétoriens. Ainsi c'étoit des Romains que nos Rois avoient pris la jurisprudence dont il s'agit ici.

Si nos Rois des deux premieres Races, ont traduit quelquefois des criminels devant une nombreuse assemblée, c'est qu'alors ces Princes jugeoient à propos d'en user ainsi & non point parce qu'ils y fussent obligez. Il faudroit afin que les exemples de coupables jugez devant une assemblée, prouvassent quelque chose, qu'il n'y eût point d'exemple de coupable jugé par le Roi seul. Or comme nous l'avons déja dit, il y a dans notre histoire plusieurs exemples de pareils jugemens & les Historiens qui les rapportent, les narrent simplement & sans donner à entendre en aucune maniere que ces sortes de jugemens fussent contraires à aucune Loy. Aucun d'eux ne dit que l'accusé devoit être jugé par ses Pairs. Que nos Rois Mérovingiens, jugeassent en personne les Procès civils; on en a vû déja tant d'exemples dans cet Ouvrage, qu'il seroit superflu de rassembler ici des faits qui le prouvassent. Peut-être & nous l'avons observé plus haut, est-ce au pouvoir absolu de ces Princes & à la maniere dont il rendoient la justice, qu'il faut attribuer la conservation d'un Royaume dont la premiere conformation étoit aussi vitieuse que l'étoit celle de la Monarchie de Clovis. Mais le gouvernement d'un Souverain, qui rendant la justice par lui-même la rend très-promptement, prévient bien des maux & remedie à bien des désordres.

On ne voit pas non plus que nos Rois Mérovingiens

fuſſent obligez à demander le conſentement d'aucune aſſemblée politique quand ils vouloient augmenter les
anciennes impoſitions, ou bien en mettre de nouvelles.
Il n'en eſt rien dit dans aucun des monumens de nos an-
tiquitez, quoique ceux qui les ont écrits ayent eu des
occaſions de le dire, telles qu'ils n'auroient pas manqué d'en parler. Il ſeroit dit par exemple, quelque choſe de cette prétendue obligation dans le paſſage ſuivant,
tiré de Gregoire de Tours.

(a) » Le Roi Clotaire avoit enjoint par un Edit, à
» toutes les Egliſes de payer au Fiſc le tiers de leur re-
» venu. Déja preſque tous les Evêques avoient donné
» bien que malgré eux leur conſentement par écrit à
» l'execution de cet ordre, lorſque le Roi voulut obli-
» ger Injurioſus Evêque de Tours, à donner auſſi ſon
» conſentement. Ce vertueux Prélat le refuſa avec cou-
» rage, & il dit en face au Roi: Si vous oſez mettre la
» main ſur le bien de Dieu, il ſera dans peu tomber la
» Couronne de deſſus votre tête. Il ſeroit trop odieux
» qu'un Roi qui doit nourrir les pauvres du bled de ſes
» Greniers, vuidât les Greniers des pauvres pour rem-
» plir les ſiens. Injurioſus ſortit du Palais, dès qu'il eut
» fini ſon diſcours & ſans prendre congé du Roi, il ſe
» mit en chemin pour retourner à Tours. Le Roi tou-
» ché de ce qu'il avoit entendu & penetré de reſpect

(a) Denique Chlotocharius Rex in-
dixit ut omnes Ecclesiæ Regni sui tertiam partem fructuum Fisco dissolve-
rent. Quod licet inviti cum omnes
Episcopi consensissent atque subscrip-
sissent, viriliter hoc Beatus Injuriosus
respiciens, subscribere dedignatus est
dicens: Si volueris res Dei tollere, Dominus Regnum tuum velociter aufe-
ret, quia iniquum est pauperes quos
debes alere horreo, ab eorum stipe
tua horrea repleantur. Et iratus contra Regem nec vale dicens abscessit.
Tunc commotus Rex timens etiam
virtutem sancti Martini, misit post
eum cum muneribus veniam precatus
& hoc quod fecerat damnans. Gr.Tur.
Hist. lib. 4. cap. 2.

Yyy ij

» pour Saint Martin, dont Injuriofus étoit fucceffeur,
» envoya du monde pour le ramener à la Cour, & pour
» l'affurer qu'il fe repentoit d'avoir fait l'Edit dont il s'a-
» giffoit & qu'il alloit le revoquer. On voit par le recit
de Gregoire de Tours, que Clotaire ne demanda l'ac-
quiefcement des Evêques à la taxe exceffive qu'il mettoit fur le Clergé, qu'apres avoir publié l'Edit qui impo-
foit cette taxe d'ailleurs fi conformément au droit public
en ufage dans la Monarchie durant le fixiéme fiecle le Roi
n'eût pas fait des impofitions fans avoir obtenu le confentement du Peuple, on peut préfumer qu'Injuriofus n'auroit
pas manqué d'alleguer à Clotaire que fon Edit qui par lui
même étoit odieux, avoit encore été fait contre les regles
de l'Etat. & Gregoire de Tours auroit auffi peu manqué
de l'écrire. L'un & l'autre ils ont eu un égal interêt de faire ce reproche, s'il eût été fondé, à l'Edit de Clotaire.

Gr. Tur.
Hift. l. 5.
cap. 29. &
cap. 35.   Nous avons déja rapporté ce que dit notre Hiftorien
concernant la confection d'un nouveau Cadaftre ordonné par le Roi Chilpéric petit fils de Clovis. On
voit par ce que dit Fredegonde, femme de ce Prince,
quand elle lui propofa d'abandonner l'entreprife, que
Chilperic l'avoit faite de fa propre autorité, & qu'il en
en avoit pris l'évenement fur lui. En effet comme nous
l'avons deja remarqué, il n'y avoit alors que deux fortes
d'affemblées politiques dans la Monarchie, le Champ de
Mars ou les affemblées compofées des Evêques & des
Voyez ci-
deffus cha.
14.   Laiques revêtus des grandes dignités de l'Etat. Le Champ
de Mars étoit devenu une efpece de Confeil de guerre, & les autres affemblées qui ne fe formoient point
que les Rois ne les euffent convoquées expreffément,
n'étoient confultées que fur les Ordonnances & reglemens qu'il convenoit de publier pour faire fleurir la

Police & pour entretenir une bonne Police dans le Royaume. Si ces assemblées étoient utiles aux Finances du Prince, c'est parce qu'il étoit d'usage que ceux qui les composoient fissent chacun en son particulier, des présens au Souverain. On ne voit pas qu'il se soit jamais adressé à elles pour en obtenir la permission de mettre de nouveaux Impôts, ou d'augmenter les anciens. Il y a dans les Capitulaires plusieurs Loix concernant la levée des impositions en usage. Je ne me souviens pas d'y en avoir vû concernant l'établissement d'une imposition nouvelle.

Au reste il ne paroît pas que les Rois Merovingiens, abusassent de leur autorité à cet égard. L'Histoire de Grégoire de Tours qui raconte tout ce qui s'est passé dans les Gaules durant le siecle qui suivit le Baptême de Clovis, ne se plaint que de trois ou quatre tentatives, faites par les Rois des Francs pour acroître par l'augmentation des taxes, leurs revenus. Cet Auteur ne nous entretient point des maux causez par l'énormité des impositions, il ne nous parle point de l'abbattement & du desespoir d'un peuple tourmenté sans cesse par des exacteurs insatiables, comme en parle Salvien, & d'autres Ecrivains qui ont vécû sous le Regne des derniers Empereurs d'Occident.

Ce ne sont pas les Souverains œconomes ou pour parler le langage du courtisan avide, & dissipateur, les Souverains avares, qui deviennent par leurs exactions le fleau de leur Peuple. Il est bien rare du moins qu'un Prince épuise ses sujets pour mettre dans un trésor où il y a déja un million de piéces d'or, six cens mille piéces d'or de plus. Or les Rois Merovingiens étoient si œconomes ; leur revenu étoit si grand par rapport au peu de dépenfe qu'ils avoient à faire dans un État où le Soldat même fubfiftoit du produit des Terres dont la jouïffance lui tenoit lieu de paye que ces Princes étoient toûjours riches en argent comptant.

Quand Grégoire de Tours adreffe la parole aux petits-fils de Clovis, qui par leurs guerres civiles détruifoient la Monarchie que leur ayeul avoit fondée par fa bonne conduite, ne leur dit-il pas que ce Prince étoit venu à hout de ce·vafte deffein, fans avoir comme eux des coffres pleins d'or & d'argent. Quand Fredegonde veut perfuader à Chilpéric de jetter au feu, les Cahiers de la nouvelle defcription, elle lui dit: N'y a-t-il point déja dans notre tréfor affez d'or, d'argent & de joyaux, enfin Grégoire de Tours raconte rarement la mort d'un des Rois dont il écrit l'hiftoire, fans faire quelque mention du tréfor que ce Prince laiffoit.

Greg. Tur. Hift. lib. 3. cap. 35.

Mais, dira-t-on, les Rois Merovingiens n'avoient-ils jamais un befoin preffant de quelque fomme. Je fuis perfuadé que fouvent il leur eft arrivé d'avoir befoin d'argent; mais alors ils en trouvoient par les avances des Juifs, ou par la confifcation de quelque riche coupable qu'ils comdamnoient. Il y avoit alors dans le Royaume comme il y en aura toûjours auffi bien que par tout ailleurs, de ces hommes méchamment induftrieux qui pillant le peuple ou volant le Prince, fe font des fortunes odieufes. Ainfi les Rois dont je parle n'étoient point embaraffez à trouver une victime dont le facrifice leur feroit doublement utile parce qu'il confoleroit les fujets en même temps qu'il enrichiroit le Fifc. Auffi l'hiftoire des deux premiers fiecles de la Monarchie de Clo-

(a) Et cum hæc faceret neque aurum, argentum ficut nunc eft in thefauris yeftris habebat. Gr. Tur. Hift. in proemio lib. tertii.

vit aff. elle remplie d'exemples d'une justice severe, exercée par le Prince même contre des personnes puissantes dont les biens étoient confisquez. On voit bien qu'elles étoient criminelles ; Mais on entrevoit qu'elles n'auroient pas été punies si leur Souverain qui étoit en même temps leur Juge, n'eût point été excité à venger les Loix par le motif de s'aproprier une riche dépouille.

Je ne crois pas qu'on m'objecte que si les Rois Merovingiens eussent été des Souverains aussi absolus que je le crois, ils n'auroient point essuyé tous les malheurs qui leur sont arrivez. Je n'aurois pour répondre à cette objection qu'à renvoyer les personnes qui la feroient à tout ce qui s'est passé dans l'Empire Ottoman, depuis cent cinquante années.

CHAPITRE DIX-SEPTIE'ME.

Du tems où a cessé la distinction qui étoit entre les differentes Nations, qui composoient le Peuple de la Monarchie.

QUe la distinction qui étoit entre les differentes Nations qui composoient le Peuple de la Monarchie, ait subsisté sous la seconde Race, il n'est pas possible d'en douter. On a déja lû vingt passages qui le prouvent. Enfin la Chronique de Moissac dit encore, (4) que l'Empereur Charlemagne assembla les Ducs, les Comtes, & les principaux de celles des Nations de son obéissance, qui

---

(a) Imperator Carolus congregavit Duces, Comites & reliquos Christianos Populos, cum Legislatoribus & fecit omnes leges in regno suo legi, & tradi unicuique hominum legem suam & emandari ubicumque fuit & emandatam scribere. *Du ch. Tom. 3. pag.* 144.

avoient embraffé la Religion Chrétienne, & qu'après avoir confulté les Jurifconfultes, il fit une nouvelle rédaction de toutes les Loix Nationales qui étoient en vigueur dans fes Etats, en changeant dans l'ancienne rédaction ce qu'il y avoit à corriger. Enfuite continuent ces Annales, il en fit faire des copies en bonne forme, qu'il remit à chacun des Repréfentans de chaque Nation. Quand fes fuccef-feurs faifoient leur ferment à leur évenement à la Cou-ronne, & je l'ai déja écrit, le nouveau Roi juroit toûjours qu'avec (.ı) l'aide du ciel, il rendroit bonne juftice à tous fes fujets, fuivant la Loy qui étoit propre à chacun d'eux, & felon laquelle leurs Auteurs avoient vêcu fous le regne de fes prédéceffeurs. On peut voir encore par differens endroits des Capitulaires, rapportés dans le premier Cha-pitre de ce Livre, que la diftinction entre les Nations ha-bitantes dans les Gaules, a fubfifté jufqu'au regne des derniers Rois de la feconde Race, bien qu'il fût permis dès le tems de la premiere, au Franc de fe faire Romain, & au Romain de fe faire Franc, ou de telle autre Nation qu'il lui plaifoit, & que les autres Barbares euffent la mê-me liberté. Cette liberté de changer ainfi de Nation, pa-roîtra fans doute bizarre, mais les Loix & l'Hiftoire en font foy.

Il eft dit dans le quarante-quatriéme Tite des Loix Saliques de la rédaction, faite fous les Rois fils de Clovis: (b) » Le Franc de condition libre, qui aura tué ou un Bar-» bare ou bien un autre homme vivant felon la Loy Sali-

---

(a) Legem vero unicumque com-petentem ficut anteceffores fui tem-pore meorum prædecefforum habue-runt, in omni dignitate & ordine fa-vente Deo me obfervaturum perdono. *Baluf. cap. tom.* 2. *pag.* 5.

(b) Siquis ingenuus Francum aut Bar-barum aut hominem qui lege Salica vivit occiderit, ducentis folidis cul-pabilis judicetur. *Lege Sal. Escatti pag.* 82.

que

que, fut condamné à la peine pécuniaire de deux cens
sols d'or. S'il n'y avoit eu que les Francs d'origine, qui
eussent vêtu suivant la Loy Salique, il auroit été plus
court de dire un Franc, que d'user de la circonlocution
qu'on vient de lire. En second lieu, le Législateur auroit
fait une faute que les Législateurs ne font point, qui est
d'opposer le genre à l'espece. Il auroit opposé aux *Bar-*
bares les *Francs*, qui se comprenoient eux mêmes sous le
nom de Barbares. Enfin, & c'est ce qui prouve que les
Romains avoient, ainsi que les Bourguignons & les autres Barbares, la liberté de se métamorphoser en Francs,
l'article de la Loy Salique, lequel nous expliquons dit,
ou un Barbare, ou un autre homme vivant selon la Loy Sali-
que. Or il n'y avoit alors dans les Gaules que deux sortes
d'Habitans, des Barbares & des Romains. Ainsi dès qu'il
y avoit d'autres hommes que des Barbares qui vivoient
suivant la Loy Salique, il s'ensuit qu'il y avoit des Romains qui vivoient suivant cette Loy. Il me semble que
si le passage des Loix Saliques dont il s'agit, a besoin de
cet éclaircissement, il n'a pas besoin des corrections qu'on
voudroit faire à son Texte. D'un autre côté tous les Barbares qui se faisoient Ecclésiastiques, étoient réputés être
devenus Romains. Ils se faisoient couper les cheveux, ils
prenoient l'habit Romain, & ils vivoient suivant les Loix
Romaines. » Que la Loy (*a*) Romaine, disent les Capi-
» tulaires, soit la Loy de tous ceux qui sont engagés
» dans l'Etat Ecclésiastique, quelqu'Ordre que ce soit
» qu'ils ayent reçû. » Or il y avoit dans ces tems là, plusieurs Ecclésiastiques qui étoient Chefs de famille.

L'Empereur Lothaire, petit-fils de Charlemagne, dit
dans une Loy faite véritablement pour l'Italie, mais dans

(*a*) Ut omnis Ordo Ecclesiarum secundum legem Romanam vivat. *Ba-*
luf. capit. tom. pr. pag. 690.

laquelle ce Prince avoit suivi les usages des Gaules selon l'apparence : (*) « On demandera à chaque particulier du Peuple Romain , quelle est la Loy suivant laquelle il veut vivre, afin que chacun puisse à l'avenir , vivre suivant la Loy qu'il aura optée , & il est déclaré, afin que la chose soit notoire aux Ducs , aux Comtes , & à tous ceux ausquels il appartiendra, que le particulier qui aura forfait contre sa Loy , sera sujet aux peines portées dans cette Loy contre le délit qu'il aura commis ».

Comment est-il donc arrivé que toutes les Nations qui composoient le Peuple de la Monarchie Françoise, ayent été confondues en une seule & même Nation? Voici mon opinion. Ces Nations qui au bout de quelques générations, parloient communément la même langue dans la même contrée, auront commencé en s'habillant l'une comme l'autre, à faire disparoître les marques extérieures qui les distinguoient sensiblement. Il n'y aura plus eu que les Ecclésiastiques qu'on aura reconnus à leur habi, pour être de la Nation Romaine. Ainsi tous les Citoyens Laïques de nos Nations se seront trouvés être déja semblables quant à l'extérieur dans le tems des derniers Rois de la seconde Race, & quand les Provinces du Royaume devinrent la proye des usurpateurs Ces tyrans qui gouvernoient arbitrairement, n'auront pas voulu entendre parler d'autre Loy que de leur volonté. Dans tous les lieux où ils s'étoient rendus les plus forts, ils auront fait taire devant elle tous les Codes Nationaux. Ainsi nos Nations n'ayant plus de marques extérieures qui les distinguassent, ni une Loy parti-

(a) *Imperator Clotarius* volumus ut cunctus Populus Romanus interrogetur quali lege vult vivere ut tali lege quali vivere professi sunt vivant , illisque denuntietur ut unusquisque tam judices quam Duces vel reliquus Populus sciant , quod si offensionem contra eandem legem fecerint eidem legi qua profitentur vivere , subjaceant. *Lex Longob. lib. foru. oriul.* 57.

culiere ſuivant laquelle elles vécuſſent ; elles auront été confondues enfin , & n'auront plus fait qu'une ſeule & même Nation , la Nation Françoiſe.

La plus grande difference qui fut dans le cinquiéme ſiecle , entre l'habillement des Romains & celui des Barbares , conſiſtoit , nous l'avons déja dit pluſieurs fois , en ce que les Romains étoient raſés , & portoient les cheveux extrêmement courts , au lieu que les autres laiſſoient croître leur barbe & portoient de longs cheveux. Or Grégoire de Tours nous apprend que dès ſon tems , c'eſt-à-dire , dès la fin du ſixiéme ſiecle , il y avoit déja des Romains qui ſans renoncer à leur état de Romain , portoient cependant une grande barbe & de longs cheveux , pour faire par là leur cour aux Barbares , c'eſt-à-dire ici aux Francs. Grégoire de Tours en parlant d'un Saint reclus , Romain de Nation comme lui & ſon contemporain , dit : (a) » Le Bienheureux Leobardus étoit de la Cité d'Auver- » gne , & né dans une famille qui véritablement n'étoit » pas Sénatoriale , mais qui étoit libre depuis long-tems. Il » fut toûjours très-attaché au ſervice des Rois Francs , » quoiqu'il ne fût pas de ces Romains , qui pour montrer » le cas qu'ils font de tous les uſages des Barbares , ſe laiſ- » ſent croître la barbe , & laiſſent venir leurs cheveux ſi » longs , qu'ils leur flotent ſur les épaules. Leobardus ſe fit » toûjours razer la barbe & faire les cheveux à certains » jours.

Dans le ſiecle ſuivant , les Romains & principalement ceux qui fréquentoient la Cour , continuerent à ſe traveſtir en Francs. Sandregeſilus qui exerça l'emploi de Duc d'A-

(a) Beatiſſimus Leobardus Arvernici territorii indigena fuit , genere quidem non Senatorio , ingenuo tamen. Eratque ſollicitudo pro populis , inquiſitio pro Regibus. Verumtamen non ille ut quidam dimiſſis capillorum flagellis Barbarum plaudebat , ſed certo tempore capillum tondebat barbam. *Gr.Tur.de Vitis Patrum cap. vigeſimo.*

quitaine fous Clotaire II. & dont nous avons rapporté la cataftrophe, étoit de la Nation Romaine, & il mourut Romain, puifque fes enfans furent déclarés conformément aux Loix Romaines, déchus de fa fucceffion pour n'avoir pas vengé fa mort. Il portoit néanmoins une longue barbe. (a) La vie de Dagobert nous apprend que ce Prince fit couper la barbe à Sandregefilus pour lui faire un affront. La raifon qui a engagé les Tartares qui conquirent la Chine dans le dernier fiecle, à obliger les Chinois de fe faire couper les cheveux pour s'habiller à la Tartare, & celle qui engage les Nobles Vénitiens à fouffrir que plufieurs de leurs compatriotes qui ne font pas de leur Ordre, aillent cependant vêtus comme eux, je veux dire le motif de cacher leur petit nombre, devoit faire trouver bon aux Francs que le Romain portât leur habillement.

D'un autre côté, les Francs prenoient auffi quelques pieces de l'habillement ordinaire des Romains des Gaules. On fçait que les anciens Gaulois portoient une efpece de grands haut-de-chauffes qui s'appelloient *Bracca*, & qu'avant la conquête de Jules Céfar, les Romains avoient même donné le nom de *Gallia Braccata* aux véritables Gaules, aux Gaules qui font au-delà des Alpes par rapport à Rome, & cela par oppofition à la Gaule à *Robe longue*, ou *Gallia Togata*, qui étoit en deça des Alpes par rapport à Rome, & faifoit une portion de l'Italie. Un climat aurant fujet au froid & à l'humidité que l'étoit le climat des Gaules, mettoit dans la néceffité de s'y vêtir plus chaudement qu'on n'avoit coûtume de fe vêtir en Italie. Les Romains qui habitoient les Gaules, y prenoient donc l'ufage de porter de ces *Bracca*. Tacite remarque qu'Aliénus Cæcinna, (b) qui

____

(a) Poft vero barbæ rafione, ea enim præcipua tunc erat injuria, deturpat. *De Geftis Dagob. cap 6.*

(b) Cæcinna.... quod verficolo-re fagulo, Braccas tegmen Barbarum indutus. *Taciti Hift. lib. 2. cap. trigefimo.*

commandoit une des armées que Vitellius avoit envoyées des Gaules en Italie contre Othon, paroiſſoit en Italie habillé avec un de ces haut-de-chauſſes à la Gauloiſe. Il eſt donc aiſé de croire que lorſque les Gaulois prirent la *Toga* ou la Robe à la Romaine, ils ne quitterent point pour cela l'uſage des *Bracca* ou de haut-de-chauſſes qu'ils auront portées ſous leurs robes, comme un habillement plus propre à les garantir du froid que les bandes d'étoffes, dont les Romains s'enveloppoient les cuiſſes & les jambes.

On ſçait encore que Charlemagne (*a*) tenoit à grand honneur d'être Franc d'origine, & qu'il affectoit de porter toûjours l'habillement particulier à cette Nation. Un jour qu'il trouva une troupe de Francs vêtus avec ces *Bracca*, il ne put s'empêcher de dire : voilà nos hommes libres, voilà nos Francs, qui prennent les habits du Peuple qu'ils ont vaincu. Quel augure ? Non contens de cette reprimande, il défendit expreſſément aux Francs cette ſorte de vêtement. En effet, ce n'avoit été qu'après des guerres longues & ſanglantes, que Pépin & que Charlemagne étoient venus à bout de forcer les Romains de l'Aquitaine, & de quelques Provinces voiſines à ſe ſoûmettre à leur domination. Dans le tems des guerres des Aquitains contre les Princes de la ſeconde Race, le parti des Aquitains s'appelloit le parti des Romains. Nous en avons dit les raiſons dans le Chapitre douziéme du quatriéme livre de cet ouvrage.

Ainſi lorſque la plûpart des Ducs, des Comtes, & des autres Officiers du Prince, ſe cantonnerent ſous les derniers Rois de la ſeconde Race, les diverſes Nations qui

(*a*) Veſtitu Patrio, hoc eſt, Francico utebatur... *Eghin de vita Caroli magni cap. 23. Ed. Schminckis.* Retinentiſſimus antiqui moris Carolus ſui radeo quidem ut viſa Braccatorum turba indignabundus exclamaverit. En liberosFrancos qui eorum quos vicere veſtimenta inauſpicato uſurpant. Edixit, ergo ne amplius his veſtibus uterentur *Av ntinus lil ro quarto. Nota Schminckii. pag.* 109.

compofoient le Peuple de la Monarchie Françoife, ne differoient plus par la langue & par les vêtemens. Elles ne
differoient l'une de l'autre que parce qu'elles vivoient encore fuivant des Loix ou des Codes differens, & la tyrannie des ufurpateurs, qui ne vouloient pas qu'il y eût dans
le pays qu'ils s'étoient afſervi, d'autre regle que leur volonté, aura fait évanouir cette diftinction plus réelle, quoique moins fenfible que la premiere. Que prefque tous
les ufurpateurs dont il eft ici queftion, ayent gouverné
defpotiquement & tyranniquement les lieux dont ils s'é-
toient rendus les Maîtres, on n'en fçauroit douter. L'Hiftoire le dit, & quand elle ne le diroit pas, la commiffion de
rendre la juftice au nom du Prince à fes fujets, changée en
un Droit héréditaire, & l'introduction de tant de Droits
feigneuriaux tellement odieux, qu'ils ne fçauroient avoir
été ni accordés par le Peuple, ni impofés par l'autorité
Royale, en feroient foi fuffifamment. C'eft une matiere
qui demande d'être traitée plus au long qu'il ne convient
de la traiter ici.

C'aura donc été en un certain lieu fous les derniers Rois
de la feconde Race, & dans un autre lieu fous les premiers
Rois de la troifiéme, que les Loix Nationales auront ceffé
d'être en vigueur, & que le Franc, le Ripuaire, les autres
Barbares & le Romain même, auront été réduits à vivre
également, fuivant les ufages & les Coûtumes qu'il aura
plû au Seigneur devenu Maître du canton où ils étoient
domiciliés, de fubftituer dans fon territoire à ces anciennes Loix.

Une femblable révolution doit avoir été l'ouvrage d'un
fiecle. Elle ne fçauroit même avoir été uniforme. Dans
une Cité, les Francs auront obligé celui qui s'en étoit rendu le Maître ou qu'ils avoient reconnu pour Seigneur, afin
d'éviter d'en avoir un autre, à leur rendre encore la juftice

durant quelque tems suivant les Loix Saliques. Dans
d'autres, les plus considérables de cette Nation, se seront obstinés quoique le Seigneur ne voulût pas que la Loy
Salique y eût aucune autorité, à s'y conformer encore en
réglant le partage de leurs enfans, en contractant leurs mariages, & en ordonnant de toutes leurs affaires domestiques.
Ce n'aura été qu'après l'expérience des inconvéniens, qui
naissent des dispositions faites suivant une Loy, dont l'autorité n'est plus reconnue, qu'ils auront renoncé à l'observer. Enfin quelques Francs du nombre des usurpateurs dont
je parle, auront continué à vivre suivant la Loy Salique
dans les lieux de leur obéissance, & cette Loy n'y aura été
abrogée que dans la suite des tems.

En effet, Othon de Freisinguen mort l'année onze cens
cinquante-huit en France (sa patrie d'adoption,) & qui
par conséquent écrivoit plus de cent cinquante ans après
que la troisiéme Race fut montée sur le Thrône, dit que de
son tems, (a) la Loy Salique étoit encore la Loy suivant laquelle vivoient les plus considérables des François, c'est-
à-dire, les plus considérables de la Nation formée du mêlange des Romains & des Barbares établis dans les Gaules.

Quant aux Romains, ils auront obligé l'usurpateur à
composer avec eux dans les pays où ils étoient assés forts
pour n'être point opprimés, & un des articles de ces sortes
de conventions aura été qu'on laisseroit vivre suivant le
Droit Romain, & comme vivoient encore les Romains
des contrées, qui avoient sçu se préserver du joug des
Tyrans.

La distinction qui étoit entre les Nations qui habitoient

(a) Leges quoque Franci Visiga-
staldo & Salagasto autoribus ex hinc
habere cœpere. Ab hoc Salagasto legem quæ ex nomine ejus Salica usque
hodie vocatur, inventam dicunt. Hac
Nobilissimi Francorum qui Salici dicuntur adhuc utuntur. Oth. Fris. Chr.
lib. 4. cap. penultimo.

l'Italie, y a subsisté aussi long-tems, & peut-être plus long-
tems que dans les Gaules.

Pour l'Espagne, on voit par une Loy du Roi Resciwindus
couronné l'an 653. de Jesus-Christ, que la distinction
entre les Romains & les Barbares y subsistoit encore dans
le septiéme siécle, & peu d'années avant l'invasion des
Maures, arrivée l'an sept cens douze. En effet, il est dit
dans cette Loy que nous avons déja citée, & qui est une de
celles qui furent ajoûtées en differens tems au Code National des Visigots redigé par Euric. (a) » Révoquant les Loix
» précédentes faites à ce sujet, nous ordonnons par la pré-
» sente Loy qui doit être perpétuelle & irrévocable, qu'à
» l'avenir le Visigot qui voudra épouser une Romaine,& le
» Romain qui voudra épouser une femme de la Nation des
» Visigots, puissent contracter valablement de tels maria-
» ges,après néanmoins qu'ils auront requis le consentement
» du Prince. Ainsi l'invasion des Maures aura eu en Espagne
dans le huitiéme siecle, les mêmes suites que l'usurpation
des Droits du Roi & des Droits du Peuple par les Seigneurs,
eut en France dans le dixiéme. L'invasion des Maures aura
confondu & réuni en une seule & même Nation, les Romains & les Barbares qui habitoient alors l'Espagne.

(a) Aera sexcentesima nonagesima
prima, & anno Christi sexcentesi-
mo quinquagesimo tertio, die decima sexta mensis Octobris mori-
tur Cindasuinthus Rex Wisegotho-
rum. Succedit illi Recesuinthus filius. *Luitprandi Chron.* pag. 324.
(b) Ob hoc meliori proposito sa-

lubriter censentes, prisca legis remo-
ta sententia, hoc in perpetuum vali-
tura lege sancimus,ut tam Gothus Romanam quam etiam Gotham Romanus si sibi conjugem habere voluerit,
præmissa petitione dignissima facultas ei nubendi subjaceat. *Lex Vis.*
lib. 3. *titul. pr. lege prim.*

F I N.

J'Ai lû par l'ordre de Monseigneur le Garde des Sceaux un Manuscrit intitulé : *Histoire Critique de l'Eta-*
blissemens des Francs dans les Gaules, & je n'y ai rien trouvé qui puisse en empêcher l'impression. Les vues
nouvelles qui servent de fondemens à cet ouvrage, & l'étenduë & l'exactitude des recherches dont il est
rempli, me font croire que la lecture en sera extremement utile & même nécessaire à ceux qui s'appliquent
à l'étude de l'Histoire de France. Ce 22. Octobre 1732. SECOUSSE.

CPSIA information can be obtained
at www.ICGtesting.com
Printed in the USA
BVHW071449131218
535548BV00018B/497/P

9 780365 606208